Bubble Gum Studies

Sacha Szabo (Hg.)

Bubble Gum Studies

Der Kaugummi als Kulturträger

BÜCHNER-VERLAG
Wissenschaft und Kultur

Archäologie des Vergnügens
Band 2
Reihe herausgegeben von Sacha Szabo
ISSN (Print) 2698-3249
ISSN (Online) 2698-3257

Sacha Szabo (Hg.)
Bubble Gum Studies
Der Kaugummi als Kulturträger

ISBN (Print) 978-3-96317-162-8
ISBN (ePDF) 978-3-96317-700-2

Umschlaggestaltung: DeinSatz Marburg
Bildnachweis Umschlag: CL. /photocase.de
Bildnachweis Text: Sacha Szabo (ausgenommen: Texte: Geserer/Kane,
von Lettow-Vorbeck, Post/Kühn, Hahn, Patent US 2537317, Stadler
sowie Africa Studio/Shutterstock.com, Lane V. Erickso/Shutterstock.com,
Anna Hoychuk/>Shutterstock.com)
Satz: SatzHerstellung Verlagsdienstleistungen Heike Amthor, Fernwald
Druck und Bindung: Schaltungsdienst Lange oHG, Berlin
Die verwendeten Druckmaterialien sind zertifiziert als FSC-Mix.
Printed in Germany

Bibliografische Informationen der Deutschen Nationalbibliothek
Die Deutsche Nationalbibliothek verzeichnet diese Publikation in der
Deutschen Nationalbibliografie, detaillierte bibliografische Angaben sind
im Internet über http://dnb.de abrufbar.

www.buechner-verlag.de

Inhalt

Geleitwort: Kaugummi

»Chew Chew Chew: Chew your bubble gum«, empfahl die Jazz-Sängerin Ella Fitzgerald seit den 1930er Jahren.[1] Kauend, blasenformend und knallend opponierten Jugendliche der frühen Nachkriegszeit gegen ihre Eltern und machten Kaugummi zum Bestandteil ihrer Jugendkultur. Was damals zur Abgrenzung gedacht war, wurde in den folgenden Jahrzehnten zum kritisch beäugten Mainstream. Heute wird darüber diskutiert, ob das Kaugummikauen die Gedächtnisleistung anregt und während des Schulunterrichts erlaubt sein sollte. Allein dieser Wandel der gesellschaftlichen Kaugummi-Rezeption macht es zu einem spannenden Thema der Kulturgeschichte. Aber damit nicht genug: Das rasche Glücksgefühl mit dem faden Nachgeschmack und dem langen Nachleben als Umweltproblem symbolisiert aus heutiger Warte die Konsumgesellschaft und ihre ökologische Kehrseite wie kaum ein anderer Gegenstand. Die Frage nach einem Kaugummi-Recycling scheint dies ebenso zu belegen wie die optische Inszenierung der Kaugummis durch kräftige Farben, ihre schillernd-bunten Verpackungen und der Ärger über die Flecken, die sie im Stadtbild hinterlassen.

---

1   Fitzgerald, Ella; Ram, Buck; and Webb, »Chew Chew Chew: Chew Your Bubble Gum« (1939). Vocal Popular Sheet Music Collection. Score 5650, https://digitalcommons.library.umaine.edu/mmb-vp-copyright/5650.

Über Kaugummiautomaten sind Kaugummis seit vielen Jahrzehnten jederzeit verfügbar. Die kleinen roten Kästen, meist in der richtigen Höhe für Kinder angebracht, werden zu Orten des kleinen Glücks, das für wenige Cent erwerbbar ist. Es sind wahrhaft Glücksmaschinen, aber gelegentlich auch Enttäuschungsmaschinen, weil sie den Erwerb von Kaugummi und kleinen Glücksbringern zum Glücksspiel alea werden lassen: kommt nun die ersehnte Kaugummifarbe, das erhoffte kleine Spielzeug heraus, oder ist es genau die Kugel daneben geworden? Das portionierte Glück, die spannungssteigernden Automaten … Kräftig, süß, sauer, extrem bunt, ein Nahrungsmittel auf Kunststoffbasis, das keines ist … das Kauen und Blasenmachen wird mitunter zum sexualisierten, subversiven Spiel. All das rückt Kaugummi in die Nähe des Jahrmarkts, der zentralen Institution zur Vorführung von Mechanismen der Konsumgesellschaft.

Gemeinsam mit dem Jahrmarkt und der Geschichte des Plastiks hat das Thema Kaugummi, dass es zu Unrecht lange Zeit von geistes- und sozialwissenschaftlichen Autoren und Autorinnen gemieden wurde. Hier leistet dieses Buch Pionierarbeit. Möge es irritieren, aufrütteln, neue Verbindungen herstellen, und nach der Lektüre zu zahlreichen weiteren Arbeiten über das Kauen und Blasenmachen führen.

Dortmund/Karlsruhe, 2020
Stefan Poser

Einleitung:
Bubble Gum Studies

Sacha Szabo

Kaugummis: Es gibt sie in Knallrot, Hellblau, Orange, Neongelb, Giftgrün, Violett, Azurblau, Hellrosa, Schwarz oder in gewöhnlichem Weiß. Zuckersüß oder minzig-frisch[1], mit Erdbeer-, Cola-, Zimt-, Apfel-, Kirsch-, Bananen-, Orangen-[2], Lakritz-[3], Joghurt-[4] oder sogar Seifengeschmack[5], als Chewing oder Bubble Gum. Mit viel Zucker, der die Zähne schädigt, oder als Zahnpflegekaugummi, das damit wirbt, die Zähne zu pflegen[6]. Als Kaugummizigarette, die zum Rauchen verführt,[7] und als Nikotinkaugummi, das helfen soll, sich das Rauchen

---

1   Wrigley's Extra Winterfresh: https://www.ebay.de/itm/303163977706 [Abgerufen: 11.06.2019].

2   Dubble Bubble Assortet Gumballs: https://www.ebay.de/itm/173888573 126 [Abgerufen: 11.06.2019].

3   Stimorol Liquorice: https://www.ebay.de/itm/381431778470 [Abgerufen: 11.06.2019].

4   Marukawa Bubble Gum Yoghurt: https://www.ebay.de/itm/192306037 955 [Abgerufen: 11.06.2019].

5   Thrills Chewing Gum: https://www.ebay.de/itm/283488176282 [Abgerufen: 11.06.2019].

6   Xucker Xylit Kaugummi: https://www.xucker.de/zahnpflege/kaugum mis [Abgerufen: 11.06.2019].

7   Deutsches Krebsforschungszentrum: Gesetzliches Verbot von Kinderzigaretten zum Schutz von Kindern und Jugendlichen erforderlich: https://www.dkfz.de/de/tabakkontrolle/download/Publikationen/AdWfP/Ad WfP_Kinderzigaretten.pdf [Abgerufen: 11.06.2019].

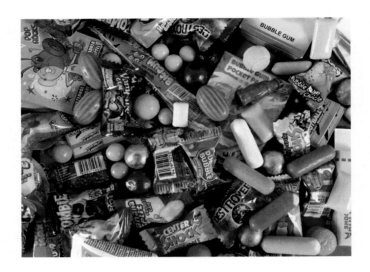

wieder abzugewöhnen. Als Streifen, aufgerollt als Band,[8] in Form eines Tennisballs,[9] einer Wassermelone[10] oder eines Augapfels[11], in einer Tube, als bunte Dragees oder Kugeln mit harter Schale und weichem Kern.[12]

Unübersehbar hinterlassen sie Spuren in unserem Alltag. Gehwege und Straßen sind damit zugepflastert, sie kleben nicht nur unter Tischen und Bänken, sondern auch als Tou-

---

8   Chewinggumfacts.com: Chewing Gum Types: http://www.chewing gumfacts.com/chewing-gum-facts/chewing-gums-types/ [Abgerufen: 11.06.2019].

9   Fini: https://www.fini.es/en/gums [Abgerufen: 11.06.2019].

10 Ebd.

11 Zed Candy »Glubscher«: https://www.geschenkefuerfreunde.de/kaugum mi-auge-glubscher.html [Abgerufen: 11.06.2019].

12 Chewinggumfacts.com: Chewing Gum Types : http://www.chewing gumfacts.com/chewing-gum-facts/chewing-gums-types/ [Abgerufen: 11.06.2019].

ristenattraktion an einer Wand in Seattle[13] oder an der »Ekelmauer am Potsdamer Platz«[14] in Berlin. Die roten Kaugummiautomaten, die langsam am Verschwinden sind, prägten
über Jahrzehnte das Stadtbild,[15] und die kleinen Charms waren begehrte Spielzeugartikel und werden bis heute gehütet.[16]
Überhaupt werden die unterschiedlichsten Artefakte rund um
das Kaugummi intensivst gesammelt; nicht nur Kaugummi-
papiere werden leidenschaftlich archiviert[17], auch die kleinen
beigepackten Comics, wie »Bazooka Joe«[18] oder »Mars Attacks«[19], haben ihre Spuren in der Populärkultur hinterlassen.
Das große Feld der Sammelkarten, das heute mit »Pokémon«

13 Torres, Carolina: Das ist die ekligste Sehenswürdigkeit der Welt.
    Und sie ist so hübsch!, in: Bento, 27.05.2016, https://www.bento.de/
    art/gum-wall-kaugummi-wand-in-seattle-ist-touristenattraktion-a
    -00000000-0003-0001-0000-000000589653 [Abgerufen: 11.06.2019].

14 Conrad, Andreas: Die Ekelmauer am Potsdamer Platz, Tagesspiegel,
    15.08.2011: https://www.tagesspiegel.de/berlin/kaugummi-attacke-die
    -ekelmauer-am-potsdamer-platz/4501228.html [Abgerufen: 11.06.2019].

15 von Lettow-Vorbeck, Nicolas: Nostalgie-Bewahrer: Glück für 20 Cent,
    YPS, Februar 2014.

16 Gumball Charms: https://www.samstoybox.com/toys/GumballCharms.
    html [Abgerufen: 11.06.2019].

17 Gum Wrappers World. Site for Gum Collectors: http://gww.su/de/
    authorgerman/ [Abgerufen: 11.06.2019]. Im Museum Offenburg wurde
    2007 die »größte Kaugummisammlung der Welt« der Brüder Thomas
    und Volker Martins aus Freiburg, die durch das Chaostheater Ohropax
    bekannt wurden, ausgestellt; https://www.museum-offenburg.de/html/
    aktuell/aktuell_u.html?&m=51&artikel=245&cataktuell=647 [Abgeru-
    fen: 11.06.2019]).

18 Bubble Gum Comics: https://www.bubblegum-comics.com/Bazooka
    Joe.html [Abgerufen: 11.06.2019]. Eine wunderschöne Übersicht bietet
    das Buch: The Topps Company: Bazooka Joe and His Gang, London
    2013.

19 The Topps Company: Mars Attacks. 50th Anniversary Collection, Lon-
    don 2012. In Deutschland wurde diese Comicwelt vor allem durch den
    Film »Mars Attacks!« von Tim Burton aus dem Jahr 1996 bekannt.

oder »Magic: The Gathering« verbunden wird,[20] wurde durch die Bubble Gum Cards, die in den 1950er Jahren gewaltig an Beliebtheit gewannen, vorbereitet.[21]

Als Massenprodukt gehört das Kaugummi genauso elementar zur Massenkultur wie Coca-Cola oder Rock 'n' Roll und ist auch untrennbar mit der US-amerikanischen Kultur verbunden.[22] Mit dem Kaugummi wird auch ein eigentümlicher süßlicher Geschmack verbunden, der nicht nur als »Original Dubble Bubble Candy Flavored Lip Balm«[23] oder als Parfüm mit süßlich-fruchtiger Note getragen wird[24], sondern als Lufterfrischer die Wohnung, das Auto[25] oder auch ein Urinal[26] durchweht sowie als Liquid den Geschmack von E-Zigaretten

20   Owens, Tom/Star Helmer, Diana: Inside Collectible Card Games, Minneapolis 1996.

21   Boyd, Brendan C./Harris, Fred C.: The Great American Baseball Card Flipping, Trading and Bubble Gum Book, Boston 1973.

22   Hannoversche Allgemeine Zeitung: Die Amerikaner brachten Kaugummis mit, 12.04.2015: https://www.haz.de/Hannover/Aus-der-Stadt/Uebersicht/Die-Amerikaner-brachten-Kaugummis-mit [Abgerufen: 11.06.2019].

23   Dubble Bubble Candy Flavored Lip Balm: http://lipsticklois.com/lips/dubble-bubble-8-pieces-flavored-lip-balm-set-sour-cherry-apple-cotton-candy-pink-lemonade-original-blue-razz-watermellon-20832 [Abgerufen: 11.06.2019].

24   Siehe dazu Demeter Bubble Gum Cologne Spray: https://www.ebay.de/itm/183715080706 [Abgerufen: 11.06.2019] oder als Beispiel für ein anderes Produkt »der Duftfamilie Aromatisch«: Les Petits Plaisirs: »Bubble Gum«, Fragrantica.de: https://www.fragrantica.de/Parfum/Les-Petits-Plaisirs/Bubble-Gum-30494.html [Abgerufen: 11.06.2019].

25   Wunderbaum »Bubble Gum«: https://www.wunderbaum.com/wb/de/trees/bubble-gum [Abgerufen: 11.06.2019].

26   Der Reinigungsberater: Urinalsieb, Urinaleinlage bubble-gum mit Eigenduft Kaugummi: https://www.reinigungsberater.de/urinalsieb_urinaleinlage_bubble-gum_mit_eigenduft_kaugummi,p-32IM1402.html [Abgerufen: 11.06.2019].

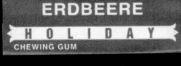

aromatisiert[27]; auch die etwas längeren Zigarettenblättchen[28] werden, ja selbst das Kaugummikaugeräusch wird aufgrund seiner entspannenden Wirkung als ASMR-Video abgerufen[29].

Die Entstehung der Massenkultur Ende des 19. Jahrhunderts scheint auch die Zeitmarke zu sein, ab der sich das moderne Kaugummi als eigenständiges Produkt von seinen historischen Vorläufern, auf denen seit Jahrtausenden gekaut wurden, abgrenzt. Sicher aber spielt bei der Entstehung des Chewing Gums das seit der Maya-Zeit bekannte latexartige Chicle aus Mexiko eine Rolle,[30] sicher wurde bereits in der Antike im Mittelmeerraum auf Mastix gekaut,[31] und aktuelle Untersuchungen deuten darauf hin, dass sogar vor 10.000 Jahren in Skandinavien auf Birkenpech gekaut wurde.[32] Doch erst mit der Werbung, die nicht nur die Eigenschaften, sondern auch die Möglichkeiten dieses Produkts betonten, war es möglich, das Kaugummi zum kulturellen Kitt werden zu lassen.[33]

---

27 Bubblegum Liquid Vampire Vape: https://www.rauchershop.eu/liquid/vampire-vape/bubblegum-liquid-vampire-vape [Abgerufen: 11.06.2019].

28 Juicy Jay's Bubble Gum: https://www.chillhouse.de/papers/king-size/king-size-flavour/juicy-jay-s-bubble-gum [Abgerufen: 11.06.2019].

29 mads asmr: ASMR – Best 20 Mins of Gum Chewing (No Talking), https://www.youtube.com/watch?v=-ounxzX6opA [Abgerufen: 11.06.2019].

30 Vgl. Mathews, Jennifer P./Schultz, Gillian P.: Chicle. The Chewing Gum of the Americas. From the Ancient Maya to William Wrigley, Tucson 2009.

31 Vgl. Hendrickson, Robert: The Great American Chewing Gum Book, Radnor 1976, S. 16–23.

32 Merlot, Julia (dpa): Menschliche DNA in 10.000 Jahre altem Kaugummi entdeckt, Spiegel Online, 15.05.2019: https://www.spiegel.de/wissenschaft/mensch/skandinavien-menschliche-dna-in-10-000-jahre-altem-kaugummi-entdeckt-a-1267614.html [Abgerufen: 11.06.2019].

33 Vgl. Hendrickson, Robert: The Great American Chewing Gum Book, S. 96–103.

So hartnäckig sich das Kaugummi in unserer Alltagskultur festgesetzt hat, so weich scheint es bei näherer Betrachtung. Dies fängt schon damit an, dass nicht genau feststeht, ob sein Genus Maskulinum oder Neutrum ist; der Duden erlaubt nämlich beide Variationen.[34] Die Ambivalenz scheint dieses Objekt auszuzeichnen. So ist es ein Nahrungsmittel, das mit sieben Prozent einem ermäßigten Mehrwertsteuersatz unterliegt,[35] aber eben nicht essbar ist. Eine ähnliche Ambivalenz ergibt sich auch im Hinblick auf das Urteil über das Kaugummi: Einerseits begehrte Süßigkeit, die sinnliche, sogar erotische Lusterfüllung verspricht, haftet ihm andererseits widerwärtiger Ekel an, wenn man ihn von der Schuhsohle kratzen muss. Es ist nicht nur die seltsame Konsistenz, die zwischen fest und weich angesiedelt ist und lange klebrige Fäden zieht, sondern gleichermaßen die Vorstellung, dass diese Masse mit menschlichem Speichel durchdrungen und mit Bakterien und Viren kontaminiert ist.

So werden Kaugummiflecken auf der Straße zu einer politischen Aufgabe,[36] und eine disziplinierende Ordnungsmacht

---

34 Duden – Kaugummi: https://www.duden.de/rechtschreibung/Kaugum mi [Abgerufen: 11.06.2019].

35 Dies ergab eine mündliche Anfrage des Autors beim Zoll Freiburg im Herbst 2018.

36 So werden nicht nur aktuell entsprechende Strafkataloge, wie etwa in Mannheim, eingeführt. Bereits 2005 forderten der CDU-Politiker Siegfried Helias und der Grünen-Politiker Hubert Ulricht einhellig eine Sonderabgabe; siehe Hoppe, Karina: Das Kaugummi-ABC, Schweriner Volkszeitung, 16.01.2009: https://www.svz.de/incoming/das-kaugum mi-abc-id4488706.html [Abgerufen: 11.06.2019].

kann sich des Zuspruchs sicher sein,[37] wenn sie nicht nur Verbote, sondern zugleich auch empfindliche Strafen ausspricht.[38]

Bemerkenswert ist, dass sich – vielleicht gerade auch, weil es sich so allgegenwärtig dem Blick zu entziehen schient – lediglich weniger als ein halbes Dutzend Publikationen aus dem US-amerikanischen Raum diesem merkwürdigen Objekt widmen. Hier ist neben den Büchern »Chicle. The Chewing Gum of the Americas«[39] von Jennifer P. Mathews und Gillian P. Schultz, »Chewing Gum in America, 1850–1920. The Rise of an Industry«[40] von Kerry Segrave, Michael Redclifts »Chewing Gum. The Fortunes of Taste«[41] sowie Lee Wardlaws »Bubblemania. Bubblemania: A Chewy History

---

37   Sehr aufschlussreich waren zu dieser Frage beispielsweise die Kommentare anlässlich der Einführung des Bußgeldes von 100 Euro für einen ausgespuckten Kaugummi in Mannheim am 08.04.2019 auf der Facebookseite des SWR-Fernsehens. Dort verlangten fast alle Kommentierenden noch härtere Strafen, auch wurde häufig Singapur als Beispiel für ein restriktives Vorgehen angeführt. Die Argumente betrafen sowohl die Sauberkeit als auch Fragen der Ökologie, was auch durch die zeitliche Nähe des gleichfalls ausgesprochenen Verbots, Zigarettenkippen wegzuwerfen, unterstützt wurde; siehe Facebook: SWR Fernsehen: Kippe: 75 Euro. Kaugummi: 100 Euro. Die neuen Bußgelder für Müllsünder in Mannheim, 08.04.2019: https://www.facebook.com/SWRFernsehen/photos/a.2091545981079881/2407891602778649/?type=3&theater [Abgerufen: 11.06.2019].

38   So erhebt die Stadt Mannheim eine Strafe bis zu 100 Euro für einen ausgespuckten Kaugummi; siehe Netscher, Marcus: So teuer kann ein ausgespuckter Kaugummi werden, SWR, 03.05.2019: https://www.swr.de/swr1/rp/Mainz-Koblenz-Kaiserslautern-New-York-So-teuer-kann-ein-ausgespuckter-Kaugummi-werden,article-swr-7426.html [Abgerufen: 11.06.2019].

39   Mathews, Jennifer P./Schultz, Gillian P.: Chicle.

40   Segrave, Kerry: Chewing Gum in America, 1850–1920: The Rise of an Industry, Jefferson 2015.

41   Redclift, Michael: Chewing Gum. The Fortunes of Taste, New York/London, 2004.

of Bubble Gum,«[42] vor allem Robert Hendricksons zentrales Werk »The Great American Chewing Gum Book«[43] aus dem Jahr 1976 zu nennen. Aus dem deutschsprachigen Raum ist vor allem das liebevoll gestaltete Heftchen »Der Kaugummi«[44] aus der Reihe »Poesien des Alltags« der Edition Zeitblende besonders hervorzuheben. Vielleicht fehlt dem Massenprodukt die kulturelle Höhe, um als forschungswürdig zu gelten, denn selbst heute vermag dieses Thema noch die Befürchtung auszulösen, dass damit die Kultur- und Geisteswissenschaften auf die Schippe genommen werden sollen und es sich um eine anti-intellektuelle Fachverhöhnung handele. Man mag angesichts solcher Reaktionen aus dem akademischen Bereich konstatieren, dass auf die McDonaldisierung der Bildung nun eine Disneyfizierung der Wissenschaft folgt, denn am Kaugummi, so scheint es, scheiden sich nicht nur die Geister, sondern auch die Kulturen, eine prestigeversprechende akademische Hochkultur und eine kritische Kulturwissenschaft, die auch diesen hegemonialen Diskurs infrage zu stellen bereit ist. Wobei man sagen muss, dass die Naturwissenschaften deutlich weniger Bedenken haben, sich bei diesem Thema »die Finger schmutzig zu machen«, als die Kulturwissenschaften, und es eine Reihe ganz unterschiedlicher Studien zum Nutzen und den Auswirkungen des Kaugummis gibt; die schon fast legendäre Frage, ob das Kaugummi nun tatsächlich

---

42 Wardlaw, Lee: Bubblemania: A Chewy History of Bubble Gum, New York 1997.

43 Hendrickson, Robert: The Great American Chewing Gum Book.

44 Stabe, Helmut/Mahn, Jule Claudia/Illner, Torsten: Der Kaugummi, München/Aarau 2018.

die kognitive Leistungsfähigkeit steigert,[45] wird jedoch weiter kontrovers diskutiert.[46]

Das Kaugummi selbst aber bleibt auch, selbst nachdem es intensiv durchgekaut wurde, immer noch erstaunlich widerständig – es scheint, als ob das Kaugummi trotzig darauf insistiert, seine Besonderheit behalten zu wollen. Vor diesem Hintergrund sind auch die Beiträge dieses Bandes vergnügte Auseinandersetzungen, die vielleicht sogar mehr über die eigene Herangehensweise verraten – indem sie diesem »unfassbaren Ding« ihre eigene Argumentation einprägen – als über das Kaugummi selbst.

Das Kaugummi scheint unverdaulich zu bleiben, auch im übertragenen Sinne. Es widersetzt sich renitent jeder Vereinnahmung und entzieht sich einem kategorisierenden Blick. Vielleicht ist dies das Besondere des Kaugummis: Dass es kontroverse Reaktionen auslöst, was eben auch darin liegen kann, dass es sich einer klaren Identifizierung entzieht und sich nicht eindeutig in eine Kategorie einordnen lässt. Man könnte es als irritierendes »wimmelndes Gräuel«[47] deuten, das tabuisiert und als Verfemtes aus dem aufgeklärten Diskurs gekärchert wird.

---

45 Hollingworth, Harry. L.: Chewing as a technique of relaxation, in: Science, Vol. 90/2339 (10/1939): https://science.sciencemag.org/content/90/2339/385 [Abgerufen: 22.07.2020].

46 Rost, Detlef H./Wirthwein, Linda/Frey, Kristina/Becker, Elvira: Steigert Kaugummikauen das kognitive Leistungsvermögen? Zwei Experimente der besonderen Art, in: Zeitschrift für Pädagogische Psychologie (2010), 24, Göttingen, 2010: https://doi.org/10.1024/1010-0652/a000003 [Abgerufen: 11.06.2019].

47 Ein Begriff, der Mary Dougles strukturalistischer Gastrosophie entliehen wurde; siehe Douglas, Mary: Das Entziffern einer Mahlzeit, in: Kashiwagi-Wetzel, Kikuko/Meyer, Anne-Rose (Hg.): Theorien des Essens, Frankfurt a. M. 2017, S. 110ff.

Quellen

Boyd, Brendan C./Harris, Fred C.: The Great American Baseball
Card Flipping, Trading and Bubble Gum Book, Boston 1973.

Bubble Gum Comics: https://www.bubblegum-comics.com/
BazookaJoe.html [Abgerufen: 11.06.2019].

Bubblegum Liquid Vampire Vape: https://www.rauchershop.eu/
liquid/vampire-vape/bubblegum-liquid-vampire-vape [Abge-
rufen: 11.06.2019].

Chewinggumfacts.com: Chewing Gum Types: http://www.chewing
gumfacts.com/chewing-gum-facts/chewing-gums-types/ [Abge-
rufen: 11.06.2019].

Conrad, Andreas: Die Ekelmauer am Potsdamer Platz, Tagesspiegel,
15.08.2011: https://www.tagesspiegel.de/berlin/kaugummi
-attacke-die-ekelmauer-am-potsdamer-platz/4501228.html [Ab-
gerufen: 11.06.2019].

Demeter Bubble Gum Cologne Spray: https://www.ebay.de/itm/
183715080706 [Abgerufen: 11.06.2019].

Der Reinigungsberater: Urinalsieb, Urinaleinlage bubble-gum mit
Eigenduft Kaugummi: https://www.reinigungsberater.de/urinal
sieb_urinaleinlage_bubble-gum_mit_eigenduft_kaugummi,p-32
IM1402.html [Abgerufen: 11.06.2019].

Deutsches Krebsforschungszentrum: Gesetzliches Verbot von
Kinderzigaretten zum Schutz von Kindern und Jugendlichen
erforderlich: https://www.dkfz.de/de/tabakkontrolle/download/
Publikationen/AdWfP/AdWfP_Kinderzigaretten.pdf [Abgeru-
fen: 11.06.2019].

Douglas, Mary: Das Entziffern einer Mahlzeit, in: Kashiwagi-
Wetzel, Kikuko/Meyer, Anne-Rose (Hg.): Theorien des Essens,
Frankfurt a. M. 2017.

Dubble Bubble Assortet Gumballs: https://www.ebay.de/itm/17388
8573126 [Abgerufen: 11.06.2019].

Dubble Bubble Candy Flavored Lip Balm: http://lipsticklois.com/
lips/dubble-bubble-8-pieces-flavored-lip-balm-set-sour-cherry-
apple-cotton-candy-pink-lemonade-original-blue-razz-water
mellon-20832 [Abgerufen: 11.06.2019].

Duden – Kaugummi: https://www.duden.de/rechtschreibung/
Kaugummi [Abgerufen: 11.06.2019].

Facebook: SWR Fernsehen: Kippe: 75 Euro. Kaugummi: 100 Euro.
    Die neuen Bußgelder für Müllsünder in Mannheim, 08.04.2019:
    https://www.facebook.com/SWRFernsehen/photos/a.2091545981
    079881/2407891602778649/?type=3&theater [Abgerufen:
    11.06.2019].
Fini: https://www.fini.es/en/gums [Abgerufen: 11.06.2019].
Gum Wrappers World. Site for Gum Collectors: http://gww.su/de/
    authorgerman/[Abgerufen: 11.06.2019].
Gumball Charms: https://www.samstoybox.com/toys/Gumball
    Charms.html [Abgerufen: 11.06.2019].
Hannoversche Allgemeine Zeitung: Die Amerikaner brachten
    Kaugummis mit, 12.04.2015: https://www.haz.de/Hannover/
    Aus-der-Stadt/Uebersicht/Die-Amerikaner-brachten
    -Kaugummis-mit [Abgerufen: 11.06.2019].
Hendrickson, Robert: The Great American Chewing Gum Book,
    Radnor 1976.
Hollingworth, Harry. L.: Chewing as a technique of relaxation, in:
    Science, Vol. 90/2339, 10/1939: https://science.sciencemag.org/
    content/90/2339/385 [Abgerufen: 22.07.2020].
Hoppe, Karina: Das Kaugummi-ABC, Schweriner Volkszeitung,
    16.01.2009: https://www.svz.de/incoming/das-kaugummi-abc-id
    4488706.html [Abgerufen: 11.06.2019].
Juicy Jay's Bubble Gum: https://www.chillhouse.de/papers/
    king-size/king-size-flavour/juicy-jay-s-bubble-gum [Abgerufen:
    11.06.2019].
Les Petits Plaisirs: Bubble Gum, Fragrantica.de: https://www.fra
    grantica.de/Parfum/Les-Petits-Plaisirs/Bubble-Gum-30494.html
    [Abgerufen: 11.06.2019].
mads asmr: ASMR – Best 20 Mins of Gum Chewing (No Talking),
    https://www.youtube.com/watch?v=-ounxzX60pA [Abgerufen:
    11.06.2019].
Mars Attacks!, Regie: Tim Burton, Warner Bros., 1996.
Marukawa Bubble Gum Yoghurt: https://www.ebay.de/itm/
    192306037955 [Abgerufen: 11.06.2016].
Mathews, Jennifer P./Schultz, Gillian P.: Chicle. The Chewing
    Gum of the Americas. From the Ancient Maya to William
    Wrigley, Tucson 2009.

Merlot, Julia (dpa): Menschliche DNA in 10.000 Jahre altem Kaugummi entdeckt, Spiegel Online, 15.05.2019: https://www.spiegel.de/wissenschaft/mensch/skandinavien-menschliche-dna-in-10-000-jahre-altem-kaugummi-entdeckt-a-1267614.html [Abgerufen: 11.06.2019].

Museum Offenburg: https://www.museum-offenburg.de/html/aktuell/aktuell_u.html?&m=51&artikel=245&cataktuell=647 [Abgerufen: 11.06.2019].

Netscher, Marcus: So teuer kann ein ausgespuckter Kaugummi werden, SWR, 03.05.2019: https://www.swr.de/swr1/rp/Mainz-Koblenz-Kaiserslautern-New-York-So-teuer-kann-ein-ausge spuckter-Kaugummi-werden,article-swr-7426.html [Abgerufen: 11.06.2019].

Nicorette Kaugummi: https://www.nicorette.de/nikotinersatzpro dukte/nikotinkaugummi [Abgerufen: 11.06.2019].

Owens, Tom/Star Helmer, Diana: Inside Collectible Card Games, Minneapolis 1996.

Redclift, Michael: Chewing Gum. The Fortunes of Taste, New York/London, 2004.

Rost, Detlef H./Wirthwein, Linda/Frey, Kristina/Becker, Elvira: Steigert Kaugummikauen das kognitive Leistungsvermögen? Zwei Experimente der besonderen Art, in: Zeitschrift für Pädagogische Psychologie (2010), 24, Göttingen, 2010: https://doi.org/10.1024/1010-0652/a000003 [Abgerufen: 11.06.2019].

Segrave, Kerry: Chewing Gum in America, 1850–1920: The Rise of an Industry, Jefferson 2015.

Stabe, Helmut/Mahn, Jule Claudia/Illner, Torsten: Der Kaugummi, München/Aarau 2018.

Stimorol Liquorice: https://www.ebay.de/itm/381431778470 [Abgerufen: 11.06.2019].

The Topps Company: Bazooka Joe and His Gang, London 2013.

The Topps Company: Mars Attacks. 50th Anniversary Collection, London 2012.

Thrills Chewing Gum: https://www.ebay.de/itm/283488176282 [Abgerufen: 11.06.2019].

Torres, Carolina: Das ist die ekligste Sehenswürdigkeit der Welt. Und sie ist so hübsch!, Bento, 27.05.2016, https://www.bento.de/art/gum-wall-kaugummi-wand-in-seattle-ist-touristenattrak

tion-a-00000000-0003-0001-0000-000000589653 [Abgerufen:
11.06.2019].

von Lettow-Vorbeck, Nicolas: Nostalgie-Bewahrer: Glück für 20
Cent, YPS, Februar 2014.

Wardlaw, Lee: Bubblemania: A Chewy History of Bubble Gum,
New York 1997.

Wrigley's Extra Winterfresh: https://www.ebay.de/itm/3031639
77706 [Abgerufen: 11.06.2019].

Wunderbaum »Bubble Gum«: https://www.wunderbaum.com/wb/
de/trees/bubble-gum [Abgerufen: 11.06.2019].

Xucker Xylit Kaugummi: https://www.xucker.de/zahnpflege/kau
gummis [Abgerufen: 11.06.2019].

Zed Candy »Glubscher«: https://www.geschenkefuerfreunde.de/
kaugummi-auge-glubscher.html [Abgerufen: 11.06.2019].

Zur Kulturgeschichte des Kaugummis: Masse

Anna-Lena Huber / Sacha Szabo

Das Kaugummi im Alltag

Es ist so ein allgegenwärtiger Teil unseres Alltags, dass wir kaum noch die dunklen Flecken auf den Straßen wahrnehmen. Nur, wenn es sich als klebriges Ärgernis an den Schuh heftet, bringt es sich in Erinnerung. Das Kaugummi. Dabei ist das Kaugummi ein äußerst ungewöhnliches Nahrungsmittel, nämlich eines mit einem äußerst geringen Nährwert[1], das nicht einmal verzehrt werden kann. Falls es doch einmal geschluckt wird, »verklebt« es – entgegen gern geäußerten Befürchtungen – nicht den Magen, sondern wird weitestgehend unverdaut ausgeschieden.[2] Zentrales Merkmal scheint die namengebende Eigenschaft dieser Substanz zu sein: dass sie *gekaut* wird. Das Kauen (Mastikation) ist ein mechanischer

---

1   Vgl. U. S. Department of Agriculture/Food and Nutrition Service: Foods of Minimal Nutritional Value: https://www.fns.usda.gov/cn/foods-minimal-nutritional-value [Abgerufen: 22.06.2020]. Siehe auch: Naehrwertrechner.de: https://www.naehrwertrechner.de/naehrwerte/Kaugummi / [Abgerufen: 11.06.2020].

2   Bsp. Süddeutsche Zeitung: Verklebt Kaugummi den Magen, 16.12.2015: https://www.sueddeutsche.de/news/gesundheit/gesund heit-verklebt-kaugummi-den-magen-dpa.urn-newsml-dpa-com -20090101-151215-99-348957 [Abgerufen: 11.06.2019].

Vorgang, der zur Zerkleinerung der Nahrung und deren erster enzymatischen Aufspaltung (Verdauung) dient, und stellt ein komplexes Zusammenspiel von Bewegungen der Kaumuskulatur unter Einbeziehung der Muskulatur von Wangen, Lippen und Zunge dar.[3] Es ist Teil der biologischen Verfassung des Menschen; die *Art* des Kauens hingegen ist, wie von Norbert Elias beschrieben, sozialen Normen unterworfen.[4] Es »schickt« sich nicht, mit offenem Mund oder lauten Geräuschen zu essen. Dieses naturhafte Erbe zu kultivieren, ist Teil der Zivilisiertheit. Das mag einer der Gründe sein, weswegen das Kaugummikauen oft als »unpassend« wahrgenommen wird und bemerkenswerterweise in einigen zentralen Büchern über die Geschichte des Kaugummis in einem eigenen Kapitel ausführlich behandelt wird.[5] So zitiert dort beispielsweise Hendrickson aus alten Büchern zur Etikette:

> »Chewing gum cheapens both you and your firm! The working of you jaws in that vulgar manner gives you a common appearance«[6]

---

3   Vgl. Lecturio.de: Kaumuskulatur, Zungenmuskulatur und Kiefergelenk: https://www.lecturio.de/magazin/kau-und-zungenmuskulatur / [Abgerufen: 11.06.2019].

4   Dazu: Elias, Norbert: Über den Prozess der Zivilisation. Soziogenetische und psychogenetische Untersuchungen. Erster Band. Wandlungen des Verhaltens in den weltlichen Oberschichten des Abendlandes, Frankfurt a. M. 1997, bes. S. 244–248.

5   Siehe: Hendrickson, Robert: The Great American Chewing Gum Book, S. 223–230. Siehe auch: Mathews, Jennifer P./Schultz, Gillian P.: Chicle. The Chewing Gum of the Americas. From the Ancient Maya to William Wrigley, Tuscon, S. 8–11 und siehe: Wardlaw, Lee: Wardlaw, Lee: Bubblemania: A Chewy History of Bubble Gum, New York 1997, S. 135–138.

6   Vgl. Hendrickson, Robert: The Great American Chewing Gum Book, S. 224.

»Chewing gum is an act that should be avoided except by persons in a cheap burlesque house where such things are done«[7]

Das Kauen selbst soll, so legen Studien nahe, verschiedene positive Eigenschaften besitzen: Manche psychologische Untersuchungen führen aus, dass durch das Kauen innere Unruhe verringert sowie Stress abgebaut werden kann.[8] Darüber hinaus soll das Kauen helfen, Einsamkeit und Langeweile zu vertreiben. Allerdings gibt es auch sehr stichhaltige Argumente, diese Annahmen schon allein aus methodischer Sicht zu verwerfen.[9] Auch wird häufig angeführt, dass Kauen die Anspannung von Nerven und Muskeln löst, was aber gleichfalls kontrovers beurteilt wird.[10] Nicht zuletzt soll es angeblich auch Hunger und Durst unterdrücken sowie die Konzentrationsfähigkeit von Arbeitern und Autofahrern fördern.[11] Aus psychoanalytischer Perspektive wird das Kauen mit der Mutterbrust in Verbindung gebracht und als Form der Selbst-

---

7   Vgl. ebd.
8   Ebd., S. 219–222 und aktueller auch hier: Wissenschaft.de: Kaugummi als Lernhilfe: https://www.wissenschaft.de/umwelt-natur/kaugummi -als-lernhilfe / [Abgerufen: 11.06.2020].
9   Vgl. Füßler, Claudia: Wer Kaugummi kaut, regt nicht sein Gehirn an – tut aber seinen Zähnen Gutes, Badische Zeitung, 22. August 2016: https://www.badische-zeitung.de/wer-kaugummi-kaut-regt-nicht-sein -gehirn-an-tut-aber-seinen-zaehnen-gutes [Abgerufen: 22.07.2020].
10 Siehe: Dr-Jochum.de: Funktionstherapie: https://www.dr-jochum. de/leistungen/kiefergelenk-bisslage/funktionstherapie / [Abgerufen: 11.06.2019]. Siehe auch: Gesundheit.de: Was alles in Kaugummis steckt: https://www.gesundheit.de/ernaehrung/rund-ums-lebensmit tel/kaugummi-kauen [Abgerufen: 11.06.2020] oder www.galileo.tv: Kaugummikauer machen eine Menge richtig: https://www.galileo. tv/life/kaugummikauer-machen-eine-menge-richtig / [Abgerufen: 11.06.2020].
11 Vgl. Hendrickson, Robert: The Great American Chewing Gum Book, S. 15f.

befriedigung gedeutet.[12] Recht unstrittig ist der Befund, dass Kauen die Mundflora fördert[13], und – sofern das Kaumaterial nicht überzuckert ist – der Zahnhygiene dient.[14]

Auch wenn sich diese Untersuchungen mit dem Kaugummi beschäftigen, steht dabei der Vorgang des Kauens im Vordergrund. Wenn wir das Kauen als angeborenen Drang deuten, um an die Muttermilch zu gelangen,[15] dann liegt nahe, dass bereits in der Vorzeit auf allem Möglichen wie Stöcken, Knochen, Walspeck oder Knorpel gekaut wurde.[16] Wobei man eben nicht genau sagen kann, warum dies im jeweiligen Einzelfall geschah.

Birkenpech

Erste Kauobjekte, die Zahnabdrücke tragen, wurden in Schweden gefunden und können bis vor 10.000 Jahren zurückdatiert werden.[17] Den mutmaßlich ältesten Beweis für frühes »Kaugummi« fanden Archäologen 1993 in Schweden. Dort entdeckten Forscher:innen dunkles, mit Honig gesüßtes Harzgummi, mit Zahnabdrücken eines Kindes oder Jugend-

---

12   Vgl. ebd., S. 15, S. 221f.

13   Vgl. ebd., S. 15, S. 207–218.

14   Bsp. Füßler, Claudia: Wer Kaugummi kaut, regt nicht sein Gehirn an – tut aber seinen Zähnen Gutes, Badische Zeitung, 22. August 2016: https://www.badische-zeitung.de/wer-kaugummi-kaut-regt-nicht-sein-gehirn-an-tut-aber-seinen-zaehnen-gutes [Abgerufen: 22.07.2020].

15   Dazu: Wardlaw, Lee: Bubblemania, S. 11.

16   Dazu: Hendrickson, Robert: The Great American Chewing Gum Book, S. 16–21.

17   Spiegel Online: Menschliche DNA in 10.000 Jahre altem Kaugummi entdeckt: https://www.spiegel.de/wissenschaft/mensch/skandinavien-menschliche-dna-in-10-000-jahre-altem-kaugummi-entdeckt-a-1267 614.html [Abgerufen: 11.06.2020].

lichen.[18] Deutlich umfangreicher sind die Aussagen, die zum
Kauen von Birkenpech vorliegen. So wurden in einer Pfahlbausiedlung am Bodensee, die im Neolithikum, etwa um
4000 v. Chr. bewohnt war,[19] über die ganze Siedlung verteilt
ca. 200 Stücke Birkenpech gefunden, bei denen auf knapp der
Hälfte menschliche Zahnabdrücke festgestellt werden konnten. Die Zahnabdrücke geben sowohl Aufschluss über das Alter der Kauenden als auch über deren Zahngesundheit.[20] Das
Birkenpech fand seine Anwendung vor allem beim Kleben
von Werkzeugen aus Stein und Holz sowie bei der Abdich-
tung von Booten, Dächern, Schuhen, Taschen und Körben.
Die Konsistenz von Birkenpech verändert sich jedoch mit der
Zeit, sodass sich das Material nicht mehr verbauen lässt. Es
wird vermutet, dass die Menschen Birkenpech kauten, um
es wieder geschmeidig und weich zu machen. Der Speichel
musste dann lediglich noch mit den Händen aus der Masse herausgeknetet werden, damit das Pech seine Klebrigkeit
zurückgewann.[21] Es gibt jedoch auch Pechstücke, auf denen
Zahnabdrücke noch erkennbar waren, die jedoch keine Hinweise auf eine Weiterverarbeitung geben und »Gründe gehabt
haben, die jenseits einer handwerklichen Nutzung liegen«.[22]
Bei der Analyse der Kaugummistücke wurde deutlich, dass
die Menschen auch schon früher das Kaugummi zwischen

---

18 Siehe: Mathews, Jennifer P. /Schultz, Gillian P.: Chicle. The Chewing
    Gum of the Americas, S. 37.

19 Dazu: Archäologisches Landesmuseum Baden-Württemberg/Landes-
    amt für Denkmalpflege Baden-Württemberg (Hg.): 4.000 Jahre Pfahl-
    bauten, Ostfildern 2016.

20 Siehe: Fuchs, Carola/Wahl, Joachim: Kaugummi oder Werkstoff.
    Birkenpechstücke aus der Pfahlbausiedlung Hornstaad-Hörnle am
    Bodensee, Denkmalpflege in Baden-Württemberg – Nachrichtenblatt
    der Landesdenkmalpflege, 42(4) 2013, S. 240.

21 Vgl. ebd.

22 Vgl. ebd., S. 242.

den Schneidezähnen des Ober- und Unterkiefers rollten. Das Kauen von damals unterscheidet sich demnach nicht maßgeblich vom heutigen Kaugummikauen. Sofern das Harz nicht zur Weiterverarbeitung als Klebstoff verwendet wurde, sondern zum reinen Zeitvertreib, wird es oftmals nach dem gleichen Schema gekaut: Es wird hin und her geschoben, mit Zähnen und Zunge gerollt, flachgekaut und schließlich wieder zusammengedrückt. In der Mehrzahl der Fälle kann beobachtet werden, dass auf dem Kaugummi vor dem Ausspucken noch einmal fest zugebissen wird.[23] Weitere Untersuchungen der Pechstücke ergaben, dass diese hauptsächlich von Kindern oder Jugendlichen zwischen den Mahlzeiten gekaut wurden.[24] Das Birkenpech selbst besitzt einen markanten, rauchigen Geschmack, der durch ein leichtes Brennen auf der Zunge noch unterstützt wird. Birkenpech werden verschiedene positive Eigenschaften zugeschrieben: So soll es für die Zahngesundheit förderlich sein oder bei Hautkrankheiten helfen, wobei diese Eigenschaften aus pharmakologischer Sicht kritisch zu beurteilen sind, da das Pech im Verdacht steht, krebserregend zu sein.[25]

Mastix

Neben Birkenpech wurde bereits sehr früh in der Menschheitsgeschichte und bis heute auch auf verschiedenen anderen Baumharzen, wie etwa in Russland auf Harz von Lärchen, aus denen im Übrigen auch Terpentin gewonnen werden kann,[26]

---

23   Vgl. ebd., S. 243.
24   Vgl. ebd., S. 244.
25   Vgl. ebd., S. 243.
26   Natho, Günther: Rohstoffpflanzen der Erde, Leipzig 1986, S. 110.

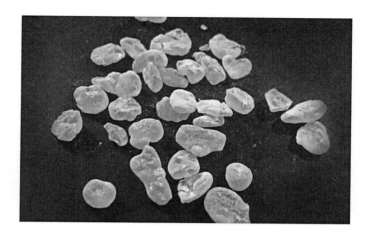

gekaut[27]. Es kommen sogar neue Produkte hinzu, wie das von
zwei österreichischen Studentinnen aus einer Lehrveranstal-
tung heraus erdachte und bis zur Marktreife entwickelte »Alpengummi«,[28] das aus Bienenwachs und Schwarzkieferharz
besteht.[29] Das vermutlich bekannteste Harz, das gerne gekaut
wird, ist das Harz des Mastix-Baums, aus dessen Name sich
auch die lateinische Bezeichnung für das Kauen als Mastifi-
kation ableitet.[30]

Mastix ist ein gelbfarbiges Harz, welches aus der Rinde
des Mastix-Pistazienbaumes gewonnen wird und poetisch

27   Zum Beispiel »Zhivitsa«. Zu finden beispielsweise über Ebay: https://
      www.ebay.de/itm/3-pcs-Natural-Organic-Chewing-Gum-Zhivitsa
      -from-Siberian-Larch-Cedar-Resin/133141932419?hash=item1effe0a
      983:g:z50AAOSwbXddUcoX [Abgerufen: 22.07.2020].
28   ORF: Studentinnen entwickeln Harz-Kaugummi: https://wien.orf.at/
      v2/news/stories/2928340 / [Abgerufen: 22.07.2020].
29   Alpengummi: https://www.alpengummi.at / [Abgerufen: 22.07.2020].
30   Vgl. Hendrickson, Robert: The Great American Chewing Gum Book,
      S. 23.

als »Tränen von Chios« bezeichnet wurde.[31] Die Ortsanga-
be hilft, die Gebiete zu bestimmen, in denen Mastixbäume
anzufinden waren. Außer im Süden Griechenlands waren
sie vor allem auf den griechischen Inseln und im heutigen
Nahen Osten verbreitet. Zur Gewinnung des Harzes wurde
die Rinde der Bäume angeritzt, und die austretende Masse
aufgesammelt.[32] Die Beliebtheit von Mastix erhielt sich über
Jahrhunderte, ja über Jahrtausende und es wird in die heute
Zeit angebaut und gekaut[33]. Es war im Alten Ägypten als Teil
der Kyphi Räuchermischung bekannt[34], auch wird es mutmaßlich in der Bibel (Gen 37[35] und Gen 43[36]) erwähnt. In der
Antike wird es von Herodot von Halikarnassos, Theophrastos
von Eresos und bei Galenos von Pergamon, dessen Lehre über
Jahrhunderte maßgeblichen Einfluss auf die europäische Medizin ausübte, erwähnt. Vor allem aber hat *Pedanios Diskuri-
des* die heilenden Eigenschaften von Mastix in seinem Werk
de materia medica folgendermaßen beschrieben[37]: »Das Mastixharz wird aus zerriebenem Mastix bereitet. Es ist wirksam

---

31 Dazu: Deutschlandfunk: Die kostbaren Tränen von Chios: https://www.
deutschlandfunk.de/die-kostbaren-traenen-von-chios.1242.de.html?
dram:article_id=189419 [Abgerufen: 11.06.2020].

32 Ebd.

33 Chios-Mastix: https://www.mastihashop.com/de/mastiha-hiou/mastiha
-hiou-st-10gr-pf / [Abgerufen: 11.06.2020].

34 Vgl. Medizinische Papyri: http://www.medizinische-papyri.de/Papyrus
Ebers/html/index.htm [Abgerufen: 11.06.2020]. Auch heute noch wird
Mastix auch als für Räuchermischungen gerne genutzt und fördert
»das Hellsehen, den visionären Weitblick und macht geistig wach«.
Quelle: https://www.vitabiente.de/103-mastix-reines-raucherharz.html
[Abgerufen: 11.06.2020].

35 Vgl. Bibel, Neue Evangelische Übersetzung: https://www.bibel-online.
net/buch/neue_evangelistische/1_mose/37/#1 [Abgerufen: 22.07.2020].

36 Vgl. Bibel, Neue Evangelische Übersetzung: https://www.bibel-online.
net/buch/neue_evangelistische/1_mose/43/#1 [Abgerufen: 11.06.2020].

37 Vgl. Dioskurides: Materia Medica aus: Pharmawiki.ch: https://www.phar
mawiki.ch/wiki/index.php?wiki=Dioskurides Abgerufen: 11.06.2020].

gegen alle Gebärmutterleiden, mässig erwärmend, adstringierend, wirksam gegen die den Magen überziehenden Verhärtungen, Bauchschmerzen und Dysenterieanfälle; auch reinigt es das Angesicht und bewirkt eine gesunde Farbe«.[38]

Mastix wird bis heute kultiviert und in der Kosmetik genutzt, um den Atem aufzufrischen, die Zähne zu reinigen[39] oder falsche Bärte anzukleben,[40] und findet seine Verwendung in solch unterschiedlichen Bereichen wie als Klebstoff oder Räucherwerk, in Spirituosen oder Malereibedarf – und auch in der Lebensmittelindustrie.[41] So wird es nicht nur im Mittelmeerraum in Backwaren und Süßigkeiten, wie dem bekannten Lokum, und als besonderes Kaugummi geschätzt.[42] Neben Harzen wird auch aktuell noch auf Gummiharzen wie Myrrhe oder Weihrauch[43] gekaut, der sogar als Kauweihrauch Luban (Boswilla sacra) angeboten wird und natürlich auf Gummis wie dem bereits in der Bibel in 1. Mose 37,25 erwähnten Traganth[44], der aus verschiedenen Astragalus-Ar-

---

38 Aus: Dioskurides: Materia Medica aus: Pharmawiki.ch: https://www. pharmawiki.ch/wiki/index.php?wiki=Dioskurideshttps://www.phar mawiki.ch/wiki/documents/Materia_Medica_Buch_I.txt (Anm. Formatierungsfehler wurden korrigiert) [Abgerufen: 11.06.2020].

39 Masthihashop.com: https://www.mastihashop.com/de / [Abgerufen: 11.06.2020].

40 Maskworld.com: https://www.maskworld.com/german/products/schmin ke/karneval-halloween-fasching-schminke--610/schminkfarben--6103/ metamorph-mastix-hautkleber--12500 [Abgerufen: 11.06.2020].

41 Dazu: Wikipedia: Mastix [Bearbeitungsstand: 22.05.2020]: https://de. wikipedia.org/wiki/Mastix#Verwendung. [Abgerufen: 11.06.2020].

42 Masthihashop.com: https://www.mastihashop.com/de / [Abgerufen: 11.06.2020]. Eine aktuell bekannte Marke ist »Elma« (https://www. gummastic.gr/en/products/elma [Abgerufen: 22.07.2020]).

43 Natho, Günther: Rohstoffpflanzen der Erde, S. 112f.

44 Vgl. Bibel, Neue Evangelische Übersetzung: https://www.bibel-online. net/buch/neue_evangelistische/1_mose/37/#1 [Abgerufen: 22.07.2020].

ten gewonnen wird[45] und sogar als Modelliermasse in Klosterarbeiten und als Christbaumschmuck Verwendung fand[46]. Dann natürlich auf dem aus Akazien gewonnenen Gummi Arabicum[47], das nicht nur als Arznei und Lebensmittelzusatz, sondern vor allem auch als Briefmarkenklebstoff bekannt ist, gekaut. Gewonnen werden die meisten dieser Harze und Gummis, indem die Rinde der Pflanze angeritzt oder eingekerbt wird und der austretende eingedickte oder eingetrocknete Pflanzensaft eingesammelt, teilweise schon als Rohprodukt genutzt, oder weiterverarbeitet wird.[48] Am Rande angemerkt: Betrachtet man Gummi Arabicum als möglichen Ursprung, von dem sich die Bezeichnung für Kaugummi ableitet, ließe sich vielleicht auch die Frage nach dem deutschen Genus beantworten. Zwar kann das Kaugummi, nach dem Duden, sowohl als »Der« wie auch »Das« bezeichnet werden[49], was auch für »Gummi« gilt[50]. Allerdings weist der Duden darauf hin, dass dies auch eine Kurzform eben für Gummi Arabicum sein könne[51], dessen Genus eindeutig scheint, nämlich »Das«.[52]

45   Siehe: Natho, Günther: Rohstoffpflanzen der Erde, S. 105.

46   Dazu: SWR: Süsses Biedermeier: https://www.br.de/radio/bayern2/suesses-biedermeier100.html [Abgerufen: 22.07.2020].

47   Siehe: Natho, Günther: Rohstoffpflanzen der Erde, S. 104f.

48   Siehe ebd.

49   Duden: Kaugummi: Substantiv, maskulin, oder Substantiv, Neutrum: https://www.duden.de/rechtschreibung/Kaugummi [Abgerufen: 22.07.2020].

50   Duden: Gummi: Substantiv, maskulin, oder Substantiv, Neutrum: https://www.duden.de/rechtschreibung/Gummi_Erzeugnis_Kondom [Abgerufen: 22.07.2020].

51   Vgl. Duden: https://www.duden.de/rechtschreibung/Gummi_Erzeugnis_Kondom [Abgerufen: 22.07.2020].

52   Duden: Gummiarabicum: Substantiv, Neutrum: https://www.duden.de/rechtschreibung/Gummiarabikum [Abgerufen: 22.07.2020].

Chicle

Für die heutigen Kaugummis, die wir in den Süßigkeiten-
regalen finden, ist indes eine andere Entwicklungslinie von
wesentlicherer Bedeutung, welche ihren Ursprung auf der
gegenüberliegenden Seite der Erdkugel hat. Bereits vor 4000
Jahren wurde der Milchsaft des Sapotillbaums, des Breiapfelbaums und anderer Manilkara-Bäume durch Anritzen der
Baumrinde gewonnen.[53]

Die eingedickte Substanz »Chicle« wird in der Sprache der
Maya als »tzicte'ya« bezeichnet, was von Matthews/Schultz
sinngemäß als »noble wounded Tree« übersetzt wird[54] und
auf die Art der Gewinnung hinweist, als auch im Aztekischen
»tzictli«[55] genannt. Allerdings gab es neben diesem latexartigen (Mountain) Chicle auch noch eine weitere Substanz, die
gekaut wurde und aus Harzen bestand (Chapote).[56] Chicle als
Bezeichnung für die latexartigen Kaugummis hat sich nicht
nur im Spanischen, sondern auch im Griechischen *(tskila)*
und in der türkischen Umgangssprache *(ciklet)* erhalten.[57]

Chicle war, so berichten es Matthews/Schultz, auch in
diesen Gesellschaften bestimmten sozialen Konventionen
unterworfen, und die Art des Kauens ging mit der Zuschreibung sozialer Rollen einher.[58] Latex selbst war Bestandteil ver-

---

53   Siehe dazu auch den eindrucksvollen Fotoband von Lluis Garay. (Garay,
     Lluis: L'Arbre á Chewing – Gum, Paris 1993). Vgl. Auch Mathews,
     Jennifer P./Schultz, Gillian P.: Chicle. The Chewing Gum of the
     Americas, S. 6ff. und S. 11–15, S. 23f.

54   Vgl. ebd., S. 6.

55   Vgl. ebd.

56   Vgl. ebd.

57   Dazu auch: Wikipedia: Chicle [Bearbeitungsstand: 08.06.2020]: https:
     //de.wikipedia.org/wiki/Chicle [Abgerufen: 06.11.2020].

58   Mathews, Jennifer P./Schultz, Gillian P.: Chicle. The Chewing Gum of
     the Americas, S. 8–11.

schiedener Rituale, wie etwa dem rituellen Ballspiel[59] oder der Herstellung bestimmter heiliger Objekte, war aber gleichfalls im Alltag weitverbreitet. So wurde es von Mayas und Azteken zum Beispiel nach dem Essen gekaut – um etwa die Verdauung anzuregen oder als Erfrischung.[60] Auch wurden dem Chicle heilende Eigenschaften zugeschrieben; es sollte bei Zahnproblemen oder bei Verdauungsstörungen helfen und wurde auch zur Behandlung von Hämorrhoiden eingesetzt.[61] Auch wurde Chicle bei langen Expeditionen genutzt, um den Mund vor Austrocknung zu schützen, die Mundhygiene zu verbessern und das Durstgefühl zu unterdrücken.[62] Zur besseren Handhabe und Frischhaltung wurde diese kle-

---

59 Vgl. ebd., S. 18.
60 Vgl. Wardlaw, Lee: Bubblemania, S. 13.
61 Siehe: Mathews, Jennifer P./Schultz, Gillian P.: Chicle. The Chewing Gum of the Americas, S. 17f. und S. 33f.
62 Siehe: Wardlaw, Lee: Bubblemania, S. 13.

brige Substanz in Blätter eingewickelt.[63] Trotz der Konquista und der spanischen Kolonialzeit blieb das Wissen über Chicle erhalten, und bis heute werden kleine alte Chicle-Plantagen von den Nachkommen der Mayas weiterhin kultiviert.[64] Allerdings blieb seine Verbreitung auf Mexiko beschränkt – es war ein Alltagsprodukt, noch keine Industrieware.

Der Sprung über die Grenze nach Nordamerika gelang Chicle in den Taschen des Generals *Antonio Lopez de Santa Anna*.[65] Dieser zeichnete sich im mexikanisch-spanischen Unabhängigkeitskrieg aus, verlor aber auch den texanisch-mexikanischen Krieg, der sich durch die Schlacht und Massaker bei Alamo, bei der William Travis, John Bowie und David Crockett getötet wurden, ins kulturelle Gedächtnis einschrieb[66]. Santa Anna bekleidete aber auch nach der Niederlage und seiner Gefangennahme weiterhin hohe Ämter. So war er insgesamt mindestens achtmal Staatschef von Mexiko, wurde allerdings auch fünfmal ins Exil geschickt. Als Armeeführer war Santa Anna mit den Eigenschaften von Chicle, das seine Soldaten im Marschgepäck bei sich führten, vertraut. Er wusste auch dessen Vorzüge zu schätzen und hatte, als er von Benito Juarez gestürzt wurde und Zuflucht in den Vereinigten Staaten fand, eine Vierteltonne[67]

63 Vgl. ebd.
64 Siehe auch: Amigos de Sian Ka'an, A. C.: Chicle. The Natural Chewing Gum, Cancún 1993.
65 Vgl. Hendrickson, Robert: The Great American Chewing Gum Book, S. 44–48. Vgl. auch Wardlaw, Lee: Bubblemania, S. 24ff. und Vgl. Mathews, Jennifer P./Schultz, Gillian P.: Chicle. The Chewing Gum of the Americas, S. 40–43.
66 Vgl. Hendrickson, Robert: The Great American Chewing Gum Book, S. 44f. Alternativ siehe auch Wikipedia: Alamo [Bearbeitungsstand: 24.02.2020]: https://de.wikipedia.org/wiki/Alamo [Abgerufen: 22.07.2020].
67 Vidal, Vincent: Les Chewing Gums, Paris 1995, S. 8.

Chicle im Gepäck[68]. Dort kam der Geschäftsmann Thomas Adams mit ihm in Kontakt und wurde von dem General und Ex-Präsident mit den Worten, »Here is the Treasure of Mexiko«[69] auf die gummiartige Substanz als Kautschukalternative aufmerksam gemacht.[70] Santa Anna hoffte, mit den Erlösen wieder einmal – diesmal mit einer schlagkräftigen Armee – nach Mexiko zurückkehren zu können.[71] Adams versuchte in unzähligen Experimenten, eine Alternative zum Kautschuk zu entwickeln[72] – allerdings ohne Erfolg.[73] Er wusste, dass in Mexiko auf Chicle gekaut wurde,[74] realisierte dieses Marktpotential aber erst bei einem Besuch in einer Laden, als er (so die von seinem Enkel kolportierte Legende) ein Mädchen beobachtete, das für einen Penny einen »Curtis White Mountain« kaufte, eine Art Kaugummi aus Paraffin.[75]

Fichtenharz und Paraffin

Bereits vor dem Bekanntwerden von Chicle war es in Nordamerika üblich, auf gesüßtem Fichtenharz zu kauen, mit dem die ersten Siedler in Neu-England schon im 16. Jahrhundert

---

68   Vgl. Hendrickson, Robert: The Great American Chewing Gum Book, S. 46f.

69   Vgl. ebd., S. 48.

70   Vgl. ebd.

71   Vgl. ebd.

72   Mathews, Jennifer P./Schultz, Gillian P.: Chicle. The Chewing Gum of the Americas, S. 40–44, bes. S. 41f.

73   Vgl. Hendrickson, Robert: The Great American Chewing Gum Book, S. 49f. und als charmante und etwas voreingenommene Variante: Wrigley's: »The Story of Chewing Gum«, o. O. o. J. [Handgezählt: S. 2f.].

74   Vgl. Hendrickson, Robert: The Great American Chewing Gum Book, S. 50.

75   Siehe: Richardson, Tim: Sweets. A History of Temptation, London 2003, S. 294f.

durch Tausch und Austausch mit den indigenen Gruppen der Wampanoag[76] in Kontakt kamen.[77] Diese Kolonisten übernahmen die Sitte[78] – zumal auch in Europa seit langem auf gesüßtem Harz gekaut wurde[79] – und so verstetigte sich diese Gewohnheit kontinuierlich und fand ihren Höhepunkt, als John Baker Curtis[80] 1848 die erste kommerzielle Kaugummiproduktion aufnahm. John B. Curtis und sein Vater, ein ehemaliger Matrose, rührten anfangs in ihrer Küche die Zutaten an. Dabei wurde Fichtenharz aufgekocht und in einen Sirup verwandelt, der dann zu Rollen gedreht, in Maisstärke getaucht, damit sie nicht allzu klebrig blieben, in Brocken zerteilt und in Papier gewickelt wurde, von denen dann zwei für einen Cent als »States of Maine Pure Spruce Gum« verkauft wurden.[81] John B. Curtis übernahm dabei den Vertrieb und sein Vater überwachte die Produktion. Entscheidend war, dass Curtis eine Reihe von Marken lancierte, wie »Yankee Spruce«, »American Flag« oder »200«. Curtis nahm also etwas vorweg, was später von Wrigley perfektioniert werden sollte: Er entwickelte zugleich mit dem Produkt ein Marketingkonzept. Bereits nach zwei Jahren siedelte »Curtis & Son« nach Portland um, um auf diese Weise näher an Großstädten wie etwa Boston zu sein, die einen wesentlich größeren Markt

---

76   Vgl. Wardlaw, Lee: Bubblemania, S. 15.

77   Vgl. Hendrickson, Robert: The Great American Chewing Gum Book, S. 26–30. Vgl. auch Mathews, Jennifer P./Schultz, Gillian P.: Chicle. The Chewing Gum of the Americas, S. 38f.

78   Vgl. Hendrickson, Robert: The Great American Chewing Gum Book, S. 29f.

79   Siehe ebd.: S. 24f.

80   Siehe: Redclift, Michael: Chewing Gum. The Fortunes of Taste, New York/London 2004, 5ff. Bei Hendrickson wird Curtis mit Zweitnamen als »Bacon« benannt. (Hendrickson, Robert: The Great American Chewing Gum Book, S. 30).

81   Vgl. Wardlaw, Lee: Bubblemania, S. 20.

versprachen. Um die steigende Nachfrage zu bedienen, produzierten 200 Arbeiter:innen 1.800 Päckchen pro Tag, zudem entwickelte Curtis eine Reihe von Maschinen und Techniken, die er patentieren ließ. Dennoch drängten weitere Wettbewerber auf den Markt, sodass es auch hier zu einem starken Wettbewerb kam.

Allerdings war Fichtenharz eine knappe Ressource, da es nicht nur als Genussmittel, sondern auch in vielen anderen Bereichen Verwendung fand.[82] Eine Alternative bot Paraffin.[83] Dieses wird durch die Destillation von Erdöl gewonnen, anfangs als Rohparaffin, durch dessen Weiterverarbeitung Weißöle entstehen. Übrig bleiben wachsähnliche braun-gelbe Rückstände mit einem recht unangenehmen Geruch. Durch weitere Verarbeitungsschritte konnte dieses Wachs gereinigt und vom Duft befreit werden.[84] Mit Zusatz von Bienenwachs, Zucker[85] und anderen Aromastoffen[86] bot Paraffin nun eine kostengünstige Alternative zum Fichtenharz.[87] Aus ebendiesem Stoff entwickelte Curtis seinen »White Mountain«,[88] der wiederum, so die Legende, Thomas Adams auf den Gedanken brachte, Chicle als Alternative zum aromatisierten Paraffin anzubieten.[89]

---

82 Siehe: Young, Robert: The Chewing Gum Book, Minneapolis 1990, S. 24.
83 Vgl. Hendrickson, Robert: The Great American Chewing Gum Book, S. 39–44.
84 Siehe: Kerry, Segrave: Chewing Gum in America, 1850–1920: The Rise of an Industry, Jefferson 2015, S. 16f.
85 Vgl. Young, Robert: The Chewing Gum Book, 24f.
86 Vgl.Wardlaw, Lee: Bubblemania, S. 21.
87 Vgl.Kerry, Segrave: Chewing Gum in America, S. 6.
88 Vgl. Hendrickson, Robert: The Great American Chewing Gum Book, S. 39.
89 Mathews/Schultz weisen auf die fehlenden Quellen hin und ordnen daher nachvollziehbar all diese die Erzählung als »Urban Legend« ein.

Adams und der Chewing Gum Trust

Anfangs verkaufte Adams Chicle unverpackt für einen Penny und bot den Händlern an, die nicht verkauften Kaugummis zurückzunehmen.[90] Recht schnell konnte sich Adams am Markt etablieren und 1871 entwickelte er eine Fabrikationsstraße, die Chicle knetete, in gekerbten Streifen formte[91] und anschließend in farbiges Papier einwickelte,[92] sodass die Händler problemlos die einzelnen Brocken abtrennen konnten. 1880[93], manche Quellen nennen das Jahr 1875[94], verfeinerte ein Konkurrent von Adams, der Drogist John Colgan, den bis dahin geschmacklosen Chicle. Dafür verwendete er medizinisches Tolubalsam, das aus dem Harz eines in Südamerika heimisches Baumes, des Balsambaums (Myroxylon balsamum), gewonnen wurde, und nannte sein Produkt: *Taffy Tolu*[95]. Er hatte damit einen großen Markterfolg. Thomas Adams griff diese Neuerung auf und versah seine Gummis gleichfalls mit Aromen, zunächst mit Sassafras-Harz,[96] dem Harz eines Lorbeerbaumes, dessen Äste bereits von den indigenen Völkern gekaut wurden und dessen Öl auch zeitweilig Bestandteil des *Root Beer* war (und welches zudem eine psychotrope halluzinogene Wirkung hat, weswegen der Handel

---

Siehe dazu: Mathews, Jennifer P./Schultz, Gillian P.: Chicle. The Chewing Gum of the Americas, S. 39 und S. 43f.

90   Siehe: Redclift, Michael: Chewing Gum, S. 28.

91   Vgl.Wardlaw, Lee: Bubblemania, S. 30f. und vgl. Hendrickson, Robert: The Great American Chewing Gum Book, S. 53.

92   Vgl. Hendrickson, Robert: The Great American Chewing Gum Book, S. 50f.

93   Vgl. Wardlaw, Lee: Bubblemania, S. 21.

94   Siehe: Panati, Charles: Universalgeschichte der ganz gewöhnlichen Dinge, München 1998, S. 144.

95   Siehe ebd.

96   Vgl. Hendrickson, Robert: The Great American Chewing Gum Book, S. 53.

auch restringiert wurde).[97] Kurz darauf nahm Adams Chicle
mit Lakritzgeschmack unter dem Namen »Black Jack«[98], das
bis heute auf dem Markt ist, in sein Sortiment auf. Parallel
dazu brachte auch Edward E. Beeman,[99] Sohn eines Apothe-
kers und ehemaliger Truppenarzt, »Beeman's Pepsin Gum«[100],
einen Kaugummi aus Chicle, der mit Pepsin vermengt war
und die Verdauung unterstützen sollte, auf den Markt.[101] Es
war aber William J. White,[102] der dafür sorgte, dass sich Minze, genauer Pfefferminze, als beliebteste Geschmacksrichtung
unter den Chewing Gums etablierte. White, der sich durchaus auch auf unkonventionelle Weise Wissen über die Herstellung von Süßigkeiten zu verschaffen wusste, experimentierte über mehrere Jahre und trennte sich sogar von seiner
ersten Kaugummifirma, die nicht den erhofften Erfolg versprach und experimentierte, wie sich die recht geschmacklose
Chicle-Masse aromatisieren ließ.[103] Zucker und flüssige Maisstärke brachte ihm den Durchbruch und ließ ihn zu »Americas First Chewing Gum King«[104] aufsteigen. Wir haben es also
im neunzehnten Jahrhundert mit drei verschiedenen Kausubstanzen zu tun, die miteinander konkurrierten.[105] Bis 1880 war
das Fichtenharz beliebt und wurde dann vom Paraffinwachs

---

97 Zur ersten Information: Wikipedia: Sassafrasbaum [Bearbeitungsstand:
    17.05.2020]: https://de.wikipedia.org/wiki/Sassafrasbaum [Abgerufen:
    06.11.2020].
98 Siehe: Panati, Charles: Universalgeschichte der ganz gewöhnlichen
    Dinge, S. 142f.
99 Vgl. Kerry, Segrave: Chewing Gum in America, S. 46ff.
100 Vgl. ebd., S. 122.
101 Siehe: Hendrickson, Robert: The Great American Chewing Gum Book,
    S. 72f.
102 Vgl. Kerry, Segrave: Chewing Gum in America, S. 45ff.
103 Vgl. Hendrickson, Robert: The Great American Chewing Gum Book,
    S. 75f.
104 Vgl. ebd., S. 75f.
105 Vgl. Kerry, Segrave: Chewing Gum in America, S. 3.

abgelöst,[106] das in Konkurrenz zu Chicle stand.[107] Die Beliebtheit des Chicle kann man auch daran erkennen, dass es
1920 mit Harry Davis, der sich selbst als »Spruce Gum King«
bezeichnete, nur noch einen Anbieter für die traditionellen
Kaugummis aus Fichtenharz gab.[108]

Die groben Schritte zur Herstellung von Kaugummi sind
dabei im Groben in die Gegenwart ähnlich geblieben.[109] So
wird zuerst die zerkleinerte Kaumasse erhitzt und dann geknetet. Bei diesem Schritt werden dann die verschiedenen
Zusatzstoffe, wie etwa Zucker, Sirup oder Aromastoffe, hinzugegeben. Sobald die Masse dann langsam zäh wird, wird
sie für einen längeren Zeitraum geknetet, damit sie weich
und geschmeidig wird. Anschließend wird die Masse in die
gewünschten Formen portioniert und verpackt.[110] Allerdings
wurden die einzelnen Produktionsschritte im Lauf der Zeit
immer weiter verbessert und verfeinert, was schon ein kurzer
Blick in das US Patentverzeichnis zeigt.[111]

---

106 Anm. Bevor sich Paraffin als künstliche Kaumasse etablieren konnte,
     wurde auch mit einer Mischung aus Gutta-Percha und Bienenwachs
     experimentiert, um eine Alternative zum doch relativ teuren Baumkarz
     zu finden. Siehe dazu Kerry, Segrave: Chewing Gum in America, S. 6 ff.
107 Vgl. ebd., S. 21 ff.
108 Siehe: Mathews, Jennifer P./Schultz, Gillian P.: Chicle. The Chewing
     Gum of the Americas, S. 39.
109 Siehe: Young, Robert: The Chewing Gum Book, S. 11–20 und siehe:
     auch: Wardlaw, Lee: Bubblemania, S. 90–98.
110 Eine sehr anschauliche graphische Darstellung findet sich auf der Sei-
     te der ICGA (International Chewing Gum Assoziation): http://www.
     gumassociation.org/index.cfm/science-technology/manufacturing-pro-
     cess / [Abgerufen: 22.07.2020]. Siehe zur Herstellung aber auch Young,
     Robert: The Chewing Gum Book, S. 11–20, bes. S. 15 und siehe auch:
     Wardlaw, Lee: Bubblemania, S. 89–98. Reizend wird dies in dem alten
     Comic von Wrigley's »The Story of Chewing Gum« erläutert. (Wrigley's:
     »The Story of Chewing Gum«, o. O. o. J., o. S.).
111 Beispielsweise ergibt die Suche (Stand: 22.07.2020) über https://patents.
     justia.com/allein 2456 Treffer in 10 Klassen (Wobei evtl. auch Mehrfa-

Whites »W.J. White & Sons« fusionierte durch die Ver-
mittlung des Finanzjongleurs Charles R. Flint mit 1899 den
vier größten Herstellern, also Adams (Adams'Sons & Company), Beemans (Worthington's Beeman Chemical Company),
Primley's Kis-Me Gum und der »S.T. Britten Company« zu
»American Chicle«, dem sogenannten »American Chewing
Gum Trust« (Stevenson),[112] der noch heute unter dem neuen
alten Namen »Adams« unter dem Dach von Cadbury[113] existiert und eine Reihe bekannter Kaugummimarken, darunter
»Chiclets«[114], vertreibt.

William Wrigley jr.

Zu diesem Zeitpunkt ver-
suchten die verschiedenen
Marktakteure, sich durch
die   Produkteigenschaften
voneinander   abzugrenzen,
um Kunden zu gewinnen.
Doch mit dem Eintritt von
Bartlett   Arknells   »Beech

---

cheinträge vorkommen können) [Abgerufen: 22.07.2020].

112 Vgl.: Hendrickson, Robert: The Great American Chewing Gum Book,
S. 79–85.

113 Info: Cadbury seinerseits wurde das seinerseits 2010 von Kraftfoods
aufgekauft und durch dessen Aufspaltung aktuell als »Mondelez International« firmiert. Quelle: Wikipedia: Cadbury [Bearbeitungsstand:
16.07.2020]: https://en.wikipedia.org/wiki/Cadbury#Acquisition_by_
Kraft_Foods [Abgerufen: 22.07.2020].

114 Wikipedia: Chiclets [Bearbeitungsstand: 25.04.2020]: https://en.wiki-
pedia.org/wiki/Chiclets [Abgerufen: 22.07.2020].

Nut«[115] Company und vor allem William Wrigley Jr.[116] veränderte sich der Markt. Nun stand nicht mehr so sehr das Produkt, als vielmehr das Marketing im Zentrum von Kundengewinnung und -bindung, wodurch sich das Kaugummi als Massenprodukt überhaupt erst etablieren konnte.

Bereits als Jugendlicher verkaufte Wrigley, nachdem er eine kurze Zeit selbst als Seifensieder gearbeitet hatte, in Philadelphia die Seife seines Vaters, die in dessen »Wrigley's Manufactoring Company«[117] hergestellt wurde.[118] 1891, mit dreißig Jahren, beschloss er, sich selbstständig zu machen, und zog nach Chicago.[119] Anfangs vertrieb Wrigley weiterhin »Wrigley's Mineral Scouring Soap«[120], die Seife seines Vaters, und legte dieser als Werbemaßnahme ein Päckchen Backpulver bei. Schnell zeigte sich, dass das Backpulver größeren Zuspruch als die Seife erfuhr.[121] Nun wechselte Wrigley das Metier und begann, Backpulver zu vertreiben. Wieder legte er dem Backpulver Gratisbeigaben bei, diesmal zwei Streifen Kaugummi und wieder wiederholte sich das Spiel – die Gratisbeigaben waren begehrter als das eigentliche Produkt,[122] sodass Wrigley 1892 in den Kaugummimarkt eintrat.[123] Während die Anbieter von Chewing Gum bislang vor allem die Eigenschaften ihres Produkts herausstellten, stellte Wrigley die Marke selbst

---

115 Vgl. Mathews, Jennifer P./Schultz, Gillian P.: Chicle. The Chewing Gum of the Americas, S. 50f.

116 Vgl. ebd., S. 45.

117 Siehe: Mattern, Joanne: William Wrigley Jr.: Wrigley's Chewing Gum Founder, Minnesota 2011, S. 4.

118 Siehe ebd., S. 4–6.

119 Vgl. Hendrickson, Robert: The Great American Chewing Gum Book, S. 88f.

120 Vgl. Mattern, Joanne: William Wrigley Jr., S. 8f.

121 Vgl. Hendrickson, Robert: The Great American Chewing Gum Book, S. 90.

122 Vgl. ebd., S. 90.

123 Vgl. Mattern, Joanne: William Wrigley Jr., S. 14.

ins Zentrum seiner Aktivitäten. Es ist ein im Zusammenhang
mit Wrigley häufig kolportiertes Bonmot, in dem er ausführ-
te, »jeder kann Kaugummi herstellen, aber ihn zu verkaufen,
das ist das Problem«.[124] Wrigley hatte bereits durch seine vor-
herigen Werbeaktionen für Backpulver Kenntnisse über die
Kaugummi-Präferenzen der Kunden gewonnen: Sie bevor-
zugten Chicle und waren meist Frauen;[125] wobei Frauen und
Kinder von den ersten Werbemaßnahmen, auch schon bevor
Wrigley den Markt betrat, als zentrale Zielgruppen angesprochen wurden.[126] Folglich richteten sich auch Wrigleys ersten
Sorten *Vassar, Lotta* und *Sweet Sixteen Orange* besonders an
diese Gruppe. Ein Jahr später kamen *Juicy Fruit Gum* und
Wrigley's Spearmint hinzu.[127] Die Kaugummis selbst bezog er
von »Zeno«, einem Hersteller, den er erst 1911 aufkaufte.[128]
Großflächige Plakataktionen und Zeitungsannoncen oder
auch eine riesige Leuchtreklame sollten die Nachfrage ankurbeln[129] und Wrigley hatte mit seinem Motto: »Get a good product, [...] then
tell'em quick, and tell'em often«[130] Erfolg.
Das Angebot, dem neugegründeten Chewing Gum Trust beizutreten, schlug er aus.
Die Rezession 1907 markierte seinen Durchbruch als Marktführer,[131] als die meisten an-

---

124 Vgl. Hendrickson, Robert: The Great American Chewing Gum Book,
     S. 91.
125 Vgl. Wardlaw, Lee: Bubblemania, S. 36.
126 Vgl. Kerry, Segrave: Chewing Gum in America, S. 50–60, S. 78–86.
127 Siehe: Wardlaw, Lee: Bubblemania, S. 36.
128 Vgl.Mattern, Joanne: William Wrigley Jr., S. 18.
129 Vgl. Wardlaw, Lee: Bubblemania, S. 42f. und Hendrickson, Robert:
     The Great American Chewing Gum Book, S. 93f.
130 Wardlaw, Lee: Bubblemania, S. 39.
131 Vgl. Hendrickson, Robert: The Great American Chewing Gum Book,
     S. 93.

deren Anbieter, darunter auch der Chewing Gum Trust, ihre Werbeetats massiv zurückfuhren, Wrigley aber ein großes unternehmerisches Risiko einging und seine Werbemaßnahmen noch intensivierte.[132] Aber auch nach diesem Zeitpunkt sorgten Wrigley spektakuläre Werbemaßnahmen für großes Aufsehen. So initiierte er eine legendäre Werbeaktion, indem er an die Adresse jedes eingetragenen Telefonanschlusses zwei Streifen Kaugummi schickte.[133] Auch bemühte er sich, zukünftige Kunden zu binden, und verschickte jedes Jahr, insgesamt über 750.000 Mal, zwei Streifen Kaugummi an Kinder als Geschenk zu deren zweiten Geburtstag.[134] Eine seiner bekanntesten Werbeaktionen ist die längste Werbeanzeige der Welt, als Wrigley einen eine Meile langen Zug mit Werbeaufdruck quer durch die Vereinigten Staaten schickte.[135] Ob es sich bei dem Chicagoer Wrigley Building[136], das als Landmark beeindruckt, dem Wrigley Field der Chicago Cubs, deren Eigentümer Wrigley lange war[137] oder Santa Catalina, einer Kalifornien vorgelagerten Insel, die mit seinem Namen verbunden ist,[138] noch um Marketing oder schon um Liebhaberei handelt, lässt sich kaum trennen, da ja Wrig-

---

132 Vgl. ebd., S. 93.

133 Vgl. ebd., S. 93f.

134 Siehe: Wardlaw, Lee: Bubblemania, S. 43.

135 Vgl. Hendrickson, Robert: The Great American Chewing Gum Book, S. 94f.

136 Vgl. Mattern, Joanne: William Wrigley Jr., S. 24f.

137 Vgl. ebd., S. 20f. und vgl. Hendrickson, Robert: The Great American Chewing Gum Book, S. 99–101.

138 Vgl. Mattern, Joanne: William Wrigley Jr., S. 22f. und vgl. Hendrickson, Robert: The Great American Chewing Gum Book, S. 99.

ley selbst einräumte: »Nothing is so much fun as business«[139].
Es war aber nicht allein die Außenwerbung, die Wrigley nutzte. Gleichermaßen – und was vielleicht noch bedeutender
für die Etablierung seiner Marken war – band Wrigley die
Einzelhändler in seine Marketingstrategien ein.[140] So legte er
jeder größeren Bestellung Waren bei, die die Händler entweder für sich selbst nutzen oder weiterverkaufen konnten.[141]
Da man auch diese Produktzugaben wie ein Guthaben an-
sammeln konnte, konnten sich die Händler aus speziellen
Katalogen ihre Prämien aussuchen.[142] Dies führte auch dazu,
dass die Händler ihrerseits daran interessiert waren, Wrigleys
Produkte zu verkaufen und die Displays prominent auf den
Verkaufstheken platzierten.

Gumball Machines

Neben den Displays wurden aber auch Gumball Machines,
also Kaugummiautomaten auf den Verkaufstheken aufgestellt, sodass der Verkäufer nicht extra einen Brocken abtrennen und abrechnen brauchte, sondern die Kunden, darunter
vor allem viele Kinder, sich selbst ein Kaugummi »ziehen«
konnten, indem sie ein Geldstück einwarfen. Schon 1871 ließ
sich Adams den ersten Kaugummiautomaten patentieren,[143]
bei dem man sich Kaugummistreifen, oder vielmehr Kau-

---

139 Hendrickson, Robert: The Great American Chewing Gum Book, S. 103.
140 Siehe etwa dazu auch: Wrigley's »The Story of Chewing Gum«, o. O.
     o. J., o. S.
141 Vgl. Hendrickson, Robert: The Great American Chewing Gum Book,
     S. 89f.
142 Vgl. Mathews, Jennifer P./Schultz, Gillian P.: Chicle. The Chewing
     Gum of the Americas, S. 45f.
143 Vgl. Gumballmachinefactory: https://gumballmachinefactory.com/gum
     ballhistory.html [Abgerufen: 22.07.2020].

gummistangen, selbst ziehen konnte.[144] Wobei diese Maschinen den »Honor Boxes«[145], die schon seit dem achtzehnten Jahrhundert bekannt waren, ähnelten und nach deren Prinzip noch heute manchmal Automaten betrieben werden, bei denen der Kunde nach dem Einwurf einer Münze die Waren entnehmen kann.[146] Anfangs dienten sie nur dazu, Warenproben anzubieten, doch schon nach kurzer Zeit entfaltete sich ein breites Spektrum an Waren, die angeboten wurden. Neben der Schokolade wurden Seife, ja sogar Reclam-Bücher, auf diese Weise angeboten. Besonders die Automaten von Stollwerck prägten mit ihrer opulenten Ausgestaltung das Straßenbild. Da diese Automaten auch von bestimmten Regelungen ausgenommen waren, gab es bald ganze Penny Arcades, ja sogar ganze Straßenzüge,[147] die von Warenautomaten gebildet wurden und die unterschiedlichsten Bedürfnisse stillten. Das Funktionsprinzip dieser Automaten war im Prinzip recht ähnlich. Neben recht schlichten Automaten, bei denen man ein Fach nach der Bezahlung öffnen konnte, um die Ware zu entnehmen, sind vor allem Schachtautomaten der aktuell dominierende Funktionstyp. Diese Automaten sind recht schlicht aufgebaut: Im Inneren sind ein oder mehrere Schächte, in die die Waren eingefüllt werden und die nach der Bezahlung durch eine Lade entnommen werden konn-

---

144 Siehe: Carini, John: The Pocket Guide to Coin-Up Vending Machines, Atglen 2002, S. 39.

145 Wardlaw, Lee: Bubblemania, S. 106.

146 Vgl. Carini, John: The Pocket Guide to Coin-Up Vending Machines, S. 8–13.

147 Siehe: Kemp, Cornelia: Vom Schokoladenverkäufer zum Bajazzo – Die Anfänge der Münzautomaten-Herstellung in Deutschland, in: Kemp, Cornelia/Gierlinger, Ulrike (Hg.): Wenn der Groschen fällt … Münzautomaten – gestern und heute, München 1989, S. 18–21.

te. Durch das Eigengewicht der gestapelten Waren rückt der nächste Artikel nach und kann entnommen werden.[148]

Die Aufstellung von Automaten erweiterte zugleich auch die Verkaufsmöglichkeiten der Händler, sodass damals sogar ganze Automatenboulevards und auch Automatenlokale entstanden,[149] wie sie heute noch in den Niederlanden beliebt sind. Doch im Unterschied zu den heutigen Automaten waren diese damaligen Automaten selbst schon durch ihr opulentes Äußeres eine Attraktion. Die Faszination, die von diesen Automaten ausgingt, zeigt sich auch in der Legende, dass Frank Fleer, der bereits bei der Entwicklung von »Chiclets« mitgewirkt hatte, erst Automaten aufzustellen begann, nachdem ihn ein Einzelhändler mit ihm wettete, dass die Kunden die Maschinen so faszinierend fänden, dass sie

---

148 Beispiele von Kaugummi-Schachtautomaten finden sich auch in: Vidal, Vincent: Les Chewing Gums, S. 34ff.

149 Siehe: Kemp, Cornelia, Vom Schokoladenverkäufer zum Bajazzo, S. 18–21 und siehe: Hepner, Vaclav: Ludwig Stollwerck und die »Automatie«, in: Kemp, Cornelia/Gierlinger, Ulrike (Hg.): Wenn der Groschen fällt, S. 25–33.

sogar Geld einwerfen würden, selbst wenn sie nichts bekämen – was diese, nachdem er einen Automat mit dem Hinweis: »Drop a penny in the slot and listen the wind blow«[150] aufstellte, auch taten.[151] Wenn wir aber heute in Deutschland an Kaugummiautomaten denken, haben wir vermutlich diese roten, an einer Hauswand montierten Automaten im Sinn und nicht die etwas höher angebrachten Schachtautomaten[152] von »Florida«, »Plong« oder »Wrigleys«, deren Mechanik im Prinzip Zigarettenautomaten gleicht und die deutlich weniger Charme innehaben.

Die klassischen Kaugummiautomaten, die wir heute kennen, basieren ihrerseits auch auf einem schon über hundert Jahre alten Entwurf. Ford F. Mason suchte Anfang des zwanzigsten Jahrhunderts mit bescheidenem Erfolg sein Auskommen mit den damals verfügbaren Maschinen, wobei diese recht wartungsintensiv waren, da diese Automaten nicht nur mit Pennys gefüttert, sondern auch mit allen anderen Gegenständen wurden.[153] Dieses Problem löste sein Vater, ein Baptistenprediger, mit einer technischen Konstruktion, die Mason 1916 patentieren ließ[154] und bis zu den aktuellen Modellen das Grundprinzip dieser Automaten ist. Es muss nämlich eine passende Münze in einen kleinen Schlitz eingeführt werden. Erst dann kann mit deren Hilfe die Mechanik in

---

150 Hendrickson, Robert: The Great American Chewing Gum Book, S. 179f. und vgl. Wardlaw, Lee: Bubblemania, S. 106.

151 Siehe: Wardlaw, Lee: Bubblemania, S. 106f.

152 Frühe Beispiele finden sich z. B. in: Kemp, Cornelia/Gierlinger, Ulrike (Hg.): Wenn der Groschen fällt, S. 138–145, siehe auch Kemp, Cornelia: Vom Schokoladenverkäufer zum Bajazzo, S. 10–14.

153 Vgl. Hendrickson, Robert: The Great American Chewing Gum Book, S. 183f. und Wardlaw, Lee: Bubblemania, S. 106f.

154 Siehe: Caya, Chris: The last gumball maker in America has a long history in WNY, WBFO, 18.06.2018: https://news.wbfo.org/post/last-gumball-maker-america-has-long-history-wny [Abgerufen: 22.07.2020].

Betrieb gesetzt werden, sodass eine einzelne Kaugummikugel, die in einer gläsernen Vorratskammer oberhalb des Schachtes optisch ansprechend präsentiert wurde, freigegeben wird.[155] Ford F. Mason begann ab 1917 diese Maschinen in der »Ford Vending Machine Co.«[156] zu produzieren, wobei die Wahl seines Vornamens als Firmenname durchaus gewollt die Nähe zur bekannten Automarke suggerierte[157] und bot den Einzelhändlern 20% der Einnahmen an, wenn sie den Automaten in ihren Geschäften aufstellten.[158] Ford produzierte aber auch seine Kugeln selbst, da er mit der bisherigen Qualität der Kaugummis unzufrieden war und experimentierte mit verschiedenen Farben und Überzügen, sodass die Kugeln etwa eine glänzendere Oberfläche bekamen und auch ein wenig wasserfester wurden. Aber auch Fleer stellt inzwischen eine bunte Reihe unterschiedlicher Dubble Bubble »Gumballs« her[159] und kombiniert diese bei Werbeaktionen mit kleinen pinballähnlichen Spielen und natürlich auch kleinen Spielzeugkaugummiautomaten.[160]

Die Dominanz der in Deutschland aus dem Straßenbild bekannten, meist roten, Brabo und den im Display angebrachten bunten Schaukarten, sollte dabei nicht darüber hin-

---

155 Eine Abbildung findet sich in Hendrickson, Robert: The Great American Chewing Gum Book, S. 182.

156 Info: 1934 firmierte Ford dann um zur »Ford Gum & Machine Company« Quelle: https://www.gumball.com/pages/history-of-ford-gum [Abgerufen: 22.07.2020].

157 Vgl. Wardlaw, Lee: Bubblemania, S. 107.

158 Vgl. ebd.

159 Siehe: Gumball.com: https://www.gumball.com/collections/dubble -bubble-gumballs [Abgerufen: 22.07.2020].

160 Siehe dazu bsp: YouTube: Original Dubble Bubble Mini Gumball Machine Review: https://www.youtube.com/watch?v=6eceSKm-OXU [Abgerufen: 22.07.2020] oder auch: YouTube: Dubble Bubble Pinball Machine. Win Gum Balls While Playing!: https://www.youtube.com/ watch?v=zbXfY7mjUlo [Abgerufen: 22.07.2020].

weg täuschen,[161] dass es eine bunte Vielzahl unterschiedlichster Automaten gab, die nicht nur die in Deutschland etwas weniger bekannten Goliath oder Maidhof-Automaten umfasste, sondern auch in den Vereinigten Staaten wunderschöne verchromten Exemplare von Northwestern, Penny King oder Columbus, welche um die Aufmerksamkeit der Kunden konkurrierten.[162]

Bubble Gum Cards

Wobei es nicht allein die Automaten selbst sind, die die Kunden faszinierten. Auch kleine Produktzugaben, kleine »Prizes«[163] oder »Charms«[164], winzige Taschenmesserchen, glitzernden Ringe oder glibbriges Spielzeug, locken bis heute. Den Waren Zugaben beizufügen, um diese begehrenswerter erscheinen zu lassen, war eine Verkaufsstrategie, die schon von Wrigley genutzt wurde und auch schon vor den typischen Kaugummiautomaten eingesetzt wurde. Bekannt sind noch die Zigarettenbilder der Vorkriegszeit[165] oder die

---

161 Dazu: Meinhard, Michael: Vernachlässigte Zentren frühen Konsums: Eine fotografische Zwischenbilanz von Michael Meinhard, Bonn 2020.

162 Siehe: Carini, John: The Pocket Guide to Coin-Up Vending Machines.

163 Beispiele für Charms und Prizes: OK Manufacturing: Prizes & Plush: https://web.archive.org/web/20080513174900/http://www.okmfg.net/prizes.html [Abgerufen: 22.07.2020].

164 Charms sind kleine Anhänger. Thomas Sabo machte diese vor einigen Jahren wieder in Deutschland populär. Siehe dazu: Ziesche, Janina: »Charm Up Your Life!«. Die Marke »Thomas Sabo« in: Szabo, Sacha (Hg.): Brand Studies. Marken in Diskurs der Cultural Studies, Marburg 2009. Siehe auch: Market Square Jewellers: A history of charm jewelry, 21.02.2019: https://www.marketsquarejewelers.com/blogs/msj-handbook/a-history -of-charm-jewelry [Abgerufen: 22.07.2020].

165 Dazu: Mielke, Hans: Vom Bilder Bilderbuch des kleinen Mannes, Berlin 1955.

charmanten Stollwerck-Bilder, die die Schokoladenfabrik Anfang des zwanzigsten Jahrhunderts ihren Tafeln beifügte[166]. Es war wohl »Au bon Marché«,[167] das erste moderne Warenhaus[168], das schon um 1840 herum als erstes damit begann, seinen Kunden kleine Bilder mitzugeben. Das Sammeln dieser Bilder, zumal diese zu Serien komplettiert werden konnten, sollte die Kunden dazu bewegen, möglichst bald wieder zu kommen.[169] Wenige Jahre später wurde dieses Konzept zur Kundenbindung von der Firma »Liebig«, die Fleischextrakte herstellte und vertrieb, für ihre eigenen Produkte aufgegriffen

---

166 Dazu: Blume, Judith: Wissen und Konsum. Eine Geschichte des Sammelbildalbums 1860–1952, Göttingen 2020.

167 Dazu: Broom, John: A History of Cigarette and Trade Cards: The Magic Inside the Packet, Barnsley 2018, S.2.

168 Dazu Kolbe, Corina: Der Aufstieg der Konsumkathedralen, Spiegel Online, 28.07.2020: https://www.spiegel.de/geschichte/kaufhausdynas tien-tietz-und-wertheim-aufstieg-der-konsum-kathedralen-a-ab0b1948-e cfb-4860-8029-ea2ad272d336?sar%E2%80%A6 [Abgerufen: 22.07.2020]. »Au Bon Marché« (Heute: »Le bon Marché«) gilt als erstes Warenhaus. Ein Warenhaus unterscheidet sich von einem Kaufhaus, auch wenn beide Begriffe gerne synonym genutzt werden, definitorisch vereinfach gesagt dadurch, dass ein Warenhaus auch Lebensmittel führt. Historisch stehen dabei die Kaufhäuser in einer älteren Tradition, die bis ins Mittelalter zurückreicht, wohingegen die Warenhäuser erst im Kontext der Industrialisierung entwickelten und von Émile Zola im Roman »Das Paradies der Damen« als literarisches Denkmal verewigt wurden. Als Einstieg in die Themen zum »Kaufhaus«: Wikipedia: Kaufhaus [Bearbeitungsstand: 14.05.2020]: https://de.wikipedia.org/wiki/Kauf haus [Abgerufen: 22.07.2020], »Warenhaus«: Wikipedia: Warenhaus [Bearbeitungsstand: 26.05.2020]: https://de.wikipedia.org/wiki/Waren haus [Abgerufen: 22.07.2020] und Le Bon Marché: Wikipedia: Le Bon Marché [Bearbeitungsstand: 05.12.2019]: https://de.wikipedia.org/wiki/ Le_Bon_Marché [Abgerufen: 22.07.2020].

169 Die ersten Karten als »Werbegeschenk«, die mit Wegbeschreibungen und Aufdrucken, waren, kann man bislang bis zum Anfang des siebzehnten Jahrhunderts zurückverfolgen. Quelle: Cycleback.com: www. cycleback.com/1800s/trade.htm [Abgerufen: 22.07.2020].

und in ganz Europa umgesetzt.[170] Im Laufe von fast 100 Jahren wurden dann über 4.000 Serien, die jeweils 6–12 Karten umfassten, in verschiedenen Sprachen entworfen und veröffentlicht. Aber auch andere Hersteller fügten ihren Produkten Bilder oder Punkte, die man gegen Bilder eintauschen konnte, bei.[171] So wurden bereits 1879 die ersten Zigarettenbilder auf den Markt gebracht. Auch wenn diese anfangs auch eine Notlösung waren, um die weichen Zigarettenpackungen mit einem bedruckten Werbekarton zu stabilisieren, waren sie doch schon zu diesem Zeitpunkt zugleich auch als Sammelobjekt konzipiert.[172] Die wohl älteste Zigarettenkarte zeigt den Marquis of Lorne, den Schwiegersohn von Königin Victoria, diesem folgten dann ein Jahr später neben vier Präsidentschaftskandidaten vier Schauspielerinnen.[173] Die größte Beliebtheit aber gewannen die 1886 erstmals vertriebenen Baseballkarten,[174] sodass diese bis in die Gegenwart

170 Dazu: Lebeck, Robert: Liebig's Sammelkarten (Die Bibliophilen Taschenbücher), Dortmund 1980. Siehe auch: Ciolina, Erhard/Ciolina, Evamaria: Reklamebilder und Sammelalben, Augsburg 1995, S. 50–55.

171 Vgl. Broom, John: A History of Cigarette and Trade Cards: The Magic Inside the Packet, Barnsley 2018, S. 1.

172 Vgl. ebd.

173 Vgl. Carini, John: The Pocket Guide to Coin-Up Vending Machines, S. 2.

174 Vgl. Hendrickson, Robert: The Great American Chewing Gum Book, S. 165.

als Sammelkarten angeboten werden.[175] Der heutige Marktführer in diesem Segment »Topps« hat seine Ursprünge in der 1890 gegründeten Zigarettenfabrik »American Leaf«, deren Leiter nach der »Großen Depression«, der Wirtschaftskrise der Dreißigerjahre, nach einer Produktalternative suchten, um ihr darbendes Zigarettengeschäft zu ergänzen und beschlossen, Kaugummis zu produzieren, da dies bei geringem Kapitaleinsatz machbar schien.[176] 1951 beschloss Topps, Sammelkarten aufzulegen, da Topps dieses Marketinginstrument bereits aus ihrer Zeit als Zigarettenhersteller kannte. Allerdings waren sie nicht die ersten, die Bubble Gum Cards auf den Markt brachten. So brachten bereits 1933 »Gouday Gum« (The Goudey Company of Boston) die erste Serie von berühmten Baseballspielern in einer hochwertigen Qualität mit überwältigendem Erfolg auf den Markt.[177] Später folgten dann auch National Chicle of Cambridge und auch die »Bowman Chewing Gum Company« Baseballkarten und andere Sammelkarten auf den Markt.[178]

Besonders J. Warren Bowman (»King Bub«)[179] wurde durch Wrigleys auf geschicktem Marketing beruhenden Erfolg ange-

175 Vgl. ebd., S. 168–175.
176 Siehe: Boyd, Bredan C./Harris, Fred C.: The Great American Baseball Card Flipping, Trading and Bubble Gum Book, Boston/Toronto 1973, S. 22.
177 Siehe: Fogel, Marshall: The History of Goudey Gum Company: https://web.archive.org/web/20120301225017/http://www.psacard.com/articles/article_view.chtml?artid=3886&type=1 [Abgerufen: 22.07.2020].
178 Vgl. Hendrickson, Robert: The Great American Chewing Gum Book, S. 166f.
179 Vgl. ebd., S. 10.

spornt und entwickelte in recht kurzer Zeit eine Vielzahl unterschiedlicher Werbeaktionen. Nicht nur, dass er, so Hendrickson, lange vor Beech-Nut die klassische 8 Streifen Packung
etablierte, er erfand auch solch bemerkenswerte Geräte, wie
einen Gumball Pinball, also einen Flipper, der mit Kaugummikugel bespielt wird.[180] Obwohl nicht jede Aktion Bowmans
Beifall erhielt, gründete er als erster Produzent eine Kaugummifirma in Japan, wobei dort das Kaugummi, mit Ausnahme
der Kinder, die sich dafür begeistern konnten, eher skeptisch
aufgenommen wurde.[181] Doch seine Sammelkartenserie »Hor-
rors of War«, durch deren Darstellung sich die japanische Regierung herabgesetzt fühlte, verstärkte eine außenpolitische
Krise zwischen den USA und Japan und führte dazu, dass
Bowman von dem japanischen Markt ausgeschlossen wurde.[182]
Der beginnende Zweite Weltkrieg bremste den Erfolg seiner
Firma zudem deutlich[183], sodass Topps nach dem Zweiten
Weltkrieg ohne Probleme in den Sammelkarten-Markt ein-
treten konnte. Und in einem legendären »Bubble Gum Card
War«,[184] in dem es um die Abbildungsrechte der NBL, also der
populären Baseball Liga ging, gelang es Topps, sich die Rechte und damit die Monopolstellung zu sichern und konnte so
1954 den Konkurrenten Bowmann übernehmen.[185] Topps veröffentlichte zu diesem Zeitpunkt aber keineswegs nur Karten
von Baseballspielern, sondern auch die legendäre Davy Cro-

---

180 Vgl. ebd., S. 152–155.

181 Vgl. Wardlaw, Lee: Bubblemania, S. 54f.

182 Vgl. ebd., S. 54f. und vgl. Redclift, Michael: Chewing Gum, S. 128f.

183 Siehe: Boyd, Bredan C./Harris, Fred C.: The Great American Baseball
Card Flipping, Trading and Bubble Gum Book, Boston/Toronto 1973,
S. 22 und siehe: Wardlaw, Lee: Bubblemania, S. 115.

184 Dazu: Hanley, Dean: The Bubble Gum Card War. The Great Bowman
& Topps Sets from 1948 to 1955, Wroclaw 2012.

185 Vgl. Hendrickson, Robert: The Great American Chewing Gum Book,
S. 152.

ckett Serie[186] über den Abenteurer und Politiker David Crockett, der in der Schlacht bei Alamo im texanisch-amerika-
nischen Krieg im Kampf gegen Santa Anna, dessen Soldaten
Chicle im Gepäck hatten, fiel. Aber auch weitere Serien, etwa
mit Musikbands, Schauspieler:innen, Kriegshelden und sogar
mit Hunden wurden von Topps auf den Markt gebracht,[187]
wobei die Comicreihe »Mars Attacks«[188] Ideengeber für den
gleichnamigen 1996 von Tim Burton mit Jack Nicholson
und Glenn Close in den Hauptrollen gedrehten Film wurde.[189] In der Nachkriegszeit konnten sich auf dem europäischen Markt vorübergehend auch Anbieter wie die deutsche
Firma O. K. Kaugummi mit einer beliebten Karl May Serie
oder die niederländische Firma Monty Gum[190], die eine etwas bizarre Reihe berühmter Persönlichkeiten veröffentlich-

te, die neben Papst Johannes XXXIII, Erwin Rommel,
General Franco und Lyndon
B. Johnson auch Che Gueva-
ra enthielt, etablieren.

Auch wenn Topps auch
aktuell noch die Exklusiv-
rechte an der Kombination
von Karte und Kaugummi

---

186 Vgl. ebd., S. 167.
187 Vgl. Wardlaw, Lee: Bubblemania, S. 115. Siehe auch: Brown, Len/Gel-
     man, Woody: The Great Old Bubble Gum Cards and Some Cigarette
     Cards – 137 Cards. Punch'em Out, New York 1977.
188 The Topps Company: Mars Attacks. 50th Anniversary Collection, Lon-
     don 2012.
189 Internet Movie Database: Mars Attacks!, 1996: https://www.imdb.com/
     title/tt0116996/?ref_=fn_al_tt_1 [Abgerufen: 22.07.2020].
190 Dazu: Buning, Rik: Monty Cards & Sticker. Made & Printed in Hol-
     land: http://www.montyplaatjes.nl / [Abgerufen: 22.07.2020].

innehält[191], so ist er heute wohl den meisten vor allem als Anbieter von Sammelkarten bekannt[192] und konkurriert in diesem Markt mit Upper Deck[193], die durch das »Yu-Gi-Oh!« bekannt wurden und auf dem deutschen Markt seit einigen Jahren mit ihrer europäischen Tochter Panini (einer italienischen Firma, die vielen von den Fußballklebebildern der Kindheit bekannt sein dürfte)[194].

Das Prinzip der Sammelbilder besteht darin, dass der Kunde ein verschlossenes Päckchen mit ein paar zufällig zusammengepackten Karten oder Bildern kauft, um dann durch geschicktes Tauschen (oder exzessives Kaufen)[195] seine Serie zu komplettieren.[196] In Deutschland waren lange die Klebealben bekannter und gefragter, die man vielleicht eher in der Tradition der Sammelalben der Zigarettenbilder sehen könnte. Diese gab es nicht nur als Fußballserien zu Welt- und Europameisterschaften, sondern auch als Comicserien[197] oder

---

191 Vgl. Wardlaw, Lee: Bubblemania, S. 117.

192 Quelle Wikipedia: Topps [Bearbeitungsstand: 17.05.2020]: https://de.wikipedia.org/wiki/Topps [Abgerufen: 22.07.2020].

193 Upperdeck: http://www.upperdeck.com / [Abgerufen: 22.07.2020].

194 Dazu: Hock, Andreas: Das Buch der legendären Panini-Bilder, München 2013.

195 Siehe: Zeilberger, Doron: How Many Singles, Doubles, Triples, Etc., Should The Coupon Collector Expect?: https://sites.math.rutgers.edu/~zeilberg/mamarim/mamarimPDF/coupon.pdf [Abgerufen: 22.07.2020].

196 Bsp.: Deutsche Welle: Das Einmaleins der Panini Sticker: https://www.dw.com/de/das-einmaleins-der-panini-sticker/a-19251498 [Abgerufen: 22.07.2020] und auch siehe auch: Dambeck, Holger: So teuer kommt der Sammelbildwahn, Spiegel Online, 30.06.2011: https://www.spiegel.de/wissenschaft/mensch/wm-album-so-teuer-kommt-der-sammelbildwahn-a-770781.html [Abgerufen: 22.07.2020]. Einführend: Wikipedia: Collectible card game [Bearbeitungsstand: 16.07.2020]: https://en.wikipedia.org/wiki/Collectible_card_game [Abgerufen: 22.07.2020].

197 Americana München: Mainzel-Männchen Fernseh-Klebebilder Sammelalbum, o. O., o. J.

Wildtierserien[198], wie beispielsweise die Sammelbilder der deutschen Firma »Americana Kaugummi Inc. GmbH & Co JG. München«, die in den Siebzigerjahren Klebealben auf den Markt brachte. Der besondere Reiz dieser »modernen« Alben liegt auch darin, nicht allein nur eine Serie zu komplettieren, sondern die zufällig erhaltenen Bilder in eine narrative Ordnung zu bringen.[199]

Die klassischen »Trading Cards« hingegen werden nicht unbedingt in Alben geklebt. Wenn sie gesammelt werden, dann werden sie in besondere Aktenmappen oder Hüllen einsortiert, wobei großer Wert darauf gelegt wird, dass diese Karten möglichst unbeschädigt (mint) sind.[200] Zudem gibt es besondere Karten, die sich etwa durch besondere Aufdrucke auszeichnen (Foil) oder unterschrieben wurden, was wiede-

---

198 Americana Kaugummi Inc. GmbH & Co JG. München: Tier Parade Album, o. O., o. J.

199 Wobei dies keineswegs eine exklusive Leistung der Sammelalben darstellt, sondern eine Funktion ist, die im Grund jede Sammlung leistet. Vgl. dazu auch Duncker, Ludwig, Die interessante Welt der Dinge – Umrisse einer pädagogischen Anthropologie kindlichen Sammelns, in: Kekeritz, Mirja / Schmidt, Bärbel / Brenne Andreas: Vom Sammeln, Ordnen und Präsentieren. Ein interdisziplinärer Blick auf eine anthropologische Konstante, München 2013, S. 61–72. Dazu auch Leimgruber, Walter: Über das Sammeln in der Kulturwissenschaft: https://www.uni bas.ch/de/Forschung/Uni-Nova/Uni-Nova-122/Uni-Nova-122-Kultur wissenschaft.html [Abgerufen: 22.07.2020]. Das Institut für Theoriekultur thematisierte diese Gouvenementalität der Weltanordnung 2008 in dem Projekt »PicTours«. Bei diesem Projekt wurde ein Sammelalbum entwickelt, in das der Leser in die vorgesehen und mit Mustervorgaben und erklärendem Text versehen Bildkästen seine selbstständig geschossenen Fotos einkleben sollte. (institut für theoriekultur: PicTours. Der Stadtführer zum Mitmachen, Grossrosseln 2008).

200 Dazu: Cardmarket: Kartenzustand: https://www.cardmarket.com/de/ Help/CardCondition [Abgerufen: 22.07.2020] daraus: »1. Mint (M), 2. Near Mint (NM), 3. Excellent (EX), 4. Good (GD), 5. Light Played (LP), 6. Played (PL), 7. Poor«.

rum auf den Kartenwert Einfluss hat,[201] der in Listen und Katalogen erfasst wird. In den letzten Jahren haben sich zudem auch Karten etabliert, bei denen ein winziges Kleidungstückchen oder ein Splitter eines Baseballschlägers hinzugefügt wurden. Diese erinnern ein wenig an die zusammen mit einer Reliquie eingeschweißten Heiligenbildchen.[202] Weg von diesen »authentischen« und greifbaren Relikten etablieren sich in den letzten Jahren auch digitale Sammelkarten, bei denen die Sammelnden nun nicht mehr in das nächste Schreibwarengeschäft gehen müssen, sondern sich ihre Päckchen mit Karten direkt auf das Smartphone laden können.[203]

Neben Karten, die »nur« gesammelt werden, haben sich auch verschiedene Spielsysteme entwickelt.[204] Gerne werden beispielsweise die auf der Rückseite aufgeführten Daten oder Statistiken auswendig gelernt und gegenseitig abgefragt. Daneben gibt es auch Spielvarianten, die ein wenig den Regeln ähneln, die beispielsweise für Autoquartette verwendet wurden.[205]

Diese Sammelkarten beeinflussten ihrerseits konkret beispielsweise durch »The Base Ball Game« von 1904, das von

---

201 Ebd.

202 Erwähnenwert ist in diesem Kontext auch die Firma Benchwarmer (http://benchwarmer.com/), die dieses Geschäftsmodell dahingehend variierte, dass sie seit 1992 Serien weiblicher, in Schwimmanzügen posierenden, Modells herausbringt. Exklusive Karten dieser Firma tragen teils die Unterschrift des Modells, tragen teils einen Lippenabdruck oder werden wie die oben genannten Heiligenbildchen mit einem winzigen Teil der Fotorequisiten kombiniert.

203 Siehe dazu auch: Wikipedia: Digital collectible card game [Bearbeitungsstand: 01.07.2020]: https://en.wikipedia.org/wiki/Digital_collectible_card_game [Abgerufen: 22.07.2020]. Das aktuelle (2020) Angebot von Topps findet sich unter: https://play.toppsapps.com / [Abgerufen: 22.07.2020].

204 Vgl. Hendrickson, Robert: The Great American Chewing Gum Book, S. 175–177.

205 Ebd., S. 176f.

Topps 1951 neuaufgelegt wurde,[206] die Entwicklung populärer Sammelkartenspiele wie »Magic the Gathering« (Wizards of the Coast), »Yu-Gi-Oh!« (Upper Deck) oder auch »Pokemon« (Pokemon International), die den Sammelspaß um ein komplexes Regelsystem erweiterten und ein neues Spielgenre schufen.[207]

Cracker Jack

Es wurden von der belgischen Firma »Brabo«[208], deren Automaten den europäischen Markt prägten, auch Versuche unternommen, die Sammelkarten mit den etablierten Kaugummiautomaten zu kombinieren. Sie produzierten in Lizenz einen Automaten, bei dem man, wenn man einen Kaugummi kaufte, auch eine zufällige Sammelkarte erhielt, die aus einem extra Schacht ausgegeben wurde.[209] Diese Kombigeräte

206 Vgl. Wikipedia: Collectible card game [Bearbeitungsstand: 16.07.2020]: https://en.wikipedia.org/wiki/Collectible_card_game [Abgerufen: 22. 07.2020]. Siehe auch: Funding Universe: The Topps Company Inc. History: http://www.fundinguniverse.com/company-histories/the -topps-company-inc-history / [Abgerufen: 22.07.2020].

207 Dazu auch: Owens, Thomas S. /Star Helmer, Diana: Inside Collectible Card Games, USA 1996.

208 Charlier-Brabo Group (Belgien): https://food.cbg.be / [Abgerufen: 22.07.2020].

209 Dazu auch: Der Quartett-Automat – Vortrag von Kutter, Herbert (Teil 2): https://quartettblog.wordpress.com/2018/09/24/der-quartett-automat -vortrag-von-herbert-kutter-teil-2 / [Abgerufen: 22.07.2020] daraus: »Diese Automaten, welche den schönen Modellnamen ›Premiere‹ hatten, wurden 1956 in den USA, genau genommen von der 1948 in Kalifornien gegründeten OAK Manufacturing, produziert. In den Staaten wurden diese Automaten neben Kaugummikugeln auch mit Sammelbildchen von hauptsächlich Baseballgrößen und auch Schauspielern bestückt. 1957 fertigte die belgische Firma Brabo in Antwerpen in Lizenz solche Automaten u. a. für den deutschen Markt.« Diesem

konnten sich aber nicht dauerhaft etablieren und sind heute gesuchte Raritäten. Wesentlich beliebter wurden und blieben die Brabo-Automaten, die bis heute im Stadtbild präsent sind[210] und Kunden mit kleinen Spielzeugen anlocken.[211]

Die Hersteller von »Cracker Jack«, einer nordamerikanischen Süßigkeit, die aus mit Melasse und Erdnuss überzogenem Popcorn besteht und auf der Weltausstellung 1893 großen Zuspruch erfuhr, setzten bereits früh darauf, ihren Produkten ein kleines Geschenk beizulegen.[212] Wahrscheinlich schon ab 1890 begannen die aus Deutschland ausgewanderten Brüder Rueckheim ihren Waren kleine »Produktzugaben«[213] hinzuzufügen, die dann ab 1910 regelmäßig ihren Produkten beigepackt wurden.[214] Anfangs waren diese Zugaben kleine Metallbroschen, hinzu kamen dann Coupons, die gesammelt und eingetauscht werden konnten. Ab 1910 wurden dann kleine Pappspiele und auch die ersten Cracker Jack Baseball Karten

Beitrag ist auch ein Link beigefügt, der zum Forum »Pennymachines. co.uk« führt, in dem neben dem Automaten auch Werbeanzeigen für diesen Automaten abgebildet sind (http://pennymachines.co.uk/Fo rum/viewtopic.php?t=2794 [Abgerufen: 22.07.2020]). Als ergänzende Information sei hier darauf hingewiesen, dass die belgische Firma Brabo 1957 einen »Selbstverkäufer zur gleichzeitigen Abgabe mehrerer Gegenstände« beim Deutschen Patentamt (»Auslegeschrift 1 096 657 – C 15402 IX/43b«) registrieren ließ.

210 Siehe: Maus, Robert: Beim Drehen steigt die Spannung, FAZ, 21.10.2017 und Hardt, Christoph: Ikonen des Wirtschaftswunders, Handelsblatt, 30.08.2004.

211 Dazu z. B. Catawiki: Charlie Brabo Antwerpen: https://www.catawiki. de/l/29214439-charlie-brabo-antwerpen-kaugummispender-plastik -stahl [Abgerufen: 22.07.2020].

212 Jaramillo, Alex: Cracker Jack Prizes, New York 1989, S. 7–9.

213 Absatzwirtschaft: Produktzugabe: https://www.absatzwirtschaft.de/mar kenlexikon/produktzugabe / [Abgerufen: 22.07.2020].

214 Vgl. Jaramillo, Alex: Cracker Jack Prizes, S. 13f.

eingeführt.[215] Erweitert wurde dieses Programm in den folgenden Jahrzehnten durch Minibücher und kleine metallene Anhänger, die im Angelsächsischen als »Charms«, also als Glücksbringer oder Anhänger bezeichnet werden, die über die Jahre immer detaillierter ausgearbeitet wurden. Nach dem Zweiten Weltkrieg kamen dann kleine, im neuentwickelten Spritzgussverfahren produzierte Plastikanhänger und Plastikfiguren hinzu.[216] Die Figürchen aus dieser Zeit haben große Ähnlichkeit mit den Margarine-Figuren, die in Deutschland sehr beliebt waren und in so großer Masse vertrieben wurden, dass die Margarineproduzenten sich zusammensetzten und beschlossen, diesen Wettbewerb zu beenden.[217] Das Sortiment von Cracker Jack wurde aber beständig weiterentwickelt, die Plastikcharms wurden detaillierter ausgearbeitet; kleine Geschicklichkeitsspiele, abwaschbare temporäre Tattoos und kleine Schmuckstücke,[218] wie der legendäre Spielzeugring, der im Film »Frühstück bei Tiffany« graviert wird, kamen hinzu.[219] Bis heute ist Cracker Jack, das inzwischen zum Pepsi-Konzern gehört, für seine Produktzugaben, seine »Prizes« bekannt, und hat sich damit fest im kulturellen Gedächtnis Nordamerikas etabliert.[220]

---

215 Vgl. Pina, Ravi: Cracker Jack Collectibles with Price Guide, Atglen 1995, S. 4 und S. 24–49, bes. S. 24.

216 Vgl. Jaramillo, Alex: Cracker Jack Prizes, S. 55–65.

217 Eine wunderbare historische Aufarbeitung der Margarinefiguren findet sich auf der Seite www. http://www.margarinefiguren.de / [Abgerufen: 22.07.2020]. Einen guten Einstieg bietet dazu auch folgendes Buch: Industriemuseum Elmshorn, Heiß begehrt & viel getauscht: Sammelbilder und -figuren Elmshorner Firmen, Husum 2015.

218 Siehe dazu: Pina, Ravi: Cracker Jack Collectibles.

219 Siehe dazu: Wikipedia: Cracker Jack [Bearbeitungsstand: 06.07.2020]: https://de.wikipedia.org/wiki/Cracker_Jack_(Lebensmittel) [Abgerufen: 22.07.2020].

220 Siehe dazu bsp. auch ebd.

Charms

Ebensolche kleinen Produktzugaben fügte Lyle Becker[221] bei
der Befüllung seiner Kaugummiautomaten hinzu.[222] Becker
stellte fest, dass die kleinen Spielzeuge, die er den Erdnüssen
beifügte, mit denen er seine Kaugummiautomaten befüllte,
da Kaugummi während des Zweiten Weltkriegs als kriegswichtiges Gut rationiert war und bevorzugt an das Militär
ausgegeben wurde, beliebter waren als die Erdnüsse selbst.[223]
Als er nach dem Krieg die Automaten wieder mit Kaugummikugeln befüllte, behielt er diese Strategie bei, um weiter
den Verkauf zu fördern. Anfang der Fünfzigerjahre musste
Becker sowohl den Vorwurf abwehren, dass die Spielzeuge
die Lebensmittel verunreinigten,[224] worauf er durchsichtigen
Kapseln entwickeln ließ,[225] um die kleinen Spielsachen zu ver-
packen, als auch, was gravierender schien, dass es sich um

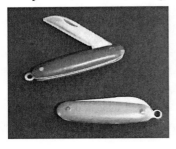

Glückspiel handele.[226] Allerdings
war dies wohl die beste Werbung,
denn als eine Zeitung über das
»Gambling«-Problem berichtete, wurden seine Automaten
zu Publikumsmagneten.[227] Da
die Automaten inzwischen auch
komplett mit gekapselten Gim-

---

221 Becker, Lyle M.: King of the Gumballs: An Entrepreneur's Spiritual
   Journey. Building a Business while Raising Eight Kids and Surving the
   Feminist Movement and a 50-Merriage, o. O. 1997.
222 Vgl. ebd., S. 33, S. 73f., S. 86.
223 Vgl. Wardlaw, Lee: Bubblemania, S. 110f.
224 Vgl. Becker, Lyle M.: King of the Gumballs, S. 33, S. 97f.
225 Vgl. ebd., S. 122–125.
226 Vgl. Wardlaw, Lee: Bubblemania, S. 116.
227 Vgl. ebd. und folgende.

micks[228], also den kleinen Spielobjekten bestückt werden,[229] gibt es inzwischen auch eine ganze Reihe von reinen Spielzeugautomaten, die die klassischen Kaugummiautomaten ergänzen oder an manchen Orten sogar verdrängen.

Quellen

Absatzwirtschaft: Produktzugabe: https://www.absatzwirtschaft.de/ markenlexikon/produktzugabe / [Abgerufen: 22.07.2020].

Alpengummi: https://www.alpengummi.at / [Abgerufen: 22.07.2020].

Americana Kaugummi Inc. GmbH & Co JG. München: Tier Parade Album, o. O., o. J.

Americana München: Mainzel-Männchen Fernseh-Klebebilder Sammelalbum, o. O., o. J.

Amigos de Sian Ka'an, A. C.: Chicle. The Natural Chewing Gum, Cancún 1993.

Archäologisches Landesmuseum Baden-Württemberg/Landesamt für Denkmalpflege Baden-Württemberg (Hg.): 4.000 Jahre Pfahlbauten, Ostfildern 2016.

Becker, Lyle M.: King of the Gumballs: An Entrepreneur's Spiritual Journey. Building a Business while Raising Eight Kids and Surving the Feminist Movement and a 50-Merriage, o. O. 1997.

Benchwarmer: http://benchwarmer.com / [Abgerufen: 22.07.2020].

Bibel, Neue Evangelische Übersetzung: https://www.bibel-online. net/buch/neue_evangelistische [Abgerufen: 22.07.2020].

Blume, Judith: Wissen und Konsum. Eine Geschichte des Sammelbildalbums 1860–1952, Göttingen 2020.

Boyd, Bredan C./Harris, Fred C.: The Great American Baseball Card Flipping, Trading and Bubble Gum Book, Boston/Toronto 1973.Broom, John: A History of Cigarette and Trade Cards: The Magic Inside the Packet, Barnsley 2018.

---

228 »Gimmick«: Siehe: desig-n.de: glossar: werbung & marketing: http:// www.desig-n.de/werbung_g.htm [Abgerufen: 22.07.2020].

229 Siehe: Becker, Lyle M.: King of the Gumballs, S. 33, S. 171.

Brown, Len/Gelman, Woody: The Great Old Bubble Gum Cards and Some Cigarette Cards – 137 Cards. Punch'em Out, New York 1977.

Buning, Rik: Monty Cards & Sticker. Made & Printed in Holland: http://www.montyplaatjes.nl / [Abgerufen: 22.07.2020].

Cardmarket: Kartenzustand: https://www.cardmarket.com/de/Help/CardCondition [Abgerufen: 22.07.2020].

Carini, John: The Pocket Guide to Coin-Up Vending Machines, Atglen 2002.

Catawiki: Charlie Brabo Antwerpen: https://www.catawiki.de/l/29214439-charlie-brabo-antwerpen-kaugummispender-plastik-stahl [Abgerufen: 22.07.2020].

Caya, Chris: The last gumball maker in America has a long history in WNY, WBFO, 18.06.2018: https://news.wbfo.org/post/last-gumball-maker-america-has-long-history-wny [Abgerufen: 22.07.2020].Charlier-Brabo Group (Belgien): https://food.cbg.be / [Abgerufen: 22.07.2020].

Chios-Mastix: https://www.mastihashop.com/de/mastiha-hiou/mastiha-hiou-st-10gr-pf / [Abgerufen: 11.06.2020].

Ciolina, Erhard/Ciolina, Evamaria: Reklamebilder und Sammelalben, Augsburg 1995.

Cycleback.com: www.cycleback.com/1800s/trade.htm [Abgerufen: 22.07.2020].

Dambeck, Holger: So teuer kommt der Sammelbildwahn, Spiegel Online, 30.06.2011: https://www.spiegel.de/wissenschaft/mensch/wm-album-so-teuer-kommt-der-sammelbildwahn-a-770781.html [Abgerufen: 22.07.2020].

desig-n.de: glossar: werbung & marketing: http://www.desig-n.de/werbung_g.htm [Abgerufen: 22.07.2020].

Deutsche Welle: Das Einmaleins der Panini Sticker: https://www.dw.com/de/das-einmaleins-der-panini-sticker/a-19251498 [Abgerufen: 22.07.2020].

Deutschen Patentamt: Auslegeschrift 1 096 657 – C 15402 IX/43b.

Deutschlandfunk: Die kostbaren Tränen von Chios: https://www.deutschlandfunk.de/die-kostbaren-traenen-von-chios.1242.de.html?dram:article_id=189419 [Abgerufen: 11.06.2020].

Dioskurides: Materia Medica aus: Pharmawiki.ch: https://www.
pharmawiki.ch/wiki/index.php?wiki=Dioskurides Abgerufen:
11.06.2020].

Dr-Jochum.de: Funktionstherapie: https://www.dr-jochum.de/
leistungen/kiefergelenk-bisslage/funktionstherapie / [Abgerufen:
11.06.2019].

Duden: Gummi: https://www.duden.de/rechtschreibung/
Gummi_Erzeugnis_Kondom [Abgerufen: 22.07.2020].

Duden: Gummiarabicum: https://www.duden.de/rechtschreibung/
Gummiarabikum [Abgerufen: 22.07.2020].

Duden: Kaugummi: https://www.duden.de/rechtschreibung/
Kaugummi [Abgerufen: 22.07.2020].

Duncker, Ludwig, Die interessante Welt der Dinge – Umrisse einer
pädagogischen Anthropologie kindlichen Sammelns, in: Kekeritz, Mirja /Schmidt, Bärbel /Brenne Andreas: Vom Sammeln,
Ordnen und Präsentieren. Ein interdisziplinärer Blick auf eine
anthropologische Konstante, München 2013.

Ebay: https://www.ebay.de/itm/3-pcs-Natural-Organic-Chewing
-Gum-Zhivitsa-from-Siberian-Larch-Cedar-Resin/133141932419
?hash=item1effe0a983:g:z50AAOSwbXddUcoX [Abgerufen:
22.07.2020].

Elias, Norbert: Über den Prozess der Zivilisation. Soziogenetische
und psychogenetische Untersuchungen. Erster Band. Wandlungen des Verhaltens in den weltlichen Oberschichten des
Abendlandes, Frankfurt a. M. 1997.

Elma: https://www.gummastic.gr/en/products/elma [Abgerufen:
22.07.2020].

Fogel, Marshall: The History of Goudey Gum Company: https://
web.archive.org/web/20120301225017/http://www.psacard.com/
articles/article_view.chtml?artid=3886&type=1 [Abgerufen:
22.07.2020].

Fuchs, Carola/Wahl, Joachim: Kaugummi oder Werkstoff. Bir-
kenpechstücke aus der Pfahlbausiedlung Hornstaad-Hörnle am
Bodensee, Denkmalpflege in Baden-Württemberg – Nachrich-
tenblatt der Landesdenkmalpflege, 42(4) 2013.

Funding Universe: The Topps Company Inc. History: http://www.
fundinguniverse.com/company-histories/the-topps-company
-inc-history / [Abgerufen: 22.07.2020].

Füßler, Claudia: Wer Kaugummi kaut, regt nicht sein Gehirn an –
tut aber seinen Zähnen Gutes, Badische Zeitung, 22. August
2016: https://www.badische-zeitung.de/wer-kaugummi
-kaut-regt-nicht-sein-gehirn-an-tut-aber-seinen-zaehnen
-gutes [Abgerufen: 22.07.2020].

Galileo.tv: Kaugummikauer machen eine Menge richtig: https://
www.galileo.tv/life/kaugummikauer-machen-eine-menge
-richtig / [Abgerufen: 11.06.2020].

Garay, Lluis: L'Arbre á Chewing – Gum, Paris 1993.

Gesundheit.de: Was alles in Kaugummis steckt: https://www.
gesundheit.de/ernaehrung/rund-ums-lebensmittel/
kaugummi-kauen [Abgerufen: 11.06.2020].

Gumball.com: https://www.gumball.com/collections/dubble
-bubble-gumballs [Abgerufen: 22.07.2020].

Gumball.com: https://www.gumball.com/pages/history-of-ford
-gum [Abgerufen: 22.07.2020].

Gumballmachinefactory: https://gumballmachinefactory.com/
gumballhistory.html [Abgerufen: 22.07.2020].

Hanley, Dean: The Bubble Gum Card War. The Great Bowman &
Topps Sets from 1948 to 1955, Wroclaw 2012.

Hardt, Christoph: Ikonen des Wirtschaftswunders, Handelsblatt,
30.08.2004.

Hendrickson, Robert: The Great American Chewing Gum Book,
Radnor 1976.

Hepner, Vaclav: Ludwig Stollwerck und die »Automatie«, in: Kemp,
Cornelia/Gierlinger, Ulrike (Hg.): Wenn der Groschen fällt …
Münzautomaten – gestern und heute, München 1989.

Hock, Andreas: Das Buch der legendären Panini-Bilder, München
2013.

ICGA (International Chewing Gum Assoziation): http://www.
gumassociation.org/index.cfm/science-technology/manu
facturing-process / [Abgerufen: 22.07.2020].

Industriemuseum Elmshorn, Heiß begehrt & viel getauscht: Sammelbilder und -figuren Elmshorner Firmen, Husum 2015.

institut für theoriekultur: PicTours. Der Stadtführer zum Mitmachen, Grossrosseln 2008.

Internet Movie Database: Mars Attacks! 1996: https://www.imdb.
com/title/tt0116996/?ref_=fn_al_tt_1 [Abgerufen: 22.07.2020].

Jaramillo, Alex: Cracker Jack Prizes, New York 1989.

Kemp, Cornelia: Vom Schokoladenverkäufer zum Bajazzo – Die Anfänge der Münzautomaten-Herstellung in Deutschland, in: Kemp, Cornelia/Gierlinger, Ulrike (Hg.): Wenn der Groschen fällt … Münzautomaten – gestern und heute, München 1989.

Kemp, Cornelia/Gierlinger, Ulrike (Hg.): Wenn der Groschen fällt … Münzautomaten – gestern und heute, München 1989.

Kerry, Segrave: Chewing Gum in America, 1850–1920: The Rise of an Industry, Jefferson 2015.

Kolbe, Corina: Der Aufstieg der Konsumkathedralen, Spiegel Online, 28.07.2020: https://www.spiegel.de/geschichte/kaufhaus dynastien-tietz-und-wertheim-aufstieg-der-konsum-kathedralen -a-ab0b1948-ecfb-4860-8029-ea2ad272d336?sar%E2%80%A6 [Abgerufen: 22.07.2020].

Kutter, Herbert: Der Quartett-Automat – Vortrag von Kutter, Herbert (Teil 2): https://quartettblog.wordpress.com/2018/09/24/ der-quartett-automat-vortrag-von-herbert-kutter-teil-2 / [Abgerufen: 22.07.2020].

Lebeck, Robert: Liebig's Sammelkarten (Die Bibliophilen Taschenbücher), Dortmund 1980.

Lecturio.de: Kaumuskulatur, Zungenmuskulatur und Kiefergelenk: https://www.lecturio.de/magazin/kau-und-zungenmuskulatur / [Abgerufen: 11.06.2019].

Leimgruber, Walter: Über das Sammeln in der Kulturwissenschaft: https://www.unibas.ch/de/Forschung/Uni-Nova/Uni-Nova -122/Uni-Nova-122-Kulturwissenschaft.html [Abgerufen: 22.07.2020].

Margarinefiguren.de: http://www.margarinefiguren.de / [Abgerufen: 22.07.2020].

Market Square Jewellers: A history of charm jewelry, 21.02.2019: https://www.marketsquarejewelers.com/blogs/msj-handbook/ a-history-of-charm-jewelry [Abgerufen: 22.07.2020].

Maskworld.com: https://www.maskworld.com/german/products/ schminke/karneval-halloween-fasching-schminke--610/schmink farben--6103/metamorph-mastix-hautkleber--12500 [Abgerufen: 11.06.2020].

Masthihashop.com: https://www.mastihashop.com/de / [Abgerufen: 11.06.2020].

Mathews, Jennifer P./Schultz, Gillian P.: Chicle. The Chewing Gum of the Americas. From the Ancient Maya to William Wrigley, Tuscon 2009.

Mattern, Joanne: William Wrigley Jr.: Wrigley's Chewing Gum Founder, Minnesota 2011.

Maus, Robert: Beim Drehen steigt die Spannung, FAZ, 21.10.2017.

Medizinische Papyri: http://www.medizinische-papyri.de/Papyrus Ebers/html/index.htm [Abgerufen: 11.06.2020].

Meinhard, Michael: Vernachlässigte Zentren frühen Konsums: Eine fotografische Zwischenbilanz von Michael Meinhard, Bonn 2020.

Mielke, Hans: Vom Bilder Bilderbuch des kleinen Mannes, Berlin 1955.

Naehrwertrechner.de: https://www.naehrwertrechner.de/naehr werte/Kaugummi / [Abgerufen: 11.06.2020].

Natho, Günther: Rohstoffpflanzen der Erde, Leipzig 1986.

OK Manufacturing: Prizes & Plush: https://web.archive.org/ web/20080513174900/http://www.okmfg.net/prizes.html [Abgerufen: 22.07.2020].

ORF: Studentinnen entwickeln Harz-Kaugummi: https://wien.orf. at/v2/news/stories/2928340 / [Abgerufen: 22.07.2020].

Owens, Thomas S. /Star Helmer, Diana: Inside Collectible Card Games, USA 1996.

Panati, Charles: Universalgeschichte der ganz gewöhnlichen Dinge, München 1998.

Patents.justia.com: https://patents.justia.com / [Abgerufen: 22.07.2020].

Pennymachines.co.uk: http://pennymachines.co.uk/Forum/ viewtopic.php?t=2794 [Abgerufen: 22.07.2020].

Pina, Ravi: Cracker Jack Collectibles with Price Guide, Atglen 1995.

Redclift, Michael: Chewing Gum. The Fortunes of Taste, New York/London 2004.

Richardson, Tim: Sweets. A History of Temptation, London 2003.

Spiegel Online: Menschliche DNA in 10.000 Jahre altem Kau-gummi entdeckt: https://www.spiegel.de/wissenschaft/mensch/ skandinavien-menschliche-dna-in-10-000-jahre-altem -kaugummi-entdeckt-a-1267614.html [Abgerufen: 11.06.2020].

Süddeutsche Zeitung: Verklebt Kaugummi den Magen, 16.12.2015: https://www.sueddeutsche.de/news/gesundheit/gesundheit -verklebt-kaugummi-den-magen-dpa.urn-newsml-dpa-com -20090101-151215-99-348957 [Abgerufen: 11.06.2019].

SWR: Süsses Biedermeier: https://www.br.de/radio/bayern2/suesses -biedermeier100.html [Abgerufen: 22.07.2020].

The Topps Company: Mars Attacks. 50th Anniversary Collection, London 2012.

Topps: https://play.toppsapps.com / [Abgerufen: 22.07.2020].

U. S. Department of Agriculture/Food and Nutrition Service: Foods of Minimal Nutritional Value: https://www.fns.usda.gov/ cn/foods-minimal-nutritional-value [Abgerufen: 22.06.2020].

Upperdeck: http://www.upperdeck.com / [Abgerufen: 22.07.2020].

Vidal, Vincent: Les Chewing Gums, Paris 1995.

Vitabiente.de: https://www.vitabiente.de/103-mastix-reines-raucher harz.html [Abgerufen: 11.06.2020].

Wardlaw, Lee: Bubblemania: A Chewy History of Bubble Gum, New York 1997.

Wikipedia: Alamo [Bearbeitungsstand: 24.02.2020]: https://de.wiki pedia.org/wiki/Alamo [Abgerufen: 22.07.2020]. Wikipedia: Cadbury [Bearbeitungsstand: 16.07.2020]: https://en.wikipedia. org/wiki/Cadbury#Acquisition_by_Kraft_Foods [Abgerufen: 22.07.2020]. Wikipedia: Chicle [Bearbeitungsstand: 08.06.2020]: https://de.wikipedia.org/wiki/Chicle [Abgerufen: 06.11.2020.

Wikipedia: Chiclets [Bearbeitungsstand: 25.04.2020]: https://en. wikipedia.org/wiki/Chiclets [Abgerufen: 22.07.2020].

Wikipedia: Collectible card game [Bearbeitungsstand: 16.07.2020]: https://en.wikipedia.org/wiki/Collectible_card_game [Abgeru- fen: 22.07.2020]. Wikipedia: Cracker Jack [Bearbeitungsstand: 06.07.2020]: https://de.wikipedia.org/wiki/Cracker_Jack_ (Lebensmittel) [Abgerufen: 22.07.2020]. Wikipedia: Digital collectible card game [Bearbeitungsstand: 01.07.2020]: https:// en.wikipedia.org/wiki/Digital_collectible_card_game [Abgeru- fen: 22.07.2020].

Wikipedia: Kaufhaus [Bearbeitungsstand: 14.05.2020]: https:// de.wikipedia.org/wiki/Kaufhaus [Abgerufen: 22.07.2020]. Wikipedia: Le Bon Marché [Bearbeitungsstand: 05.12.2019]: https://de.wikipedia.org/wiki/Le_Bon_Marché [Abgerufen:

22.07.2020].Wikipedia: Mastix [Bearbeitungsstand: 22.05.2020]:
https://de.wikipedia.org/wiki/Mastix#Verwendung. [Abgeru-
fen: 11.06.2020].Wikipedia: Sassafrasbaum [Bearbeitungsstand:
17.05.2020]: https://de.wikipedia.org/wiki/Sassafrasbaum
[Abgerufen: 06.11.2020].Wikipedia: Topps [Bearbeitungsstand:
17.05.2020]: https://de.wikipedia.org/wiki/Topps [Abgeru-
fen: 22.07.2020].Wikipedia: Warenhaus [Bearbeitungsstand:
26.05.2020]: https://de.wikipedia.org/wiki/Warenhaus [Abge-
rufen: 22.07.2020].Wissenschaft.de: Kaugummi als Lernhilfe:
https://www.wissenschaft.de/umwelt-natur/kaugummi-als
-lernhilfe / [Abgerufen: 11.06.2020].

Wrigleys: The Story of Chewing Gum, o.O. o.J.

Young, Robert: The Chewing Gum Book, Minneapolis 1990.

YouTube: Dubble Bubble Pinball Machine. Win Gum Balls While
Playing! https://www.youtube.com/watch?v=zbXfY7mjUlo
[Abgerufen: 22.07.2020].

YouTube: Original Dubble Bubble Mini Gumball Machine Review:
https://www.youtube.com/watch?v=6eceSKm-OXU [Abgeru-
fen: 22.07.2020].

Zeilberger, Doron: How Many Singles, Doubles, Triples, Etc.,
Should The Coupon Collector Expect? https://sites.math.
rutgers.edu/~zeilberg/mamarim/mamarimPDF/coupon.pdf
[Abgerufen: 22.07.2020].

Ziesche, Janina: »Charm Up Your Life!«. Die Marke »Thomas
Sabo« in: Szabo, Sacha (Hg.): Brand Studies. Marken in Diskurs der Cultural Studies, Marburg 2009.

RETAILER'S CERTIFICATE
WORTH 10¢ ~ READ DETAILS

EACH BOX OF CLARK'S TEABERRY GUM AND CLARK'S SWEETWOO[D]
CONTAINS A CERTIFICATE LIKE THIS. SAVE THEM! THEY ARE VAL[UABLE]
TEN OF THEM ENTITLE YOU TO ONE BOX FREE, OR IF YOU SEND
US AT ONE TIME YOU RECEIVE 6 BOXES FREE. THERE ARE NO ST[RINGS]
TIED TO THIS PROPOSITION. IT IS MERELY OUR METHOD OF MAR[KETING]
OUR PRODUCTS AND OFFERING THE RETAILER AN OPPORTUNITY TO
A GREATER PROFIT FROM CLARK'S TEABERRY AND SWEETWOOD G[UM]
IT PAYS YOU TO TAKE A REAL INTEREST IN DISPLAYING AND PU[SHING]
THE SALE OF THESE PRODUCTS. THESE CERTIFICATES CAN [BE]
DEEMED ONLY BY US. JOBBERS CANNOT REDEEM THEM FOR YO[U, NOR]
CAN WE REDEEM THEM FOR JOBBERS. THEY MUST BE MAILED DIR[ECT]
TO US BY YOU AND YOUR FREE GUM WILL BE MAILED TO Y[OU]
INSURED PARCEL POST WITH ALL CHARGES PAID.

CLARK BROTHERS CHEWING GUM CO.
PITTSBURGH, PA., U. S. A.

Auf den Spuren mittelalterlicher Kaugummis

Katharina Zeppezauer-Wachauer/Ylva Schwinghammer

›Kaugummi‹ – ein Anachronismus?

Kaugummi, wie wir ihn heute größtenteils kennen, ist ein ursprünglich US-amerikanisches, industriell hergestelltes Produkt, das vorwiegend aus petrochemischen Kunststoffen besteht.[1] Wurden in Fabriken zunächst vor allem Kautschuk und Paraffinwachs verarbeitet, so suchte man sehr schnell gummiartige Austauschstoffe als Alternativen. 1869 wurde das erste Herstellungspatent für Kaugummi erteilt.[2] Ab 1890 schwang sich William Wrigley Jr. zum weltweit erfolgreichsten Fabrikanten auf, eine Popularität, die insbesondere nach dem Zweiten Weltkrieg durch die in Europa stationierten US-amerikanischen Soldaten vorangetrieben wurde.[3]

Ist es also als Anachronismus zu werten, wenn wir von ›Kaugummi im Mittelalter‹ sprechen? Lassen sich die industrielle

---

1 Jötten, Frederik: »Die Kaumasse besteht vor allem aus Kunststoff«, Spiegel Online, 11.03.2015: https://www.spiegel.de/gesundheit/diagnose/aus-was-besteht-kaugummi-a-1022838.html [Abgerufen: 07.05.2019].

2 Milov, David E./Andres, Joel M./Erhart, Nora A./Bailey, David J.: Chewing gum bezoars of the gastrointestinal tract, in: Pediatrics, Bd. 102, Nr. 2, August 1998, S. e22: https://pediatrics.aappublications.org/content/pediatrics/102/2/e22.full.pdf [Abgerufen: 07.05.2019].

3 Wikipedia – Kaugummi [Bearbeitungsstand: 04.05.2019]: https://de.wikipedia.org/w/index.php?title=Kaugummi&oldid=188224877 [Abgerufen: 07.05.2019].

Fertigung von Kaugummi und der Konsum diverser kaubarer
Substanzen in ›prä-wrigleyianischer‹ Zeit einfach so miteinander vergleichen? Um uns diesen Fragen anzunähern, möchten
wir im Folgenden zunächst einen Überblick über verschiedene
bekannte Gummiarten und kaubare Harze geben, die bis in
die Gegenwart nachwirken, und ihnen – mit Blick auf ihre
Verwendung und Wirkung – in europäischen und arabischen
Quellen nachspüren, in der Hoffnung, so der Adaption des
essens- und medizingeschichtlichen Phänomens in seinen verschiedenen Erscheinungsformen begegnen zu können.

Gummi und Harz im Mittelalter

Die naturkundlichen und medizinischen Werke des Mittelalters kannten die unterschiedlichsten Arten von Gummen
und Harzen. Ihr Wissen bezogen sie zu einem großen Teil
aus antiken Quellen, die über den arabischen Raum (zurück)
nach Europa gelangten. So zählt das im 12. Jahrhundert in Sa-
lerno verfasste lateinische »Circa instans«, das als erste große
Drogenkunde des Abendlandes gilt, knapp 20 verschiedene
gummiartige Substanzen auf und macht Angaben zu Gewinnung, Lagerung, Haltbarkeit, medizinischen sowie kosmetischen Indikationen, möglichen Fälschungen und Anwendungsformen bzw. konkreten Rezepten. Darunter finden sich
etwa Ammoniak-Gummi, Borax-Gummi, Bocksdorn-Gum-
mi, Wolfsmilch-Gummi, Galbanum-Gummi, Arabischer
Gummi, Storaxharz, Serapinum-Gummi, Drachenblut-Harz,
Mastix, Myrrhe und Weihrauch.[4] Auch Konrads von Megenberg »Buch der Natur«, die erste systematische Naturge-

---

4   Goehl, Konrad: Das Circa Instans. Die erste große Drogenkunde des
     Abendlandes, Baden-Baden 2015.

schichte in deutscher Sprache aus dem 14. Jahrhundert, nennt etliche dieser und weitere »Baumsäfte« und weiß um ihren medizinischen und praktischen Nutzen.[5]

Viele der beschriebenen Gummiarten waren im arabischen Raum oder in Gegenden ums Mittelmeer beheimatet, unsere europäischen Schreiber und Mediziner kannten die Pflanzen selbst oft also nur vom ›Hörensagen‹ und mussten sich in den Angaben zum Aussehen der Bäume und Sträucher sowie der Gewinnung des Gummis ganz auf die ihnen vorliegenden Quellen verlassen. Mitunter herrschte auch Unsicherheit bzw. Uneinigkeit zwischen den Gelehrten, ob es sich nun um Gummi (mittelhochdeutsch *zaher*), Harz oder eine andere pflanzliche Substanz handelt. So schreibt Konrad etwa – fast schon diplomatisch – über Tragant, es sei ein Gummi oder ein Harz: »Diadragantum ist kalt und fäuht, sam Platearius spricht, und ist ain harz oder ain zaher, der fleuzt auz ainem paum gegen der sunnen aufganch, wenn in diu hitz dar auz twingt«[6], während im »Circa instans« zum Drachenblut-Gummi vermerkt wird: »Manche Autoritäten geben an, es sei der Saft eines Krautes, das ist falsch. Es ist vielmehr das Gummiharz eines bestimmten Baumes, der in Indien wächst und in Persien.«[7] Unklarheit herrschte beispielsweise auch über die Entstehung und Gewinnung des im Mittelmeerraum gewonnenen Laudanum, das in zahlreichen Arzneien und Kosmetiken des Mittelalters genutzt wurde:

> »Manche Autoritäten sagen, es sei der Gummi eines Baumes, doch das ist falsch. Vielmehr senkt sich in einem gewissen Teil Griechenlands der Tau auf bestimmte Kräuter herab und

---

5   Pfeiffer, Franz: Konrad von Megenberg. Das Buch der Natur. Die erste Naturgeschichte in deutscher Sprache. Stuttgart 1861.

6   Pfeiffer: Buch der Natur, S. 366.

7   Goehl: Circa instans, S. 373.

bleibt rund um sie kleben. Die Einwohner zerschlagen dann mit Lederriemen diese Kräuter, und so wird durch die Lederriemen die Feuchtigkeit herausgepresst.«[8]

»Eine Substanz heisst lateinisch Ladanum, was wir mit Himmelsfladen oder Himmelsthau übersetzen können, so wie wir das Vorige Honigthau nennen. Der Himmelsthau fällt grade so herab, wie der Honigthau, aber aus etwas grösserer Höhe, und entsteht aus demselben Dunst, nur dass er dickerer und zäherer Beschaffenheit ist. Wenn der Himmelsthau auf die Kräuter gefallen ist, so theilt und zerschneidet man dieselben mit Hülfe lederner Riemen, an denen die kostbare Flüssigkeit hängen bleibt. Nach dem Eintrocknen heisst sie dann Ladanum. In unseren Gegenden fällt sie nicht herab, aus demselben Grunde, den wir beim Honigthau anführten. Ist der Himmelsthau rein und frei von fremdartigen Zusätzen, so riecht er sehr fein, und man zählt ihn zu den wohlriechenden Substanzen, die lateinisch Aromata genannt werden.«[9]

Tatsächlich kann Laudanum-Harz aus im gesamten Mittelmeerraum beheimateten Zistrosen-Sträuchern gewonnen werden, an deren Blättern und Blüten es sich im Sommer unter der Hitzeeinwirkung der Sonne absetzt.

Als Gummen und Harze werden heute Exsudate bezeichnet, die aus Pflanzen austreten, zumeist um verletzte Stellen zu schließen. Während Gummen (z. B. Gummi arabicum, Tragant) wasserlöslich sind, lassen sich Harze (z. B. Drachenblut, Storaxharz), auch als Pech bezeichnet, nur in anderen

---

8   Ebd. S. 291.

9   Schulz, Hugo: Das Buch der Natur von Conrad von Megenberg. Die erste Naturgeschichte in deutscher Sprache. In Neu-Hochdeutscher Sprache bearbeitet und mit Anmerkungen versehen, Greifswald 1897. S. 71.

Lösungsmitteln (etwa Alkoholen, Ölen oder Säuren) zersetzen. Unter dem Begriff Gummiharze werden schließlich solche Pflanzensäfte zusammengefasst, die sowohl wasserlösliche Gummibestandteile als auch Harze oder Harzextrakte enthalten (z. B. Ammoniakgummi, Mastix, Myrrhe und Weihrauch). Viele der im Mittelalter bereits bekannten Harze und Gummen spielen auch heute noch eine Rolle in unserem Alltag, etwa in der Lebensmittelherstellung, wo Gummi arabicum unter der Bezeichnung E 414 als Stabilisator für Emulsionen eingesetzt wird,[10] u. a. in der Orangenlimonade Fanta.[11]

»Die wohlriechenden Bäume, deren Rinden, Wurzeln, Blätter, Harz und Saft man hoch preist, wachsen nicht in deutschen Landen sondern in den heissen Ländern gegen Mittag und Sonnenaufgang hin.«[12] – Stark von antiken und arabischen Quellen geprägt, finden in Mitteleuropa heimische Harze in mittelalterlichen Pharmakopöen vergleichsweise wenig Beachtung. Erwähnung finden im »Buch der Natur« Konrads von Megenberg etwa Pappelharz als Basis einer Wundsalbe,[13] die sich auch in zahlreichen Arzneibüchern findet, das Harz der Haferschlehe, das gegen Blasensteine helfen könne,[14] und Fichtenharz als Mittel für eine Art ›tierische Selbstmedikation‹:

---

10 Vgl. Deutsches Bundesministerium für Ernährung und Landwirtschaft: Liste der EU-weit zugelassenen Lebensmittelzusatzstoffe, Stand Januar 2015: https://www.bmel.de/SharedDocs/Downloads/Ernaehrung/Kenn zeichnung/E-Nummern-aid.pdf?__blob=publicationFile [Abgerufen: 15.05.2019].

11 Tabelle zu Lebensmittel-Zusatzstoffen in Produkten der Coca Cola Company Deutschland, Stand: 03/17. Online unter: https://www.coca -cola-deutschland.de/content/dam/journey/de/de/private/fileassets/ pdf/2017/03-2017-Lebensmittelzusatzstoffe.pdf [Abgerufen: 15.05.2019].

12 Schulz: Buch der Natur, S. 304.

13 Ebd. S. 291.

14 Ebd. S. 293.

»Yulpis heisst ein Fuchs. Wie Ambrosius sagt, hat er die Gewohnheit, wenn er lebensgefährlich erkrankt ist, einen Fichtenbaum aufzusuchen und das vom Stamm abfliessende Harz zu fressen. Auf diese Art macht er sich wieder gesund.«[15]

Auch andere Harze werden mitunter in Bezug zu ihrer Wirkung auf Tiere beschrieben:

»Des Baumes Harz heisst lateinisch Resina cedrina, was Cedernharz bedeutet. Bestreicht man die Bücher damit, so fressen die Schaben sie nicht an, und sie halten lange. Die Schlangen sterben von seinem Geruch.«[16]

Zur Verwendung von Gummen und Harzen

Gemeinsam ist den meisten in mittelalterlichen Quellen beschriebenen Gummiarten und Harzen, dass ihnen gemäß der Humoralpathologie[17] die Primärqualitäten »warm« und »trocken« zugeschrieben wurden, sie also grundsätzlich in Arzneien eingesetzt eine wärmende bzw. erhitzende und austrocknende Wirkung entfalten sollten (und damit gegen Leiden eingesetzt

---

15   Ebd. S. 134.
16   Ebd. S. 272.
17   Es handelt sich dabei um die Lehre von Krankheit und Gesundheit, die in Antike und Mittelalter die Grundlage der Medizin bildete. Man ging davon aus, dass der Körper jedes Lebewesens aus vier Säften besteht: Blut, Schleim, gelber Galle und schwarzer Galle. Krankheiten erklärte man sich als Störung dieses Säftegleichgewichts. Schon in der Antike wurde die Lehre von den vier Körpersäften in engem Zusammenhang mit anderen Viererschemata gedacht: den vier Jahreszeiten, den vier Elementen und den vier Primärqualitäten (warm, kalt, trocken und feucht), die Nahrungsmitteln, Heilmitteln und Umweltfaktoren zugewiesen wurden.

wurden, die kalten und feuchten Ursprungs waren). Daneben wurden den einzelnen Sorten noch weitere Heilwirkungen zugesprochen. So weiß etwa das »Buch der Natur« über Gummi arabicum zu berichten, dass es »anfeuchtend, zusammenklebend, lösend und besänftigend« wirkt, im »Circa instans« wird es als fähig, »erweichend abzuführen, zu befeuchten und zu besänftigen«[18] beschrieben und für Beschwerden wie Trockenheit der Zunge, Brechreiz, Blutspeien, Nasenbluten und trockenem Hustenreiz empfohlen.[19] Mastix wiederum wird als stärkend, zusammenleimend, wundschließend, festigend und allgemein als »heilend« bezeichnet und unter anderem in Zubereitungen gegen Schmerzen oder Verdauungsproblemen eingesetzt.[20] Tragant, der im Gegensatz zu den meisten anderen Gummiarten als »kalt« eingestuft wurde, galt als besänftigend, labend, anfeuchtend sowie reinigend und damit besonders gut gegen Atemwegsleiden und Brustkrankheiten.[21]

Als Bestandteil finden sich Gummen und Gummiharze in unterschiedlichen Medikamenten zur oralen Einnahme (Pillen, Tränken, Wässern und Latwergen[22]) sowie als Inhalationen, Klistire, Anal- und Vaginalzäpfchen. Auch in

---

18 Goehl: Circa instans, S. 282.
19 Vgl. ebd.
20 Vgl. ebd. S. 307.
21 Vgl. Schulz: Buch der Natur, S. 314.
22 Holanik, Wolfgang: Latwerge – Was ist das?, in: Nahrhaftes Mittelalter. Historische Kulinarik und Diätetik zwischen Orient und Okzident, online: https://nahrhaftesmittelalter.com/2017/05/02/latwerge/ [Abgerufen: 15.05.2019] und Hofmeister-Winter, Andrea: ›und iz als ein latwergen‹. Quellenstudie zu Vorkommen, Zusammensetzung und diätetischen Wirkzuschreibungen von Latwerge in älteren deutschsprachigen Kochrezepttexten, in: Hofmeister-Winter, Andrea/Klug, Helmut W./ Kranich, Karin (Hg.): Der Koch ist der bessere Arzt. Zum Verhältnis von Diätetik und Kulinarik im Mittelalter und in der Frühen Neuzeit, Fachtagung im Rahmen des Tages der Geisteswissenschaften 2013 an der Karl-Franzens-Universität Graz, 20.6.–22.6.2013, Frankfurt am Main

der Herstellung von Arzneien zur äußerlichen Anwendung, wie Salben, Wundverbänden und Pflastern, machte man sich ihre günstigen Eigenschaften zunutze. Exemplarisch für die zahllosen mittelalterlichen Rezepte sei hier eines aus dem sogenannten ›Admonter Bartholomäus‹, einer in bairisch-österreichischer Sprache verfassten Medizinhandschrift aus dem 15. Jahrhundert, angeführt, in dem die Herstellung eines selbsthaftenden Pflasters für offene Wunden beschrieben wird:

»Das ist von einem selbsthaftenden Pflaster:
    Nimm zuerst Bohnenmehl und Gerstenmehl, das fein gesiebt ist. Nimm von beidem gleich viel. Nimm das Weiße von zwei Eiern oder von drei, zerschlag es mit einem Tüchlein. Schütte das Mehl darunter und rühr es wie einen Oblatenteig. Nimm Mastix und Tragantgummi, von beidem ein halbes Lot und stoß es klein wie Mehl. Schütte es unter den Teig und verrühre es miteinander. Nimm ein neues, festes Leinentuch das fein gewebt ist, und bestreiche es innen und außen. Wo eine Wunde offen ist, lege das Pflaster auf jede Seite der Wunde. Wenn das Pflaster trocken ist, nimm eine Nadel mit einem zweifachen Faden und hefte dann die zwei Tücher mit beiden Enden in der Mitte aneinander und ziehe die Wunde gut zusammen. So wird sie ordentlich verheilen. Auch sollst du an jedem Ende eine Scharpie (Wundverband) in die Wunde geben, so geht der Schmutz heraus.«[23]

---

u. a. 2014 (Mediävistik zwischen Forschung, Lehre und Öffentlichkeit, Bd. 8), S. 223–252.

23   Holanik, Wolfgang/Schwinghammer, Ylva: Lernerorientierte Teiledition und Übersetzung des ›Admonter Bartholomäus‹ auf Basis der dynamischen Lesefassung von Anna Tesch, unter Mitwirkung von Lisa Glänzer, Stefan Hofbauer Philipp Pfeifer, Magdalena Laura Halb, Johanna Damberger, Sabrina Bamberger sowie den Schüler/innen des BG/BRG Knittelfeld, Graz 2018, online: http://gams.uni-graz.at/o:lima.4 [Abgerufen: 15.05.2019].

Neben ihrer Wirkkraft kamen dabei vor allem ihre Eigenschaften als pharmazeutischer Hilfsstoff zum Tragen, die genutzt wurden, um Formgebung, Herstellbarkeit und Stabilität von Arzneimittelzubereitungen zu gewährleisten oder zu verbessern. In dieser Funktion finden sie auch heute noch Anwendung in der Medizin, beispielsweise für den Überzug von Pillen und Dragees. Daneben spielten die unterschiedlichen Gummisorten auch in der Arznei- und Lebensmittelfälschung eine Rolle, vor der an vielen Stellen in mittelalterlichen Schriften gewarnt wird. So wurde etwa das kostbare Ambra durch eine Mischung von Aloeholz-Pulver, Storaxgummi, Laudanum und Moschus, gelöst in Rosenwasser mit ein wenig echtem Ambra, ersetzt.[24]

In Rezepten aus jenem Bereich, den wir heute als Kosmetik bezeichnen würden, kamen Gummen und Harze vor allem in Präparaten zur Haarentfernung und Hautpflege zum Einsatz:

>Um Haare, die im Angesicht wachsen, zu entfernen und das Angesicht hell zu machen, geht man folgendermaßen vor: Nimm drei Unzen Kolophonium [Geigenharz], eine Unze Mastixharz und etwas Ammonium-Gummi, ganz rein; davon löst du in einem völlig sauberen und neuen irdenen Gefäß zuerst das Kolophonium und das Mastixharz auf, zuletzt gibst du die Tropfen des Ammoniak-Gummi bei; dann seihst du über kaltem Wasser ab, sammelst, was nun geblieben ist, und knetest es zwischen den Händen: vorher war diese Masse schwarz, nach der Behandlung mit den Händen wird sie weiß. Wenn du sie dann anwenden willst, löst du etwas davon am Feuer auf, läßt es ein kleines Weilchen abkühlen und gibst es aufs Gesicht für eine Stunde oder zwei; danach nimmst du es ab: so entfernst du die Haare, und das Gesicht

---

24 Goehl: Circa instans, S. 198.

wird rein. Diese Auftragung kannst du zehnmal hintereinander durchführen.«[25]

Da uns heute vor allem Beschreibungen von Gummen, Gummiharzen und Harzen aus naturkundlichen und medizinischen Quellen des Mittelalters und der frühen Neuzeit zur Verfügung stehen, liegt der Schwerpunkt der erwähnten Nutzung auf medizinischen und kosmetischen Indikationen, vereinzelt finden sich aber auch hier Hinweise auf andere Verwendungszwecke, so wird etwa im »Circa Instans« auf den Einsatz von Bernix-Gummi im Kunsthandwerk hingewiesen:

> »Der Firnis wirkt infolge seiner Gummiartigkeit zusammenleimend, bildet eine klare Oberfläche und hilft aufbewahren, was ja ganz offensichtlich ist. Die Maler legen ihn den Farben ihrer Bilder auf, damit er sie leuchtend macht und die gemalten Farbtöne bewahrt.«[26]

Auch in der Tinten- und Farbherstellung griff man auf Gummi zurück, um die Haftwirkung der entstehenden Flüssigkeit auf Pergament und Papier zu stärken, wie folgendes Rezept für Gallustinte aus einem Admonter Fragment des 14. Jahrhunderts belegt:

> »It(e)m Recipe iij lot galles zeprochen vnd gewß dar auff ains guet(e)n weins Ain halbe vnd laſs dar auff ſtenn xiiij tag Nym darnach dariinder ij lot vitriolum vnd j. lot gum(m)i So haftu guete tinckchn.«[27]

---

25 Ebd. S. 247.
26 Ebd. S. 213.
27 Wernfried Hofmeister: Das Fragment B-3 der Admonter Stiftsbibliothek: Spätmittelhochdeutsche Benediktionen/Gebete und ein frühneuhochdeutsches Tintenrezept, in: ZfdA 131, 2002, S. 335–342, hier S. 339.

Obwohl Naturharze und Gummen in der industriellen Fertigung von Gebrauchsgegenständen heute häufig durch synthetische Stoffe ersetzt werden, kommt auch die moderne Medizin nicht ohne Stoffe wie Gummi arabicum und Tragant aus, die auch in der Lebensmittelherstellung – nicht nur für (›naturbelassene‹) Kaugummis – eine große Rolle spielen.

Kauen von Substanzen aus medizinischen Gründen

Wenngleich Kaugummi, sofern es sich nicht um mit speziellen Arzneistoffen versetzte medizinische Kaugummis handelt, heute zumeist als Genussmittel verwendet wird, lassen sich positive Wirkungen auf Gesundheit und Wohlbefinden nachweisen. Auch im Mittelalter wusste man um die vorteilhaften Einflüsse des Kauens bzw. Zerkauens und machte sie sich in der Medizin zunutze. Viele medizinische und diätetische Anweisungen sehen das Kauen von Substanzen aus eben jenen Gründen vor, aus denen wir auch heute gerne zum Kaugummi greifen: Stärkung von Zähnen und Zahnfleisch, frischer Atem, weiße Zähne, Anregung des Speichelflusses, Befeuchtung des Mundraumes, Freimachen der Atemwege etc.

Auch eine Aktivierung des Erinnerungsvermögens, die Anregung des Gehirns und einen positiven Einfluss auf die Seele erhoffte man sich durch die Kombination von Bewegung der Kaumuskulatur und den dadurch freigesetzten Wirkstoffen. Glaubt man den mittelalterlichen Werken, soll man gegen Vergesslichkeit und Schlafsucht Läusekraut kauen,[28] ist das Zerkauen und Im-Mund-Behalten von Aloeholz wegen seines

---

28   Vgl. Goehl: Circa instans, S. 370.

kostbaren Wohlgeruchs gut für das Gehirn[29] und verschaffen gekaute Nelken Abhilfe bei Seelenschwäche.[30]

In der Regel griff man dabei allerdings nicht auf Gummihaltiges, sondern auf andere Substanzen zurück, wie Körner, Wurzeln oder Rinden von diversen Heil- und Nahrungsmittelpflanzen. In vielen Fällen wird der dabei ablaufende Prozess als ein Aufsteigen von würzigem Geschmack, Geruch und Dunst in den Kopf bzw. bis direkt ins Gehirn geschildert – eine Beschreibung, die wir auch heute noch durchaus nachvollziehen können, wenn wir an die ersten Bisse auf einen scharfen oder stark mentholhaltigen Kaugummi denken.

Das Zerkauen von Substanzen hatte aber auch noch andere Zwecke als die bloße orale Aufnahme von Heilmitteln. Es wurde auch empfohlen, um Wirkstoffe überhaupt einmal freizusetzen bzw. durch Zerkleinern mit den eigenen Zähnen einen Brei herzustellen, der anschließend nicht geschluckt, sondern anderweitig verwendet wurde: Hildegard von Bingen rät etwa bei Kopfschmerz zum Zerkauen von weißen Erbsen, um diese anschließend mit Honig vermischt auf die Schläfen aufzutragen,[31] das »Circa instans« schlägt gegen Blutansammlungen bei verletzten Augen das Kauen von Kümmel und das Blasen der Kümmelluft ins Auge des Patienten vor,[32] und das »Buch der Natur« empfiehlt gegen Bisse von tollwütigen Hunden gekautes und auf die Wunde gelegtes Getreide.[33] Ferner wurde das Kauen auf Pflanzenteilen mitunter auch vom Mediziner selbst genutzt, um die Qualität eines Arzneistoffes an Geschmack und Konsistenz zu erkennen, etwa im Fall von Medizin-Rhabarber,

---

29   Vgl. Schulz: Buch der Natur, S. 305.
30   Vgl. ebd. S. 315.
31   Vgl. Riha, Ortrun: Hildegard von Bingen: Heilsame Schöpfung – Die natürliche Wirkkraft der Dinge, Rüdesheim/Eibingen 2016, S. 181.
32   Vgl. Goehl: Circa instans, S. 236.
33   Vgl. Schulz: Buch der Natur, S. 345.

vor dessen Verwendung in Heilmitteln man sichergehen sollte, dass er beim Kauen im Mund nicht beißt und sticht.[34]

›Kaugummi‹ in der europäischen Medizinliteratur des Mittelalters

Es lässt sich also anhand der mittelalterlichen Quellen belegen, dass sowohl unterschiedliche Gummiarten (sowie Harze) und ihr medizinischer Nutzen als auch zahlreiche positive Effekte des Kauens auf den menschlichen Körper bekannt waren. Wie sieht es nun mit ›Kaugummi‹ aus?

Betrachtet man die gummihaltigen und gummibasierten Arzneien, die zu ähnlichen Zwecken eingesetzt wurden, zu denen auch heute noch (medizinische) Kaugummis genutzt werden, handelt es sich in den allermeisten Fällen um Herstellungen, die gelutscht, unter die Zunge gelegt, geschluckt oder auf Zähne und Zahnfleisch aufgetragen werden sollten oder zu deren Einnahme keine genauen Angaben gemacht werden. Viele dieser Präparate dürften – betrachtet man ihre Zusammensetzung – von der Konsistenz her grundsätzlich ›kaubar‹ gewesen sein, entsprechende Anweisungen lassen sich jedoch meist nicht finden. Meist – denn vereinzelt stößt man doch auf die Verbindung von ›Kauen‹ und ›Gummi‹ in der mittelalterlichen Medizinliteratur, wie nachfolgende Beispiele belegen können.

Im Eintrag zum Mastix-Harz im »Circa instans« findet sich unter »Kosmetik« die Empfehlung:

»Gekautes Mastixharz läßt die Zähne weiß werden und kräftigt sie. Es reinigt nämlich das Gehirn von überflüssigem

---

34 Vgl. Goehl: Circa instans, S. 360.

unstatthaftem Körpersaft und sorgt dafür, daß er in großen Mengen ausgeräuspert wird.«[35]

Auch im Kapitel zum Weihrauch, einem Gummiharz, dass auch als *olibanum* bezeichnet wird, finden sich Hinweise auf seine Verwendung als eine Art Kaugummi, ›portioniert‹ in Körnerform, was bereits ein wenig an die Kaugummi-Dragees der Gegenwart denken lässt:

> »Gegen die Erschlaffung des Rachenzäpfchens (das dann her-abzusinken droht) kaut man Weihrauchkörner; dieses Kauen hindert den Säftefluß vom Haupt herab zu den Atmungsor-ganen.«[36]

Auch im »Tacuinum sanitatis«, einer tabellarischen Übersicht von Gesundheitsregeln des irakischen Arztes Ibn Butlan aus dem 11. Jahrhundert, das bereits im Mittelalter seinen Weg nach Europa fand, findet sich der Ratschlag Mastix zu kauen, der Grund erscheint aus heutiger Sicht allerdings eher kurios:

> »Fleisch von Köpfen […] erzeugt einen stinkenden Harn; als Gegenmittel soll man Mastix kauen, denn das verleiht dem Harn den Geruch von Rosenwasser.«[37]

Die Indikationen dieser aus medizinischen und diätetischen Gründen gekauten Gummen entsprechen zwar nur teilwei-se den heutigen Pendants, dennoch lässt sich an dieser Stelle

---

35   Ebd., S. 307.
36   Ebd., S. 338.
37   Zotter, Hans (Hg.): Das Buch vom gesunden Leben. Die Gesundheits-tabellen des Ibn Butlan in der illustrierten deutschen Übertragung des Michael Herr, nach der bei Hans Schott erschienen Ausgabe Straßburg 1533, Graz 1988, S. 192.

festhalten: Es gab ihn doch – den (medizinischen) Kaugummi des Mittelalters!

Arabische Zeugnisse zu Vorgängern moderner ›Kaugummis‹

Da viele der im Mittelalter bekannten Gummi- und Gummiharz-Sorten, die sich grundsätzlich zur Herstellung von frühen ›Kaugummis‹ eignen würden, im arabischen Raum heimisch waren und arabische Schriften neben dem antiken Wissen einen großen Einfluss auf die europäische Medizin hatten, setzen wir unsere Suche nach mittelalterlichen Kaugummis in arabischen Quellen fort, von denen etliche – wie das bereits erwähnte »Tacuinum sanitatis« – auch im europäischen Raum bekannt waren. Über ›Kaugummi‹ in der arabischen Welt können Bruchstücke aus vielfältigen Gebrauchstexten in Erfahrung gebracht werden. Von besonderem Interesse sind dabei Rechnungsbücher, Geschäftsabkommen und Listen über Handelswaren, aber auch Kochbücher und Medizinliteratur.

Das »Indian Book« der Kairoer Genisa

Eine der wichtigsten Quellen zum Güterhandel im arabischen Raum befand sich in der Genisa der Ben-Esra-Synagoge in Kairo, die 1890 bei einer Renovierung der Synagoge entdeckt wurde. Genisas sind (meist versiegelte, oft zugemauerte) Lagerräume zur Aufbewahrung verbrauchter hebräischer Manuskripte, etwa nicht mehr lesbarer Torarollen oder andere schadhaft gewordene Texte. Schriftstücke, die das hebräische Tetragrammaton JHWH enthalten, gelten als ›heilig‹ und dürfen deshalb nicht weggeworfen, sondern müssen begraben werden. Die Kairoer Genisa ist der bisher berühmteste Fund einer solchen Schriftsammlung. Ihre Erschließung durch den Mediävisten und Orientalisten Shlomo Dov Goitein trug maßgeblich zum Verständnis jüdischer Geschichte sowie zum Gewinn soziokultureller Erkenntnisse über Indien und den mediterranen Raum im frühen Mittelalter bei. Neben den zu erwartenden liturgischen Schriften und Talmud-Fragmenten fanden sich in der bemerkenswerten Sammlung auch Fach-, Sach- und Gebrauchstexte, etwa Handelsabkommen, Briefe oder Eheverträge.[38]

Das so genannte »India Book« der Kairoer Genisa enthält Überlieferungen und Dokumentationen mittelalterlicher Handelsbeziehungen des arabischen Raumes mit Indien.[39] In diesen Geschäftsdokumenten stoßen wir auch auf den gesuchten ›Kaugummi‹. Bestellungen und Absprachen über Warengüter zu kaubaren Harzen finden sich zahlreiche, so etwa in den Briefen von Joseph Ben Abraham an Abraham Ben Yijū, die ca. um 1137–1140 in Aden (Jemen) verfasst wurden. Abraham b. Yijū wiederum empfing Briefe und Güter an der Malabarküste in Indien. Joseph b. Abraham schickte unter anderem ›Kaugummi‹-Harze als Geschenke an seinen indischen Geschäftspartner:

> »I am sending you what has no importance or value, [...] namely two *rubāʿiyyas* [Maßeinheit] of white sugar; a bottle, in a tight basket, filled with raisins; and in a *mazza* [Behältnis] a pound of Maghrebi kohl [Lidschatten], a pound of

---

38   Stolze 25.000 Fragmente der Kairoer Genisa wurden 2012 von der Oxforder Bodleian Library digitalisiert und online verfügbar gemacht: https://genizah.bodleian.ox.ac.uk/[Abgerufen: 08.05.2019].

39   Goitein, Shelomo Dov: India Traders of the Middle Ages: Documents From the Cairo Geniza (»India Book«), Leiden 2008, online: https://hdl.handle.net/2027/fulcrum.tx31qj380 [Abgerufen: 07.05.2019].

costus [Pflanze], a pound of vitriol [Galitzenstein/›Schuster-schwärze‹], half a pound of litharge [ein Mineral], [...] three ounces of *'ilk* gum and five *dasts* [Mengenangabe] of Egyptian paper[.]«[40]

Es folgen noch weitere Aufzählungen kostbarer Geschenke, die einerseits den untertreibenden Bescheidenheitstopos »I am sending you what has no importance or value« deutlich veranschaulichen und andererseits zeigen, welch hohen Wert das kaubare Gummiharz *'ilk* hatte, weil es in einer Reihe mit teuren Produkten genannt wird. Ähnliche Formulierungen finden sich auch in anderen Briefen – und immer wieder wird *'ilk* verschickt:

»I sent to your illustrious excellency what has no importance and which is not worth mentioning, namely a large brazilwood box containing white sugar, [...] half a pound of *'ilk* gum, four *dasts* of Egyptian paper of small size. Please accept this in return for some of your services. The paper, the kohl, and the 'ilk are in the *mazza* with the copper.«[41]

Zu anderen Gelegenheiten sendet Joseph b. Abraham weiters »*samgh* gum«, wobei es sich bei *'ilk* aller Wahrscheinlichkeit nach um 'ilk al-anbāṭ handelt, »the gum of the Nabateans«, ein Harz, das aus der Echten Pistazie *(Pistachio vera L.)* gewonnen wird, während *samgh* gemäß Goitein vom Mastixstrauch, der Wilden Pistazie *(Pistacia lentiscus)*, stammen soll.[42] Möglicherweise ist dies aber ein Irrtum des Mediävisten, da *samgh* '*Arabī* in Ibn Sayyār al-Warrāqs Baghdad-Kochbuch

---

40   Ebd., S. 561–562.
41   Ebd., S. 576.
42   Ebd., S. 561.

(s. u.) dem Stamm verschiedener Akazienarten entnommen
wird und als Gummi arabicum bekannt ist. Bei einer dritten
Gummiharz-Bezeichnung, die an Ben Yijū geschickt wird,
maṣṭakāʾ gum, handelt es sich wohl definitiv um Mastix. Alle
drei Bäume sind im mediterranen Raum heimisch; ihre Harze wurden zur Munderfrischung und Verdauungsförderung
gekaut.

›Kaugummi‹-Medizin bei Ibn Sīnā (Avicenna)

Der persische Arzt, Philosoph, Dichter und Mathematiker
Abū Alī al-Husain ibn Abd Allāh ibn Sīnā (latinisiert Avicenna), geboren um 980 in Afschana, verstorben 1037 in Hama-
dan, zählt zu den wichtigsten Impulsgebern für das mittelalterliche, deutschsprachige Gebrauchsschrifttum. Der »Kanon
der Medizin« ist sein wohl bekanntestes Werk in fünf Bänden.
Darin beschäftigt er sich u. a. ausführlich mit Medizintheorie,
der Klassifikation von Arzneimitteln und der Produktion von
Heilmitteln.

Avicenna unterscheidet nicht nur sorgfältig in verschiedene Gummiharz-Arten von Mastix und Pistazie und deren
Anwendungsformen, in Gummi arabicum sowie in Harze
(*quiṭrān*) von Libanon-Zeder *(Cedrus libani)*, Zypresse *(Cu-
pressus spp.)* und diversen Koniferen *(Coniferae)*. In seinem
Werk finden sich auch zahlreiche Rezepte mit verschiedenen
Harzen und Gummen: Einige davon haben durchaus ›Kaugummi‹-Charakter, etwa gummiartige Kau-Pillen gegen Hus-
ten[43] oder gummiartige, wohl kaubare Lutschtabletten gegen

---

43   Paavilainen, Helena: Medieval Pharmacotherapy – Continuity and
     Change. Case Studies from Ibn Sīnā and Some of His Late Medieval
     Commentators, Studies in Ancient Medicine 38, Leiden/Boston 2009,
     S. 250.

Diabetes aus Granatapfelblumen, Akazienharz, Rose, Gummi arabicum und Tragant.[44]

Ibn Sayyār al-Warrāqs Baghdad-Kochbuch

Abu Muhammad al-Muthaffar ibn Nasr ibn Sayyār al-Warrāq lebte im 10. Jahrhundert in Baghdad. Er stellte die älteste überlieferte Kochrezeptsammlung des arabischen Raums zusammen, das *Kitab al-Ṭabīḫ* (›Buch der Speisen‹), das manchen als wichtigstes kulinarisches Dokument des Mittelalters gilt. Darin enthalten sind über 600 Rezepte in 132 Abschnitten. Die Überlieferung ist vollständig zusammenhängend, verständlich geschrieben und mit über 80 unterhaltsamen Kulinarik-Gedichten und Anekdoten behübscht.[45]

Es finden sich zahlreiche Rezepte mit den Zutaten *samgh ʿArabī* (Gummi arabicum), *maṣṭakāʾ* (Mastix) und *lubān* (griechisch/lateinisch: *olibanum*). Die Gummen bzw. Gummiharze *samgh* und *maṣṭakāʾ* werden hier im Unterschied zu Goiteins Übersetzung des »Indian Book« deutlich als Zutaten voneinander unterschieden. Als Oberbegriff verwendet Ibn Sayyār al-Warrāq den Terminus ʿilk für jede Art von Gummi, wobei die populärsten Varianten des Kompendiums ʿilk al Rūm *(maṣṭakāʾ)* und ʿilk al-Anbāṭ sind. ʿilk al Rūm gilt als höchste Qualitätsstufe, ist reinweiß, evtl. mit leichter rötlicher Färbung. Von minderer Qualität ist eine gelbliche Variante. Man gewinnt *maṣṭakāʾ*, indem man den Stamm und große Äste der Mastix-Pistazie *(Pistacia lentiscus)* aufritzt. Wenn das Harz durchsickert, härtet es zu kleinen durchsichtigen Klum-

44 Ebd., S. 295.
45 Nasrallah, Nawal (Hg.): Annals of the caliphs' kitchens. Ibn Sayyār al-Warrāq's tenth-century Baghdadi cookbook, English Translation with Introduction and Glossary, Leiden 2007.

pen aus, die u. a. in der Küche weiterverwendet werden. Das Gummiharz *maṣṭakā'* kommt in den Rezepten in seinen beiden Hauptformen ʿilk al Rūm, auch ›Byzantinisches Gummi‹, (reinweiß) und *maṣṭakā' Nabaṭī* aus der Echten Pistazie *(Pistachio vera L.)* zum Einsatz.

Das Harz ʿilk al-Anbāṭ (auch bekannt als ʿilk al-buṭm) stammt von der Terpentin-Pistazie *(Pistacia terebinthus)* und wird als süßlich riechendes, weißes Gummi beschrieben, der einen leicht bläulichen Schimmer aufweisen kann. Beide Harze gelten bis heute als gesund für die Leber und den Magen bzw. allgemein für die Verdauung. Kleine Stücke werden auch zur Zahnpflege eingesetzt: Sie sollen die Zähne reinigen und aufhellen.[46]

Das Gummi *samg͟h 'Arabī* wird zwar auch oral eingenommen (gekaut, geschluckt) und soll ebenfalls den Stoffwechsel ankurbeln, allerdings gibt es sehr viel mehr Rezepte mit anderen Anwendungsformen. So werden damit etwa Eintöpfe angedickt oder – das Pulver in Wasser aufgelöst – Brotkrusten und Kekse glänzend gemacht.

Die Substanz *lubān (olibanum)* gewinnt man aus dem Weihrauchbaum *(Boswellia sacra).* Beim Ritzen der Rinde tritt eine milchig-weiße, namensgebende Flüssigkeit aus (persisch *laban* = Milch). Die verdauungsfördernde Wirkung wird ähnlich beschrieben wie bei den anderen Sorten, zusätzlich gilt der weiche Weihrauch als schleimlösend und gedächtnisunterstützend. (Merken Sie sich diese Information bitte bis zum Schlusskapitel.)

Neben der Empfehlung, auf Rohzutaten zu kauen, finden sich durchaus auch komplexere Rezepte, etwa gummiartige Lutschtabletten aus Mastixharz, Ingwer, schwarzem Pfeffer

---

46 Ebd., S. 653, 664.

und Selleriesamen bei Verdauungsbeschwerden[47] oder eine zähe Nougat-Art (vorstellbar wie Weichkaramell) aus Honig, Eiweiß, Mastixharz und Gewürzen als verdauungsfördernde Süßigkeit.[48]

Ausblick und Fazit:
Medievale ›Kaugummis‹ in moderner Zeit

Das hier Dargelegte mag anfangs dazu verleiten, mittelalterliche Kausubstanzen zunächst tendenziell nicht direkt als ›Kaugummi‹ im modernen Sinne zu verstehen: Sie wurden natürlich nicht im heutigen Ausmaß industriell gefertigt, sie waren wesentlich weniger verbreitet als in der Gegenwart, sie dienten vorrangig medizinischen Zwecken, sie bestanden nicht aus Kunststoffen. (Und zur Herstellung von Blasen eigneten sie sich vermutlich auch nicht.)

Daraus ergibt sich allerdings nicht zwingend der Schluss, dass keine gemeinsamen Verwendungsformen gegeben sind. In Betrachtung der hoch- und spätmittelalterlichen Quellen lässt sich festhalten, dass auch in Süd- und Mitteleuropa Substanzen bekannt und verfügbar waren, die die Herstellung von ›Kaugummis‹ ermöglicht haben und sich in einzelnen Fällen in Form von Arznei-Kaugummis auch dokumentiert finden. Auch heute noch werden Kaugummis als medizinische Hilfsmittel angewandt, etwa zur Zahnpflege, gegen Mundgeruch, bei Nikotinentzug, gegen Durchfall und Übelkeit.

Während man von natürlichen Inhaltsstoffen wie Mastix oder dem Milchsaft des Sapotillbaums in der industriellen Fertigung von Kaugummis im Laufe der Zeit Abstand genom-

---

47 Ebd., S. 484.
48 Ebd., S. 431.

men hat, finden sich auch in jüngster Zeit ›naturbelassene‹ und damit mittelalterlich anmutende Kaugummis. Letztere sind noch vergleichsweise selten im industrialisierten Westen erhältlich, wohingegen sie sich in anderen Gegenden der Welt durchgehender Beliebtheit erfreuen: Im Jemen etwa wird weicher Kau-Weihrauch unter der schon in den arabischen Quellen bezeugten Bezeichnung *lubān (Boswellia sacra)* vertrieben, den man mittlerweile auch über das Internet erstehen kann. Ihm werden heute noch eine beruhigende Wirkung und eine Steigerung des Wohlbefindens nachgesagt, außerdem schreibt man ihm eine gedächtnisunterstützende Wirkung zu.[49] Auf den Golan kauen besonders ältere Männer *terebinth resin*, das Harz der Terpentin-Pistazie *(Pistacia terebinthus)*. Seine antiseptische Qualität wird in aktuellen medizinischen Studien erhoben.[50]

Im Irak, im Iran und in Syrien werden bis heute verschiedene Gummiharze, v. a. der Palästina-Terebinth, unter dem

---

49   PR-Fun Fact: »Tiere, denen man ins Futter Weihrauch beimischte erzielten eine um 90% verbesserte Gedächtnisleistung innerhalb von nur 2 Wochen.«: https://www.esuq.de/de/essbarer-weihrauch-aus-dem-jemen. htm [Abgerufen: 07.05.2019]. Sie erinnern sich vielleicht noch an die oben beschriebenen, einschlägigen Passagen aus dem Baghdad-Kochbuch. Falls nicht, hilft es vielleicht, Weihrauch zu kauen.

50   Beispielsweise: Paraschos, Sotirios et al.: In vitro and in vivo activities of Chios mastic gum extracts and constituents against Helicobacter pylori, in: Antimicrob. Agents Chemother, H. 51(2), 2007, S. 551–559, DOI: 10.1128/AAC.00642-06, online: https://aac.asm.org/content/aac/ 51/2/551.full-text.pdf [Abgerufen: 07.05.2019] oder Dimas, Konstantinos S. et al.: Chios Mastic Gum: A Plant-produced Resin Exhibiting Numerous Diverse Pharmaceutical and Biomedical Properties, in: In Vivo, H. 26(5), 2012, S. 777–785, DOI: 10.1128/AAC.00642-06, online: http://iv.iiarjournals.org/content/26/5/777.full [Abgerufen: 07.05.2019].

Namen ʿilich may (dt.: ›Wassergummi‹) gekaut und sollen der Verdauung sowie der Munderfrischung dienen.[51]

In Griechenland gibt es das Erzeugnis »ΕΛΜΑ«, einen Kaugummi auf Mastix-Basis *(Mastiha)*, in der Türkei verschiedene Kaugummis auf Basis von *Sakız* (türk. ›Mastixgummi‹, mitunter synonym für ›Kaugummi‹). Sowohl die griechischen als auch die türkischen Waren werden mit Mastix von der seltenen *Pistacia lentiscus* hergestellt, entweder von der griechischen Insel Chios oder – 30 km übers Meer – aus dem türkischen Çeşme. Die Insel Chios heißt auf Türkisch übrigens *Sakız Adası* (›Mastix-Insel‹).[52] Aber auch andernorts, beispielsweise in Russland, werden Kauharze aus Zeder und Lärche von großen Fabriken hergestellt und vertrieben, etwa unter dem Erzeugernamen »Кедра« (Derivat von ›Zeder‹).

Alle diese Produkte dienen ebenfalls als Munderfrischer, als Droge zur Stärkung von Zahnfleisch und als Zahnreinigungsmittel. Die überlieferte Wirksamkeit wird fallweise durch medizinische Studien bestätigt: Keime, die für zahnpathologische Erkrankungen wie Karies oder Parodontitis verantwortlich sind, können durch die Baumharze erfolgreich reduziert werden.[53]

Im mitteleuropäischen und US-amerikanischen Raum waren derartige Produkte vorübergehend eher in Vergessenheit geraten, treten heute jedoch wieder häufiger unter den Schlüsselbezeichnungen »Bio-Kaugummi«, »Natur-Kaugum-

---

51 Nasrallah, Nawal/Öhrnberg, Kaj (Hg.): Annals of the caliphs' kitchens. Ibn Sayyār al-Warrāq's tenth-century Baghdadi cookbook, Leiden 2007, S. 653. Eine spontane Twitter-Umfrage von K. Zeppezauer-Wachauer lieferte ähnliche Ergebnisse über kaubare Harze in Syrien, im Iran und im Irak.

52 Reindl-Kiel, Hedda/Kiel, Machiel: Kaugummi für den Sultan. Ein Beitrag zur Wirtschaftsgeschichte der Insel Chios im 17. Jahrhundert, in: The Journal of Ottoman Studies, H. 11/1991, S. 187.

53 Siehe Fußnote 50.

mi« oder »Öko-Kaugummi« auf.[54] Dahinter verstecken sich
Erzeugnisse, die damit werben, besonders neu, innovativ
und dem Geschmack der Zeit entsprechend auch ökologisch,
nachhaltig und gesundheitsfördernd zu sein. Produkte gibt es
inzwischen zahlreiche, etwa »Alpengummi« aus niederöster-
reichischem Harz, das auch mit der historischen Verwendung
von Kauharzen wirbt[55] und sich in den lokalen Medien als
junges Start-up mit traditionellen Inhalten präsentiert.[56] Ein
anderer Erzeuger wäre beispielsweise »Chicza« mit dem »Bio
Maya Regenwald Kaugummi« (»Das erste zertifiziert biologi-
sche, 100 % natürliche und biologisch abbaubare Kaugummi der Welt« aus Chicle Naturlatex, »dem ursprünglichem
Kaugummi-Rohstoff«[57]). – Was hier neu entdeckt wird, mag
Marketing-Expert:innen nicht verwundern, uns als Mediä-
vist:innen erstaunt es ebensowenig: Auch wenn synthetische
Kunststoff-Kaugummis als äußerst populäres Phänomen der
industriellen Revolution gelten können, werden ihre historischen Vorgänger bestimmt bald wieder umfassender nach-

---

54   Jötten, Frederik: Ohne Kunststoff. Wie gut sind Bio-Kaugummis?,
      Spiegel Online, 27.03.2015: https://www.spiegel.de/gesundheit/diag
      nose/bio-kaugummi-wie-gut-sind-die-produkte-a-1025376.html [Ab-
      gerufen: 07.05.2019].
55   »›Als Kind hatte ich einen weiten Schulweg durch einen Fichtenwald.
      Da wir von unseren Eltern wussten, dass man das Harz kauen kann und
      damals noch keinen Kaugummi kannten, suchten wir eifrig das Pech,
      um es zu kauen.‹ Elfriede A., 85 J.« und »›Als Kinder haben wir ausge-
      härtetes Pech von den Pechbäumen gekratzt und als Kaugummi ver-
      wendet. Ich habe den Geschmack noch sehr gut in Erinnerung und bin
      schon neugierig, wie euer ›Natur-Alpengummi‹ schmeckt.‹, Franz S.,
      66 J.«: https://www.alpengummi.at/produkt/ [Abgerufen: 07.05.2019].
56   Klenner, Maria-Theresia: Alpengummi: Margaretner erfinden Bio-Kau-
      gummi: https://www.meinbezirk.at/margareten/c-lokales/alpengummi
      -margaretner-erfinden-bio-kaugummi_a2817971 [Abgerufen: 07.05.2019].
57   https://www.chicza.com/old/german/chicza_naturlich_lecker_selten_
      und_okologisch_abbaubar.html [Abgerufen: 07.05.2019].

genutzt. Was die ›Mittelalter-Medizin‹ konnte, können andere auch. Ein ›Ibn Sayyār al-Warrāq-Kaugummi‹ mutet für den europäischen Markt wahrscheinlich etwas zu sperrig an, ein ›Hildegard-‹ oder ›Bartholomäus-Kaugummi‹ hingegen scheint uns durchaus werbetauglich und plausibel.

Quellen

Alpengummi: https://www.alpengummi.at/produkt/ [Abgerufen: 07.05.2019].

Chicza: https://www.chicza.com/old/german/chicza_naturlich_lecker_selten_und_okologisch_abbaubar.html [Abgerufen: 07.05.2019].

Deutsches Bundesministerium für Ernährung und Landwirtschaft: Liste der EU-weit zugelassenen Lebensmittelzusatzstoffe, Stand Januar 2015: https://www.bmel.de/SharedDocs/Downloads/Ernaehrung/Kennzeichnung/E-Nummern-aid.pdf?__blob=publicationFile [Abgerufen: 15.05.2019].

Dimas, Konstantinos S. et al.: Chios Mastic Gum: A Plant-produced Resin Exhibiting Numerous Diverse Pharmaceutical and Biomedical Properties, in: In Vivo, H. 26(5), 2012, S. 777–785, DOI: 10.1128/AAC.00642-06, online: http://iv.iiarjournals.org/content/26/5/777.full [Abgerufen: 07.05.2019].

Esuq – Ihr Orientmarkt: https://www.esuq.de/de/essbarer-weihrauch-aus-dem-jemen.htm [Abgerufen: 07.05.2019].

Goehl, Konrad: Das Circa Instans. Die erste große Drogenkunde des Abendlandes, Baden-Baden 2015.

Goitein, Shelomo Dov: India Traders of the Middle Ages: Documents From the Cairo Geniza (»India Book«), Leiden 2008, online: https://hdl.handle.net/2027/fulcrum.tx31qj380 [Abgerufen: 07.05.2019].

Hofmeister, Wernfried: Das Fragment B-3 der Admonter Stiftsbibliothek: Spätmittelhochdeutsche Benediktionen/Gebete und ein frühneuhochdeutsches Tintenrezept, in: ZfdA 131, 2002, S. 335–342.

Hofmeister-Winter, Andrea: ›und iz als ein latwergen‹. Quellen-
    studie zu Vorkommen, Zusammensetzung und diätetischen
    Wirkzuschreibungen von Latwerge in älteren deutschsprachigen
    Kochrezepttexten, in: Hofmeister-Winter, Andrea/Klug, Helmut
    W./Kranich, Karin (Hg.): Der Koch ist der bessere Arzt. Zum
    Verhältnis von Diätetik und Kulinarik im Mittelalter und in der
    Frühen Neuzeit, Fachtagung im Rahmen des Tages der Geis-
    teswissenschaften 2013 an der Karl-Franzens-Universität Graz,
    20.6.–22.6.2013, Frankfurt am Main u. a. 2014 (Mediävistik
    zwischen Forschung, Lehre und Öffentlichkeit, Bd. 8),
    S. 223–252.
Holanik, Wolfgang: Latwerge – Was ist das?, in: Nahrhaftes Mittel-
    alter. Historische Kulinarik und Diätetik zwischen Orient und
    Okzident: https://nahrhaftesmittelalter.com/2017/05/02/
    latwerge [Abgerufen: 15.05.2019].
Holanik, Wolfgang/Schwinghammer, Ylva: Lernerorientierte Teile-
    dition und Übersetzung des ›Admonter Bartholomäus‹ auf Basis
    der dynamischen Lesefassung von Anna Tesch, unter Mitwir-
    kung von Lisa Glänzer, Stefan Hofbauer Philipp Pfeifer, Magda-
    lena Laura Halb, Johanna Damberger, Sabrina Bamberger sowie
    den Schüler/innen des BG/BRG Knittelfeld, Graz 2018: http://
    gams.uni-graz.at/o:lima.4 [Abgerufen: 15.05.2019].
Jötten, Frederik: »Die Kaumasse besteht vor allem aus Kunststoff«,
    Spiegel Online, 11.03.2015: https://www.spiegel.de/gesundheit/
    diagnose/aus-was-besteht-kaugummi-a-1022838.html [Abgeru-
    fen: 07.05.2019].
Jötten, Frederik: Ohne Kunststoff. Wie gut sind Bio-Kaugummis?,
    Spiegel Online, 27.03.2015: https://www.spiegel.de/gesundheit/
    diagnose/bio-kaugummi-wie-gut-sind-die-produkte-a-1025376.
    html [Abgerufen: 07.05.2019].
Fragmente der Kairoer Genisa, von der Oxforder Bodleian Library
    digitalisiert und online verfügbar gemacht: https://genizah.
    bodleian.ox.ac.uk/[Abgerufen: 08.05.2019].
Klenner, Maria-Theresia: Alpengummi: Margaretner erfinden
    Bio-Kaugummi: https://www.meinbezirk.at/margareten/c-loka
    les/alpengummi-margaretner-erfinden-bio-kaugummi_a2817971
    [Abgerufen: 07.05.2019].

Tabelle zu Lebensmittel-Zusatzstoffen in Produkten der Coca Cola
    Company Deutschland, Stand: 03/17: https://www.coca-cola
    -deutschland.de/content/dam/journey/de/de/private/fileassets/
    pdf/2017/03-2017-Lebensmittelzusatzstoffe.pdf [Abgerufen:
    15.05.2019].

Milov, David E./Andres, Joel M./Erhart, Nora A./Bailey, David J.:
    Chewing gum bezoars of the gastrointestinal tract, in: Pediatrics,
    Bd. 102, Nr. 2, August 1998, S. e22: https://pediatrics.aappub
    lications.org/content/pediatrics/102/2/e22.full.pdf [Abgerufen:
    07.05.2019].

Nasrallah, Nawal (Hg.): Annals of the caliphs' kitchens. Ibn Sayyār
    al-Warrāq's tenth-century Baghdadi cookbook, English Transla-
    tion with Introduction and Glossary, Leiden 2007.

Nasrallah, Nawal/Öhrnberg, Kaj (Hg.): Annals of the caliphs' kit-
    chens. Ibn Sayyār al-Warrāq's tenth-century Baghdadi cookbook.
    Leiden 2007.

Paavilainen, Helena: Medieval Pharmacotherapy – Continuity and
    Change. Case Studies from Ibn Sīnā and Some of His Late Me-
    dieval Commentators, Studies in Ancient Medicine 38, Leiden/
    Boston 2009.

Paraschos, Sotirios et al.: In vitro and in vivo activities of Chios
    mastic gum extracts and constituents against Helicobacter
    pylori, in: Antimicrob. Agents Chemother, H. 51(2), 2007,
    S. 551–559, DOI: 10.1128/AAC.00642-06, online: https://
    aac.asm.org/content/aac/51/2/551.full-text.pdf [Abgerufen:
    07.05.2019].

Pfeiffer, Franz: Konrad von Megenberg. Das Buch der Natur. Die
    erste Naturgeschichte in deutscher Sprache, Stuttgart 1861.

Reindl-Kiel, Hedda/Kiel, Machiel: Kaugummi für den Sultan. Ein
    Beitrag zur Wirtschaftsgeschichte der Insel Chios im 17. Jahr-
    hundert, in: The Journal of Ottoman Studies, H. 11/1991,
    S. 181–214.

Schulz, Hugo: Das Buch der Natur von Conrad von Megenberg.
    Die erste Naturgeschichte in deutscher Sprache. In Neu-Hoch-
    deutscher Sprache bearbeitet und mit Anmerkungen versehen,
    Greifswald 1897.

Riha, Ortrun: Hildegard von Bingen: Heilsame Schöpfung – Die
    natürliche Wirkkraft der Dinge, Rüdesheim/Eibingen 2016.

Wikipedia – Kaugummi [Bearbeitungsstand: 04.05.2019]: https://de.wikipedia.org/w/index.php?title=Kaugummi& oldid=188224877 [Abgerufen: 07.05.2019].

Zotter, Hans (Hg.): Das Buch vom gesunden Leben. Die Gesundheitstabellen des Ibn Butlan in der illustrierten deutschen Übertragung des Michael Herr, nach der bei Hans Schott erschienen Ausgabe Straßburg 1533, Graz 1988.

»MaChiX«
Kaugummi selbst herstellen.
Ein Erfahrungsbericht

Charlotte Jassinger

»Anybody can make gum. Selling is the problem«[1] lautete das berühmte Credo William Wrigleys. Und tatsächlich sind die Zutaten, die auf einer Packung »Wrigley's Spearmint« aufgeführt sind, überschaubar: »Zucker, Kaumasse, Dextrose, Glukosesirup, Aromen, Emulgator, Sojalecithin, Feuchthaltemittel Glycerin, Geschmacksverstärker Sucralose, Acesulfam K, Antioxidationsmittel BHS, Salz.«

Ein Teil von William Wrigleys Aussage soll nun überprüft werden, nämlich ob es tatsächlich so einfach ist, Kaugummi herzustellen, wie dieser behauptete, ob also tatsächlich jede:r dazu in der Lage ist: auch ich; meine Kochkünste würde ich dabei als durchschnittlich bezeichnen.

Die Firma Wrigley selbst gibt zur Herstellung in einer Broschüre folgende Informationen:

»Komplexer Produktionsprozess
Von der Qualität der Inhaltsstoffe (insbesondere der Kaugummimasse und Aromen) sowie den immer gleich bleibenden Herstellungsprozessen hängt es ab, ob das Kaugummi hochwertig ist und immer gleich gut schmeckt. Deshalb

---

[1]   Wardlaw, Lee: Bubblemania. A Chewy History of Bubble Gum, New York 1997, S. 36ff. Sinngemäße freie Übersetzung der Autorin: »Es ist kein Kunst Kaugummi herzustellen, die Kunst ist, ihn zu verkaufen.«

entwickelt Wrigley viele seiner Aromen und die Kaugummimasse selbst. Die Kaugummimasse, auch Base genannt, verleiht dem Kaugummi die glatte und angenehme Struktur. In
einer der jeweiligen Rezeptur genau angepassten Zeit wird
die Masse langsam mit Zucker oder Zuckeraustauschstoffen,
Glukosesirup, Aromen und Frucht- oder Pflanzenextrakten
vermengt. Danach sieht das Kaugummi aus wie ein Brotteig
und wird zwischen großen Walzenpaaren zu einem dünnen,
gleichförmigen Band geformt. Während dieses Prozesses
wird er mit Puderzucker oder einem Zuckeraustauschstoff
bestäubt, um ein Zusammenkleben bei Zuschnitt und Verpackung zu verhindern. Erst dann wird das Kaugummiband
dem jeweiligen Produkt entsprechend portioniert.«[2]

Abgebildet ist in jenem Heft lediglich eine Verpackungsmaschine,[3] was auch zeigt, dass der Vertrieb bei Wrigley eine fast
gleichrangige Bedeutung neben der Produktion innehat.

Es lassen sich aber auch Produktionsstrecken anderer Produzenten bei YouTube finden, die einen ähnlichen Produktionsprozess zeigen.[4] Auch beschreibt Lee Wardlaw in ihrem
Buch »Bubblemania«, wie die industrielle Herstellung von
Kaugummi stattfindet.[5] Zuerst werden die Blöcke mit der
Kaumasse zerkleinert und erhitzt. Sodann wird die Masse
in einer riesigen Knetmaschine langsam weichgeknetet und

2 Wrigley GmbH: O.T., Bonn, o.J., S. 10–11, online: Quelle: http://ernaeh
rungsdenkwerkstatt.de/fileadmin/user_upload/EDWText/TextElemen
te/Lebensmittel/Kaugummi_wrigley_geschichte.pdf [Abgerufen: 07.03.
2020].

3 Vgl. ebd., S. 10.

4 Vgl. z. B. Discovery UK: Bubblegum. How It's Made: https://www.youtube.
com/watch?v=2kttVyakHN4 [Abgerufen: 07.03.2020] oder Triwood1973:
How Chewing Gum is Made: https://www.youtube.com/watch?v=qto
3qIofS_I [Abgerufen: 07.03.2020].

5 Vgl. Wardlaw, Lee: Bubblemania, a. a. O., S. 90–98.

anschließend kommt etwas Glucose und Puderzucker hinzu, um dem Kaugummi die Süße zu verleihen. Da die Masse recht zäh ist, wird etwas Glycerin oder Pflanzenöl hinzugegeben, damit die Masse etwas weicher und damit besser formbar wird, in diesem Stadium werden auch die Aromen und gegebenenfalls die Farbstoffe hinzugefügt, da die Masse einen hellgrau-beigen Ton hat. Danach ist das Kaugummi soweit fertig und wird zuerst zu einem langen dünnen Kaugummistrang geformt, der dann in die gewünschten Formen, also Streifen, Dragees oder Kugeln, gebracht wird.[6] Man kann inzwischen sogar für sich selbst eine Kaugummiproduktionsstrecke in China bestellen.[7] Dabei gibt es günstigere kleinere Modelle, die schon ab 20.000 € zu kaufen sind[8] und auch komplette Fabrikationsstraßen für 90.000 $.[9] Ob diese Produktionsstrecken das halten, was sie versprechen, kann an dieser Stelle nicht überprüft werden. Die einzelnen Fabrikationsstationen dieser Maschinen entsprechen aber auf den ersten Blick den von Wardlaw beschriebenen Schritten. Man kann über dieses Portal auch gleich die passende Gummimasse dazu bestellen, hierbei reicht das Angebot von natürlichem

---

6 Vgl. ebd.
7 Ein Produktvideo findet sich z. B. auf YouTube: China Packaging Machine Manufacturer Online: Chewing gum production line. how does chewing gum making machine work: https://www.youtube.com/watch?v =M7r-xb54zak [Abgerufen: 07.03.2020].
8 Vgl. z. B. Jiangsu Haitel Machinery Co., Ltd. über Alibaba (Neue zustand automatische kleine kaugummi herstellung maschine): https://german. alibaba.com/product-detail/new-condition-automatic-small-chewing -gum-manufacturing-machine-60794995084.html?spm=a2700.md_de_ DE.deiletai6.2.4a741173FOj3xd [Abgerufen: 07.03.2020].
9 Vgl. z. B. Nantong Wealth Machinery Technical Co., Ltd. Über Alibaba (FS-320 blase kaugummi, der maschine kaugummi produktion maschine): https://german.alibaba.com/product-detail/fs-320-bubble-gum-making -machine-chewing-gum-production-machine-60665650556.html?spm= a2700.md_de_DE.deiletai6.6.1ed5673fPx7M5L [Abgerufen: 07.03.2020].

Chicle, das in Blöcken angeboten wird für 3.148,28 Euro pro Tonne,[10] über Gummi Arabicum, das mit 2.248,77 Euro pro Tonne (bei einer Mindestabnahme von 50 Tonnen) gehandelt wird,[11] bis zur als günstig beworbenem »Beliebtesten günstige kaugummi basis«,[12] die immerhin auch noch 2.698,52 Euro pro Tonne kostet.[13] Da die Zutaten auch in Tonnen vertrieben werden, konnten diese für mein Vorhaben im kleinen Rahmen nicht genutzt werden.

---

10   Vgl. Wuxi Nice Imp-Exp Co., Ltd. auf Alibaba (Natürliche Chicle Kaugummibase Ohne Bitterkeit): https://german.alibaba.com/product-detail/natural-chicle-chewing-gum-base-without-bitterness-60634882157.html?spm=a2700.galleryofferlist.0.0.17052ee [Abgerufen: 07.03.2020].

11   Vgl. JBK Manufacturing And Development Company (Arabisch gum): https://german.alibaba.com/product-detail/arabic-gum-62008606944.html?spm=a2700.galleryofferlist.0.0.33f62ee3giCFaM [Abgerufen: 07.03.2020].

12   Die Zutaten scheinen ein Fabrikgeheimnis zu sein, aber dennoch werden vom Anbieter dazu einige Angaben gemacht: »Die genaue zusammensetzung der gum basis ist in der regel ein kommerziellen geheimnis, aber die grundlegende zutaten durch die folgenden materialien: Die gum basis und gum herstellung Gummi: bereitstellung elastische gum basis, kann natürliche gummi, loquat, gelatine (Japan kleber) oder natürliche gummi (styrol-butadien-kautschuk, butyl gummi, polyisobutylen) Ester: Verbesserte haftung und konzentration, in der regel kolophonium ester, kolophonium und andere komponenten. Wachs: Die gum basis erweichung wirkung, vor allem paraffin oder mikrokristalline wachse. Fett: plastizität spielt eine rolle, vor allem der hydriertes pflanzenöl. Emulgator: ein haupt komponente ist eine phosphatidylcholin. Füllung: zusammensetzung struktur, vor allem von calciumcarbonat und talkum. Antioxidantien: schützen die produkt von oxidation und verbessern produkt regal leben, in der regel BHT.« Wuxi Nice Imp-Exp Co., Ltd. auf Alibaba (Beliebtesten günstige kaugummi basis): https://german.alibaba.com/product-detail/most-popular-cheap-chewing-gum-base-62010379741.html?spm=a2700.galleryofferlist.0.0.78522ee37Wu2xB [Abgerufen: 07.03.2020].

13   Vgl. ebd.

Kaugummirezepte

Die Zutaten eines Kaugummis findet man in der Regel auf
der Packung abgedruckt. Als Beispiel hier die Zutatenlisten
von »Dubble Bubble Gum«[14] und »Das Kaugummi«[15]einmal
aufgeführt:

Bei »Dubble Bubble Gum« finden
sich folgende Angaben: »Dextrose,
Corn Syrup, Gum Base, Sugar, Artifi-
cial Flavors, Artificial Colors (FD&C
Red 40 Lake, Red 3), Corn Starch,
BHT (to maintain Freshness).«

Bei »Das Kaugummi«: »Süßungs-
mittel (Sorbit), Kaumasse, Süßungsmittel (Maltit, Maltitsi-
rup), Stabilisator (Gummi arabicum), Aromen, Süßungsmittel
(Aspartam, Acesulfam K), Emulgator (Sonnenblumenlecit-
hin), Überzugsmittel (Carnaubawachs), Farbstoffe (Kupfer-
komplexe der Chlorophylle und Chlorophylline).«

Es scheint auf den ersten Blick aber gar nicht so einfach
zu sein, ein Kaugummi herzustellen. Auch sind die Apps, die
man für das Smartphone bekommt, keine wirkliche Hilfe,
sondern eher recht schlichte Spiele,[16] die noch weniger verra-

---

14 Dubble Bubble wird von der Firma Fleer seit 1937 hergestellt und war
der erste Bubble Gum. 2005 ging dieser Hersteller insolvent. Vgl. FundingUniverse: Fleer Corporation History: https://www.webcitation.org
/6QU24rAdd?url=http://www.webcitation.org/6QU24rAdd [Abgerufen:
07.03.2020].

15 Dieses Start-up musste während der Arbeit an diesem Text (2019)
auch Insolvenz anmelden. Vgl. Peters, Daniel: Gummi-Pleite, BILD,
28.11.2019, online: https://m.bild.de/regional/hannover/hannover-aktuell
/bachelor-andrej-mangold-gummi-pleite-66321412.bildMobile.html
###wt_ref=https%3A%2F%2Fwww.google.com%2F&wt_t=159879099
3216 [Abgerufen: 07.03.2020].

16 »Chewing Gum Cooking Mania« (Parmar, Pravinkumar, 2017 [Gelistet
im Apple App Store am: 07.03.2020]) ist beispielsweise solch ein Spiel.

ten als die YouTube-Videos, wobei sie vermutlich trotz solch
netter Titel wie »Granny's Candy & Bubblegum Factory«
ohnehin nicht als Kochanleitung oder Herstellungshilfen gedacht sind.

In Netz finden sich jedoch einige Rezepte; so wird auch auf
der Seite des Bundesverbands der Deutschen Süßwarenindustrie das Rezept »Kleines Stück von hoher Qualität« der Firma
Cafosa Gum S. A. aus Barcelona präsentiert, das folgenden
Zutaten enthält: Cafosa Premsoft 5,5–16,6 %, Glukosesirup 45
Bé 23,0–24,0 %, Zucker auf 100 auffüllen/Aroma 0,45 %/Gly-
zerin 0,5 %.«[17] Allerdings war ich mit diesem Rezept zugegebenermaßen etwas überfordert. Bei Lee Wardlaw[18] und auch
im Internet finden sich allerdings eine ganze Reihe weiterer
Rezepte, so bietet »Chewinggumfacts« gleich zwei Rezepte an,
eines für ein einfaches Kaugummi auf Gummibasis[19] und ein
weiteres, das ganz auf Gummi verzichtet und stattdessen auf

Bei dieser App blickt der Spieler auf einen Herd und rührt in einem
Topf die verschiedenen Zutaten zusammen, knetet diese und verpackt
sie dann in buntem Papier. Ein weiteres Spiel ist »Granny's Candy &
Bubblegum Factory« (Kids Fun Plus, o. J. [Gelistet im Apple App Store
am: 07.03.2020]). Hier befindet sich der Spieler in einer Fabrik und
setzt die Maschinen in Betrieb, sodass am Ende fertig verpackte »Dubble Bubble«-Kaugummis produziert wurden. »Bubble Gum Factory
Chef Mania« (Haider, Kamran, 2016, Freakyapps [Gelistet im Apple
App Store am: 07.03.2020]) ist ein weiteres Spiel, das kleinkindgerecht
den kompletten Produktionsprozess von Kaugummi thematisiert, ange-
fangen bei der Ernte von Chicle mit einer Motorsäge.

17 Bundesverband der Deutschen Süßwarenindustrie (BDSI): https://
www.bdsi.de/fileadmin/redaktion/downloads/formel.pdf [Abgerufen:
07.03.2020].

18 Vgl. Wardlaw, Lee: Bubblemania, a. a. O., S. 141–143.

19 Vgl. Chewinggumfacts: How to make Gum: http://www.chewing
gumfacts.com/making-chewing-gum/how-to-make-gum/ [Abgerufen:
06.03.2020], daraus: »1/3 cup of gum pellets, 1/2 to 1 cup of powdered
sugar, 1 tablespoon of powdered flavoring, 2 tablespoons of corn syrup«.

gesüßtem Bienenwachs basiert.[20] Dort sind auch die Anleitungen für die Herstellung aufgeführt, die nun schon deutlich weniger kompliziert scheinen. Hauptsächlich besteht die
Arbeit im Erhitzen und Kneten. Allerdings wollte ich schon
ein richtiges Kaugummi herstellen und keinen aus Bienenwachs, so reizvoll das auch schien.

»Bubble Gum Factory«

Die Gummimasse zu besorgen ist
dabei gar nicht so einfach, wobei
ich dabei aus Bequemlichkeit die
unkomplizierteste wählte, ich be-
stellte nämlich ein Komplettset.
Diese Sets sind vergleichbar der
Experimentierkästen, und das
vermutlich älteste dieser Kaugum-
misets wurde von einem gemein-
nützigen Wissenschaftsclub, dem
»Science Service« in der Reihe

»Things of Science«[21] 1962 herausgegeben.[22] Das Set war zwar
antiquarisch noch erhältlich, aber ich nahm doch aufgrund
des Alters – trotz der Versicherung, dass Kaugummi theore-
tisch nicht schlecht wird – davon Abstand. Andere Sets, wie

---

20   , daraus: »1 cup of food grade beeswax, 3 teaspoons of honey-base, Fruit
     juice«.
21   Moody, George B.: Rediscovering Things of Science: http://ecg.mit.
     edu/george/tos/[Abgerufen: 07.03.2020].
22   Vgl. Underlandia: Things of Science: http://underlandia.com/index.
     php/2017/12/21/things-of-science-265-taste/[Abgerufen: 07.03.2020].

die »Dubble Bubble – Bubble Gum Factory«[23] oder »Barbie – Bubble Gum Shop«[24], beschränkten sich auf die Konfektionierung (auch den spielerischen Verkauf). Es gibt allerdings eine Reihe von Sets, mit denen man tatsächlich Kaugummi herstellen können soll, etwa »Do it Yourself Bubble Gum. It's easy to do!« von Copernicus[25], »Chewing Gum Lab« von Geek & Co.[26], »Bubble Gum Factory« von Scientific Explorers[27] oder – was ich den interessantesten fand – »Chewing Gum Kit«[28] von der Firma Glee, die sich um eine nachhaltige Chicle-Produktion bemüht. Leider ließ sich das Produkt von Glee nicht bestellen, sodass ich auf das Set von Scientific Explorers auswich. Der Nachteil dieses Sets war, dass die Gummimasse nicht ausdrücklich als Chicle benannt wurde und ich auf meine Nachfrage bislang auch keine Antwort erhielt.

---

23 Kids Disney Games HD: America's Original Dubble Bubble – Bubble Gum Factory Playset & Review 2018 HD: https://www.youtube.com/watch?v=fB1Fl7ngfwY [Abgerufen: 07.03.2020].

24 Rewind Me: Barbie Bubble Gum Shop 90s Commercial (1995): https://www.youtube.com/watch?v=WoOS_w8t7VE [Abgerufen: 07.03.2020].

25 Copernicus Toys & Gifts: DIY: Bubble Gum Kit: https://www.copernicustoys.com/proddetail.php?prod=DIYBUB [Abgerufen: 07.03.2020].

26 Thames and Kosmos: Chewing Gum Lab: https://www.thamesandkosmos.com/index.php/product/category/science-kits/chewing-gum-lab [Abgerufen: 07.03.2020].

27 Scientific Explorer: Bubble Gum Factory Kids Science Experiment Kit: https://www.amazon.com/Scientific-Explorer-Bubble-Gum-Factory/dp/B0016M16W2/ref=cm_cr_arp_d_product_top?ie=UTF8 [Abgerufen: 07.03.2020]. Ein paar wenige Firmenangaben zu Scientific Explorer finden sich auf der bei Amazon hinterlegten Firmenseite: Amazon: Scientific Explorers: https://www.amazon.com/stores/ScientificExplorer/ScientificExplorer/page/CF9CFE0D-6F28-45EC-96BA-D937A5901B6F [Abgerufen: 07.03.2020].

28 Glee Gum: Make Your Own Chewing Gum Kit: https://www.gleegum.com/product/make-your-own-chewing-gum-kit/ [Abgerufen: 07.03.2020].

»Die Bubble Gum Factory« von Scientific Explorers enthielt neben einem Rezeptbuch mit einigen ansprechend aufbereiteten, aber dennoch spärlichen Zusatzinformationen einen Beutel mit Gumbase, einen Beutel flüssiger Maisstärke, Puderzucker, drei verschiedene Aromen und leere Karteikarten für eigene Rezepte; weiteres Zubehör war ansonsten nicht enthalten.[29] Al-

lerdings benötigte man außer dem Geschirr als Minimalausstattung nur noch Puderzucker, Leitungswasser und eine Mikrowelle. Ein Thermometer wurde auch empfohlen, allerdings hatte ich kein entsprechendes zur Hand, dies galt auch für ein Antihaftspray.

Grüner Bubble Gum mit Wassermelonenaroma

Für den ersten Versuch wählte ich ein Rezept mit Wassermelonengeschmack. Das Rezept ist untenstehend abgedruckt. Die Zutaten wurden also entsprechend der Angaben abgewogen.

- 1 Esslöffel Gumbase
- 1 Teelöffel Maissirup
- ½ Teelöffel Wassermelonenaroma
- 2 Esslöffel Puderzucker

---

29   Mehrere Unboxing-Videos finden sich auf YouTube, z. B. Lucky Penny Shop: Bubble Gum Factory – Makes 8 Different Recipes, Scientific Explorer: https://www.youtube.com/watch?v=3s-dWicWs_o [Abgerufen: 07.03.2020].

Die granulierte Gummimasse wurde von mir in eine Mikrowellenschale gegeben und sollte mit Wasser bedeckt werden, wobei die Körnchen auf dem Wasser schwammen, sodass ich hier keine präzise Angabe machen kann. Anschließend wurden das Wasser und die Gummimasse in der Mikrowelle für 20 Sekunden bei 600 Watt erhitzt. Das Wasser, das sich nicht mit der Masse verband, wurde in ein anderes Gefäß abgegossen. Anschließend knetete ich die Masse mit einem Löffel. Immer wenn die Masse zu zäh schien, gab ich etwas von dem noch warmen Wasser nach. Zwischendurch erhitzte ich die Masse erneut in der Mikrowelle, im Wasserbad für etwa sieben Sekunden. Im zweiten Schritt wurde Maisstärke hinzugefügt und verknetet; sobald sich eine einheitliche Konsistenz bildete, wurde von mir ein Esslöffel Puderzucker hinzugefügt, anschließend das Wassermelonenaroma, und sobald diese Bestandteile wieder eine homogene Masse bildeten, wurde der zweite Löffel Puderzucker eingearbeitet. Die jetzt noch warme Masse musste nun 15 Minuten geknetet werden. Allerdings gestaltete sich die Arbeit so eintönig, dass ich nach etwa sieben Minuten – passend zum Melonenaroma – kurzerhand ein wenig grüne Lebensmittelfarbe einarbeitete. Nach 15 Minuten konnte ich die Masse nun in kleine Brocken zerteilen und in kugelähnliche Formen rollen.

Geschmacklich war dieses Kaugummi anfangs deutlich süßer als normales Kaugummi und auch süßer als Bubble Gum aus dem Supermarkt, die eigentliche Bewährungsprobe aber bestand darin, ob sich eine Blase erzeugen ließ – was, wie das Foto beweist, problemlos gelang. Diese Probe war insofern auch aufschlussreich, als dass Bubble Gum eine andere Konsistenz benötigt als Chewing Gum, damit eben diese Blasen möglich sind.

MaChiX – ein Kaugummi aus Chicle und Mastix

Bei dem zweiten Versuch wollte ich ein Rezept experimentell abwandeln. Dabei war die Idee, Chicle, die traditionelle Kaumasse aus Mittelamerika, mit Mastix, einem Harz aus dem Mittelmeerraum, das bereits in der Antike gekaut wurde, zu verbinden. Es sollte gewissermaßen ein Chewing Gum entstehen, der die verschiedenen Kontinente miteinander verbindet, ein Chewing Gum, dem ich den Namen »MaChiX« gab und der die Bestandteile Mastix und Chicle gewissermaßen »magisch« verbinden sollte. Zugegebenermaßen stand der Name schon vor dem Endprodukt fest, da ich mir nicht sicher war, ob und wie sich diese Substanzen miteinander verbinden ließen.

Das Grundrezept entsprach dabei dem des ersten Versuchs, statt des Wassermelonenaromas wurde lediglich Zitronenaroma gewählt, da dies von mir als natürlicher und vor allem auch stimmiger empfunden wurde. Zusätzlich wurde echtes Mastixharz aus Chios im Verhältnis 3:2 zur Gumbase hinzugenommen.

Wieder wurde zuerst das Wasser mit der Gumbase und dem Mastix, die beide auf dem Wasser schwammen, für 20 Sekunden bei 600 Watt in der Mikrowelle erhitzt. Diesmal musste ich aber schon deutlich kräftiger kneten, wobei sehr schnell eine zwar knetbare, aber äußerst klebrige Masse entstand. Die Maisstärke konnte zwar eingeknetet werden, ließ sich aber nur schwer verbinden, sodass ich noch einen Teelöffel Wasser und anschließend noch einen Teelöffel Maisstärke hinzufügte. Dieses neue Mischverhältnis ließ die Masse etwas geschmeidiger werden. Das geknetete und noch warme Mastix entfaltete einen deutlich wahrnehmbaren interessanten pflanzlichen Duft; ich gab erneut einen Teelöffel Maisstärke hinzu und dann den Puderzucker.

Auch diese Masse wurde 20 Minuten geknetet, musste jedoch noch dreimal für zehn Sekunden in der Mikrowelle im Wasserbad kurz erwärmt werden, da immer noch kleine Stücke des Mastix vorhanden waren und sich leider bis zum Schluss des Knetvorgangs nicht komplett auflösen ließen.

Die Geschmacksprobe fiel überraschend angenehm aus, denn das Mastix, das beim vorhergehenden Probekauen recht geschmacklos geblieben war, entfaltete mit der Zitrussäure eine angenehme Frische. Auch verklebte die Masse trotz meiner Befürchtung nicht die Zähne und ließ sich ganz gut kauen, wenngleich nicht annähernd so geschmeidig wie der Wassermelonen-Bubble-Gum des ersten Versuchs.

Resümee

Der erste Teil von Wrigleys Aussage kann somit als verifiziert gelten. Es ist überraschend, dass es tatsächlich so einfach ist, Kaugummi zu machen, dass jede:r Kaugummi herstellen kann. Das bedeutet aber auch, dass sich im Grunde niemand damit abfinden muss, auf einer Masse herumzukauen, deren Inhaltsstoffe ihm:ihr unbekannt sind. Nun wartet noch der zweite Teil von Wrigleys Aussage darauf, überprüft zu werden, wie man nämlich Kaugummi erfolgreich verkauft. Falls sich also jemand mit dem MaChiX-Rezept an dieser Aufgabe versuchen will: Das Rezept habe ich diesem Beitrag angehängt.[30] Dazu, wie er:sie damit Erfolg haben kann, kann ich leider

---

30   Falls Sie sich an der Vermarktung dieser Idee und/oder dem Namen versuchen mögen, so stelle ich beides gerne unter CC BY-SA zur Verfügung. Falls Sie mit dieser Idee wirklich großen Erfolg haben, fände ich es wunderbar, wenn Sie dann freiwillig – ähnlich wie bei Donation-Ware – einen völlig freigewählten Anteil des Gewinns an eine gemeinnützige Organisation spenden würden.

keine Erfahrungswerte geben – außer Wrigleys Marketings-
trategie: »tell 'em quick and tell 'em often«[31]

Die Zutaten für MaChiX

- 1 Esslöffel Gumbase
- 2 Teelöffel Mastix
- 3 Teelöffel Maissirup
- ½ Teelöffel Zitronenaroma
- 2 Esslöffel Puderzucker

Quellen

Amazon: Scientific Explorer: https://www.amazon.com/stores/
ScientificExplorer/ScientificExplorer/page/CF9CFE0D-6F
28-45EC-96BA-D937A5901B6F [Abgerufen: 07.03.2020].

Bundesverband der Deutschen Süßwarenindustrie (BDSI): https://
www.bdsi.de/warenkunde/kaugummi/formel/[Abgerufen:
07.03.2020].

Chewinggumfacts: How to make Gum: http://www.chewinggum
facts.com/making-chewing-gum/how-to-make-gum/[Abge-
rufen: 07.03.2020].

China Packaging Machine Manufacturer Online: Chewing gum
production line. how does chewing gum making machine work:
https://www.youtube.com/watch?v=M7r-xb54zak [Abgerufen:
07.03.2020].

Copernicus Toys & Gifts: DIY: Bubble Gum Kit: https://www.
copernicustoys.com/proddetail.php?prod=DIYBUB [Abgerufen:
07.03.2020].

Discovery UK: Bubblegum. How It's Made: https://www.youtube.
com/watch?v=2kttVyakHN4 [Abgerufen: 07.03.2020].

---

31 Wardlaw, Lee: Bubblemania, a. a. O., S. 39.

FundingUniverse: Fleer Corporation History: https://www.
     webcitation.org/6QU24rAdd?url=http://www.webcitation.
     org/6QU24rAdd [Abgerufen: 07.03.2020].

Glee Gum: Make Your Own Chewing Gum Kit: https://www.
     gleegum.com/product/make-your-own-chewing-gum-kit/
     [Abgerufen: 07.03.2020].

Haider, Kamran, Bubble Gum Factory Chef Mania, 2016,
     Freakyapps [Gelistet im Apple App Store am: 07.03.2020]

JBK Manufacturing And Development Company (Arabisch
     gum): https://german.alibaba.com/product-detail/arabic
     -gum-62008606944.html?spm=a2700.galleryofferlist.0.0.
     33f62ee3giCFaM [Abgerufen: 07.03.2020].

Jiangsu Haitel Machinery Co., Ltd. über Alibaba (Neue zustand
     automatische kleine kaugummi herstellung maschine): https://
     german.alibaba.com/product-detail/new-condition
     -automatic-small-chewing-gum-manufacturing-machine
     -60794995084.html?spm=a2700.md_de_DE.deiletai
     6.2.4a741173FOj3xd [Abgerufen: 07.03.2020].

Kids Disney Games HD: America's Original Dubble Bubble –
     Bubble Gum Factory Playset & Review 2018 HD: https://www.
     youtube.com/watch?v=fB1Fl7ngfwY [Abgerufen: 07.03.2020].

Kids Fun Plus, Granny's Candy & Bubblegum Factory, o. J. [Ge-
     listet im Apple App Store am: 07.03.2020].

Lucky Penny Shop: Bubble Gum Factory – Makes 8 Different
     Recipes, Scientific Explorer: https://www.youtube.com/
     watch?v=3s-dWicWs_o [Abgerufen: 07.03.2020].

Moody, George B.: Rediscovering Things of Science: http://
     ecg.mit.edu/george/tos/ [Abgerufen: 07.03.2020].

Nantong Wealth Machinery Technical Co., Ltd. Über Alibaba
     (FS-320 blase kaugummi, der maschine kaugummi produk-
     tion maschine): https://german.alibaba.com/product-detail/
     fs-320-bubble-gum-making-machine-chewing-gum-production
     -machine-60665650556.html?spm=a2700.md_de_DE.deiletai
     6.6.1ed5673fPx7M5L[Abgerufen: 07.03.2020].

Parmar, Pravinkumar: Chewing Gum Cooking Mania, 2017
     [Gelistet im Apple App Store am: 07.03.2020].

Peters, Daniel: Gummi-Pleite, BILD, 28.11.2019, online:
     https://m.bild.de/regional/hannover/hannover-aktuell/

bachelor-andrej-mangold-gummi-pleite-66321412.bildMobile.
html###wt_ref=https%3A%2F%2Fwww.google.com%2F&wt_
t=1598790993216 [Abgerufen: 07.03.2020].

Rewind Me: Barbie Bubble Gum Shop 90s Commercial (1995):
https://www.youtube.com/watch?v=WoOS_w8t7VE [Abge-
rufen: 07.03.2020].

Scientific Explorer: Bubble Gum Factory Kids Science Experiment
Kit: https://www.amazon.com/Scientific-Explorer-Bubble
-Gum-Factory/dp/B0016M16W2/ref=cm_cr_arp_d_product_
top?ie=UTF8 [Abgerufen: 07.03.2020].

Thames and Kosmos: Chewing Gum Lab: https://www.thamesand
kosmos.com/index.php/product/category/science-kits/chewing
-gum-lab [Abgerufen: 07.03.2020].

Triwood1973: How Chewing Gum is Made: https://www.youtube.
com/watch?v=qto3qIofS_I [Abgerufen: 07.03.2020].

Underlandia: Things of Science: http://underlandia.com/index.
php/2017/12/21/things-of-science-265-taste/[Abgerufen:
07.03.2020].

Wardlaw, Lee: Bubblemania. Ahe Chewy History of Bubble Gum,
New York 1997.

Wrigley GmbH: O.T., Bonn, o.J.: http://ernaehrungsdenkwerk
statt.de/fileadmin/user_upload/EDWText/TextElemente/
Lebensmittel/Kaugummi_wrigley_geschichte.pdf [Abgerufen:
07.03.2020].

Wuxi Nice Imp-Exp Co., Ltd. auf Alibaba (Natürliche Chicle
Kaugummibase Ohne Bitterkeit): https://german.alibaba.com/
product-detail/natural-chicle-chewing-gum-base-without-bitter
ness-60634882157.html?spm=a2700.galleryofferlist.0.0.17052ee
[Abgerufen: 07.03.2020].

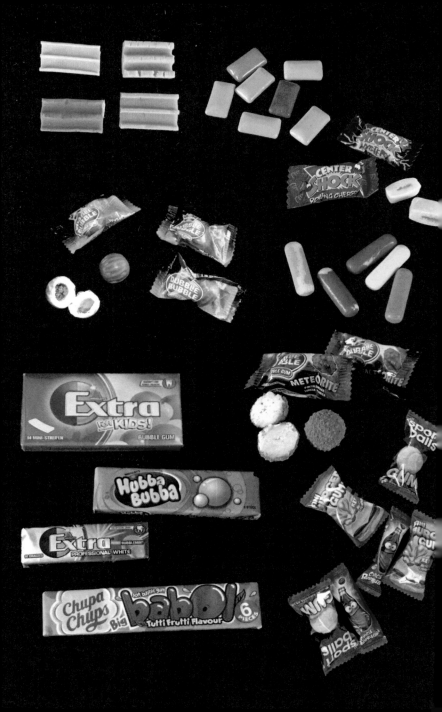

Kaugummiblasen.
Eine Einführung.

Anselm Geserer

Wer Kaugummiblasen blasen will, sollte das am Besten mit Bubble Gum machen, denn die sind geschmeidig und dehnbar.

Als Erstes wird der Bubble Gum von seinen Hüllen und dem inneren Wachspapier befreit. Dann wird er in den Mund genommen und so lange gekaut, bis er weich, samtig und anschmiegsam ist.

Im Anschluss wird der Kaugummi mit sanftem Druck der Zunge geformt, sodass ein flaches Stück entsteht. So wird der Kaugummi fügsam und man hat es leichter ihn zu blasen und zum Platzen zu bringen.

Dieses flache Stück wird dann hinter die leicht geöffneten Zähne und rundgeformten Lippen geschoben. Nun drückt die Zunge den Bubble Gum durch die Öffnung, während die Zähne dabei helfen, die entstehende Blase festzuhalten.

Dann wird die Zunge zurückgezogen und Luft durch die rund verengten Lippen geblasen.

So entsteht eine sich formende Blase, die immer größer wird. Mit etwas Übung kann die Blase in diesem angespannten Zustand gehalten oder durch ausdauerndes Blasen mit einem Knall zum Platzen gebracht werden.

Wer sich traut, kann aber die Blase mit den Lippen verschließen, um diese dann in den Mund zu nehmen und dort platzen zu lassen. Und wer noch weiter gehen will, kann zwei, drei oder vier Kaugummis in den Mund nehmen und damit versuchen, riesige Blasen zu blasen.

Illustration: Surya Gunawan.

Das Obszöne. Kaugummi.

Anselm Geserer

Kaugummi. Zuweilen unbemerkt und dann wieder ins Auge stechend, weil irgendwo herumklebend. Frisch, gelassen, lecker, sexy, eklig. Und vermutlich noch einiges mehr. Kaugummi scheint sehr vieles zu sein und ist dabei doch nicht wirklich greifbar. Vielleicht steckt doch etwas mehr in Kaugummi, als es auf den ersten Blick scheinen mag. Und dennoch ist aus philosophischer Sicht wenig über Kaugummi bekannt. Im Alltag ist Kaugummi überraschend unbeachtet, und das, obwohl es gerade dort in Erscheinung tritt. In den folgenden Ausführungen sollen die Ursachen für diese fehlende Beachtung entschlüsselt werden. Um diesem Anspruch gerecht zu werden, möchte ich einen völlig neuen – gerade nicht alltäglichen – Blick auf Kaugummi werfen; es betrachten, wie es noch nie betrachtet wurde. Um eine solche neue Betrachtungsweise zu etablieren, ist es notwendig, die klassischen Analysemuster aufzuzeigen, um neue Muster von den gewohnten unterscheiden zu können. Also wird zu Beginn der Alltag mit seinen Analysestrukturen ins Zentrum gerückt. In der Folge wird es möglich, vom gewohnten Blicke abzulassen und eine neue Perspektive einzunehmen. Kaugummi entpuppt sich in dieser neuen Perspektive als ein Element mit enormer, ungeahnter Kraft, das wesentlich mehr in sich trägt als ein profanes Gekautwerden, das mit einer Entsorgung endet, wenn es geschmacklos geworden ist.

Der homogene Alltag.

Die erste Frage, die sich in den Paradigmen unserer Kultur und unserer Denkmuster meist stellt, ist die nach dem Zweck. Das »Wozu« ist in einer Welt, in der alles verwertbar sein muss, das Erste und oft auch das Letzte, wonach gefragt wird. Für Georges Bataille hat ein Element dann einen Zweck, wenn es nützlich ist, und nützlich ist es, wenn es für ein anderes Element einen Nutzen hat.[1] Das ist die Produktionsleistung der Elemente, die in diesem Sinne nicht Selbstzweck sein darf – also außerhalb des Elementes selbst liegen muss.[2] Diesen Rahmen mit seinen produktiven Bezugnahmen nennt Bataille das Homogene. Die Homogenität bestimmt unseren Alltag und unser Denken, das nach Sinn, Zweck und Produktivität ausgerichtet ist. Permanent müssen wir fragen, wozu eine Sache gut ist und was sie Produktives bewirken kann.

Mit diesem doch sehr schlichten Analysemuster lassen sich gesellschaftliche Elemente mühelos untersuchen, stets mit der Nützlichkeitsfrage im Hinterkopf. In diesem Modus befindet sich alles, was nicht in einer solchen Zweckdimension skaliert werden kann, in einem blinden Fleck. Bataille nennt diese Reduktion auf austauschbare Wesenheiten »homogene Reduktion«.[3] Elemente stehen nicht (mehr) für sich selbst, sondern nur noch für den Zweck, den sie für andere Elemente haben. Auch in Kaugummi lassen sich solche Zwecke identifizieren.

---

[1] Vgl. Bataille, Georges: Die psychologische Struktur des Faschismus. Die Souveränität, München 1997, S. 10.

[2] Vgl. Bataille, Georges: Das theoretische Werk, Band 1. Die Aufhebung der Ökonomie. Der Begriff der Verausgabung. Der verfemte Teil. Kommunismus und Stalinismus, München 1975, S. 12.

[3] Vgl. Bataille, Georges: Die psychologische Struktur des Faschismus, S. 12.

Das Nützliche. Chewing Gum.

Das klassische Kaugummi ist das Chewing Gum. Als erstes stellen sich also Zweckfragen. Wozu sind solche Kaugummis, die irgendwie Teil unserer Alltagskultur sind, eigentlich gut? Wo liegen die spezifischen Zwecke dieser kaubaren Produkte?

Erst einmal wird man wohl an so etwas wie ein allgemeines Kaugummi denken. Dieses wird doch sicher aus bestimmten Gründen gekaut? Zwecke scheinen hier allerdings eher zufällig zugeschrieben und außerhalb von Kaugummis selbst zu liegen. Das sind Kaugummis, die zur Ablenkung gekaut werden, die gegen Mundgeruch helfen – oder die Konzentration steigern sollen. Diese Kaugummis stehen für all das, wofür Chewing Gum oder besser das Kauen als solches steht: frisch, gelassen und etwas pfefferminzig. Sie helfen, einen kühlen Kopf zu bewahren und affektlos zu bleiben. Bei Chewing Gum gibt es nichts Auffälliges und nichts Aufregendes – alles ist gelassen und cool.

Diese Eigenschaften sind alle mittelbar zweckorientiert, weil sie dabei helfen, die Produktivität zu erhalten oder sogar zu steigern, sofern man an diese Zuschreibung glauben möchte. Die Wirkung wird nicht von dem stofflichen Substrat selbst verursacht. So, wie dieses Chewing Gum im Alltag in Erscheinung tritt, verschleiern die (sozial) zugeschriebenen Zwecke offensichtlich Nutzloses. Diese Verschleierungen lassen sich als eine Form einer Postrationalisierung deuten, die eine homogene Adaption nicht homogener Elemente zum Ziel hat. Auf diese Weise katalysieren diese Kaugummis die homogene Reduktion, da der Fokus auf die Produktivität (austauschbare Wesenheit) der Kauenden gelenkt wird.

Innerhalb dieses (homogenen) Beurteilungsmusters lässt sich noch eine weitere Kategorie ausmachen: Kaugummis,

deren Wirkung vom stofflichen Substrat selbst ausgeht,
also Kaugummis mit chemisch implementierten Wirkstoffen. Diese Kaugummis lassen sich als Funktionskaugummis
bezeichnen, da sie etwas ganz Spezifisches bewirken sollen.
Das sind beispielsweise Kaugummis zur Bekämpfung von
Übelkeit und Diarrhö oder auch solche, die der konstanten
Zufuhr von Nikotin zugedacht sind. Der Kaugummimasse
wird in diesen Fällen ein Wirkstoff hinzugefügt, der eine
spezifische Funktion innehat. Ziel ist es, einen krankhaften
Mangel zu beseitigen, der in irgendeiner Art und Weise Produktivität und damit Homogenität stört. Diese Kaugummis
sollen demnach ebenfalls die Produktivität erhöhen oder
erhalten.

Das Kaugummi selbst wird als Funktionskaugummi allerdings zu einer Trägermasse degradiert, denn was zählt, ist
nicht länger das Kaugummi oder das Kauen, sondern der
Wirkstoff, den es in sich trägt. Das Kaugummi ist als Funktionskaugummi nur noch Mittel zum homogenen Zweck. Es
soll anpassen und Krankhaftes verdrängen und eliminieren.

Diese zwei Formen von Kaugummi repräsentieren das Homogene überraschend präzise: Denn die Kaugummis, deren
Zwecke von der Homogenität adaptiert wurden, sind einerseits gelassen und unaufgeregt – genau wie das angepasste
Homogene, in dem es nichts zu beanstanden gibt und alles in
geregelten Bahnen und Mustern verläuft. Andererseits stützen diese die homogene Reduktion durch einen (zugeschriebenen) Zuwachs der Konzentration und somit der Produktivität. Diese beiden Eigenschaften verweisen zielgenau auf den
Bereich des Homogenen.

Die Kaugummis mit stofflich implementierten Wirkstoffen gehen mit ihrer Funktionsweise noch einen Schritt weiter,
denn diese eliminieren treffend krankhafte, nicht homogene
Elemente. »[J]edes unnütze Element wird ausgeschlossen,

nicht aus der Gesellschaft überhaupt, sondern aus ihrem homogenen Teil.«[4]

Chewing Gum erweist sich demzufolge als kompetenter
und schlagkräftiger Vertreter des Homogenen, der mit seiner
Produktionsleistung das Homogene selbst produziert und
reproduziert.

Die heterogene Ausscheidung.

Georges Bataille entwickelt innerhalb der Unterscheidung
homogen und *heterogen* den Theoriekomplex der *Heterologie*.[5]
Diese sucht gerade das in den Blick zu nehmen, was aus der
Perspektive des *homogenen* Teils der Gesellschaft nicht zu sehen – oder besser – ausgestoßen ist, so wie das Chewing Gum
nicht homogene Elemente, die krankhaft oder nutzlos sind,
verdrängt oder adaptiert.

Die Konzeption basiert auf einer dichotomen Unterscheidung gesellschaftlicher Elemente. An der Oberfläche steht
das, was bisher als das Homogene beschrieben wurde. Aus
diesem Bereich werden, Bataille zufolge, unproduktive Dinge oder Elemente – die für kein anderes Element nützlich
sind – ausgeschlossen, weil sie inkommensurabel sind. Dies
geschieht, da heterogene Elemente Kräfte der Unordnung
sind, die vernichtet oder einer Regel unterworfen werden
müssen.[6] Diese Unterwerfung unter eine Regel, ist das, was
als postrationalisierte Adaption nicht homogener Elemente
beim Chewing Gum identifiziert wurde. Da die Wissenschaft
das Hauptorgan der Homogenintät ist, »sind die heterogenen

---

4   Bataille, Georges: Die psychologische Struktur des Faschismus, S. 10.
5   Vgl. Bataille, Georges: Die psychologische Struktur des Faschismus,
    S. 7–38.
6   Vgl. ebd., S. 14–20.

Elemente, die durch die soziale Homogenität ausgeschlossen sind, ebenfalls aus dem Felde der wissenschaftlichen Aufmerksamkeit ausgeschlossen«.[7] Und rücken sie doch einmal in das Blickfeld der Wissenschaft, bleibt eine funktionale Befriedigung aus.

In diesem Sinne verhält sich das Heterogene zum Homogenen nicht wie das Negative zum Positiven, sondern vielmehr wie die Ausscheidung zur Aneignung; das Heterogene kann nicht dialektisch vermittelt werden, denn es ist eine Theorie der Abweichung, die die Abweichung und die Abweichung der Theorie betrifft.[8] Die Heterologie bezieht sich demnach auf dasjenige Andere, das Bataille als einen irreduziblen Rest bezeichnet. Dieses Ausgestoßene ist infolge dessen mit der »homogenen« Wissenschaft nicht mehr greifbar.[9] »Das Heterogene wird sogar ausdrücklich der Reichweite der Wissenschaftlichen Erkenntnis entzogen, die per Definition nur auf homogene Elemente anwendbar ist.«[10]

Der Fokus des Interesses darf also nicht einem etwaig nützlichen Verweisungszusammenhang gelten. Dies bedeutet, dass das, was zuvor als *Produktivität* beschrieben wurde, kein Teil der Analyse mehr sein kann. Es handelt sich eben um das *Andere*, um das, was für den homogenen Blick unsichtbar ist. Das Heterogene, das von der Heterologie in den Blick genommen wird, »umfasst die so genannten unproduktiven

---

7   Ebd., S. 14.

8   Daraus ergibt sich eine Definitionsproblematik, denn eine Definition ist per Definition eine gegenständliche Bezugnahme, die in begriffliche Erfahrung transformiert werden soll. Es geht um Erkenntnis, die der Kern der Wissenschaft als solcher ist, und das wiederum ist rational, verwertbar, produktiv und vor allem nützlich. Vgl. Schischkoff, Georgi: Philosophisches Wörterbuch, Stuttgart 1991, S. 122, 786.

9   Vgl. Bataille, Georges: Die psychologische Struktur des Faschismus, S. 15.

10   Bataille, Georges: Das theoretische Werk, S. 308.

Ausgaben […] die, zumindest ursprünglich, ihren Zweck in sich selbst haben«.[11]

Die Notwendigkeit darauf hinzuweisen, dass es im Alltag oder der Wissenschaft nicht immer nur um (homogenen) Zweck gehen muss, ist geradezu ein Indiz dafür, dass die paradigmatische Wirklichkeit unserer Gesellschaft Zweck- oder Sinnlosigkeit ignoriert und ausschließt, so, wie das Chewing Gum Unproduktivität verdrängt.

Das Nicht-Chewing Gum.

Kaugummi aus einer homogenen Deutung herauszulösen, ist mit gängigen wissenschaftlich-paradigmatischen Analysewerkzeugen nicht möglich, wenn es um Zweck gehen soll. Um das *andere* Kaugummi besser zu verstehen, wird der Fokus also fernab von Zweck vermehrt auf die Wirkungsweisen und Konnotationen gelegt. Zweck ist in diesem Zusammenhang demnach, wenn überhaupt, nur Selbstzweck.

Neben Chewing Gum und seinen funktionalen Kollegen gibt es nicht nur weitere Deutungsmöglichkeiten, sondern auch noch gänzlich andere Kaugummiformen, die offenbar nicht homogen, sondern heterogen sind, weil sie ihren Zweck »zumindest ursprünglich« in sich selbst haben. Sie unterscheiden sich in Form, Farbe, Geschmack, Wirkung und Zuschreibung vom Chewing Gum. Bubble Gum konstituiert sich in diesem Sinne als das Andere. Farbe, die nicht schmeckbar ist, Geschmack, der nach kürzester Zeit verloren geht – all das sind unproduktive Spielereien. Bubble Gum scheint gegen die Regeln der homogenen Alltagswelt zu spielen.

---

11 Ebd., S. 12.

Das Verspielte. Bubble Gum.

Wer gegen die Regeln des Homogenen spielt, wird ausgeschlossen oder Regeln unterworfen, da andernfalls keine nützliche Produktionsleistung erbracht werden kann. Nahezu genauso verhält es sich mit dem Spiel, das in erster Linie als Tätigkeit gilt, die für Kinder geeignet ist. Erwachsene spielen nicht mehr und wenn doch, so gilt das oft als Zeitverschwendung, weil spielen keinen Zweck hat.[12] Genau das ist ein zentrales Moment des Spiels, die Zweckfreiheit.[13] Sinn und Zweck des Spiels sind immer innerhalb der Spielwelt selbst verankert und das bedeutet, dass das Spiel frei ist von weltlichen (homogenen) Problemen und keine Auswirkungen auf diese Außenwelt hat. Ein weiteres zentrales Moment des Spiels ist die Freiheit. Jeder hat die Freiheit mitzuspielen und sich anderen, von der Homogenität abweichenden Regeln zu unterwerfen. Spielen heißt also auch immer: mit Regeln spielen, die Regeln der Homogenität für einen Zeitraum abzulehnen und abweichende zu akzeptieren. Im Kurzen lässt sich also sagen: »Spiel ist nicht ernst.«[14] Das bedeutet, dass es nicht gewöhnlich und nicht alltäglich ist und dass es aus dem homogenen Leben heraustritt.[15]

---

12 Übungs- und Simulationsspiele, die doch einen etwaigen Zweck innehaben, werden hier ausgeklammert.

13 Vgl. Huizinga, Johan: Homo Ludens. Vom Ursprung der Kultur im Spiel, Hamburg 1956, S. 9–36.

14 Scheuerl, Hans: Das Spiel. Untersuchungen über sein Wesen, seine pädagogischen Möglichkeiten und Grenzen, Weinheim, Berlin 1968, S. 71.

15 Hier lassen sich einige passende Adaptionsformen des Homogenen identifizieren: Dem kindlichen Spiel werden pädagogische Lern- und Entwicklungszwecke zugeschrieben. Darüber hinaus bedienen sich homogene Lehrinstitutionen des Spiels, um es als Lehrwerkzeug einzusetzen. Ebenso ist das Glücksspiel der Erwachsenen eine Adaptionsform, die die Zweckfreiheit und die Folgelosigkeit in der »echten Welt« aufbricht.

Diese Eigenschaften des Spiels treffen genauso auch auf Bubble Gum zu. Zugegeben, um eine besonders große Zeitverschwendung scheint es sich nicht zu handeln, um eine Verschwendung im Allgemeinen hingegen schon. Was keinen erkennbaren Nutzen hat, aber einer Form des Invests bedarf, ist per (homogener) Definition nutzlos. Es ist nicht produktiv, weil es keinem anderen Element nützt. Überdies ist es in seiner bunten Verspieltheit freiwillig, frei von allen Zwecken und meist genauso folgenlos für den homogenen Bereich. Dem Namen nach dient es zwar der Erzeugung von Blasen, doch welchen Zweck diese Blasen haben, bleibt ebenfalls unklar.

Durch diese Zweckfreiheit ist Bubble Gum in gleichem Maße ein Spiel mit den Regeln des Alltags. Denn es platziert sich als unproduktive Verausgabung und Verschwendung im Alltag und präsentiert seine verspielte Ablehnung homogener Regeln einfach nur durch seine Resilienz, in homogene Zwecke adaptiert zu werden. Dieses Spiel ist allerdings genauso schnell vorüber, wie der Geschmack vergeht. Danach scheint alles wieder beim Alten zu sein. Die Verschwendung des kurzen Spiels ist eine Form der unproduktiven Verausgabung. Und das ist ein Vergnügen, das die Lust aus seiner Sinnlosigkeit zieht.[16]

Dem Homogenen bleibt in der Folge nichts anderes übrig, als das Kaugummi auszuspucken und bestenfalls an einem Ort zu verstecken, wo man es nicht sehen kann. Und so wird es ganz verspielt unter den Tisch geklebt.

---

16   Vgl. Bataille, Georges: Das theoretische Werk, S. 35.

Das Schmutzige. Bubble Gum.

Unbedacht wandert die Hand unter die Tischkante, vielleicht um sich festzuhalten. Und dann fühlt man es. Etwas, das man dort nicht erwartet hätte – etwas Geschwürartiges. Ekel durchfährt einen. Das Geschwürartige ist ein gekautes, klebriges und speicheldurchtränktes Kaugummi, das die homogenen Erwartungen von Sauberkeit und Normalität bricht. Ekelhaftes ist abstoßend, weil es ein internalisiertes Deutungssystem aktiviert und die Omnipräsenz des homogenen Normalen mit einer körperlich-kognitiven Reaktion der Abscheu bricht[17]. Und das wird auch so erwartet, denn keine Reaktion auf etwas, das gesellschaftlich als ekelhaft gilt, ist genauso absonderlich wie das Ekelhafte selbst. Sozial erwartete Reaktionen des Ekels weisen auf soziale Tabus hin, die – genau wie das Heterogene – aus der sozialen Wirklichkeit exkludiert werden sollen.[18] Eine der zentralsten Ordnungsformen des Ekels ist die, die sich an Stoffliches bindet.[19] Dazu gehören Fäulnis, Schmutz oder Ausscheidungen wie Schleim oder Speichel. Kaugummi kann in seiner speicheldurchtränkten Erscheinung und wegen seiner Klebrigkeit[20] zu dieser Form gezählt werden.

All diese ekelhaften Eigenschaften des Kaugummis finden strukturelle Entsprechungen im Heterogenen, denn sie fungieren als Ausschließmechanismen. Ekel hält Elemente, die

17 Vgl. Benkel, Thorsten: Die Idee des Ekels: Analyse einer Affekt(konstrukt)ion, in: Psychologie und Gesellschaftskritik, 35(1), 2011, S. 9–29, online: https://www.ssoar.info/ssoar/handle/document/38962 [Abgerufen: 16.07.2019].

18 Vgl. Benkel, Thorsten: Die Idee des Ekels, S. 13.

19 Vgl. Reiß, Claudia: Ekel. Ikonografie des Ausgeschlossenen, Disputation Universität Duisburg-Essen 2007, S. 17f.

20 Klebriges wird ebenfalls Schmutzigem zugeschrieben. Vgl. Reiß, Claudia: Ekel, S. 18.

ausgeschlossen werden sollen, dem Alltag fern – genau wie
das Heterogene. Für Bataille werden Ausscheidungen in der
Regel mit Tabus belegt, um sie aus homogenen Bereichen
fernzuhalten. Tabus sind Teil der heterogenen Welt des Sakra-
len, der eine unbekannte und gefährliche Kraft zugeschrieben
wird. Diese sakrale Kraft erzeugt ein soziales Berührungsver-
bot[21]. Da Ekel internalisierte Formen sozialer Berührungsver-
bote sind, dienen sie als Indikator für heterogene und sakrale Tabus, die in gleicher Weise als Ausschließmechanismus
fungieren.

Ekelerregende Kaugummis sind demnach schon allein aufgrund des Ekels, den sie provozieren, dem Heterogenen zuzuordnen. Erwähnenswert ist das, weil dies im Alltag wohl in
den seltensten Fällen wahrnehm- und zuschreibbar ist.

>Man kann sagen, daß die Welt des Heterogenen zu ihrem
größten Teil durch die sakrale Welt konstituiert wird und
daß die heterogenen Dinge analoge Reaktionen wie die sa-
kralen Dinge hervorrufen, obwohl sie nicht im eigentlichen
Sinne als sakral angesehen werden.<[22]

Kaugummi kann also eine sakrale (heterogene) Reaktion erzeugen, selbst wenn es erst einmal befremdlich scheint, Kaugummi als sakral anzusehen. Der ausschließende Ekel, den
ein zerkautes Kaugummi hervorruft, kann also nur eine Reaktion auf das Heterogene sein, weil es mit den Regeln des
Alltags seine Spiele treibt und diesen auf diese Weise angreift.
Dieser Angriff birgt nicht nur die heterogene Kraft des Tabus
in sich, sondern in gleichem Maße eine Form der Gewalt, die

---

21 Vgl. Bataille, Georges: Die psychologische Struktur des Faschismus,
    S. 16.
22 Ebd.

es benötigt, um den homogenen Bereich anzugreifen oder wenigstens zu irritieren.

Das Obszöne. Bubble Gum.

Bubble Gum ist in der Lage, homogene gesellschaftliche Bereiche zu irritieren, da es von diesen ausgeschlossen oder ausgeschieden wurde. Der Ursprung der Ausgrenzung oder Ausscheidung aus dem Homogenen liegt Bataille zufolge in der Sexualität und dem Übergang zur Erotik. Hierin beginnt die Begründung des Heterogenen, da dasjenige ausgeschlossen wird, das – wie oben erläutert – die Produktivität stört. Diese Produktivität zeichnet den homogenen Alltag aus und wird primär sichergestellt durch die sich dort manifestierende Arbeit. Ausgeschlossen wird alles, was die Arbeits-Produktivität stört oder gewalttätig ist.[23] Diese beiden Eigenschaften treffen allerdings genauso auf die Sexualität zu.

»Wir können nur sagen, daß die Sexualität im Gegensatz zur Arbeit eine Gewalttätigkeit ist, daß sie als unmittelbarer Trieb die Arbeit stören könnte: Eine arbeitsame Gemeinschaft darf ihr während der Arbeit nicht ausgeliefert sein. Wir dürfen daher begründeterweise annehmen, daß der sexuellen Freiheit von Anfang an eine Grenze gezogen werden mußte, die wir ein Verbot nennen dürfen ...«[24]

Einen konkreten Indikator für diesen Ausschlussmechanismus findet sich beispielsweise bei der Bedeckung der Ge-

23   Vgl. Bataille, Georges: Der heilige Eros (L'Erotisme). Frankfurt a. M., Berlin, Wien 1963, S. 36.
24   Ebd., S. 45.

schlechtsorgane.[25] Sexualität wird von Bataille als Gewaltform gedeutet, da sie einen Ausbruch aus dem, was wir Alltag nennen, ermöglicht oder sogar provoziert.[26] Dass Erotik gewalttätig sein muss, liegt in ihrer Wesenheit. Menschen sind als Individuen verschieden und sich dieser Verschiedenheit auch bewusst. Dieses Moment nennt Bataille Diskontinuität.[27] Das Gegenstück zur Diskontinuität ist die verloren gegangene Kontinuität, die in ihrer reinen Form erst im Tode wieder zurückkehrt. Das Kontinuierliche ist die totale Auflösung der Verschiedenheit eines diskontinuierlichen Wesens. Erotik strebt, so Bataille, nach Kontinuität und der Einheit in der Vereinigung; sie sucht oder provoziert den Übergang vom Diskontinuierlichen zum Kontinuierlichen des Seins und muss – um das zu ermöglichen – gewalttätig sein, weil das ganze Sein als solches auf dem Spiel steht und der Übergang sonst nicht möglich wäre.

Da Sexualität die totale Auflösung des Homogenen provoziert, wird es als schädliches (weil unproduktives), heterogenes Element mit Verboten aus den homogenen Bereichen ausgeschlossen. (Sexuelle) Triebe sollen nicht unmittelbar befriedigt, sondern müssen beherrscht werden, um einen späteren Nutzen (produktives Ergebnis) zu gewährleisten.[28] Nun scheint es aber so, als riefen Verbote geradezu dazu auf, sie zu übertreten. »Es gibt in der Natur, und er bleibt im Menschen bestehen, einen Antrieb, der stets über die Grenzen *hinausstrebt* und immer nur teilweise eingeschränkt werden kann.«[29]

---

25 Vgl. Bataille, Georges: Der heilige Eros, S. 46.
26 Vgl. ebd., S. 15f.
27 Vgl. ebd., S. 11.
28 Vgl. ebd., S. 34ff.
29 Ebd.

In diesem Zusammenhang kann Bubble Gum auch in erotischem Sinne gedeutet werden.[30] Das Erzeugen, Vergrößern und Platzenlassen einer Blase konnotiert (meist) im Kontext erotischer Frauen Oralverkehr oder zeigt zumindest in sexualisierten Rahmen die Bereitschaft zu sexuellen Handlungen an. Es scheint darüber hinaus einen Topos zu geben von der lasziv schauenden, Kaugummi kauenden Frau. Sexualisierungen dieser Art sind im homogenen Alltag einem ausschließenden Tabu unterworfen, da sie diesen verunreinigen.[31] In der Sexualität zeigt sich, wie nahe das Tabu und der Ekel sich stehen. Bataille hat dieser Nähe eine ganze Reihe von Erzählungen gewidmet, die unter dem Titel »Das obszöne Werk« zusammengefasst wurden.[32] Ganz besonders sticht hier die *Die Geschichte des Auges* hervor, die in einer obszön-gewalttätigen Situation unermesslichen Ekels, kombiniert mit sexuellen Handlungen, kulminiert.[33] In dieser Szenerie wird einem der Charaktere mit bloßen Händen das Auge herausgerissen, die Sehnen durchtrennt und das Auge im Anschluss in »das Fleisch« der Protagonistin eingeführt, sodass es schlussendlich aus der »Spalte« herausschaut und Tränen von Urin gemischt mit Samen vergießt. Hier wird sehr deutlich, was Sexualität und Erotik für Bataille bedeuten. Es ist die absolute heterogene Gewalt, die alles Homogene in unermesslicher Verschwendung zerstört.[34] Das greift das Homogene in zweifacher Hin-

---

30   In seltenen Fällen scheint es auch Vermischungen von verspielt und erotisiert zu geben, wie in den beiden filmischen Umsetzungen der literarischen Figur Lolita aus den Jahren 1962 und 1997; https://www.imdb.com/title/tt0056193/[Abgerufen: 16.06.2019], https://www.imdb.com/title/tt0119558/[Abgerufen: 16.06.2019].

31   Vgl. Bataille, Georges: Der heilige Eros, S. 50.

32   Bataille, Georges: Das obszöne Werk, Reinbeck 2007.

33   Vgl. ebd., S. 45–48.

34   Die zerstörerische Gewalt, die von der Vernichtung eines Auges ausgeht, wurde schon 1929 von den Surrealisten Luis Buñuel und Sal-

sicht an. Zum einen äußert sich die Gewalt als unproduktive Verausgabung[35] und zum anderen wird die produktive Seh-kraft eines Menschen verschwendet.[36]

Durch diese totale Gewalt kann die Grenze des Diskon-tinuierlichen überschritten werden, um auf diesem Wege einem kontinuierlichen Erlebnis näherzukommen. Aus der Perspektive des Homogenen muss die Erotik (und ihre Ge-walt) demnach ausgeschlossen werden, da diese andernfalls existenzgefährdend für das Homogene selbst wäre.

Genau wie die Erzählung Batailles kulminiert die Gewalt gegen das Homogene, die von Kaugummis ausgehen kann, in einer gewaltigen Form symbolischer Zerstörung. Treffen-derweise gibt es Kaugummis, die die produktive Sehkraft des menschlichen Auges mit der verschwenderischen Gewalt des Kauens zerstören. Das zeigt sich in einem Angebot für Kaugummiaugen, die sogar einen flüssigen (blutigen) Kern besitzen.[37]

---

vador Dalí eindrucksvoll dargestellt. In dem Film »Un chien andalou« (»Ein andalusischer Hund«) wird, nachdem in der ersten Szene ein Rasiermesser geschärft wurde, das Auge einer Frau in Makroperspek-tive horizontal zerschnitten; https://www.imdb.com/title/tt0020530/ [Abgerufen: 14.07.2019], https://vimeo.com/37863224 [Abgerufen: 14.07.2019]. Der Ekel, den nicht nur, aber eben auch zerschnittene Augen (und wohl auch zertretene Kaugummis) auszulösen vermögen, wurde von von Aurel Kolnai 1929 so eindrücklich beschrieben (Kolnai, Aurel: Ekel Hochmut Haß. Zur Phnomenologie feindlicher Gefühle, Frankfurt a. M., 2007, S. 7–64), dass Salvador Dali diesen Text aus-drücklich weiterempfahl, so dass sich Elemente darin in seinem Werken und auch in Buñuel Film widerfinden. Vgl. dazu: Dorschel, Andreas: Genaue Imagination, Süddeutsche Zeitung, 07.05.2007, S. 14.

35 Vgl. Bataille, Georges: Das theoretische Werk, S. 11.
36 Vgl. ebd., S. 59f.
37 ZED Candy Glubscher: https://www.worldofsweets.de/Marke+-ZED-Candy/ZED-Candy-Glubscher-4x2er.312072.html [Abgerufen: 29.06.2019].

Fotos: Karim Kane.

Das Zerkauen solcher Kaugummi-Augen wird in diesen Zusammenhängen in dreifachem Sinne heterogen. Erstens ist –
wie erläutert – das Kauen von Bubbe Gum als solches schon
eine Form der unproduktiven Verausgabung, zweitens geht
die symbolische Zerstörung des Produktiven einher mit, drit-
tens, der Gewalt, die diese Zerstörung mit sich bringt.

Auf diesem Wege entfaltet das Heterogene sein eigentliches
Potential. Es emanzipiert sich von der ständigen passiven Ver-
drängung und drängt sich mit Gewalt zurück in den Alltag.
Kaugummi wird so zu einer revoltierenden Insel des Heterogenen im homogenen Alltag. Es leistet – wenn auch nur für eine
endliche Zeitspanne – die Lust an heterogener Zweckfreiheit.

Kaugummi.

Wie sich gezeigt hat, steckt in Kaugummi wesentlich mehr, als
sich mit einem flüchtigen Blick erkennen lässt. Als Chewing
Gum dient es der Produktivität, weil es krank- und schadhaf-
te Elemente verdrängt. Das volle Potential entfaltet das Kaugummi als Bubble Gum. Das Bubble Gum hat in all seinen
Erscheinungsformen keinen produktiven Nutzen, im Sinne
des Nutzens für andere. Alles was Zweck sein kann, ist Selbstzweck. Diese bunte, verspielte Form ist ein Spiel mit den
Regeln des Homogenen, dass diese Formen ausscheidet. Das

ausgeschiedene Bubble Gum hat durch seine Ausgeschieden-
heit eine neue Form des Heterogenen angenommen. Es ist zu
etwas Ekelhaftem geworden. Das Ekelhafte wird mit Formen
heterogener und sakraler Tabus aus dem homogenen Alltag
verdrängt und ferngehalten. Doch das Heterogene kann zu-
rückschlagen und sich mit Gewalt und der Gewalt der Erotik
zurück in den Alltag drängen.

Immer wenn wir Kaugummi unerwartet anfassen, es zer-
kaut an Sitzen prangt oder klebrig verschmutzend die Straße
ziert, zeigt sich ein heterogener Charakter der Zerstörung und
der Verunreinigung. Dabei ist nicht nur das entsprechende
Objekt selbst betroffen, sondern gleichfalls sein homogener
Bereich und deren Ausstrahlung. Was uns anblickt, wenn wir
zerkaute Kaugummi sehen, ist die symbolische Verschwendung der menschlichen Sehkraft in Form eines zermatschten
Auges. So schlägt das Heterogene mit leichtesten Mitteln und
doch geballter Kraft zurück. Der makellose homogene Alltag
wird für einen kurzen Moment zertrümmert und die impulsi-
ve Kraft des Heterogenen zeigt ihr befreiendes Antlitz.

Fotos: Karim Kane.

Quellen

Bataille, Georges: Das obszöne Werk, Reinbeck 2007.

Bataille, Georges: Das theoretische Werk, Band 1. Die Aufhebung der Ökonomie. Der Begriff der Verausgabung. Der verfemte Teil. Kommunismus und Stalinismus, München 1975.

Bataille, Georges: Der heilige Eros (L'Erotisme). Frankfurt a. M., Berlin, Wien 1963.

Bataille, Georges: Die psychologische Struktur des Faschismus. Die Souveränität, München 1997.

Benkel, Thorsten: Die Idee des Ekels: Analyse einer Affekt(konstrukt)ion, in: Psychologie und Gesellschaftskritik, 35(1), 2011, S. 9–29, online: https://www.ssoar.info/ssoar/handle/document/38962 [Abgerufen: 16.07.2019].

Dorschel, Andreas: Genaue Imagination, Süddeutsche Zeitung, 07.05.2007, S. 14.

Huizinga, Johan: Homo Ludens. Vom Ursprung der Kultur im Spiel, Hamburg 1956.

Kolnai, Aurel: Ekel Hochmut Haß. Zur Phnomenologie feindlicher Gefühle, Frankfurt a. M., 2007.

Reiß, Claudia: Ekel. Ikonografie des Ausgeschlossenen, Disputation Universität Duisburg-Essen 2007.

Scheuerl, Hans: Das Spiel. Untersuchungen über sein Wesen, seine pädagogischen Möglichkeiten und Grenzen, Weinheim, Berlin 1968.

Schischkoff, Georgi: Philosophisches Wörterbuch, Stuttgart 1991.

Zur Kulturgeschichte des Kaugummis: Marken

Anna-Lena Huber / Sacha Szabo

Es scheint fast, dass die Produktzugaben so sehr in den Mittelpunkt des Interesses rücken, dass das Kaugummi ein ähnliches Schicksal wie zuvor die Seife oder das Backpulver ereilte – nämlich Opfer des Erfolgs der Werbezugabe zu werden. Doch auch, wenn es so scheint, als ob das Produkt hinter das Marketing zurücktritt, so mussten sich die Kaugummis trotzdem auch durch ihre Produkteigenschaften voneinander und auch von Produkten der Konkurrenten abheben, was sich wunderbar an dem 1914 von Wrigley eingeführte »Doublemint«, das mit zweifach destilliertem Minzextrakt aromatisiert wurde, zeigen lässt.[1]

Doublemint versprach nicht nur besonders frischem Atem, sondern besaß nahezu magische Eigenschaften und lag dem Geheimnis der besonderen Ausstrahlung amerikanischer Frauen zugrunde, wie dies Wrigley in einer Anzeige von 1931 verriet.[2]

1   Vgl. Mattern, Joanne: William Wrigley Jr.: Wrigley's Chewing Gum Founder, Minnesota 2011, S. 19.
2   Zugleich stand Kaugummi aber auch im Verdacht Falten zu verursachen. Diese Sorge äußerte zumindest ein Arzt 1896 in Indiana. Quelle: Kerry, Segrave: Chewing Gum in America, 1850–1920: The Rise of an Industry, Jefferson 2015, S. 133f.

»The American chewing gum habit has had more to do with the present alertness of face an well shaping of lips an mouth, which make for the American Girl's Charm, the can at present be estimated«[3] . Wie das genau geschieht, wurde in einer späteren Anzeige von 1938 beschrieben. »Double Mint gum, the gentle natural chewing exercise stimulates sleepy face muscles, relaxes tense lines and brightens your teeth«[4]; außerdem führt die Anzeige weiter aus: »It is non-fattening, aids digestion and sweetens your breath ... Daily chew Double Gum Mint gum to keep young and lovely. Buy several packages today.«[5]

Kaugummi mit ...

Aber schon vor 1914 konkurrierten verschiedene Firmen auf dem Kaugummimarkt mit ihren Geschmacksrichtungen und imitierten auch immer mal die erfolgreichen Konkurrenzprodukte, was dazu führte, das beständig neue Geschmacksrichtungen entwickelt wurden. Dieser Wettbewerb führte zu einer bemerkenswerten Vielfalt, die zu erfassen fast unmöglich ist, da auch ständig neue Varianten auf den Markt kamen.[6] Aber es waren nicht nur unterschiedliche Aromen, sondern die Kaugummis boten auch zusätzlichen Nutzen, so warb Wriglys 1931 in Collier's – The National Weekly für mit dem Werbeversprechen »Teeth Bright – Breath Sweet«: Dabei wird nicht nur

---

3   Anzeige in: Ladie's Home Journal, 05/1931, S. 203. Dieser Beleg findet sich im Anhang des Textes auf Seite 176 dieses Bandes.

4   Anzeige in: [Unbekannt (mgl. Ladie's Home Journal)], 05/1939, S. 115. Dieser Beleg findet sich im Anhang des Textes auf Seite 175 dieses Bandes.

5   Ebd.

6   Eine Auswahl dieser Geschmacksrichtungen ist in den Bilderstrecken dieses Sammelbandes abgebildet und vermittel einen ersten Eindruck.

der Kaumasse selbst, sondern eben auch dem Wirkstoff Pfefferminze[7] in »Wrigley's Spearmint« eine positive Wirkung zugeschrieben.[8]

Dass sich die Pfefferminze gut mit dem an sich recht geschmacklosen Chicle verband, lag neben der Maisstärke vor allem auch am Zucker – das war ja die bahnbrechende Entdeckung von William J. White. Allerdings war Zucker[9] nicht einfach nur Bindemittel, sondern vor allem ein Geschmacksträger und dabei war seine Süße etwas, das das Kaugummi überhaupt erst

zu einer Süßigkeit werden ließ. Allerdings wurden bereits vor dem Zweiten Weltkrieg die Wirkungen des Zuckers auf die Zahngesundheit recht kritisch betrachtet. Als dann im Zweiten Weltkrieg jedoch Zucker zur Mangelware wurde, brachte Wrigley mit Orbit einen Kaugummi heraus, der ohne Zucker auskam.[10] Auch wenn Zucker nach dem Zweiten Weltkrieg wieder verfügbar wurde, etablierte sich ab den Siebzigerjah-

7   Siehe: Natho, Günther: Rohstoffpflanzen der Erde, Leipzig 1986, S. 130f. Siehe auch: Hendrickson, Robert: The Great American Chewing Gum Book, Radnor 1976, S. 18.

8   Collier's – The National Weekly, 1931, S. 47. Zur Wirkung von Minze siehe: Haahra, Anne-Mette et. al.: Release of peppermint flavour compounds from chewing gum: effect of oral functions, in: Physiology & Behavior, 82/2004, S. 531–540: https://pubmed.ncbi.nlm.nih.gov/15276819 / [Abgerufen: 22.07.2020].

9   Ein gelungener Einstieg in die Kulturgeschichte des Zuckers bieten: von Pasczensky, Gert /Dünnebier, Anna: Kulturgeschichte des Essens und Trinkens, München 1994, S. 437–451, bes. S. 443f.

10   Siehe: Wilson, Laurnie: A Salute to Orbit Gum: https://www.candyfavorites.com/a-salute-to-orbit-gum [Abgerufen: 22.07.2020].

ren eine Vorliebe sowohl für zuckerfreie Kaugummis, als auch für Kaugummis mit einem Zuckerersatzstoff (z. B. Aspartam[11], Xylit[12]), von denen manche sogar dezidiert als »Zahnpflege Kaugummis«[13] geführt werden.[14] Inzwischen haben zuckerfreie Kaugummis einen Marktanteil von über 90% inne.[15] Manche dieser Zahnpflegekaugummis werden zusätzlich auch noch mit Aktivkohle versetzt und sollen ein sanftes »teeth whitening« ermöglichen.[16]

Der Verzicht auf Zucker hat zugleich auch die Folge, dass der kalorische Gehalt so gering ist, dass er auch zur Gewichts-

11   Siehe: Jötten, Frederik: Zahnpflegekaugummis. Plastik im Mund, Spiegel, 11.03.2015: (https://www.spiegel.de/gesundheit/diagnose/zahn pflegekaugummi-enthaelt-mikrogranulate-und-viel-chemie-a-1022829. html [Abfrage: 22.07.2020].

12   Dazu: Dental Magazin: Schützt Kaugummikauen vor Karies?: https:// www.dentalmagazin.de/praxiszahnmedizin/prophylaxe/schuetzt-kau gummikauen-vor-karies / [Abgerufen: 22.07.2020]. Siehe auch: Vidal, Vincent: Les Chewing Gums, Paris 1995, S. 26–29 und Chewing-gumgfacts.com: Popular Bubble Gum Brands (Trident): http://www. chewinggumfacts.com/chewing-gum-facts/bubble-gum-brands / [Abgerufen: 22.07.2020]. Als Einstieg: Wikipedia: Zahnpflegekaugummi [Bearbeitungsstand: 12.09.2019]: https://de.wikipedia.org/wiki/Zahn pflegekaugummi [Abgerufen: 22.07.2020].

13   Xucker: Zahnpflegekaugummi: https://www.xucker.de/shop/kaugum mis / [Abgerufen: 22.07.2020].

14   Vgl. Öko-Test: Test: Zahnpflege-Kaugummis, 10/1996: https://web. archive.org/web/20070927182233/http://www.oekotest.de/cgi/ot/otgs. cgi?suchtext=&doc=3377&pos=0&splits=0:1727:3340:4901 [Abgerufen: 22.07.2020].

15   Quelle: Bundesverband der Deutschen Süßwarenindustrie e. V.: Süß-warenindustrie 2018 dank Exportgeschäft stabil: https://www.bdsi. de/pressemeldungen/details/suesswarenindustrie-2018-dank-exportge schaeft-stabil / [Abgerufen: 27.04.2020].

16   Als Beispiel: Curaprox: Kaugummi »Black is White« : https://www. curaprox.com/downloads/Curaprox_Katalog_2019_Schweiz_DE/files/ basic-html/page51.html [Abgerufen: 22.07.2020].

reduktion eingesetzt werden
kann[17] – zumindest lautet so ein
Werbeversprechen von »Slim-
Mint« aus dem Jahre 1965.[18] Da er
zugleich aber auch die Verdauung
anregt, werden ihm auch positive Eigenschaften, beispielsweise
nach einer Darmoperation, zugeschrieben.[19]

Chicle nicht nur zu süßen,[20] sondern mit einem »Zusatz-
nutzen« zu versehen, wurde schon früh von einigen Kaugummiherstellern, die auch heute noch bekannt sind, praktiziert.[21]
So sollte bereits 1899 der von Franklin V. Canning entwickel-

17 Siehe: Shikany, James M. et. al.: Randomized controlled trial of che-
    wing gum for weight loss, Obesity (Silver Spring), 3/2012: https://
    pubmed.ncbi.nlm.nih.gov/22076595 / [Abgerufen: 22.07.2020], sie-
    he auch: Hetherington, Marion M./Boyland, Emma: Short-term ef-
    fects of chewing gum on snack intake and appetite, Appetite 5/2007,
    Amsterdam 2007: https://pubmed.ncbi.nlm.nih.gov/17118491 / [Abge-
    rufen: 22.07.2020] und siehe auch: Süddeutsche Zeitung: Kauen ge-
    gen Hüftspeck, 17.05.2010: https://www.sueddeutsche.de/leben/stu-
    die-zu-kaugummi-kauen-gegen-hueftspeck-1.125809 [Abgerufen: 22.07.
    2020].

18 Dazu: OpenJurist: United States of America: Libellant-Appellant v.
    Slim-Mint Chewing Gum (Thompson Medical Company): https://
    openjurist.org/300/f2d/144/united-states-v-cases-slim-mint-chewing
    -gum [Abgerufen: 22.07.2020].

19 Dazu: Schuster, R./Grewal, N. et al.: Kaugummi-Kauen reduziert die
    postoperative Darmatonie nach elektiver offener Sigmaresektion, Colo-
    proctology, 28/2006: https://www.koloproktologie.org/coloproctology/
    journal_club/4_2006_5.pdf [Abgerufen: 22.07.2020].

20 Siehe: Stephens, Richard /Tunney, Richard J.: Role of glucose in chew-
    ing gum-related facilitation of cognitive function, Appetite 43/2004,
    Amsterdam 2004, S. 211–213.

21 Vgl. Hendrickson, Robert: The Great American Chewing Gum Book,
    S. 209–212.

te »Dentyne«[22] dabei helfen, die Mundhygiene zu bewahren, Beechmans »Pepsin Gum« half bei der Verdauung[23] und Ford F. Mason produzierte sogar einen »Aspirin« Gum[24].

Insgesamt bietet sich Kaugummi bis heute als interessanter Wirkstoffträger an[25] und wird weiterhin in der Galenik genutzt,[26] da Kaugummikauende die Abgabe des Wirkstoffs durch das Kauen auch ein Stück weit selbst steuern können.[27] Auch wies eine dänische Studie nach, dass die Mundschleimhaut Inhaltsstoffe besonders gut aufnimmt und so die Wirkstoffe bis zu drei Mal stärker wirken als etwa vergleichbare Tabletten[28]. Wahrscheinlich fallen vielen als ersten die »Nicorette«-Kaugummis ein,[29] die bei der Rauchentwöhnung

22 Allerdings beihaltete das originale Rezept von »Dentyne« noch Zucker. Siehe: Wikipedia: Dentyne [Bearbeitungsstand: 08.07.2020]: https://en.wikipedia.org/wiki/Dentyne [Abgerufen: 22.07.2020].

23 Vgl. Hendrickson, Robert: The Great American Chewing Gum Book, S. 72.

24 Vgl. Wardlaw, Lee: Bubblemania: A Chewy History of Bubble Gum-Bubblemania: A Chewy History of Bubble Gum, New York 1997, S. 109.

25 Siehe: Jacobsen, Jette/Christrup, Lona L./Jensen, Niels-Henrik: Medicated Chewing Gum. Pros and Cons, American Journal of Advanced Drug Delivery (Am J Drug Deliv)/Healthcare Technology Review, 2/2004 Amsterdam, S. 75–88.

26 Vgl. Friedlang, Jürgen, Arzneiformenlehre für pharmazeutisch-technische Assistentinnen, Stuttgart 2009, S. 208.

27 Dazu z. B. auch das Schülerprojekt: »Arzneimittel-Kaugummi« aus der Valckenburgschule Ulm (https://www.volksbank-ulm-biberach.de/content/dam/f0007-0/Inhalte/wir_fuer_sie/ueber_uns/fortschritt_bewahren/08_Arzneimittel_Kaugummi.pdf [Abgerufen: 22.07.2020]).

28 Vgl. Mathews, Jennifer/Schultz, Gillian: Chicle. The Chewing Gum of the Americas. From the Ancient Maya to William Wrigley, Tucson 2009, S. 67.

29 Nicorette: https://www.nicorette.de/nikotinersatzprodukte/nikotinkaugummi [Abgerufen: 22.07.2020].

helfen sollen, indem sie Nikotin freisetzen[30]. Historisch bemerkenswert ist dabei, dass das Kaugummikauen in einer Art Konkurrenzverhältnis zum Zigarettenrauchen stand,[31] da beide zu einem ähnlichen Zeitpunkt als Massenartikel und teilweise mit ähnlichen

Marketingstrategien wie beispielsweise den Cigarette Cards bzw. Bubble Gum Cards auf den Markt drängten. Wobei Kaugummizigaretten, bei denen es sogar Varianten gibt, die durch das Ausstoßen von feinem Pulver Rauch simulieren,[32] allerdings weniger als Ausstiegshilfe, sondern vielmehr als Einstiegsgefahr für Kinder betrachtet werden – sodass diese Produktvarianten heute kritisch gesehen werden und in einigen Ländern verboten sind.[33] Neben Nikotin wird Kaugummi auch mit Koffein[34] oder Guaraná[35] versetzt, um ihn als

---

30 Siehe: Brantmark B./Ohlin, P./Westling, H.: Nicotine-containing chewing gum as an anti-smoking aid, Psychopharmacologia, Berlin 1973: https://link.springer.com/article/10.1007/BF00422509 [Abgerufen: 22.07.2020] Siehe auch: Mathews, Jennifer P./Schultz, Gillian P.: Chicle. The Chewing Gum of the Americas, S. 66.

31 Vgl. Vidal, Vincent: Les Chewing Gums, S. 26ff.

32 Vgl. Chewinggumfacts.com: Bubble Gum Cigars and Cigarettes: http://www.chewinggumfacts.com/chewing-gum/bubble-gum-cigars / [Abgerufen: 22.07.2020].

33 Dazu bsp: Deutsches Krebsforschungszentrum: Gesetzliches Verbot von Kinderzigaretten zum Schutz von Kindern und Jugendlichen erforderlich: https://www.dkfz.de/de/tabakkontrolle/download/Publika tionen/AdWfP/AdWfP_Kinderzigaretten.pdf [Abgerufen: 22.07.2020].

34 Wrigley: Airwaves Koffein. Dein Koffein-Kick zum Kauen: https://www.presseportal.de/pm/135235/4317656 [Abgerufen: 22.07.2020].

35 Baders Funktions-Kaugummi: https://www.baders-gesundheit.com/index.php?funktions-kaugummi [Abgerufen: 22.07.2020].

Leistungskatalysator nutzbar zu machen.[36] Schon kurz nach
dem Ersten Weltkrieg machte Wrigleys Werbung für die Vorzüge des Kaugummis beim Fliegen und auch mit Arknells
legendären Beech-Nut Flugwerbekampagnen verband sich
das Kaugummi mit der beginnenden Luftfahrt[37], da das Kaugummi auch dabei half (und wohl auch weiterhin hilft), den
Druckausgleich im Mittelohr zu ermöglichen[38]. So war es eine
naheliegende Produktinnovation, Kaugummis mit Dimenhy-
drinat zu versetzen, damit diese auch gegen Reiseübelkeit hal-
fen.[39] Als sanfte ganzheitliche Alternative gibt es zudem auch
seit einiger Zeit Bachblüten-Kaugummis zu diesem allopathi-
schen Produkt.[40]

Die neueste Entwicklung scheint zu sein, dass Kaugummis mit einer Wirkstoffkombination auf dem Markt gebracht
werden, die etwa hilft, das Immunsystem zu stärken[41] oder
auch das Leistungsvermögen, beispielsweise bei einer Klausur,
zu steigern[42]. Andere Kaugummis helfen später dann auch

36 Vgl. Mathews/Schulz weisen kritisch darauf hin, dass diese Entwick-
     lung auch maßgeblich vom US-amerikanischen Militär forciert wurde.
     Vgl. dazu auch: Mathews, Jennifer P./Schultz, Gillian P.: Chicle. The
     Chewing Gum of the Americas, S. 66f.
37 Vgl. ebd., S. 50f.
38 Dazu: Bild.de: Warum hilft Kaugummi-Kauen gegen den Druck im Flieger?:
     https://www.bild.de/reise/fluege/fluege/druck-auf-den-ohren-warum
     -hilft-kaugummi-kauen-61872394.bild.html [Abgerufen: 22.07.2020].
39 Hermes Arzneimittel GmbH: Superpep: https://www.superpep.com /
     [Abgerufen: 22.07.2020].
40 Bach RR Original Kaugummi mit original Bach-Blütenessenzen: https:
     //www.bach-rr.de/de-de/unsere-produkte/bach-rescue-original/kau
     gummi [Abgerufen: 22.07.2020].
41 Z. B. Roelli Roelli: Immune System Gum (Zink, Vitamin B6, Vitamin
     C): https://www.smartdivision.roelliroelli.ch / [Abgerufen: 22.07.2020].
42 Z. B. Roelli Roelli: Active Mind Gum (Pantothensäure, Vitamin B6, Vi-
     tamin B12) oder Roelli Roelli: Energy Boost Gum (Niacin, Pantothen-
     säure, Vitamin B6, Vitamin C): https://www.smartdivision.roelliroelli.
     ch / [Abgerufen: 22.07.2020].

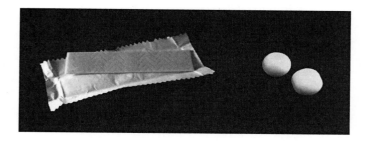

dabei, sich von dieser Anstrengung zu entspannen, beispielsweise cannabidiolhaltige Kaugummis.[43]

Bubble Gum

Eine völlig andere Produkteigenschaft besitzen Bubble Gums.
Im ersten Moment irritiert vielleicht diese Bezeichnung, da
im deutschen Sprachgebrauch sowohl der Chewing Gum, als
auch der Bubble Gum als Kaugummi bezeichnet werden.[44]
Aber schon optisch lassen sich deutliche Unterschiede erkennen: Während Bubble Gum meist in größeren Brocken
portioniert wird, um eben besonders große Blasen machen

---

43 Als Beispielprodukt: Roelli Roelli: Swiss Cannabis Gum (Cannabidol,
    Pfefferminzöl, Teebaumöl, Hanföl) [Abgerufen: 22.07.2020]. Falls Un-
    klarheiten zwischen CBD und THC bestehen, das CBD, das in diesen
    Kaugummis genutzt wird, berauscht in Unterschied zu THC nicht.
    Folgendes und allgemeines zur ersten Info: cdb360.de: CBD Kaugum-
    mi: Wie ist die Wirkung und welche Erfahrungen gibt es dazu?: https://
    cbd360.de/produkte/kaugummi / [Abgerufen: 22.07.2020].
44 Der Bundesverband der Deutschen Süßwarenindustrie e.V. nutzt in
    einem Beitrag die Deklaration »Blasgummi« für das englische Pendant
    des »Bubble Gum«. Quelle: https://www.bdsi.de/fileadmin/redaktion/
    downloads/formel.pdf [Abgerufen: 22.07.2020].

zu können, sind die Portionsgrößen des klassischen Chewing Gum flache Streifen. Auch in der Farbe unterscheiden sich die beiden Produkte deutlich: Während Bubble Gum meist bunt ist, weist Chewing Gum üblicherweise naturweiße Töne auf. Letztlich ist auch die Haptik eine andere: Chewing Gums sind häufig mit einem Pulver versehen, um die Klebrigkeit zu verringern, wohingegen bei Bubble Gum die zuckerüberzogenen Kugeln fast metonymisch für das Kaugummi stehen. Geschmacklich betonen Bubble Gums eher die Süße und Chewing Gums eher Frische. Aktuell kann es zudem auch zu Verwirrungen kommen, da es inzwischen auch Chewing Gums mit Bubble Gum Geschmack gibt. Daher ist sich weniger am Geschmack oder der Farbe als an der Materialbeschaffenheit zu orientieren, wenn man diese beiden Produktformen unterscheiden mag. Bubble Gum benötigt nämlich eine deutlich höhere Elastizität als Chewing Gum, um genug Festigkeit aufzuweisen, um die Ballonform nach dem Einblasen von Luft auch dann noch zu halten, wenn die Kaugummimimasse immer dünner wird.[45] Ohne diese Spannung ist das Kaugummi zu spröde, um die Luft zu halten.

---

45 In dem Buch »Bubble Gum Science« von Klutz (Editors of Klutz: Bubble Gum Science, Palo Alto 1997) werden sowohl die Möglichkeiten die Elastizität der Bubble Gum Masse auszutesten aufgeführt (so kann beispielsweise ein Stück Kaugummi bis zu 6 Fuß langen Strange gezogen werden) (o. S.) auch ist eine Anleitung, wie man einen Kaugummi richtig aufbläst gegeben. (o. S.) Die Autoren empfehlen die Masse mindestens fünf Minuten zu kauen und dann einen möglichst zuckerfreien Film so vor den Zähnen zu platzieren, dass man diesen vorsichtig mit der Zunge eindrücken kann und anschließend mit einem gleichmäßigen Luftstrom aufblasen. Zwar wird in dem Buch leider nicht verraten, wie man Kaugummiblasen mit einem Knall platzen lässt, da dies wohl zur vorübergehenden Verhaftung von Susan Williams führte, da man den von ihr verursachen Knall mit dem Geräusch eines Schusses verwechselte. (o. S.) Allerdings geben Sie die Herausgeber den hilfreichen Hinweis, dass man die Masse, falls einem die Blase vor dem Gesicht

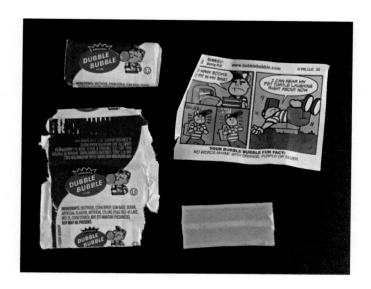

Frank H. Fleer produzierte bereits ab 1885 in der von seinem Schwiegervater an ihn übertragenen Firma Kaugummi,[46] in der bis dahin Geschmacksstoffe für Süßigkeiten hergestellt wurden.[47] Fleer suchte eine Masse, die weder so klebrig wie die alten Kaugummis aus Harz, noch so zäh wie die Kaugummis aus Chicle waren. Über mehr als zwanzig Jahre verfolgte er das Projekt, bis er 1906 Blibber-Blubber, den ersten

platzt, am besten mit dem restlichen Kaugummi, den man noch im Mund hat, aufstippt. (o. S.) Auch wird empfohlen, dass man den Kaugummi, der sich eventuell in der Kleidung festgesetzt hat, besser entfernen kann, wenn man ihn zuerst mit einem Stück Eis kühlt. (o. S.).

46   Vgl. Funding Universe: Fleer Corporation History: http://www.funding universe.com/company-histories/fleer-corporation-history / [Abgerufen: 22.07.2020].

47   Vgl. Wardlaw, Lee: Bubblemania: A Chewy History of Bubble Gum-Bubblemania: A Chewy History of Bubble Gum, New York 1997, S. 46f.

Bubble Gum, auf den Markt brachte.[48] Fleer Blibber-Blubber hatte zwar die nötige Elastizität, so dass man ihn aufblasen konnte; allerdings hatte Blibbler-Blubber den unangenehmen Nachteil, dass man, wenn man ihn zu einer Blase aufblies und diese dann platzte, Terpentin brauchte, um sich das Gesicht oder die Kleidung von der Kaumasse zu reinigen.[49] Trotz dieses Rückschlags arbeitete Fleer weiter an der Verbesserung der Kaumasse. Der Erfolg des von ihm in den folgenden Jahren für die »American Chicle Company« mitentwickelten »Chiclets«,[50] einem mit Zucker dragierten Stück Chicle, legte den Grundstock, dass auch unter seinen Nachfolgern in der Geschäftsleitung weiterhin an Kaumassen geforscht und experimentiert werden konnte. 1928 gelang dann Walter Diemer, einem jungen Mitarbeiter, in Heimexperimenten in einem »Try and Error«-Verfahren der Durchbruch[51]. Er entwickelte eine Masse, die die nötige Elastizität hatte, um eine Blase zu bilden. Vor allem aber zeichnete seine Masse aus, dass man sie sich ohne größere Probleme wieder abwischen und erneut aufblasen konnte. Allerdings war die Masse noch recht unansehnlich, sodass er, so seine eigenen Angaben, einfach die einzige Flasche mit Lebensmittelfarbe zur Hand nahm, die gerade vorrätig war. So bekam der Bubble Gum durch einen Zufall seine typische pinke

---

48 Vgl. ebd., S. 47.

49 Vgl. ebd.

50 Vgl. ebd., 48 oder auch: Wikipedia: Chiclets [Bearbeitungsstand: 25.04.2020]: https://en.wikipedia.org/wiki/Chiclets [Abgerufen: 22.07. 2020]. Aktuell wird »Chiclets« wieder unter dem Firmennamen »Adams« vertrieben. Dazu: Wikipedia: American Chicle Company [Bearbeitungsstand: 16.04.2020]: https://en.wikipedia.org/wiki/Ameri can_Chicle_Company [Abgerufen: 22.07.2020].

51 Vgl. Wardlaw, Lee: Bubblemania, S. 48f. Siehe dazu auch: McCarthy, Meghan: Pop! The invention of Bubble Gum, New York 2010, o. S.

Farbe.[52] Schnell besorgte Diemer eine Verpackungsmaschine und ließ in den Nachweihnachtstagen »Double Bubble«, wie er seine Erfindung taufte,[53] kostenlos verteilen, um die Marktchancen zu testen.[54] Allerdings wurden auch Diemer und Fleer von dem Erfolg so überrascht, dass es ihnen nicht gelang, ihr Rezept zu schützen, bevor es von den Mitbewerbern kopiert werden konnte.[55] Lange dominierte Fleer den Bubble Gum Markt, bis Ende der Siebzigerjahre auch Wrigley mit »Hubba Bubba«[56] einen »echten« Bubble Gum mit einer großen Werbekampagne[57] auf den Markt brachte.[58] Fleers Firma blieb bis Ende der Achtzigerjahre in Familienbesitz und musste 2005 Insolvenz anmelden. Die Markenrechte übernahm für 6,1 Millionen Dollar Upper Deck,[59] ein Konkurrent auf dem Sammelkartenmarkt.

---

52 Vgl. Wardlaw, Lee: Bubblemania, S. 49. Siehe auch: Peeples, S. H. I.: Bubble Gum (Where does this come From?), Chicago 1989, S. 8.

53 Vgl. Wardlaw, Lee: Bubblemania, S. 49.

54 Vgl. McCarthy, Meghan: Pop!, o. S.

55 Vgl. Wardlaw, Lee: Bubblemania, S. 49.

56 Der Name leitet sich im Übrigen von einem Soldaten-Slang-Ausdruck ab, mit dem eine Meldung angenommen wird, also sinngemäß »ok«. Quelle: Wikipedia: Hubba Bubba [Bearbeitungsstand: 29.05.2020]: https://en.wikipedia.org/wiki/Hubba_Bubba [Abgerufen: 22.07.2020].

57 Siehe bsp: Jeier, Thomas: Chew Bu Bubble Bubble, Bergisch Gladbach 1988.

58 Heute konkurriert Wrigley »Hubba Bubba«, den es in vielen unterschiedlichen Geschmacksrichtungen mit dem 1977 Warner Lampert eingeführten Konkurrenzprodukt und aktuell von Cadbury Adams (Mondelez) vertriebenen »Bubblicious« den Bubble Gum Markt. Quelle: Wikipedia: Hubba Bubba [Bearbeitungsstand: 29.05.2020]: https://en.wikipedia.org/wiki/Hubba_Bubba [Abgerufen: 22.07.2020]. Weitere Informationen zu Bubblicious finden sich über Wikipedia: Bubblicious [Bearbeitungsstand: 02.01.2020]: https://en.wikipedia.org/wiki/Bubblicious [Abgerufen: 22.07.2020].

59 Quelle: WebCite: Fleer aution nets $6.1 M: https://www.webcitation.org/6QU2oANyU?url=http://www.webcitation.org/6QU2oANyU [Abgerufen: 22.07.2020]. Alternativ: Wikipedia: Fleer [Bearbeitungs-

Kaugummi hilft bei ...

Frank H. Fleers Suche nach einer idealen Kaumasse gründete auch darin, dass er wahrnahm, dass viele Ärzte der Ansicht waren, dass Kaugummikauen gut für die Zähne sei,[60] ein Argument, das bereits der Zahnarzt Williams F. Semple 1861 in seinem Patent für Kaugummis benannte[61] und das als Praxiswissen bereits die Soldaten Santa Annas besaßen.[62] So wurden Auswirkungen und Vorteile des Kaugummis in den folgenden Jahren am prominentesten herausgestellt und auch intensiv beforscht.[63] Allerdings beschränkten sich die Fragestellungen nicht allein nur auf zahnmedizinische Frage- und Problemstellungen, sondern dem Kaugummi wurden auch eine ganze

---

stand: 16.07.2020]: https://en.wikipedia.org/wiki/Fleer [Abgerufen: 22.07.2020].

60 Vgl. Wardlaw, Lee: Bubblemania, S. 46. Allerdings lenkt der Blick auf den Mundraum den Blick weg von Problemen, die sich etwa durch das Kaugummikauen ergeben können, wie etwa Nackenprobleme. (z. B. Krebs, Silvio: Kaugummikauen und Nackenschmerzen: http://www.physiotherapie-ndh.de/kaugummikauen-beeinflusst-nackenschmerzen / [Abgerufen: 22.07.2020]). Systematischer ging 2002 Karin Regber in ihrer Dissertation an der Medizinischen Fakultät der Uni Freiburg der Frage nach welchen Einfluss das Kauen auf einem Kaugummi auf die Kaumuskulatur der Kauenende hat ging nach. (Regber, Karin: Auswirkungen eines Kautrainings auf die Kaumuskulatur, Freiburg 2002: https: //freidok.uni-freiburg.de/data/609 [Abgerufen: 22.07.2020]). Nicht überprüft werden konnten Wrigleys Werbeversprechen aus dem Ladies' Home Journal von 1931: »Double Mint chewed ten minutes twice daily, keeps lips and mouth well shaped, tends to forestall wrinkles, and stimulates a healthy, satiny complexion« .

61 Hendrickson, Robert: The Great American Chewing Gum Book, S. 43.

62 Vgl. Hendrickson, Robert: The Great American Chewing Gum Book, S. 55–58.

63 Siehe: Infeld, Thomas: Chewing Gum – Facts and Fiction. A Review of Gum Chewing and Oral Health, Critical Reviews in Oral Biology & Medicine, 10/3/1999, S. 405–419: https://doi.org/10.1177/10454411990100030901 [Abgerufen: 22.07.2020].

Reihe weiterer günstiger Eigenschaften zugeschrieben,[64] wie aus einer Pressemitteilung von »Wrigley Oral Healthcare Programm« aus dem Jahr 2007 deutlich wird.

»Über 90 Prozent der 14- bis 49-Jährigen in Deutschland fühlen sich regelmäßig gestresst, rund 60 Prozent klagen über Konzentrationsprobleme. Hier kann Kaugummi – Zahnärzten bisher vor allem als probates Mittel zur Kariesprophylaxe zwischendurch bekannt – schnell und einfach Hilfe leisten: Laut aktueller wissenschaftlicher Erkenntnisse trägt Kaugummikauen dazu bei, Stress zu reduzieren und die Konzentrationsfähigkeit zu steigern.[...] Weitere positive Effekte des Kaugummikauens [...] Neben Kariesprophylaxe, Stressreduktion und Konzentrationsverbesserung gibt es viele weitere Hinweise auf positive Wirkungen des Kaugummikauens. So hat sich Kaugummi nicht nur als ein geeignetes Mittel zur Unterstützung der Vorbeugung vor Mundtrockenheit und Sodbrennen erwiesen, sondern wird häufig auch als hilfreich zur Gewichtskontrolle, beim Ohrendruckausgleich während des Fliegens sowie bei der Rauchentwöhnung empfunden«.[65]

Die vermutlich bekannteste Untersuchung zu den positiven Wirkungen, die auch Wrigley anführt, wurde bereits 1939 von Harry L. Hollingworth publiziert[66], nämlich, dass Kaugummikauen entspannt. Diese Idee existierte schon länger, so wurde schon um die Jahrhundertwende kolportiert, dass Kau-

---

64 Umfassend dazu: Hendrickson, Robert: The Great American Chewing Gum Book, S. 207–222.

65 Wrigley-dental: Kaugummikauen – gut für die Zähne, Konzentration und Entspannung: https://www.wrigley-dental.de/news/news.htm?show id=1759&backlink=archiv [Abgerufen: 22.07.2020].

66 Siehe: Hollingworth, Harry. L.: Chewing as a technique of relaxation, in: Science, Vol. 90/2339, 101939): https://science.sciencemag.org/con tent/90/2339/385 [Abgerufen: 22.07.2020] und vgl.: Hendrickson, Robert: The Great American Chewing Gum Book, S. 219–221.

gummikauen Arbeitern helfe, sich besser zu konzentrieren.[67]
Spätere Studien griffen diese These auf und gingen dabei der
Frage nach, ob Kaugummikauen sogar leichte Depressionen
lindern könne.[68] Um diese Effekte genauer zu bestimmen,
wurde eine Reihe von EEG Untersuchungen durchgeführt,
die unter anderem ergaben, dass durch das Kauen bestimmte
Hirnareale stimuliert werden.[69] Die Studie von Andrew Scholes griff den Gedanken, der diesen Arbeiten zugrunde lag, auf
und stieß eine Diskussion über die Frage an, die wohl auch
in Klassenzimmern häufig diskutiert wird,[70] nämlich welche

---

67 Vgl.: Kerry, Segrave: Chewing Gum in America, S. 38. Kaugummi
    wurde sogar als hilfreiches Mittel verstanden um die Spannung, die
    für bestimmte Tätigkeiten aufrecht zu erhalten. Quelle: Kerry, Segrave:
    Chewing Gum in America, S. 143.
68 Siehe: Torney, L. K /Johnson, A. J./Miles, C.: Chewing gum and
    impasse-induced self-reported stress, Appetite 53/2009, Amsterdam
    2009: https://pubmed.ncbi.nlm.nih.gov/19619595 / [Abgerufen:
    22.07.2020] und Erbay, Furkan Muhammed/Aydın, Nazan/Sa-
    ti-Kirkan, Tülay: Chewing gum may be an effective complementary
    therapy in patients with mild to moderate depression, Appetite 65,
    Amsterdam 2013: https://pubmed.ncbi.nlm.nih.gov/23415985 / [Ab-
    gerufen: 22.07.2020].
69 Siehe: Morinushi, Takanobu /Masumoto, Yasuhiro/Kawasaki, Hiro-
    toki/Takigawa, Morikuni: Effect on electroencephalogram of chewing
    flavored gum, PCN Psychiatry and Neuroscience, 2001: https://on
    linelibrary.wiley.com/doi/full/10.1046/j.1440-1819.2000.00772.x [Abge-
    rufen: 22.07.2020] und siehe: Allen, Andrew/Jacob, Tim J.C./Smith,
    Andrew P.: Effects and after-effects of chewing gum on vigilance, heart
    rate, EEG and mood, Physiology & Behavior 133/6/2014: https://www.
    researchgate.net/publication/262490466_Effects_and_after-effects_of_
    chewing_gum_on_vigilance_heart_rate_EEG_and_mood [Abgerufen:
    22.07.2020]. Siehe auch: Hirano, Yoshiyuki/Onozuka, Minoru: Chew-
    ing and Attention: A Positive Effect on Sustained Attention, BioMed
    Research International (Special Edition: Chewing, Stress-Related Dis-
    eases, and Brain Function), 2015: https://www.hindawi.com/journals/
    bmri/2015/367026 / [Abgerufen: 22.07.2020].
70 Siehe: Stillar, Scott: TLT Resources Outside the Box: Chewing Gum in the
    Language Classroom, The Language Teacher, 2013: https://www.research

Auswirkungen Kaugummikauen auf die Gedächtnisleistung hat.[71] Wobei kritisch anzumerken ist, dass den meisten dieser Studien, wie dies Detlef. H. Rost in einem Interview betonte, eine valide Aussagekraft fehlt, da die getesteten Gruppen zu klein sind. Er bat darum, in dem Artikel der Badischen Zeitung genau mit den Worten: »Das ist alles dummes Zeug«[72] zitiert zu werden.

---

gate.net/publication/326171167_TLT_Resources_Outside_the_Box_Chewing_Gum_in_the_Language_Classroom [Abgerufen: 22.07.2020].

71 Siehe: Scholey, Andrew: Chewing gum and cognitive performance: a case of a functional food with function but no food?, Appetite 43/2004, Amsterdam 2004, S. 215–216: https://www.sciencedirect.com/science/article/abs/pii/S0195666304001035?via%3Dihub [Abgerufen: 22.07.2020]. Die folgenden Quellen zeichnen die von Scholey angestoßene Diskussion über den kognitiven Nutzen des Kaugummis nach: Stephens, Richard /Tunney, Richard J: How does chewing gum affect cognitive function? Reply to Scholey, Appetite 43/2004, Amsterdam 2004: https://pubmed.ncbi.nlm.nih.gov/15458810 / [Abgerufen: 22.07.2020] und: Tucha, Oliver/Mecklinger, Lara/Hammerl, Marianne/Lange, Klaus W: Effects of gum chewing on memory and attention: reply to Scholey (2004), Appetite 43/2004, Amsterdam 2004: https://pubmed.ncbi.nlm.nih.gov/15458811 / [Abgerufen: 22.07.2020] sowie: Scholey, Andrew: Further issues regarding the possible modulation of cognitive function by the chewing of gum: response to Stephens and Tunney (2004) and Tucha et al. (2004), Appetite 43/2004, Amsterdam 2004, S. 221–223: https://www.sciencedirect.com/science/article/abs/pii/S0195666304001060 [Abgerufen: 22.07.2020]. Andrew Scholes führte seine Untersuchungen weiter und publizierte 2009 eine weitere Studie: Scholey, Andrew et. al.: Chewing gum alleviates negative mood and reduces cortisol during acute laboratory psychological stress, Physiological Behaviour, 3–4/2009: https://pubmed.ncbi.nlm.nih.gov/19268676 / [Abgerufen: 22.07.2020]. Eine Zusammenfassung dieser Studien wurde von Meike Nakovics im Rahmen einer Bachelorarbeit vorgenommen und 2011 publiziert. (Nakovics, Meike: Fördert Kaugummikauen die kognitive Leistungsfähigkeit – Mythos oder Wahrheit?, München 2011).

72 Vgl. Füßler, Claudia: Wer Kaugummi kaut, regt nicht sein Gehirn an – tut aber seinen Zähnen Gutes, Badische Zeitung, 22. August 2016: https://www.badische-zeitung.de/wer-kaugummi-kaut-regt-nicht-sein

ANOTHER "NEW WEAPON"?

CHEWING GUM'S HELP IN THE WAR!

Wars have been waged in many curious ways. And there have been few wars without the threat of some secret, new weapon. There was, for instance, much of this talk during the Crimean War, but nothing seems to have come of it.

Strategy in warfare is probably most frequently exemplified by the classic example of the Trojan Horse. But who can deny the similarity between what went on before the walls of Troy and the pamphlet raids of to-day? One was physical. The other is an assault upon enemy morale.

The armoured horsemen of the Crusades, airmen with their oxygen apparatus, and infantrymen with anti-gas equipment do have, after all, something in common.

But does history turn up anything which provides a counterpart for one of the most modern aids to the pursuit of arms? Has the keen investigator of ancient habits and customs discovered that the Assyrian hosts, the Greek soldiers and the Roman legions used anything comparable with—chewing gum?

For, strange as it may seem, this product is, in its own way, a new weapon. It has already flown millions of miles with the R.A.F., since it is included in the iron rations of the Air Force. Just before the outbreak of war, a London daily quoted an airman who had taken part in one of those famous peace-time "raids" over France, as saying that chewing gum was a most welcome item, granted the ban on smoking. Chewing gum, airmen say, is a grand steadier.

Knowing how invaluable chewing gum was found to be in the last war, and how much more acceptable it is under modern conditions, Messrs. Wrigley's have presented the fighting forces with a huge quantity of chewing gum—something in the neighbourhood of two tons—sufficient to provide a supply for every man serving with the B.E.F. And a very generous balance is left for the Home Commands, the R.A.F. and the Navy.

Whitehall describes the gift as "highly acceptable," and no military secrets are being betrayed when a letter from a subaltern of the Royal Engineers is quoted. "Even the Colonel," he writes, "has fallen for chewing gum in a big way."

A "new weapon" indeed, and one, moreover, denied to the enemy. The Navy sees to that!

Wartime Sweetmeat

Das große Interesse an der Eigenschaft des Kaugummis, zu entspannen, Stress zu lindern und die Konzentration zu fördern, kann dabei durchaus auch darin gründen, dass die Studie von Hollingworth im Jahr 1939 erschien, also dem Jahr, in dem der Zweite Weltkrieg begann.[73] Auch wenn diese positiven Eigenschaften ins »Reich der Märchen« gehören, so packte die US-Armee großzügig Kaugummi in die standardisierten Versorgungspakete ihrer Soldaten,[74] denn neben den vermuteten günstigen physiologischen Wirkungen hatte das Kaugummi auch den psychologischen Nutzen, die Sol-

-gehirn-an-tut-aber-seinen-zaehnen-gutes [Abgerufen: 22.07.2020]. Ergänzend dazu die Studie von Rost, Detlef H./Wirthwein, Linda/Frey, Kristina/Becker, Elvira: Steigert Kaugummikauen das kognitive Leistungsvermögen? Zwei Experimente der besonderen Art, Zeitschrift für Pädagogische Psychologie, 24/2010, S. 39–49: https://econtent.hogrefe.com/doi/10.1024/1010-0652/a000003 [Abgerufen: 22.07.2020].

73 Siehe: Hollingworth, Harry. L.: Chewing as a technique of relaxation, in: Science, Vol. 90/2339, 10/1939): https://science.sciencemag.org/content/90/2339/385 [Abgerufen: 22.07.2020].

74 Vgl. Meierhans, Daniel: Kaugummi – ein industrialisiertes Urbedürfnis, Neue Zürcher Zeitung, 19.06.2011: https://www.nzz.ch/kaugummi__ein_industrialisiertes_urbeduerfnis-1.10970388 [Abgerufen: 22.07.2020]. Siehe auch: K Ration: http://www.kration.info/chewing-gum.html [Abgerufen: 22.07.2020].

ECHO, FRIDAY, NOVEMBER 3, 1939.

Enjoy delicious WRIGLEY'S Chewing Gum — the great wartime sweetmeat

At sea, in the air, at the front, or on home service, Wrigley's delicious Chewing Gum is the favourite sweetmeat — it is indispensable.

It is first-aid for the nerves in wartime for young and old alike. And it is both economical and long-lasting, thus helping conserve foodstuffs. Satisfy the yearning for sweets with wholesome and beneficial Wrigley's Gum. Wherever smoking is forbidden, either at the front, in the factory or in the air-raid shelter, always keep a good supply of Wrigley's handy and stop that craving for a smoke.

During the blackout or in any other time of stress, Wrigley's Gum calms the nerves and helps keep you alert and fresh. In a pinch, it gives you that extra energy you require to overcome fatigue, and tides you over the emergency when meals are irregular.

Wrigley's Gum helps clean teeth, sweetens the breath and aids digestion. Doctors and hospitals recommend its regular use. Children just love it.

Keep our defenders well supplied — there is no more beneficial or appreciated gift you can send them than a box of Wrigley's Chewing Gum. It steadies their nerves and provides solace during long watches or tedious work. Two delicious flavours to choose from — P.K. (pure peppermint) and Spearmint (fresh garden-mint). Buy several packages now and always have a supply handy.

Only 1d. a package.   Price unchanged.

daten an ihren Alltag in der Heimat zu erinnern, in dem das Kaugummi seit Jahrzehnten ein fester Bestandteil war.[75] Diese

---

75 Vgl. Redclift, Michael R.: Das Kaugummi: Geschmack, Raum und die ›Schattenländer‹, PROKLA Zeitschrift für kritische Sozialwissenschaft, Bd. 35/138 (Ökonomie des Konsums), Berlin 2005, S. 56.

kriegsbedingte Nachfrage nach Chicle, der damaligen Grundsubstanz, hatte auch Folgen für die Versorgungswirtschaft,
denn trotz der Rationierung von Chicle für den Heimatmarkt
konnte die Nachfrage – zumal Latex auch für andere Güter
benötigt wurde – nicht gestillt werden. Dies führte etwa dazu,
dass manche Kinder das Kaugummi nicht als Wegwerfprodukt
ansahen, sondern das Kaugummi auf den Nachttisch legten,
an den Bettpfosten klebten oder das gekaute Kaugummi in ein
Glas Wasser legten und später weiter kauten und es auf diese
Weise fast einen Monat lang kaubar halten konnten.[76]

Wrigleys reagierte auf diese Versorgungsknappheit mit
dem Rückzug seiner bekanntesten Marken, nicht aber, ohne
mit einer großen Werbekampagne die Rückkehr nach dem
Krieg anzukündigen, was 1946 auch mit großem Erfolg geschah. Wrigleys produzierte aber weiter Kaugummis für die
Armee und brachte auf dem Heimatmarkt einen Kaugummi
ohne Zucker, denn dieser war gleichfalls Mangelware, auf den
Markt: Orbit. Zugleich intensivierten Wrigley und auch die
anderen Kaugummiproduzenten, die gleichfalls weiterhin für
die US-Armee Kaugummis produzierten,[77] die Suche nach
synthetischen Grundstoffen für die Kaumasse als Ersatz für
Chicle.[78]

Wie bedeutsam das Kaugummi für das Militär war, lässt sich
auch daran ablesen, dass ein Soldat durchschnittlich 630 Strei-

---

76   Vgl. Wardlaw, Lee: Bubblemania, S. 60f.
77   Siehe: Cooke, James J.: Chewing Gum, Candy Bars, and Beer, Missouri
     2010 und K-Ration: http://www.kration.info/chewing-gum.html [Ab-
     gerufen: 22.07.2020].
78   Vgl. Redclift, Michael R.: Das Kaugummi, S. 55f.

fen »Wartime Sweetmeat«[79] im Jahr kaute[80], was der sechsfa-
chen Menge entspricht, die von Nichtmilitärs gekaut wurde.

Einmannpackung

Inhaltsverzeichnis

Fertiggericht	300 g
Fertiggericht	300 g
Brot	170 g
Keks	125 g
Brotbelag	3 x 50 g
Zwischenmahlzeit	150 g
Konfitüre	2 x 25 g
Kaffee-Extrakt	2 x 3,5 g
Tee-Extrakt	2 x 1,2 g
Zucker	4 x 12,5 g
Kaffeeweißer	2 x 3 g
Salz	3 g
Fruchtgetränkepulver	4 x 32,5 g
Schokolade	50 g
Kaugummi	10 Dragées
Wasseraufbereitungstabletten	8 Stück (2 Streifen)
Mehrzweckpapier	4 Blatt
Erfrischungstuch	1 Stück
Streichhölzer	20 Stück (1 Brief)

Zubereitungsanweisung

Fertiggerichte
möglichst in noch geschlossenen Behältern in heißem Wasser – z. B. im Kochgeschirr – erwärmen.

Die Gerichte können ohne Nährwertverlust und wesentliche Einbuße im Geschmack auch kalt verzehrt werden.

Öffnen der Behälter: Mit einem Messer oder einem anderen scharfen Gegenstand den Deckel ein-
bzw. herausschneiden.

Kaffee-Extrakt / Tee-Extrakt
mit heißem, notfalls auch kaltem Wasser übergießen. Jede Packung reicht für einen Feldbecher
Kaffee oder Tee.

Wasseraufbereitungstabletten
Nicht einnehmen!   Behelfsmittel!
Nur verwenden, wenn es nicht möglich ist, das Wasser zu kochen.

2 Tabletten in 1 Liter Wasser durch häufiges Schütteln lösen, ca. 20 Minuten einwirken lassen, erst
dann trinken oder für die Zubereitung von Getränken verwenden.

Rest innerhalb von 24 Stunden verbrauchen.

---

79 Mit diesen Worten bewirbt Wrigleys am 3.11.1939 in einer Anzeige seine
    Kaugummis. Quelle: Unbekannt ([unleserlich] Echo), »Enjoy delicious
    WRIGLEY'S Chewing Gum – the great wartime sweetmeat«, o. O.,
    1939, o. S.
80 Vgl. Hendrickson, Robert: The Great American Chewing Gum Book,
    S. 122.

So gesehen erhob Hollingsworth Studie das Kaugummi zum kriegswichtigen Gut, das den Alliierten half, die Nazis niederzuringen.[81] Und so findet sich heute als Folge Kaugummi in den Verpflegungspaketen unterschiedlichster Armeen – so ist auch in der »EPA« der Bundeswehr ein Päckchen Kaugummi.[82]

Quellen

Allen, Andrew/Jacob, Tim J. C./Smith, Andrew P.: Effects and after-effects of chewing gum on vigilance, heart rate, EEG and mood, Physiology & Behavior 133/6/2014: https://www.research gate.net/publication/262490466_Effects_and_after-effects_ of_chewing_gum_on_vigilance_heart_rate_EEG_and_mood [Abgerufen: 22.07.2020].

Bach RR Original Kaugummi mit original Bach-Blütenessenzen: https://www.bach-rr.de/de-de/unsere-produkte/bach-rescue -original/kaugummi [Abgerufen: 22.07.2020].

Baders Funktions-Kaugummi: https://www.baders-gesundheit. com/index.php?funktions-kaugummi [Abgerufen: 22.07.2020].

Bild.de: Warum hilft Kaugummi-Kauen gegen den Druck im Flieger?: https://www.bild.de/reise/fluege/fluege/druck-auf -den-ohren-warum-hilft-kaugummi-kauen-61872394.bild.html [Abgerufen: 22.07.2020].

Brantmark B./Ohlin, P./Westling, H.: Nicotine-containing chewing gum as an anti-smoking aid, Psychopharmacologia, Berlin 1973: https://link.springer.com/article/10.1007/ BF00422509 [Abgerufen: 22.07.2020].

Bundesverband der Deutschen Süßwarenindustrie e.V.: Süßwarenindustrie 2018 dank Exportgeschäft stabil: https://

---

81 So berichtet 1939 Falmouth über eine neue geheime Waffe: »Another ›New Weapon?‹ Chewing gum's help in the war!«.

82 Siehe: Bundeswehr: 60 Sekunden Bundeswehr: EPA (Einmannpackung): https://www.youtube.com/watch?v=uifP_umjYe4 [Abgerufen: 22.07.2020]. Genauere Auflistung z.B. in:Wikipedia: Einmannpackung [Bearbeitungsstand: 01.06.2020]: https://de.wikipedia.org/wiki/Ein mannpackung [Abgerufen: 22.07.2020].

www.bdsi.de/pressemeldungen/details/suesswarenindustrie-2018-dank-exportgeschaeft-stabil/[Abgerufen: 27.04.2020].

Bundeswehr: 60 Sekunden Bundeswehr: EPA (Einmannpackung): https://www.youtube.com/watch?v=uifP_umjYe4 [Abgerufen: 22.07.2020].

cdb360.de: CBD Kaugummi: Wie ist die Wirkung und welche Erfahrungen gibt es dazu?: https://cbd360.de/produkte/kaugummi / [Abgerufen: 22.07.2020].

Chewinggumfacts.com: Bubble Gum Cigars and Cigarettes: http://www.chewinggumfacts.com/chewing-gum/bubble-gum-cigars / [Abgerufen: 22.07.2020].

Chewinggumfacts.com: Popular Bubble Gum Brands (Trident): http://www.chewinggumfacts.com/chewing-gum-facts/bubble-gum-brands / [Abgerufen: 22.07.2020].

Collier's – The National Weekly, 1931.

Cooke, James J.: Chewing Gum, Candy Bars, and Beer, Missouri 2010.

Curaprox: Kaugummi »Black is White« : https://www.curaprox.com/downloads/Curaprox_Katalog_2019_Schweiz_DE/files/basic-html/page51.html.

Dental Magazin: Schützt Kaugummikauen vor Karies? https://www.dentalmagazin.de/praxiszahnmedizin/prophylaxe/schuetzt-kaugummikauen-vor-karies / [Abgerufen: 22.07.2020].

Der Bundesverband der Deutschen Süßwarenindustrie e. V.: https://www.bdsi.de/fileadmin/redaktion/downloads/formel.pdf [Abgerufen: 22.07.2020).

desig-n.de: glossar: werbung & marketing: http://www.desig-n.de/werbung_g.htm [Abgerufen: 22.07.2020].

Deutsches Krebsforschungszentrum: Gesetzliches Verbot von Kinderzigaretten: https://www.dkfz.de/de/tabakkontrolle/download/Publikationen/AdWfP/AdWfP_Kinderzigaretten.pdf [Abgerufen: 22.07.2020].

Editors of Klutz: Bubble Gum Science, Palo Alto 1997.

Erbay, Furkan Muhammed/Aydın, Nazan/Sati-Kirkan, Tülay: Chewing gum may be an effective complementary therapy in patients with mild to moderate depression, Appetite 65, Amsterdam 2013: https://pubmed.ncbi.nlm.nih.gov/23415985 / [Abgerufen: 22.07.2020].

Falmout: »Another ›New Weapon?‹ Chewing gum's help in the war!«, o. O. 1939.

Friedlang, Jürgen, Arzneiformenlehre für pharmazeutisch-technische Assistentinnen, Stuttgart 2009.

Funding Universe: Fleer Corporation History: http://www.funding universe.com/company-histories/fleer-corporation-history / [Abgerufen: 22.07.2020].

Füßler, Claudia: Wer Kaugummi kaut, regt nicht sein Gehirn an – tut aber seinen Zähnen Gutes, Badische Zeitung, 22. August 2016: https://www.badische-zeitung.de/wer-kaugummi -kaut-regt-nicht-sein-gehirn-an-tut-aber-seinen-zaehnen-gutes [Abgerufen: 22.07.2020].

Haahra, Anne-Mette et. al.: Release of peppermint flavour compounds from chewing gum: effect of oral functions, Physiology & Behavior, 82/2004: https://pubmed.ncbi.nlm.nih. gov/15276819 / [Abgerufen: 22.07.2020].

Hendrickson, Robert: The Great American Chewing Gum Book, Radnor 1976.

Hermes Arzneimittel GmbH: Superpep: https://www.superpep. com / [Abgerufen: 22.07.2020].

Hetherington, Marion M./Boyland, Emma: Short-term effects of chewing gum on snack intake and appetite, Appetite 5/2007, Amsterdam 2007: https://pubmed.ncbi.nlm.nih.gov/17118491 / [Abgerufen: 22.07.2020].

Hirano, Yoshiyuki/Onozuka, Minoru: Chewing and Attention: A Positive Effect on Sustained Attention, BioMed Research International (Special Edition: Chewing, Stress-Related Diseases, and Brain Function), 2015: https://www.hindawi.com/journals/ bmri/2015/367026 / [Abgerufen: 22.07.2020].

Hollingworth, Harry. L.: Chewing as a technique of relaxation, in: Science, Vol. 90/2339, 10/1939): https://science.sciencemag.org/ content/90/2339/385 [Abgerufen: 22.07.2020].

Infeld, Thomas: Chewing Gum – Facts and Fiction. A Review of Gum Chewing and Oral Health, Critical Reviews in Oral Biology & Medicine, 10/3/1999: https://doi.org/10.1177/10454411 990100030901 [Abgerufen: 22.07.2020].

Jacobsen, Jette/Christrup, Lona L./Jensen, Niels-Henrik: Medicated Chewing Gum. Pros and Cons, American Journal

of Advanced Drug Delivery (Am J Drug Deliv)/Healthcare
Technology Review, 2/2004 Amsterdam.

Jeier, Thomas: Chew Bu Bubble Bubble, Bergisch Gladbach 1988.

Jötten, Frederik: Zahnpflegekaugummis. Plastik im Mund, Spiegel,
11.03.2015: (https://www.spiegel.de/gesundheit/diagnose/
zahnpflegekaugummi-enthaelt-mikrogranulate-und-viel
-chemie-a-1022829.html [Abfrage: 22.07.2020].

K-Ration: http://www.kration.info/chewing-gum.html [Abgerufen:
22.07.2020].

Kerry, Segrave: Chewing Gum in America, 1850–1920: The Rise of
an Industry, Jefferson 2015.

Krebs, Silvio: Kaugummikauen und Nackenschmerzen: http://
www.physiotherapie-ndh.de/kaugummikauen-beeinflusst
-nackenschmerzen / [Abgerufen: 22.07.2020].

Ladie's Home Journal, 05/1931.

Mattern, Joanne: William Wrigley Jr.: Wrigley's Chewing Gum
Founder, Minnesota 2011.

Mathews, Jennifer P./Schultz, Gillian P.: Chicle. The Chewing
Gum of the Americas. From the Ancient Maya to William
Wrigley, Tucson 2009.

McCarthy, Meghan: Pop! The invention of Bubble Gum, New
York 2010.

Meierhans, Daniel: Kaugummi – ein industrialisiertes Urbedürfnis,
Neue Zürcher Zeitung, 19.06.2011: https://www.nzz.ch/
kaugummi__ein_industrialisiertes_urbeduerfnis-1.10970388
[Abgerufen: 22.07.2020].

Morinushi, Takanobu /Masumoto, Yasuhiro/Kawasaki, Hirotoki
/Takigawa, Morikuni: Effect on electroencephalogram of
chewing flavored gum, PCN Psychiatry and Neuroscience,
2001: https://onlinelibrary.wiley.com/doi/full/10.1046/j.1440
-1819.2000.00772.x [Abgerufen: 22.07.2020].

Nakovics, Meike: Fördert Kaugummikauen die kognitive
Leistungsfähigkeit – Mythos oder Wahrheit?, München 2011.

Natho, Günther: Rohstoffpflanzen der Erde, Leipzig 1986.

Nicorette: https://www.nicorette.de/nikotinersatzprodukte/
nikotinkaugummi [Abgerufen: 22.07.2020].

Öko-Test: Test: Zahnpflege-Kaugummis, 10/1996: https://web.
archive.org/web/20070927182233/http://www.oekotest.de/cgi/ot/

otgs.cgi?suchtext=&doc=3377&pos=0&splits=0:1727:3340:4901
[Abgerufen: 22.07.2020].

OpenJurist: https://openjurist.org/300/f2d/144/united-states-v
-cases-slim-mint-chewing-gum [Abgerufen: 22.07.2020].

Peeples, S. H. I.: Bubble Gum (Where does this come From?),
Chicago 1989.

Redclift, Michael R.: Das Kaugummi: Geschmack, Raum und
die ›Schattenländer‹, PROKLA Zeitschrift für kritische
Sozialwissenschaft, Bd. 35/138 (Ökonomie des Konsums), Berlin
2005.

Regber, Karin: Auswirkungen eines Kautrainings auf die
Kaumuskulatur, Freiburg 2002: https://freidok.uni-freiburg.de/
data/609 [Abgerufen: 22.07.2020].

Roelli Roelli: https://www.smartdivision.roelliroelli.ch [Abgerufen:
22.07.2020].

Rost, Detlef H./Wirthwein, Linda/Frey, Kristina/Becker, Elvira:
Steigert Kaugummikauen das kognitive Leistungsvermögen?
Zwei Experimente der besonderen Art, Zeitschrift für
Pädagogische Psychologie, 24/2010: https://econtent.hogrefe.
com/doi/10.1024/1010-0652/a000003 [Abgerufen: 22.07.2020].

Scholey, Andrew et. al.: Chewing gum alleviates negative mood
and reduces cortisol during acute laboratory psychological stress,
Physiological Behaviour, 3–4/2009: https://pubmed.ncbi.nlm.
nih.gov/19268676 / [Abgerufen: 22.07.2020].

Scholey, Andrew: Chewing gum and cognitive performance: a
case of a functional food with function but no food?, Appetite
43/2004, Amsterdam 2004: https://www.sciencedirect.com/
science/article/abs/pii/S0195666304001035?via%3Dihub
[Abgerufen: 22.07.2020].

Scholey, Andrew: Further issues regarding the possible modulation
of cognitive function by the chewing of gum: response to
Stephens and Tunney (2004) and Tucha et al. (2004), Appetite
43/2004, Amsterdam 2004: https://www.sciencedirect.com/
science/article/abs/pii/S0195666304001060 [Abgerufen:
22.07.2020].

Schuster, R./Grewal, N. et al.: Kaugummi-Kauen reduziert die
postoperative Darmatonie nach elektiver offener Sigmaresektion,
Coloproctology, 28/2006: https://www.koloproktologie.org/

coloproctology/journal_club/4_2006_5.pdf [Abgerufen: 22.07.2020].

Shikany, James M. et. al.: Randomized controlled trial of chewing gum for weight loss, Obesity (Silver Spring), 3/2012: https://pubmed.ncbi.nlm.nih.gov/22076595 / [Abgerufen: 22.07.2020].

Stephens, Richard /Tunney, Richard J.: Role of glucose in chewing gum-related facilitation of cognitive function, Appetite 43/2004, Amsterdam 2004.

Stephens, Richard /Tunney, Richard J: How does chewing gum affect cognitive function? Reply to Scholey, Appetite 43/2004, Amsterdam 2004: https://pubmed.ncbi.nlm.nih.gov/15458810 / [Abgerufen: 22.07.2020].

Stillar, Scott: TLT Resources Outside the Box: Chewing Gum in the Language Classroom, The Language Teacher, 2013: https://www.researchgate.net/publication/326171167_TLT_Resources_Outside_the_Box_Chewing_Gum_in_the_Language_Classroom [Abgerufen: 22.07.2020].

Süddeutsche Zeitung: Kauen gegen Hüftspeck, 17.05.2010: https://www.sueddeutsche.de/leben/studie-zu-kaugummi-kauen-gegen-hueftspeck-1.125809 [Abgerufen: 22.07.2020].

Torney, L. K /Johnson, A. J./Miles, C.: Chewing gum and impasse-induced self-reported stress, Appetite 53/2009, Amsterdam 2009: https://pubmed.ncbi.nlm.nih.gov/19619595 / [Abgerufen: 22.07.2020].Tucha, Oliver/Mecklinger, Lara/Hammerl, Marianne/Lange, Klaus W: Effects of gum chewing on memory and attention: reply to Scholey (2004), Appetite 43/2004, Amsterdam 2004: https://pubmed.ncbi.nlm.nih.gov/15458811 / [Abgerufen: 22.07.2020].

Unbekannt (mgl. Ladie's Home Journal), 05/1939.

Unbekannt ([unleserlich] Echo), »Enjoy delicious WRIGLEY'S Chewing Gum – the great wartime sweetmeat« , o. O., 1939.

Valckenburgschule Ulm: Arzneimittel-Kaugummi: (https://www.volksbank-ulm-biberach.de/content/dam/f0007-0/Inhalte/wir_fuer_sie/ueber_uns/fortschritt_bewahren/08_Arzneimittel_Kaugummi.pdf [Abgerufen: 22.07.2020]).

Vidal, Vincent: Les Chewing Gums, Paris 1995.

von Pasczensky, Gert/Dünnebier, Anna: Kulturgeschichte des Essens und Trinkens, München 1994.

Wardlaw, Lee: Bubblemania: A Chewy History of Bubble Gum, New York 1997.

WebCite: Fleer auction nets $6.1 M: https://www.webcitation. org/6QU2oANyU?url=http://www.webcitation. org/6QU2oANyU [Abgerufen: 22.07.2020].

Wikipedia: American Chicle Company [Bearbeitungsstand: 16.04.2020]: https://en.wikipedia.org/wiki/American_Chicle_ Company [Abgerufen: 22.07.2020].Wikipedia: Bubblicious [Bearbeitungsstand: 02.01.2020]: https://en.wikipedia.org/ wiki/Bubblicious [Abgerufen: 22.07.2020].Wikipedia: Chiclets [Bearbeitungsstand: 25.04.2020]: https://en.wikipedia.org/wiki/ Chiclets [Abgerufen: 22.07.2020].

Wikipedia: Dentyne [Bearbeitungsstand: 08.07.2020]: https:// en.wikipedia.org/wiki/Dentyne [Abgerufen: 22.07.2020]. Wikipedia: Einmannpackung [Bearbeitungsstand: 01.06.2020]: https://de.wikipedia.org/wiki/Einmannpackung [Abgerufen: 22.07.2020].Wikipedia: Fleer [Bearbeitungsstand: 16.07.2020]: https://en.wikipedia.org/wiki/Fleer [Abgerufen: 22.07.2020].Wikipedia: Hubba Bubba [Bearbeitungsstand: 29.05.2020]: https://en.wikipedia.org/wiki/Hubba_Bubba [Abgerufen: 22.07.2020].Wikipedia: Zahnpflegekaugummi [Bearbeitungsstand: 12.09.2019]: https://de.wikipedia.org/wiki/ Zahnpflegekaugummi [Abgerufen: 22.07.2020].

Wilson, Laurnie: A Salute to Orbit Gum: https://www.candy favorites.com/a-salute-to-orbit-gum [Abgerufen: 22.07.2020].

Wrigley: Airwaves Koffein. Dein Koffein-Kick zum Kauen: https://www.presseportal.de/pm/135235/4317656 [Abgerufen: 22.07.2020].

Wrigley-dental: Kaugummikauen – gut für die Zähne, Konzentration und Entspannung: https://www.wrigley-dental. de/news/news.htm?showid=1759&backlink=archiv [Abgerufen: 22.07.2020].

Xucker: Zahnpflegekaugummi: https://www.xucker.de/shop/ kaugummis / [Abgerufen: 22.07.2020].

The Secret of
THE AMERICAN GIRL'S
Charm

WHAT is the elusive quality which makes the American girl the idol of the day? It can be summed up in the one word, Charm. The charm which comes with the natural beauty that has been built up through many happy years of outdoor games, gym and all sorts of healthful exercise—not only for the body but for the face. The bodily exercise has been more or less directed and consciously indulged in for the very sake of its benefits. But quite without her realization she also has been receiving a certain amount of *facial exercise*—due in no small part to her enjoyment of chewing WRIGLEY'S DOUBLE MINT.

Little girls have often been scolded for chewing Gum. But the instinctive craving for something tasty to chew and for this added amount of exercise which their delicate facial muscles required (and the ordinary diet of soft foods could never provide) made them go right ahead and chew as often as they could get the Gum.

Science is now discovering that MORE chewing than modern foods provide is an absolute necessity today. Dentists and doctors are recommending this additional exercise not only for children but for adults. DOUBLE MINT chewed ten minutes twice daily, keeps lips and mouth well shaped, tends to forestall wrinkles and stimulates a healthy, satiny complexion.

The American chewing gum habit has had more to do with the present alertness of face and well shaping of lips and mouth, which make for the American Girl's Charm, than can at present be estimated.

Women are awakening to the beauty need that DOUBLE MINT supplies by supplementing the chewing exercise insufficiently given by modern soft foods. Keep a package of DOUBLE MINT on your dressing table as you would any other "cosmetic."

Chew a fresh stick or more, ten minutes twice daily. Enjoy it while dressing, working about the house, at sports and while motoring. It takes no extra time. It costs almost nothing. And it is rated as one of the most natural and perfect of all Facials.

Chew
DOUBLE MINT
Every Day
INEXPENSIVE
SATISFYING

Problemlose Lösungen – »Kau Boy Gum«

Die Inszenierung des Nutzens von Kaugummi durch Werbung

Nils Haacke

Die Werbung ist ein eher unliebsamer Teil der Massenkommunikation. Sie versucht Personen dazu zu bringen, etwas zu wollen, was sie vorher nicht wollten. Obwohl sie, wie schon Niklas Luhmann feststellte, manipulativ und unaufrichtig auftritt und dabei auch noch »mit offenen Karten spielt«,[1] wird sie geduldet, denn viele schätzen, dass die Werbung über die Eigenschaften verschiedener Marken informiert. Sie allein ist dazu legitimiert, in aller Öffentlichkeit Übertreibungen und Halbwahrheiten zu verbreiten. Die Werbung ist dennoch nicht einfach nur ein notwendiges Ärgernis, welches zwar lästig, aber durchschaubar ist. Sie ist in der Lage, die öffentliche Wahrnehmung ihrer Objekte auf eine Weise zu beeinflussen, die sich der allgemeinen Aufmerksamkeit entzieht. Ein Gegenstand, der in besonderer Form derart durch die Werbung geprägt wurde, ist der Kaugummi. Er wird mit solch einer Selbstverständlichkeit tagtäglich vielfach konsumiert, dass man beinahe vergessen könnte, welch ungewöhnliche Erfindung er im Grunde darstellt. Er ist etwas zu Essen, das nicht essbar ist. Inwieweit hat also die Werbung dazu beitragen, dass sich ein Objekt mit dieser paradoxen Grundeigenschaft in unserem Alltag etablieren konnte?

---

1   Luhmann, Niklas: Die Realität der Massenmedien, Frankfurt/M. 2002, S. 85.

Um dieser Frage auf den Grund zu gehen, sollen im Folgenden kurz die Ereignisse dargestellt werden, die dazu führten, dass in den USA die ersten modernen Kaugummis auf den Markt kamen. 1835 kam es zu einem Krieg zwischen Texas und Mexiko, der spätere US-Bundesstaat war damals noch mexikanisches Territorium und kämpfte für seine Unabhängigkeit. Die an dem Konflikt beteiligten, von Antonio Lopez de Santa Anna befehligten mexikanischen Soldaten kauten gewohnheitsmäßig häufig auf Chicle herum, ein gummiartiger Stoff, welcher aus dem Milchharz des mexikanischen Sapotillabaums gewonnen wurde. Dieser wurde bereits von den Azteken und Maya gekaut und war daher in Mexiko bekannt.[2] Das Kauen unterdrückte unter anderem das Durstgefühl, was bei diesem Krieg von Vorteil war, da es während der Auseinandersetzungen zu allerhand Versorgungsengpässen kam.[3] Als der Krieg schließlich zugunsten der Texaner endete, wurde Santa Anna zunächst nach New York überführt, kehrte aber bald schon nach Mexiko zurück. Dort gelangte er mehrfach an die Macht, bis er 1855 letzten Endes von Benito Juarez gestürzt wurde. Über Kuba floh Santa Anna zurück nach New York, welches er von seiner Überstellung bereits kannte. Mit im Gepäck hatte der ehemalige mexikanische General Chicle, welches er dem Erfinder Thomas Adams als Grundlage für ein Geschäft anbot, das Santa Annas Rückkehr nach Mexiko ermöglichen sollte.[4] Adams unternahm zunächst Versuche, Chicle als Kautschukersatz weiterzuentwickeln, konzentrierte sich dann aber auf die bekannte Nutzung als Kaumasse.

---

2   Vgl. Mathews, Jennifer P./Schultz, Gillian P.: Chicle. The Chewing Gum of the Americas. From the ancient Maya to William Wrigley, Tucson, 2009, S. 5–15.

3   Vgl. Young, Robert: The Chewing Gum Book, Minneapolis 1990, S. 22.

4   Vgl. Hendrickson, Robert: The Great American Chewing Gum Book, Radnor 1976, S. 48.

In Nordamerika waren zu diesem Zeitpunkt bereits andere Kausubstanzen auf dem Markt, die aus gesüßtem Harz oder Paraffin bestanden, und so etablierte sich Chicle als weiteres Angebot auf dem Kaumarkt.[5] Das gerade der Chicle als Vorläufer des modernen Kaugummis gilt, ist der Verdienst des Unternehmers William Wrigley. Nachdem er ursprünglich Seife und Backpulver verkauft hatte und verschiedene Süßwaren als Gratisbeilage im Sortiment führte,[6] kam Wrigley auf die Idee, hauptgeschäftsmäßig Kaugummi auf Chiclebasis zu vertreiben, da dieser bei seiner Kundschaft als Produktbeilage äußerst beliebt war.[7] Anfangs ließ er den Kaugummi von der Firma Zeno herstellen, die er 1905 übernahm und so selbst zum Hersteller wurde.[8] Den Verkauf seines Produkts führte Wrigley dabei selbst, denn »Anybody can make Gum [...] Selling it is the problem«.[9] Das Problem wurde durch Wrigleys berühmt gewordene Marketingmaxime gelöst: »tell 'em quick, and tell 'em often«.[10] Dabei vermittelte der Unternehmer das durch Praxis gebildete Wissen über die Verwendungsmöglichkeiten des Kaugummis an eine breite Öffentlichkeit, wobei offensiv und innovativ Werbung betrieben wurde.[11] Schnell wurde der Kaugummi in den USA zum typischen Kulturgut, wozu Wrigleys Marketingstrategien ihren nicht zu unterschätzenden Beitrag leisteten. Der Zeitpunkt, an dem die Geschichte des Kaugummis das vollständige Po-

---

5   Vgl. Mathews/Schultz: Chicle, S. 38–44.
6   Vgl. Mattern, Joanne: William Wrigley Jr. – Wrigley Chewing Gum Founder, North Mankato 2011, S. 8, 12.
7   Hendrickson: The Great American Chewing Gum Book, S. 48.
8   Mattern: William Wrigley Jr. – Wrigley Chewing Gum Founder, S. 14f.
9   Hendrickson: The Great American Chewing Gum Book, S. 91.
10 Ebd., S. 93.
11 Vgl. Wardlaw, Lee: Bubblemania. The chewy history of bubble gum, New York, 1997, S. 36ff.

tenzial der Leistung der Werbung für das beworbene Objekt
sichtbar werden ließ, sollte jedoch erst noch folgen.

Der Kaugummi erreicht Europa

In Europa wurden von den amerikanischen Herstellern zunächst keine Versuche unternommen, den Kaugummi zu
etablieren, da man dachte, dass die Menschen dort nicht ver-
stünden, was sie mit diesem Produkt anfangen sollen.[12] Die
Situation änderte sich erst, als während des Ersten Weltkriegs
der Kaugummi über die amerikanischen Truppen doch mit
Europa in Berührung kam.[13] Die Soldaten kauten intensiv
Kaugummi, da es die Konzentration und Entschlossenheit in
kritischen Situationen steigern, das Durstgefühl lindern und
zugleich die Mundhygiene verbessern sollte.[14] Letztlich waren
sie es, die dem Kaugummi auf dem europäischen Kontinent
zum Durchbruch verhalfen.

Nach Beendigung des Ersten Weltkriegs konkurrierten in
Europa neben Wrigley's auch weitere Marken um den entstehenden Markt, wobei viele auch wieder beinahe spurlos
verschwanden. Eine dieser Marken war der Kau Boy Gum
der Firma Bicamint GmbH aus Berlin. Diese stellte in ihrer
Werbung auch die Verbindung zu einer mythisierten und ro-
mantisierten Vorstellung des nordamerikanischen Kontinents
her, welche seit der Einführung des Kaugummis durch die
Soldaten in Europa an das Produkt geknüpft ist. Die unten-
stehende Anzeige dieser Marke veranschaulicht dies sehr gut.

---

12 Vgl. Segrave, Kerry: Chewing Gum in America, 1850–1920 – The Rise
    of an Industry, Jefferson 2015, Pos. 2612.
13 Vgl. ebd., Pos. 2619.
14 Vgl. Wardlaw: Bubblemania, S. 53.

Abbildung 1: Werbeanzeige für die Marke Kau Boy Gum: »Was sagt die Welt dazu?«

Die Anzeige stammt aus den 1920er Jahren. Sie selbst trägt zwar kein Datum, es findet sich aber ein weiterer Beleg in einem Flugplan aus Juni 1925. Dieser wirbt: »Kauboy Gum erhaeltlich beim Luftboy«.[15] Die zeitliche Einordnung bestätigt sich dadurch, dass in dem Film »Berlin – Die Sinfonie der Großstadt« von Walter Ruttmann aus dem Jahr 1927 eine großflächige Werbung für eben diese Marke an der Wand einer Halle zu sehen ist.[16] Die Werbung wurde damals in einer Art Freizeitpark ausgestellt, sie wurde aus der Perspektive einer Achterbahnfahrt gefilmt.

Passend zum namensgebenden Wortspiel ziert die Werbung die Zeichnung eines Cowboys. So wird eben auf die amerikanische Kultur verwiesen und entsprechende Assoziationen

---

15 Ohne Autor: Luftverkehr mit Junkers-Flugzeugen. Flugplan Juni 1925, o.O., (Juni) 1925 (Versteigerung auf: https://www.bidsquare.com/online-auctions/jeschke-van-vliet/luftverkehr-mit-junkers-flugzeugen-flugplan-juni-1925-mit-zahlr-illustrationen-schettler-coethen-anhalt-1925-74-s-k-679078 [Abgerufen: 04.06.2019]).

16 Vgl. Ruttmann, Walther: Berlin – Die Sinfonie der Großstadt, 1927, Min. 45:26. Den Hinweis auf diesen interessanten Beleg verdanke ich dem Literatur- und Filmwissenschaftler Dr. Eckard Pabst aus Bremen.

werden geweckt. Geschichten über den Wilden Westen erfreuten sich in Deutschland bereits zu diesem Zeitpunkt durch die
Bücher von Karl May einer großen Popularität. Auch Werbung
mit Wild-West-Motiven war verbreitet. Es kursierten verschiedene Sammelbilderheftchen, welche mit kleinen Bildern, die
man über den Kauf bestimmter Waren erhielt, gefüllt werden
sollten[17].

Das Besondere dieser Anzeige ist jedoch, dass unter der
Zeichnung in acht Absätzen komprimiert ausgeführt ist, welche
Vorteile diese Kaugummimarke hat und was dieses Produkt zu
leisten vermag. Die Kau Boy Gum-Werbung vereint zahlreiche
Qualitätszuschreibungen, die mittlerweile nicht mehr durch
ein und dasselbe Produkt abgedeckt werden, sondern sich in
ganz unterschiedliche Marken ausdifferenziert haben. Anhand
dieser frühen Werbeanzeige lässt sich exemplarisch aufzeigen,
welche enorme Wirkung die Werbung im Hinblick auf die öffentliche Wahrnehmung ihres Produkts entfalten kann.

Die Funktionsweise der Werbung

Auf welche Weise die Werbung die öffentliche Wahrnehmung
ihres Produkts prägt, lässt sich durch die nähere Beleuchtung
ihrer funktionellen Mechanismen nachvollziehen. Ihr vorrangiger Zweck besteht darin, eine Information zu vermitteln,[18] die in ihrem Kern immer beinhaltet, dass etwas gekauft
werden kann. Sobald eine Werbekommunikation erfolgreich
zustande kommt, wird eine Entscheidungsfreiheit suggeriert,

---

17 Vgl. Brandt, Alexander: Vom Kaufmannsbild zum »Virus« Karl-May-
    Sammelbilder, in: Wiener Karl-May-Brief, Jg. 1, H. 2/2016.
18 Vgl. Luhmann: Die Realität der Massenmedien, S. 36. Es wird, wie bei
    allen Formen der Massenkommunikation, etwas kommuniziert, das als
    interessant und berichtenswert dargestellt werden kann.

welche einschließt, dass von sich aus gewollt werden könnte, was eigentlich gar nicht gewollt wurde.[19] Die Werbung löst dann im Hinblick auf eine mögliche Kaufentscheidung zwei Fragen aus: Braucht man das Produkt überhaupt und wenn ja, bietet tatsächlich diese Marke die beste Qualität? Selbst, wenn beide Fragen verneint werden, profitiert das Produkt, denn auf diese Weise wird ein Markt geschaffen.

Im Anschluss daran will die Werbung von den speziellen Qualitäten ihres Objekts im Gegensatz zur Konkurrenz überzeugen. Um deutlich zu machen, dass der beworbenen Marke besondere Beachtung geschenkt werden sollte, wird die Information mit zusätzlichen Details überlagert. Das eigene Produkt soll positiv hervorstechen, es soll als besonders gut im wiederholten Lösen von bestimmten Problemen dargestellt werden.[20] Die Frage, ob die beworbene Marke tatsächlich die beste Qualität bietet, kann der:die Rezipient:in für sich entscheiden.[21] Selbst wenn die zweite Frage ebenfalls verneint wird, könnte die Werbung einen weiteren Teilerfolg verbuchen. Sie hätte dazu beigetragen, dass ihr Objekt grundsätzlich als nützlich bewertet wird. Die vorgestellten Eigenschaften des Produkts werden unabhängig von der konkreten Kommunikation als »wahr« angenommen.

---

19 Vgl. ebd., S. 86f.
20 Vgl. Hellmann, Kai-Uwe: Alles Marke, oder was? Markenpolitik in der politischen Kommunikation, in: Neue soziale Bewegungen, H. 3/2003, S. 21.
21 Vgl. Luhmann: Die Realität der Massenmedien, S. 85–95.

Werbung und Wahrheit

Durch diese Funktionsweisen wird eine weitere Frage, welche die Werbung eigentlich aufwerfen könnte, in den blinden Fleck der Aufmerksamkeit gerückt. Haben die durch die Werbung gezogenen Verbindungen zwischen Problemen und Lösungsmöglichkeiten, die das Produkt verspricht, überhaupt einen Bezugspunkt außerhalb der Kommunikation selbst, abgesehen von ökonomischen Interessen? Man könnte auch sagen: Wurden die Fähigkeiten des Kaugummis von jemandem, der mit dem Produkt Geld verdienen will, frei erfunden? Die Werbung lässt diese Frage, welche man sich als Rezipient:in der KauBoyGum-Anzeige im damaligen Deutschland eigentlich berechtigterweise stellen dürfte, gar nicht erst aufkommen. Die Aufmerksamkeit wird auf die Fragen gelenkt, ob man das Produkt überhaupt brauche und wenn ja, ob es wirklich die beste Qualität biete. Gerade, weil beide Fragen auch verneint werden können, kommt kein Zweifel darüber auf, dass ein Kaugummi grundsätzlich nützlich ist. Wer die Logik der Werbung annimmt, akzeptiert dies automatisch.

Die Werbung hat bei der Ausgestaltung der kommunizierten Einsatzgebiete einen ungewöhnlich großen Freiraum zur Konstruktion von sozialem Sinn in Bezug auf ihr Objekt, denn ihre offene Kopplung an wirtschaftliche Interessen legitimiert Übertreibung, Unwahrheit und vereinzelt sogar das freie Erfinden von Eigenschaften. Um ihrem Ziel näherzukommen, darf die Werbung zwar nicht offensichtlich lügen – hier gelten rechtliche Regulierungen –, dennoch ist der Anspruch an die inhaltliche Wahrhaftigkeit niedriger als im Falle sonstiger massenmedialer Kommunikation. Da das kommerzielle Interesse hinter der Information als allgemein bekannt vorausgesetzt wird und es nicht der ökonomischen Logik entsprechen würde, in aufrichtiger Weise über die Vor- und Nachteile des eigenen

Produkts im Gegensatz zur Konkurrenz zu informieren, wird von Werbekommunikation nicht erwartet, dass ihr Inhalt an der Wahrheit als primären Leitwert orientiert ist[22].

So ergibt sich trotz rechtlicher Einschränkung ein gewisser Spielraum für das Aufstellen von Behauptungen, welche nicht zwangsläufig wahrhaftig sein müssen. Wenn die Werbung ihrem Objekt eine Eigenschaft zuschreibt, dann steht die Umwelt der Werbung in der Pflicht, deren Wahrheitsgehalt zu überprüfen. Ist dies nicht in eindeutiger Weise möglich, kann die Kommunikation erst einmal ungehindert stattfinden. An dieser Stelle lässt sich das volle Ausmaß des Beitrags erkennen, den die Werbung auf der Ebene gesellschaftlicher Kommunikation für ihr Produkt leistet. Sie prägt die öffentliche Wahrnehmung von bestimmten Objekten, ohne dass ihre Information validiert sein muss. Dieser Spielraum wurde von der Kaugummiwerbung auch großzügig genutzt. Auf der Suche nach Problemen, die der Kaugummi lösen kann, bieten sich viele Möglichkeiten, denn in ihm ist in seiner materiellen Beschaffenheit eigentlich keine allzu besondere Funktion inskribiert. Die Ausgestaltung geht bisweilen so weit, dass Lösungen für Probleme geliefert werden, von denen man zuvor noch gar nicht wusste, dass man sie überhaupt gehabt haben könnte. Gleichzeitig musste dieser Spielraum auch zwangsläufig genutzt werden, sollte der Kaugummi zu einem Objekt gesellschaftlicher und ökonomischer Relevanz werden. Allein mit der Herausstellung seiner grundlegenden Eigenschaft als etwas zu essen, das nicht essbar ist, hätte der Kaugummi vermutlich, so die Einschätzung der amerikanischen Produzenten, kaum Käufer:innen in Europa gefunden.

Dabei griff die Werbung in den USA anfangs auf das tradierte Praxiswissen zurück und in Europa orientierte man

---

22 Vgl. ebd.

sich wiederum an der amerikanischen Verwendung des Kaugummis. Vergleicht man die Einsatzmöglichkeiten, die dem
Chicle während des texanischen Unabhängigkeitskriegs zugeschrieben wurden, mit denen der KauBoyGum-Werbung,
zeigt sich aber überdeutlich, dass einige weitere Vorteile hin-
zuaddiert wurden.

Die neuen Einsatzmöglichkeiten des Kaugummis

Diese vielfältigen Einsatzmöglichkeiten zählt die Berliner
Firma Bicamint in ihrer Werbung auf, um die Vermarktung
des eigenen Produkts voranzutreiben. Schon bei der ersten
Betrachtung der Anzeige fällt auf, dass die vorgestellten Qualitätszuschreibungen aus unterschiedlichen gesellschaftlichen
Bereichen entstammen, welche nur in Teilen in logisch nachvollziehbarer Weise mit den ursprünglich zugedachten Ein-
satzgebieten des Kaugummis zusammenhängen. Es wird auf
Fragen der Gesundheit, des Geschmacks, der Wirtschaft, der
Freizeitgestaltung und des Sports Bezug genommen. Wenn
man der Werbung Glauben schenkt, wird der Kaugummi
innerhalb dieser Logiken ausschließlich positiv bewertet: Er
ist gesund, schmeckt gut, ist preiswert, hängt mit einer sinnvollen Freizeitgestaltung zusammen und hilft beim Erreichen
sportlicher Ziele.

Diese thematisch breitgefächerte Kommunikation trug
ihren Teil dazu bei, dass sich der Kaugummi in Europa etablieren konnte. Mithilfe von Luhmanns Systemtheorie lässt
sich die Bedeutung dieser Werbestrategie für dieses Produkt
erkennen. Der zentrale Ausgangspunkt und die einzige on-
tologische Voraussetzung der Theorie ist, dass etwas existiert,
dass sich von etwas anderem unterscheidet. Dieses etwas
wird als System bezeichnet und gibt der Theorie so ihren

Namen.[23] Relevant sind für diese Analyse besonders soziale Systeme, welche fortlaufend über den Anschluss von Kommunikation an Kommunikation[24] die Grenze zwischen dem System und seiner Umwelt im System selbst aktualisieren.[25] Die Kommunikation strukturiert sich dabei entlang einer binären Codierung.[26]

In Bezug auf die spezifische Werbekommunikation rund um den Kaugummi lässt sich feststellen, dass sich hier auf fremdreferenzielle Unterscheidungsformen von in Differenz stehenden Kommunikationssystemen bezogen wird. Der Kaugummi als Thema der Werbekommunikation wird mit zahlreichen Attributen belegt, die sich an systemfremden Sinncodierungen orientieren. Bei diesen Kopplungen an systemfremde Referenzen findet sich der Kaugummi stets an der gesellschaftlich positiv konnotierten Seite der Unterscheidung. Es wird beispielsweise darüber informiert, dass der Kaugummi der Gesundheit förderlich anstatt krank machend sei, was die binäre Codierung des Systems der Kommunikation über Fragen der Gesundheit aufgreift.[27] Der Kaugummi schafft sich als Thema so Anschlussfähigkeit an die Kommunikation entsprechender sozialer Systeme. Je mehr Systeme ein Thema sinnhafterweise innerhalb ihrer eigenen Operationsweise anschließen können, desto höher ist die potenzielle gesellschaftliche Relevanz. Selbst wenn die positive Selbstbeschreibung durch die Werbung innerhalb der Kommu-

---

23 Vgl. Luhmann, Niklas: Soziale Systeme, Frankfurt/M. 1984, S. 30.

24 Vgl. Luhmann, Niklas: Die Wissenschaft der Gesellschaft, Frankfurt/M. 1992, S. 24.

25 Vgl. Luhmann, Niklas: Die Gesellschaft der Gesellschaft, Frankfurt/M. 1998, S. 16, 64.

26 Vgl. Luhmann: Die Realität der Massenmedien, S. 35ff.

27 Vgl. Vogd, Werner: Medizinsystem und Gesundheitswissenschaften – Rekonstruktion einer schwierigen Beziehung, in: Soziale Systeme, Jg. 11, H. 2/2005, S. 246.

nikation entsprechender Systeme nicht übernommen wird, wäre dies ein Erfolg für die Reichweite des Produkts. Für die Werbung ist es daher eine lohnende Strategie, sich über die kommunizierte Information an möglichst viele systemfremde Unterscheidungsformen zu koppeln. Je höher die Reichweite der entsprechenden Kommunikation, desto mehr Personen beschäftigen sich mit der Frage, ob und welchen Kaugummi sie kaufen sollten.[28]

»Eine Schachtel für nur 40 Pfennig« und »Prachtvoll im Wohlgeschmack«

Ein erster, naheliegender Aspekt, mit dem für einen Kaugummi geworben werden kann, ist der Betrag, den sein Erwerb kostet. Ein essenzieller Teil der Information zu einem Produkt ist aus wirtschaftlicher Perspektive der Preis, denn er ist das einzige, was Interessierte formal vom Kauf abhält. Der Preis hindert daran, als wünschenswert eingestufte Konsumgüter uneingeschränkt zum privaten Eigentum hinzuzufügen.[29]

Je nachdem, wie die Marke aufgebaut ist, kann mit niedrigen oder mit hohen Preisen geworben werden. Es kann nämlich durchaus Sinn machen, einen verhältnismäßig hohen Preis zu fordern, damit ein Statusgewinn beim Kauf der Ware in Aussicht gestellt wird.[30] Im Falle des Kaugummis erscheint dies nur bedingt sinnvoll. Für solch ein Produkt, welches zunächst überhaupt davon überzeugen muss, dass man es kaufen sollte, erscheint es offensichtlich zielführender,

---

28 Vgl. Luhmann: Die Gesellschaft der Gesellschaft, S. 92 ff.
29 Vgl. Luhmann, Niklas: Die Wirtschaft der Gesellschaft, Frankfurt/M. 1994, S. 19.
30 Vgl. Hüllemann, Nico M. O.: Vertrauen ist gut – Marke ist besser: Eine Einführung in die Systemtheorie der Marke, Heidelberg 2007, S. 92.

einen günstigen Preis zu suggerieren. Dies geschieht in der KauBoyGum-Werbung durch die Verwendung des Wortes »nur«. »Großer Konsum sicher, da Ladenpreis für Schachtel à 5 Streifen *nur*[31] M. 0,40 beträgt«. Kaugummi wird als Produkt dargestellt, dessen Preis für grundsätzlich jede:n bezahlbar ist. Warum also nicht einfach mal einen Kaugummi kaufen und sich selbst von dessen Qualitäten ein Bild machen? Neben dem Preis werden noch weitere Argumente geliefert, die positiven Anreiz zum Kauf geben, denn selbst für wenig Geld wird eine Gegenleistung erwartet.

Was also erhält der:die Käufer:in für sein Geld? Der zweite Aspekt, den die Werbung aufgreift, erscheint ebenfalls naheliegend. Die Werbung orientiert sich an dieser Stelle am biologischen Bedürfnis des menschlichen Organismus nach konstanter Nährstoffzufuhr zur Aufrechterhaltung des eigenen Fortbestehens. Ein Mensch muss Nahrung zu sich nehmen, um nicht zu sterben. Der Luxus, dabei unter verschiedenen Gerichten eines aussuchen zu können, welches besonders schmackhaft erscheint, setzt einen gewissen Überfluss voraus, welcher erst seit relativ kurzer Zeit vorhanden ist.[32] In solchen Fällen ist das vorrangige Ziel der Nahrungsaufnahme nicht mehr ausschließlich das Stillen des Hungers. Nahrungsmittel sollen dann oft primär wohlschmeckend und erst dann sättigend oder nahrhaft sein.[33] In der Folge bildet sich ein System der Kommunikation über kulinarische Themen, welches potenziell Essbares kommuniziert und seine Referenzobjekte innerhalb seiner Logik in wohlschmeckend und nicht-wohlschmeckend einteilt[34].

---

31 Hervorhebung durch den Autor.
32 Vgl. Kofahl, Daniel: Geschmacksfrage: Zur sozialen Konstruktion des Kulinarischen, Berlin 2010, S. 26.
33 Vgl. ebd., S. 32.
34 Vgl. ebd., S. 17.

An dieser Stelle bringt sich der Kaugummi ins Gespräch. Sofern er als wohlschmeckend bewertet wird, kann er sich seinen Platz in der Welt des Essens sichern, obwohl er nicht wie andere Gerichte einverleibt wird. Die KauBoyGum-Werbung stellt nun die Frage nach dem Geschmack ihres Produkts und beantwortet sie zugleich: »Prachtvoll im Wohlgeschmack«. Es kann sich folglich lohnen, den Kaugummi zu kaufen und zu essen, obwohl er überhaupt nicht sättigend oder nahrhaft ist. In der Werbung wird zudem noch die vielfältig interpretierbare Bezeichnung »erfrischend« verwendet. Innerhalb des Systems der Kommunikation über kulinarische Themen ist die Unterscheidung in wohlschmeckend und nicht-wohlschmeckend zwar die Leitdifferenz, allerdings bildete sich im Laufe der Geschichte ein immer raffinierter werdendes kulinarisches Angebot heraus. Dies zog nach sich, dass Nahrung auf andere Arten unterschieden werden kann.

»Konserviert die Zähne« und »beseitigt üblen Mundgeruch«

Beim Essen wird etwas zum eigenen organischen System hinzugefügt. Dies wird dann in Energie umgewandelt, welche zur Selbsterhaltung benötigt wird. Es liegt also nahe, Nahrung auch dahingehend zu unterscheiden, ob sie für den Körper gesund, also seinem Selbsterhaltungspotenzial über den bloßen Energiegewinn hinaus zuträglich, oder ungesund ist und seine Lebensdauer auf lange Sicht verkürzt.[35] Diese Unterscheidungsform des medizinischen Kommunikationssystems nimmt die Kaugummiwerbung in ihre Information auf. Das Produkt wird so positioniert, dass es Krankheit vorbeu-

---

35 Vgl. ebd., S. 9.

gen soll. Laut der Werbung »konserviert« der Kau Boy Gum die Zähne, er »desinfiziert« und »vermindert Ansteckungsgefahr«.[36]

Wenngleich für die Werbekommunikation verringerte Anforderungen an die Wahrhaftigkeit ihres Inhalts gelten, so profitiert sie doch von einer höheren angenommenen Authentizität ihrer Aussagen. Um zum Kauf von bestimmten Produkten anzuregen, bietet sich hinsichtlich der Glaubwürdigkeit in der Kopplung an das medizinische System ein gewisser Spielraum. Fähigkeiten und Anwendungsgebiete lassen sich in manchen Fällen zuschreiben, ohne dies mit anerkannten Experten oder Ähnlichem belegen zu müssen. Da Krankheiten auch behandelt werden müssen, wenn keine wissenschaftlichen Erkenntnisse zur Verfügung stehen, verfügt die Medizin über eine Art Praxiswissen.[37] Wenn etwas im Sinne der Medizin funktioniert, dann kann dies praktiziert werden, obwohl es nicht von der Wissenschaft als funktional bestätigt ist.[38] Die medizinischen Aussagen der KauBoyGum-Werbung orientierten sich an dem Wissen, welches die Soldaten des Ersten Weltkriegs nach Europa brachten. Auch hier wurde der Kaugummi dazu eingesetzt, die Mundhygiene in Ermangelung von Zahnbürsten im Feld zu verbessern. Für die angenommene Authentizität der angeführten medizinischen Referenz ist es nicht von großer Bedeutung, ob diese Aussagen aus

---

36 Dass der Kau Boy Gum als Alternative zur Zigarette angeboten wird, würde mittlerweile auch im Kontext der Gesundheit gelesen werden, zu Beginn des 20. Jahrhunderts existierten allerdings noch keine ernsthaften gesundheitlichen Bedenken in Hinblick auf den Zigarettenkonsum. Der Kaugummi wird lediglich als Alternative für die Zeit angeboten, in der man, aus welchem Grund auch immer, nicht rauchen kann.

37 Vgl. Mathews/Schultz: Chicle, S. 33ff. Bei Chicle waren dies die überlieferten Vorteile.

38 Vgl. Vogd: Medizinsystem und Gesundheitswissenschaften, S. 241ff.

wissenschaftlicher Sicht zum Zeitpunkt der Veröffentlichung der Werbung wirklich konsensfähig waren.

In der Folge zeigte sich, wie es der Werbung tatsächlich gelang, Resonanz in entsprechenden gesellschaftlichen Funktionssystemen auszulösen. Sowohl die Medizin als auch die Wissenschaft beschäftigten sich mit durch die Werbung aufgestellten Thesen. Zwar wurden diese nicht immer bestätigt, doch für den Erfolg des Kaugummis spielte dies eine untergeordnete Rolle. Manche Studien legen nahe, dass es aus gesundheitlicher Perspektive keinen Unterschied mache, ob man Kaugummi kaue oder nicht,[39] andere heben positive Aspekte des Kaugummikonsums hervor[40] und wieder andere behaupten, dass Kaugummi sogar der Gesundheit schaden würde.[41] Der Umstand, dass es dem Kaugummi überhaupt gelang, durch die Wissenschaft und Medizin thematisiert zu werden, ist ein Erfolg im Sinne seiner gesellschaftlichen Reichweite.

---

39 Vgl. Rost, Detlef H./Wirthwein, Linda/Frey, Kristina/Becker, Elvira: Steigert Kaugummikauen das kognitive Leistungsvermögen? Zwei Experimente der besonderen Art, in: Zeitschrift für Pädagogische Psychologie, H. 24/2010, S. 39–49. In dieser an der Universität Marburg durchgeführten Studie kommt das Forschungsteam zu dem Schluss, dass Kaugummi die Konzentrationsfähigkeit nicht beinträchtige, wie oft behauptet würde.

40 Vgl. Ekuni, Daisuke/Tomofuji, Takaaki/Takeuchi, Noriko/Morita, Manabu: Gum chewing modulates heart rate variability under noise stress, in: Acta Odontologica Scandinavica, H. 70/2012, S. 491–496. Ein japanisches Forschungsteam führte eine Studie durch, in der man zu dem Ergebnis kam, dass Kaugummi Stress reduziere und damit die Konzentrationsfähigkeit steigere.

41 Vgl. Guo, Zhongyan/Martucci, Nicole J./Moreno-Olivas, Fabiola/Tako, Elad: Titanium dioxide nanoparticle ingestion alters nutrient absorption in an in vitro model of the small intestine, in: NanoImpact, H. 5/2017, S. 70–82. In dieser Studie einer US-amerikanischen Universität kam man zu dem Ergebnis, dass in Zahnpflegekaugummis Stoffe enthalten seien, die Krebs hervorrufen können.

Ebenfalls an die Gesundheitsthematik knüpft die nächste Aussage der Werbung an. Der Verzehr eines Kaugummis beseitigt »üblen Mundgeruch«. Chronischer Mundgeruch kann von der Medizin zwar als eine Art Krankheit eingestuft und behandelt werden. Der Grund für die Resonanz dieses Elements der Werbung dürfte aber eher sein, dass die mit Mundgeruch verbundenen Konnotationen darüber hinausreichen. Er gilt nämlich als besonders unattraktiv. An dieser Stelle wird der Kaugummi als käuflich erwerbbares Objekt für Konsument:innen noch interessanter, denn er ist nicht nur preiswert, wohlschmeckend und der Gesundheit zuträglich, sondern steigert auch die Attraktivität.

»Unser unersetzlicher lieber Begleiter« und »enthusiasmiert alle Sportkollegen«

Der Kaugummi wird zudem in Verbindung mit körperlicher Aktivität in der Freizeit gesetzt, welche sowohl als der Gesundheit förderlich als auch attraktiv gilt.[42] Dabei ist es notwendig im Hinterkopf zu behalten, dass Sport erst ab Anfang des 19. Jahrhunderts an Popularität gewann, zu dieser Zeit entstand langsam das moderne Sportwesen.[43] Dies ist als Reaktion auf die industrialisierte Moderne zu verstehen, die das Verhältnis des Menschen zu seinem Körper neu bestimmte[44] und der nun, in der durch die einsetzenden Bemühungen zur Begrenzung der Arbeitszeit gewonnenen Freizeit, trainiert

---

42 Vgl. Luhmann: Soziale Systeme, S. 336f.
43 Vgl. Leis, Mario: Sport. Eine kleine Geschichte, Leipzig 2003, S. 80–95.
44 Vgl. Bette, Karl-Heinrich: Körperspuren – Zur Semantik und Paradoxie moderner Körperlichkeit, Berlin 1989, S. 18ff.

werden konnte und vor allem auch sollte[45], denn die immer
stärker um sich greifende ökonomisierende Logik bedingte
zudem, dass auch die entstehende Freizeit im Idealfall besonders sinnvoll und gewinnbringend genutzt werden sollte. Sie
soll gesund, planmäßig und nützlich sein und die Arbeits-
fähigkeit nicht beeinträchtigen.[46] Körperliche Ertüchtigung
galt daher als sinnvollere Alternative zu verbreiteten
Unterhaltungsformen dieser Zeit. Der übermäßige Besuch
von Wirtshäusern, Kirmessen oder Schauspielen war negativ
konnotiert, während »Fuß- und Radtouren«, mit denen die
KauBoyGum-Werbung hier ihr Produkt in Verbindung
bringt, eine positive Konnotation mit sich führten.[47]

Eine ablehnende Stimmung gegenüber den massenkultu-
rellen Begleiterscheinungen der industrialisierten Moderne
führte dazu, dass von Vielen eine Rückkehr zur »Einfachheit
der Vorfahren«[48] herbeigesehnt wurde. So kam es zur »Entdeckung« körperlicher Bewegung in der Natur durch die Lebens-
reformbewegungen, beispielhaft seien hier die damals ent-
standene FKK-Bewegung,[49] oder organisierte Jugendvereine
wie der Wandervogel genannt.[50] Diese Personengruppen, die
sich einen bewusst[51] geführten Lebensstil wünschten, spricht
die KauBoyGum-Werbung hier an, denn der Kau Boy Gum

---

45   Vgl. Maase, Kasper: Grenzenloses Vergnügen, Frankfurt/M. 1997,
     S. 41f.
46   Vgl. ebd., S. 45f., 189f.
47   Vgl. ebd., S. 52. Maase formuliert, dass »körperliche Ertüchtigung als
     Schutz vor den Versuchungen des Großstadtlebens« galt.
48   Vgl. ebd., S. 167.
49   Vgl. Koerber, Ralf: Freikörperkultur, in: Kerbs, Diethart/Reulecke, Jür-
     gen: Handbuch der deutschen Reformbewegung 1880–1933, Wuppertal
     1998, S. 103–114.
50   Vgl. Mogge, Winfried: Jugendbewegung, in: ebd., S. 181–196.
51   Eine bewusst geführte Freizeit würde bedeuten, dass man der beschrie-
     benen Idealvorstellung bei der Ausgestaltung folgt: planmäßig, nützlich
     und gesund.

ist laut Werbung bei Ausflügen in die Natur »immer dabei«. Er wird zur Personifizierung, als »unersetzlicher lieber Begleiter«. Die Werbung knüpft ihr Produkt an ein Stimmungsbild, ohne dass ein Kaugummi tatsächlich in logisch nachvollziehbarer Weise mit einer dementsprechend geführten Freizeitgestaltung zu tun hätte. Es wird versucht, die kognitive Sphäre des Bewusstseins zu umgehen und den:die Konsument:in auf emotionaler Ebene anzusprechen.[52] Hier zeigt sich eine weitere Methode der Werbung. Menschen, die für das in der Werbung nachgezeichnete Stimmungsbild empfänglich sind, sollen sich von dem Produkt angesprochen fühlen.

Auch die gesellschaftliche Sehnsucht nach Jugendlichkeit,[53] welche in der Folge des sich wandelnden Verhältnisses des Menschen zum Körper entstand, spricht die KauBoy-Gum-Werbung an. Auf semantischer Ebene wird kein unmittelbarer Zusammenhang zwischen Kaugummikauen und Jugend unterstellt. Es wird nicht behauptet, dass der:diejenige, der:die Kaugummi konsumiert, sich automatisch jünger fühle oder tatsächlich jünger wird. Die Werbung bietet lediglich eine Assoziation an, die sich potenziell auch ohne sprachlich nachvollziehbaren Sinngehalt etablieren kann. Dies erfolgt im Rahmen der Verknüpfung des Produkts mit einer sinnvoll ausgestalteten Freizeit auch über den Umweg des Sports, der den positiv aufgeladenen Aspekt der körperlichen Ertüchtigung auf die Spitze treibt und nach außen hin sichtbar macht.[54] Mit einem sportlichen Körper lässt sich Kontrolle und Souveränität in Bezug auf die eigene Lebensführung symbolisieren. Wer seinen Körper derart pflegt, zeigt für jeden ersichtlich an, dass er:sie das Leben planmäßig, nützlich,

---

52 Vgl. Luhmann: Die Realität der Massenmedien, S. 85f., 93.
53 Vgl. Luhmann, Niklas: Liebe als Passion, Frankfurt/M. 1994, S. 204.
54 Vgl. Bette: Körperspuren, S. 118.

gesund und insgesamt sinnvoll gestaltet.[55] Der Verzehr des
Kau Boy Gum steigert laut der Werbung die sportliche Leis-
tungskapazität, denn er »enthusiasmiert« »alle Sportkamera-
den« bei ihrer körperlichen Aktivität. Er hilft sowohl bei der
sportlichen Selbstoptimierung und -disziplinierung als auch
beim Erringen von Siegen im Wettstreit mit anderen. Wie genau er dies zu leisten vermag, bleibt offen. Die Formulierung
legt jedoch nahe, dass er dies eher auf psychologischer als auf
pharmalogischer Ebene tut: Er »enthusiasmiert«.

Der Erfolg der Kaugummiwerbung

Anhand dieser alten Kaugummiwerbung ließ sich beispielhaft
feststellen, wie es der Firma Bicamint gelang, ihr Produkt in
das öffentliche Bewusstsein zu rücken. Auch wenn die Werbung die Eigenschaften des Kaugummis nicht frei erfand,
sondern aus gesellschaftlichem Praxiswissen ableitete, prägt
sie entscheidend Form und Ausmaß, in der sich dieses Objekt etablieren konnte. Vor dem Hintergrund kommerzieller
Interessen verweist die Werbung auf Logiken der Wirtschaft,
der Kulinarik, des Gesundheitssystems, der Freizeitgestaltung
und des Sports. Der Kaugummi ist nach Angaben der Werbung preiswert, schmackhaft, gesund, er steht im Zusammenhang mit sinnvoller Freizeitgestaltung und sportlichem Erfolg.
Dadurch, dass das Produkt derart vielseitig beworben wurde,
kann der Kaugummi als Referenzobjekt unter den Logiken
vieler gesellschaftlicher Funktionssysteme behandelt werden.
Dies bedeutet eine höhere Reichweite der Kommunikation
über den Kaugummi und eine höhere Wahrscheinlichkeit,
dass viele Personen von seiner Existenz Kenntnis nehmen und

---

55   Vgl. ebd., S. 26ff.

zu potenziellen Käufer:innen werden. Dass die Eigenschaften des Kaugummis dabei nicht hinterfragt werden, ist ein Verdienst der Werbekommunikation, durch sie wurden im Laufe der Zeit die angebotenen Deutungsmuster zu allgemein geglaubtem Wissen. Die ursprünglich wirtschaftliche Motivation, die hinter der Entstehung zugeschriebener Attribute stand, wird nun in der Regel nicht weiter wahrgenommen, denn »wer einmal Kau Boy Gum gebraucht hat, bleibt dabei!«.

Ausdifferenzierung anwendungsspezifischer Marken

Dass die Werbung erfolgreich war, lässt sich mit einem Blick auf den heutigen Markt bestätigen. Die Eigenschaften, die einen Kaugummi auszeichnen, waren in der KauBoyGum-Werbung noch in einem Produkt gebündelt. Heute hat sich in einem kontingenten Wechselspiel des sinnhaften Austauschs von Produkt und ausgelöster Resonanz in entsprechenden Kommunikationssystemen eine ganze Palette an spezialisierten Kaugummis ausdifferenziert. Reagieren die umliegenden Systeme auf ein durch die Werbung vorgeschlagenes Einsatzgebiet positiv, kann es aus ökonomischer Perspektive erfolgsversprechend sein, ein speziell anwendungsbezogenes Produkt auf den Markt zu bringen. So gibt es mittlerweile Zahnpflegekaugummis, welche speziell auf die Gesundheitsthematik abzielen, wie etwa das Produkt der Marke »Xucker«, welches damit wirbt, dass die »Säuren des Zahnbelags neutralisiert« werden und dass »die Zahnmineralisierung erhalten« bleibt.[56] Selbstverständlich existiert eine riesige Anzahl

---

56 Xucker: Xucker Xylit-Kaugummi Typ Spearmint, ohne TIO2: https: //www.xucker.de/xummi-xylit-kaugummis-spearmint-100-g-je-dose/

von Kaugummis, die mit ihrem Wohlgeschmack werben, wie etwa Juicy Fruit[57] oder Center Shock[58] und natürlich gibt es weiterhin Kaugummis zu kaufen, die auf Jugendlichkeit und Sportlichkeit setzen, vielen sind bestimmt noch die Werbungen von Wrigley's bekannt, bei denen riesige Kaugummipäckchen durch die Gegend getragen werden.[59]

Aber inzwischen bieten Kaugummis noch wesentlich mehr. So wirbt die Marke Lemon FitGum damit, dass ihr Kaugummi beim Abnehmen helfe; dieser »Kaugummi für Figurbewusste« unterstütze die »Umwandlung von Fett in Energie«.[60] Die Marke Dammar bietet hingegen einen »Weihrauch Harz Kaugummi« »Rituale« und »Zeremonien« an,[61] die Marken

---

a-404/?ReferrerID=7&gclid=CjwKCAjw8-LnBRAyEiwA6eUMGm LlRGyG9f9Fq9obX5llDqEkhZ-4im9j1oKoLgVCexd-BJVotowzj hoCelMQAvD_BwE [Abgerufen: 06.06.2019].

57 Juicy Fruit-Verpackung von 1946: https://commons.wikimedia.org/ wiki/File:Juicy_Fruit_1946.JPG [Abgerufen: 06.06.2019].

58 Center Shock: http://www.centershocks.com / [Abgerufen: 12.07.2019].

59 Wrigley's Spearmint Gum Werbung 80er: https://www.youtube.com/ watch?v=T2in5c3T_jg [Abgerufen: 31.05.2019]. Wrigley's Spearmint ließ zahlreiche Fernsehwerbungen ausstrahlen. Dieses Medium erlaubt eine ausführlichere Darstellung des Bildes, welche die Firma Wrigley mit ihrem Produkt verknüpfen will. So laufen beispielsweise die zwei Protagonisten an einer Hafenpromenade entlang, während sie sich angeregt unterhalten. Sie treffen auf weitere gut gelaunte Darsteller. Alle führen eine überdimensionierte Kaugummipackung mit sich. Untermalt wird die Szene mit Musik, die das gezeichnete Bild ergänzen soll.

60 Medpex.de: Lemon FitGum: https://www.medpex.de/lemon-fitgum-l -carnitin-kaugummi-p10132004 [Abgerufen: 12.07.2019].

61 »Weihrauch Harz Kaugummi Dammar – Box von 100g (Rituale, Zeremonien)«: https://www.ebay.de/itm/322305367066?ul_noapp=true [Abgerufen: 06.06.2019].

OrByFa[62] oder Doggy delight Deodorant[63] werben sogar mit Parfümen mit Kaugummigeruch, wobei Letzteres gar speziell für Hunde gedacht ist. Dagegen ist es fast schon gewöhnlich, dass Kaugummis wie der Drive Gum mit Koffein[64] oder der Nicotinell mit Nikotin versetzt werden,[65] ein neueres Produkt der Marke Euphoria wirbt sogar mit einem hanfölhaltigen Kaugummi, der medizinisch eingesetzt werden soll.[66]

Der mexikanische General Antonio Lopez de Santa Anna wäre vermutlich begeistert von dem Marktpotenzial des Chicle, welches er damals als den »größten Schatz Mexikos« anpries. Allerdings konnte sich der Kaugummi erst durch geschicktes Marketing als Massenprodukt etablieren. Dazu musste zuerst ein entsprechender Massenmarkt erschlossen werden, was unter Berufung auf oftmals nicht validierte Behauptungen erreicht wurde. Diese Behauptungen sickerten daraufhin langsam in das allgemeine Bewusstsein ein.

Das Besondere des Kaugummis ist dabei, dass er sich als geschmack- und formlose Masse ideal eignet, um mit den unterschiedlichsten Botschaften, die einen Markterfolg versprechen könnten, verbunden zu werden. Es wäre

---

62   »BUBBLEGUM Eau de Parfum OrByFa, Damen-Herren, (Kaugummi) Bubble Gum EDP«: https://www.ebay.de/itm/302588445737?ul_noapp=true [Abgerufen: 06.06.2019].

63   »Doggy delight deodorant – Fragrance of Bubblegum – 150ml spray bottle!«: https://www.ebay.de/itm/173869826990?ul_noapp=true [Abgerufen: 06.06.2019].

64   tobaccoland bringt Koffein-Kaugummis in die Trafiken, in: Trafikanten Zeitung, 16.04.2018, https://www.trafikantenzeitung.at/trafikantenzeitung/tobaccoland-bringt-koffein-kaugummis-die-trafiken-163722 [Abgerufen: 06.06.2019].

65   Nicotinell: Nicotinell wirkstoffhaltiges Kaugummi, Linderung des Rauchverlangens für unterwegs: https://www.nicotinell.de/nikotinersatzprodukte/nicotinell-kaugummi.html [Abgerufen: 06.06.2019].

66   »Kaugummi mit Cannabis-Essenzöl«: https://www.ebay.de/itm/123752396100 [Abgerufen: 12.07.].

sogar vorstellbar, dass Kaugummis angepriesen werden, die
erst nach der entsprechend erzeugten Nachfrage hergestellt
werden, ähnlich dem fiktiven Produkt »VIP« in der Fünfzi-
ger-Jahre-Komödie »Ein Pyjama für Zwei« mit Doris Day
und Rock Hudson, dessen Werbespot solch ein Erfolg wurde, dass nun unbedingt ein entsprechendes Produkt erfunden
werden musste, das letztlich ein Bonbon war, das zu einem
kapitalen Vollrausch führte. Vielleicht erscheint eines Tages
ein Kaugummi, der ebenfalls eine berauschende Wirkung er-
zielen soll, auf dem Markt. Produkte, die dem Geschmack
alkoholischer Getränke nacheifern, gibt es sogar schon, wenn
auch ohne tatsächlich Alkohol zu enthalten. Die Marke Pira-
tenfass wirbt mit Mojito-Geschmack,[67] wobei eigentlich eine
entsprechende Tequila-Note der mexikanischen Herkunft des
Kaugummis am besten gerecht werden würde. Auch wenn es
momentan schwer vorstellbar erscheinen mag, dass solch ein
Produkt auf großes Interesse stößt – die Geschichte der Kaugummiwerbung zeigt, dass sich durch geschicktes Marketing
eine entsprechende Nachfrage erzeugen ließe.

Quellen

Bette, Karl-Heinrich: Körperspuren – Zur Semantik und Paradoxie
    moderner Körperlichkeit, Berlin 1989.
Brandt, Alexander: Vom Kaufmannsbild zum »Virus« Karl-May-
    Sammelbilder, in: Wiener Karl-May-Brief, Jg. 1, H. 2/2016.
Center Shoch: http://www.centershocks.com / [Abgerufen:
    12.07.2019].

---

67 »1 Piratenfass-Kaugummi, mit Mojito-Geschmack, natürlich ohne Alko-
    hol«: https://www.ebay.de/itm/223309548695?ul_noapp=true [Abgeru-
    fen: 06.06.2019].

Ebay.de: 1 Piratenfass-Kaugummi, mit Mojito-Geschmack,
    natürlich ohne Alkohol: https://www.ebay.de/
    itm/223309548695?ul_noapp=true [Abgerufen: 06.06.2019].

Ebay.de: BUBBLEGUM Eau de Parfum OrByFa, Damen-Herren,
    (Kaugummi) Bubble Gum EDP: https://www.ebay.de/itm/
    302588445737?ul_noapp=true [Abgerufen: 06.06.2019].

Ebay.de: Doggy delight deodorant – Fragrance of Bubblegum –
    150ml spray bottle!: https://www.ebay.de/itm/173869826990?ul_
    noapp=true [Abgerufen: 06.06.2019].

Ebay.de: Kaugummi mit Cannabis-Essenzöl: https://www.ebay.de/
    itm/123752396100 [Abgerufen: 12.07.].

Ebay.de: Weihrauch Harz Kaugummi Dammar – Box von 100g
    (Rituale, Zeremonien): https://www.ebay.de/itm/
    322305367066?ul_noapp=true [Abgerufen: 06.06.2019].

Ekuni, Daisuke/Tomofuji, Takaaki/Takeuchi, Noriko/Morita,
    Manabu: Gum chewing modulates heart rate variability under
    noise stress, in: Acta Odontologica Scandinavica, H. 70/2012,
    S. 491–496.

Guo, Zhongyan/Martucci, Nicole J./Moreno-Olivas, Fabiola/Tako,
    Elad: Titanium dioxide nanoparticle ingestion alters nutrient
    absorption in an in vitro model of the small intestine, in:
    NanoImpact, H. 5/2017, S. 70–82.

Hellmann, Kai-Uwe: Alles Marke, oder was? Markenpolitik in
    der politischen Kommunikation, in: Neue soziale Bewegungen,
    H. 3/2003, S. 17–23.

Hendrickson, Robert: The Great American Chewing Gum Book,
    Radnor 1976.

Hüllemann, Niko M. O.: Vertrauen ist gut – Marke ist besser: Eine
    Einführung in die Systemtheorie der Marke, Heidelberg 2007.

Juicy Fruit 1946: https://commons.wikimedia.org/wiki/File:Juicy_
    Fruit_1946.JPG [Abgerufen: 06.06.2019].

Koerber, Ralf: Freikörperkultur, in: Kerbs, Diethart/Reulecke,
    Jürgen: Handbuch der deutschen Reformbewegung 1880–1933,
    Wuppertal 1998, S. 103–114.

Kofahl, Daniel: Geschmacksfrage: Zur sozialen Konstruktion des
    Kulinarischen, Berlin 2010.

Leis, Mario: Sport. Eine kleine Geschichte, Leipzig 2003.

Luhmann, Niklas: Die Gesellschaft der Gesellschaft, Frankfurt/M.
    1998.
Luhmann, Niklas: Die Realität der Massenmedien, Opladen 2002.
Luhmann, Niklas: Die Wirtschaft der Gesellschaft, Frankfurt/M.
    1994b.
Luhmann, Niklas: Die Wissenschaft der Gesellschaft, Frankfurt/M.
    1992.
Luhmann, Niklas: Liebe als Passion, Frankfurt/M. 1994a.
Luhmann, Niklas: Soziale Systeme, Frankfurt/M. 1984.
Maase, Kasper: Grenzenloses Vergnügen, Frankfurt/M. 1997.
Mathews, Jennifer P./Schultz, Gillian P.: Chicle. The Chewing
    Gum of the Americas. From the ancient Maya to William
    Wrigley, Tucson, 2009.
Mattern, Joanne: William Wrigley Jr. – Wrigley Chewing Gum
    Founder, North Mankato 2011.
Medpex: Lemon FitGum: https://www.medpex.de/lemon-fitgum
    -l-carnitin-kaugummi-p10132004 [Abgerufen: 12.07.2019].
Mogge, Winfried: Jugendbewegung, in: Kerbs, Diethart/Reulecke,
    Jürgen: Handbuch der deutschen Reformbewegung 1880–1933,
    Wuppertal 1998, S. 103–114.
Nicotinell.de: Nicotinell wirkstoffhaltiges Kaugummi, Linderung
    des Rauchverlangens für unterwegs: https://www.nicotinell.de/
    nikotinersatzprodukte/nicotinell-kaugummi.html [Abgerufen:
    06.06.2019].
Ohne Autor: Luftverkehr mit Junkers-Flugzeugen. Flugplan Juni
    1925, o. O., (Juni) 1925 (Versteigerung auf: https://www.bids
    quare.com/online-auctions/jeschke-van-vliet/luftverkehr
    -mit-junkers-flugzeugen-flugplan-juni-1925-mit-zahlr-illus
    trationen-schettler-coethen-anhalt-1925-74-s-k-679078
    [Abgerufen: 04.06.2019]).
Panati, Charles: Universalgeschichte der ganz gewöhnlichen Dinge,
    München 1998.
Rost, Detlef H./Wirthwein, Linda/Frey, Kristina/Becker, Elvira:
    Steigert Kaugummikauen das kognitive Leistungsvermögen?
    Zwei Experimente der besonderen Art, in: Zeitschrift für
    Pädagogische Psychologie, H. 24/2010, S. 39–49.
Ruttmann, Walther: Berlin – Sinfonie der Großstadt, 1927.

Segrave, Kerry: Chewing Gum in America, 1850–1920 – The Rise of an Industry, Jefferson 2015.

tobaccoland bringt Koffein-Kaugummis in die Trafiken, in: Trafikanten Zeitung, 16.04.2018, https://www.trafikantenzeitung.at/trafikantenzeitung/tobaccoland-bringt-koffein-kaugummis-die-trafiken-163722 [Abgerufen: 06.06.2019].

Vogd, Werner: Medizinsystem und Gesundheitswissenschaften – Rekonstruktion einer schwierigen Beziehung, in: Soziale Systeme, Jg. 11, H. 2/2005, S. 236–270.

Wardlaw, Lee: Bubblemania. The chewy history of bubble gum, New York, 1997.

Wrigley's Spearmint Gum Werbung 80er: https://www.youtube.com/watch?v=T2in5c3T_jg [Abgerufen: 31.05.2019].

Xucker: Xucker Xylit-Kaugummi Typ Spearmint, ohne TIO2: https://www.xucker.de/xummi-xylit-kaugummis-spearmint-100-g-je-dose/a-404/?ReferrerID=7&gclid=CjwKCAjw8-LnBRAyEiwA6eUMGmLlRGyG9f9Fq90bX5llDqEkhZ-4im9j10KoLgVCexd-BJVotowzjh0CelMQAvD_BwE [Abgerufen: 06.06.2019].

Young, Robert: The Chewing Gum Book, Minneapolis 1990.

Kaugummiautomaten

Zwischen unverwüstlichem Stadtinventar und nostalgischer Projektionsfläche

Nicolas von Lettow-Vorbeck

Kaugummis erfreuten sich in den Nachkriegsjahren in Westdeutschland größter Beliebtheit. Gemeinsam mit den US-amerikanischen Soldaten waren sie ins Land gekommen und galten in den Wiederaufbaujahren wie Rock 'n' Roll, Cadillacs und Coca-Cola als Symbole für Fortschrittlichkeit und ein neues, freieres Lebensgefühl. Da Kaugummis lange haltbar, klein und relativ temperaturunempfindlich sind, lag es auf der Hand, die große Nachfrage zusätzlich mit Automaten zu be-

Foto: N. v. Lettow-Vorbeck.

friedigen und die begehrten Produkte so 24 Stunden am Tag, 7 Tage die Woche anzubieten. Als rein mechanische Konstruktion ist ein Kaugummiautomat auf keinerlei Stromversorgung angewiesen, der faszinierend einfache Mechanismus garantiert geringe Wartungskosten, die stabile Konstruktion trotzt zuverlässig Wind und Wetter. Einfach eine Münze einwerfen, die Bedienung des Drehgriffs löst einen Mechanismus aus, der die Münze in den Sammelbehälter fallen lässt und so die Ware – die sich in einem durchsichtigen Plexiglasbehälter über dem Automaten befindet – freigibt und ins Ausgabefach fallen lässt.

In ihrer Blütezeit, den 1950er und 1960er Jahren, waren die Geräte nicht nur an Bartresen und Kinos aufgestellt, sondern an vielen Orten im Außenbereich, vor allem an Hauswänden, fest installiert. Leider gibt es keine verlässlichen Zahlen über die damalige Geräteanzahl. Die Aufsteller setzten damals in besonderem Maße auf Orte, an denen regelmäßig viele Kinder vorbeikamen, beispielsweise die Umgebung von Schulen und Sportstätten. Die Automaten waren meist in Rot und Weiß gestrichen, die weithin sichtbaren Farben sollten die Aufmerksamkeit der jungen Konsumenten erregen. Fotoaufnahmen aus jenen Tagen zeigen Gruppen von Kindern, die fasziniert vor den Geräten stehen, ein Guckfenster ermöglichte einen Blick auf das Warenangebot im Inneren. Soll man das kostbare Taschengeld sofort in ein Kaugummi investieren oder doch lieber ins Sparschwein werfen, wie es die Eltern immer wieder empfehlen? Am Kaugummiautomaten spielte sich schon im Kindesalter der uralte Konflikt zwischen spontanem Hedonismus und zukunftsorientierter Askese ab. Auch mathematische Kenntnisse konnten hier praxisnah angewendet werden: Eine große Packung Kaugummis ist auf den Stückpreis gerechnet wesentlich günstiger als der Kauf einer einzelnen Süßigkeit am Automaten. Wer den Genuss heute aufschiebt, kann in ein paar Wochen mehr genießen – aber schafft man es, noch so lange zu warten? Derartige Überlegungen spielten sich eher ab, wenn man ganz alleine vor dem Automaten stand. In Gemeinschaft mit anderen erhielt die Entscheidung für oder gegen den Kauf eine soziale Dimension, der Konsum oder Konsumverzicht wurde zum Statement.

Für viele kleinere Kinder stellt es – damals wie heute – eine Hürde dar, ganz alleine in einem Geschäft auf den:die Verkäufer:in zuzugehen, einen Artikel auszusuchen und diesen zu bezahlen. Diese Kinder schätzen die Anonymität eines Automaten. Durch den nicht menschlichen Geschäftspartner entziehen sie sich der sonst nötigen sozialen Interaktion und machen trotzdem einen großen Schritt in die Welt der Erwachsenen. Heiko Schütz lebt im Westerwald und betreibt Kaugummiautomaten an über 1.000 Standorten in Nordrhein-Westfalen, Niedersachsen, Hessen, Rheinland-Pfalz, Baden-Württemberg und Bayern, er meint zu diesem Phänomen: »Der Kaugummiautomat ist für viele Menschen der Ort, an dem sie zum ersten Mal in ihrem Leben selbstständig ein

Foto: N. v. Lettow-Vorbeck.

Kaufgeschäft abwickeln. Logisch: Am mechanischen Automaten muss kein Kind mit schwitzigen Händchen Angst vor dem Verkäufer haben oder sich um das richtige Wechselgeld sorgen.« Schütz betreibt seine Automaten nicht nur in den großen Städten, sondern auch im ländlichen Raum. Dort ist der Kaugummiautomat für Kinder oft die einzige Möglichkeit für Kleininvestitionen, da viele Dorfläden aufgrund großer Einkaufszentren auf der grünen Wiese und dem boomenden Onlinehandel für immer ihre Pforten geschlossen haben.

Schütz stieg im Jahr 2007 in das Geschäft mit den Kaugummiautomaten ein, vorher arbeitete er im Groß- und Einzelhandel für Raumausstattung, seither wächst die Zahl seiner Automaten beständig. Trotz unerschöpflicher digitaler Unterhaltungsmöglichkeiten ziehen die Automaten immer noch ausreichend Kund:innen an. Laut Schütz schwankt der Umsatz pro Gerät stark und ist vom Aufstellungsort, der Witterung und den angebotenen Waren abhängig. Im Jahr 2017 schätzte der Verband Automaten-Fachaufsteller (VAFA) die Anzahl der in der Bundesrepublik Deutschland aufgestellten Kaugummiautomaten auf 500.000 bis 800.000 Geräte. Leider existieren keine Erhebungen über den Altersdurchschnitt der Konsument:innen, es ist aber anzunehmen, dass Kinder im Grundschulalter die größte Kundengruppe bilden.

Für die Kinder von damals, die heutigen Erwachsenen, stehen die Kaugummiautomaten nicht mehr für einen modernen US-amerikanischen Lebensstil, sondern für eine längst vergangene, in der Erinnerung als beschaulich wahrgenommene – weil nicht digital beschleunigte und total globalisierte – Epoche. Interessanterweise haben die Automatenaufsteller:innen bisher noch keine speziellen Angebote für diese wachsende Gruppe der erwachsenen Nostalgiker entwickelt.

Schon in den 1950er und 1960er Jahren waren die Geräte nicht nur wegen ihrer Kaugummis beliebt, sondern auch aufgrund einer unüberschaubaren Anzahl von Kleinartikeln. Anstatt Kaugummis kann in den Automaten nahezu jeder Artikel angeboten werden, der durch den Ausgabeschacht passt. So finden sich bis heute Plastikringe, Schlüsselanhänger, Flummis, winzige Taschenmesser, Figürchen oder Schleimtiere in den Geräten. Mittlerweile werden diese Waren zumeist einzeln angeboten, früher waren sie als Zugaben zwischen den bunten, runden Kaugummis versteckt. So wurde für die Kinder ein zusätzlicher Anreiz gegeben, möglichst viele Münzen einzuwerfen. Jeder neue Einwurf bot eine neue Chance! Dass diese Gimmicks hinter dem Plexiglas gut sichtbar waren, beflügelte zusätzlich die Fantasie: Wie wahrscheinlich ist es wohl, dass ich in wenigen Augenblicken den heiß ersehnten Artikel in Händen halte?

Interessanterweise bieten die Kaugummiautomaten seit einigen Jahren immer weniger Kaugummis und immer mehr Spielzeuge an, die Preise hierfür bewegen sich meist zwischen 20 Cent und einem Euro. Für die Aufsteller ist es eine große Herausforderung, immer neue und im Einkauf günstige Waren auf dem Weltmarkt zu beschaffen. Aufsteller Schütz meint dazu:

Foto: N. v. Lettow-Vorbeck.

»Faszinierend finde ich die Vielfalt und Einfachheit der Spielzeuge zu Cent-Preisen und die damit verbundenen Kinderfreuden. Es macht mich glücklich, wenn den Kindern die von uns ausgesuchten Sachen gefallen. Lieblos ausgewählte Ware lassen sich die jungen Kunden nämlich nicht so einfach andrehen, denn sie kaufen sehr überlegt – nicht wie die Erwachsenen, die sich oft von Werbung und Rabatten blenden lassen. Meine ungewöhnlichsten Waren waren Fahrradleuchtventile. Statt der üblichen Ventilabdeckung konnte eine batteriebetriebene LED aufgeschraubt werden, die bei jeder Radumdrehung bunt leuchtete. Seit Jahren sehr beliebt sind Stickys – Geschosse aus Gummi in unterschiedlichsten Farben und Formen. Außerdem sind zeitlose Evergreens wie Flummis oder Ringe für Mädchen sehr gefragt. Hin und wieder erhalte ich Anfragen von jungen Männern, die mit den Original-Kaugummiautomaten-Ringen ihrer Liebsten einen Heiratsantrag machen wollen, um damit an gemeinsame Kindheitserlebnisse zu erinnern.«

Die attraktiven Waren in den Geräten wecken natürlich auch Begehrlichkeiten. Vor allem für Jugendliche kann das Aufbrechen eines Kaugummiautomaten als spannende Mutprobe oder prickelnder Grenzübertritt wahrgenommen werden. Leider gibt es auch hierzu keine Zahlen, Aufsteller Schütz sagt zu der Problematik:

»Natürlich sind Zerstörungen keine Freude für einen Automatenbetreiber. Meistens handelt es sich jedoch nur um kleine Beschädigungen am Füllglas. Gelegentlich wird der Versuch unternommen, mit einem Feuerzeug ein Loch ins Glas zu brennen, um an die begehrten Kugeln zu kommen. Auch nervig: Im Automaten detonierte Silvesterkracher, die die Ware vernichten und eine erhebliche Reinigungsarbeit in unserer Werkstatt erfordern.«

Vor allem in Großstädten sehen die Automaten oft sehr mit-
genommen aus, fast immer sind sie mit Stickern und Graffiti
versehen. Politische Statements, Aufkleber von Fußballverei-
nen oder Ankündigungen von Demos – der einzelne Kaugummiautomat verrät überraschend viel über eine Straße und
den jeweiligen Stadtteil.

Spannend ist die Fragestellung, ob das lebende Fossil Kaugummiautomat auch in den kommenden Jahrzehnten noch
ein fester Bestandteil unseres Straßenbilds sein wird. Kau-
gummiautomatenexperte Heiko Schütz sagt dazu:

»In Zukunft werden in Deutschland natürlich immer weniger Kinder leben – und damit weniger mögliche Kunden.
Trotzdem bin ich optimistisch, denn diese Geräte sind extrem zuverlässig, zählebig, benötigen keinen Strom und lassen sich sehr leicht reparieren. Und vielleicht finden ja auch
bald Erwachsene Gefallen an den Produkten aus meinen
Nostalgie-Boxen? Für ein bisschen unschuldigen Spaß und
einen augenzwinkernden, verträumten Blick auf die eigene
Kindheit ist man doch eigentlich niemals zu alt …«

Foto: N. v. Lettow-Vorbeck.

Der Charme der Charms.
Ein Gespräch mit »LolliOlli«

Sacha Szabo

Auch für Oliver Post aus Siegburg waren Kaugummiautomaten Teil der Kindheit und gerieten, wie so viele zauberhafte Dinge der Kindheit, ein wenig in Vergessenheit. Bis er mit Freunden zufällig nachts vor einem Automaten stand und sie bemerkten, dass diese vertrauten Objekte langsam aus dem Stadtbild verschwinden. In diesem Moment fasste er den Gedanken, dieses Kulturgut wieder fest im Stadtbild zu verorten. Er nahm Kontakt zu Kaugummiautomatenaufstellern auf, sprach mit Hausbesitzern, an deren

Foto: Kjell Ake Kühn.

Wand ein zerstörter und herrenloser Automat hing, arbeitete die Metallgehäuse mit viel Liebe zum Detail wieder auf und hauchte den alten Automaten neues Leben ein, sodass diese wieder den alten Zauber an ihren alten und auch neuen Standorten versprühen.[1]

Im Rahmen dieses Buchprojekts erklärte sich Oliver Post sofort bereit, einige Fragen zu beantworten und einen kleinen

---

[1] Ein würdigendes Porträt findet sich im Kölner Stadt-Anzeiger/Rhein-Sieg-Anzeiger vom 23.10.2019.

Einblick in seine Arbeit als »LolliOlli«[2] zu gewähren. Das Interview führte Sacha Szabo.

Herr Post, wie kam es denn, dass Sie Ihr Herz für Kaugummiautomaten entdeckt haben?

Diese Leidenschaft ist buchstäblich aus einer Schnapsidee heraus entstanden. Nach einem feuchtfröhlichen Abend auf unserem Stadtfest standen wir vor einem verwaisten Kaugummiautomaten und philosophierten, was nur aus den Automaten geworden ist, die uns als Kinder immer so erfreut hatten. Einige Tage später habe ich dies meinem Segellehrer, der 67 Jahre alt ist, erzählt. Dieser berichtete mir, dass er damals auch Automaten aufgestellt und noch einige Automaten eingelagert habe. In diesem Moment kam mir die Idee, dass ich ebenfalls Automatenaufsteller für Kaugummis werden wollte. Kurzerhand sind wir uns einig geworden und schon ein paar Tage später war ich stolzer Besitzer zahlreicher Kaugummiautomaten. Mit der Wiederbelebung der Automaten begann auch mein Herz immer schneller für die Leidenschaft der Kaugummiautomaten zu schlagen.

Was ist überhaupt ein Kaugummi? Kaugummi ist vielseitig!

Für den einen ist er der ständige Begleiter, für den anderen ist er lästig, weil manche ihr Kaugummis unachtsam auf die Erde spucken. Für mich ist er eine Passion.

Kurz noch eine spontane Zwischenfrage, eigentlich eine Glaubensfrage. Im Deutschen spricht man ja vom »Kaugummi« und seltener vom Bubble Gum oder Chewing Gum. Also zu-

---

2　LolliOlli – Retrokaugummiautomaten, www.lolliolli.de [Stand: 11.04.2020].

erst Ihre intuitive Antwort: »der« oder »das« Kaugummi, was sagen Sie?

Als rheinische Frohnatur natürlich »dat Kaujummi«, für den Nichtrheinländer also ein klares Bekenntnis zu »das«.

Was ist denn der Unterschied zwischen Chewing Gum und Bubble Gum?

Tatsächlich habe ich mir da noch nie Gedanken zu gemacht. Ich finde, man muss nicht immer alles in einer fremden Sprache ausdrücken, wenn man in der heimischen Sprache ein funktionales Wort dafür hat.

Warum kauen Menschen denn überhaupt auf einem Kaugummi herum?

Ich denke, das muss man sich genauer anschauen, um eine finale Aussage treffen zu können. Bei Kindern ist es wohl eher der Trieb nach etwas Süßem und der Lust, aus Kaugummis dicke Blasen zu pusten. Der Jugendliche kaut ihn, weil er »cool« ist, und der Erwachsene, weil er damit Zahnpflege betreiben kann oder durch Nikotinersatzprodukte den Stress abbauen möchte.

Was verbinden Sie persönlich mit dem Kaugummi?

Wenn ich etwas zum Thema Kaugummi höre, dann denke ich direkt an neue Innovationen, die ich vielleicht in meine Automaten packen kann.

Eine persönliche Frage: Kaugummi oder Kaubonbon? Was mögen Sie lieber? Ich könnte es mir fast denken. Aber können

*Sie den Unterschied beschreiben? Es sind ja doch irgendwie
zwei unterschiedliche Süßigkeiten.*

Geschmacklich fast das gleiche, jedoch im Erlebnis vollkommen unterschiedlich. Ich favorisiere das Kaugummi.

*Verstehen Sie, dass manche Menschen Vorbehalte gegenüber
Kaugummis haben?*

Ja, das kann ich gut verstehen, jedoch ist der Kaugummi gegen jedes beliebige Genussprodukt austauschbar, wenn man nach dem Verzehr nicht verantwortungsbewusst damit umgeht. Wenn ich das Kaugummi nach dem Verzehr auf die Erde spucke, dann ist es ein Problem. Ein gleiches Problem wie eine leere Flasche, die auf die Erde geworfen wird und in hunderte Splitter zerspringt.

Und was verbinden Sie mit einem Kaugummiautomaten?

Kindheitserlebnisse, die gerade eine zweite Renaissance erleben. Die Faszination für Technik aus den vergangenen Jahrzehnten, die bis heute Bestand hat und nach wie vor sehr viele Menschen glücklich macht, Jung und Alt!

*Ich habe das Gefühl, es gibt immer weniger Automaten, sie
sind langsam im Verschwinden. Trifft das zu? Woran liegt das
Ihrer Meinung nach?*

Ist das tatsächlich so oder haben Sie einfach den Blick dafür verloren? Wenn man bewusst Ausschau nach Automaten hält, dann sieht man doch viel mehr Automaten, als man vielleicht meinte. Der Kult der Automaten hat nach wie vor Bestand und die Geschäfte mit den Automaten florieren weiterhin. Es mag sein, dass Automaten an gewissen Stellen verschwunden sind, weil die Mauer, an der er hing, einem Einkaufszentrum weichen musste. Jedoch tauchen diese Automaten dann an anderen Stellen wieder auf. Der Wunsch in der Bevölkerung, dieses Kulturgut weiter zu nutzen, ist nach wie vor vorhanden. Aber ich gebe Ihnen recht, es sind weniger Automaten als früher. Das war ja mein Antrieb, um LolliOlli zu gründen.

Warum gehören solche Automaten zur Stadt?

Was wäre Ägypten ohne seine Pyramiden oder Köln ohne den Dom? Die Automaten haben schon sehr früh die Stadtbilder in Deutschland geprägt. Jeder weiß, wie solch ein Automat zu bedienen ist, und jeder kann sich daran erinnern, wie die Kaugummis geschmeckt haben. Jeder von uns hat bestimmt eine Erinnerung, wie er sich den ersten Kaugummi gekauft hat oder seiner ersten Freundin einen Ring aus dem Automaten gezogen hat. Solche Erinnerungen sind verbunden mit dem Ort, wo man groß geworden ist. Und genau aus diesem Grund gehören solche Erlebnisstätten in das Stadtbild.

Hat so ein Automat auch einen Nutzen? Oder warum sollte es sie geben?

Nehmen wir an, wir sind ein Erstklässler und bekommen im Monat 5 Euro Taschengeld. Wie kann ich diese 5 Euro jetzt wohl ausgeben? Ich kann in den Supermarkt gehen und mir eine Tüte Kaugummis holen, die knapp 2,50 Euro kostet. Mit dieser Tüte werde ich sicherlich von jetzt auf gleich der beste Freund auf dem Spielplatz sein, jedoch möchte ich auch nicht gleich die Hälfte meines Taschengeldes an meine Freunde verschenken müssen. Die besten Kaugummis kann ich mir schlecht heraussuchen und somit war es das mit

meiner gekauften Tüte aus dem Supermarkt. Anders sieht
das aus, wenn ich mir mein Geld einteile. Mit nur 20 Cent
gehe ich an den Automaten und habe »meinen« Lieblings-
kaugummi. Ich kann zudem frei wählen, ob ich evtl. noch
ein paar Cent mehr investieren möchte und mir ein lustiges
Spielzeug, eine Stinkbombe oder gar einen Freundschaftsring für meine beste Freundin ziehen möchte. Ich kann mir
Dinge in Stückzahl Eins kaufen, was ich im Supermarkt eher
nicht kann.

*Ich habe das Gefühl, dass Kaugummiautomaten früher oft auf
Schulwegen und an Gaststätten hingen und heute mehr als
früher an Brückengeländern. Was ist denn ein guter Platz für
einen Automaten und was zeichnet solch einen Platz aus?*

Automaten an Brücken sind gar nicht zulässig. Tatsächlich
gibt es strenge Richtlinien zur Montage von Automaten. Ein
guter Platz hängt von vielen Faktoren ab. Zum einen soll

der Platz natürlich gut frequen-
tiert sein, damit er auch Umsatz
generiert. Zum anderen soll er an
einer Stelle hängen, die sicher gegen Vandalismus ist, was an einer
Brücke z. B. nicht der Fall wäre.
Des Weiteren muss sich die Stelle
an einem Platz befinden, der nicht
zum   öffentlichen   Verkehrsraum
zählt. Automaten, die in den öffentlichen Verkehrsraum gehangen
werden, bedürfen einer Baugeneh-
migung durch die Stadt oder Gemeinde. Solch ein Bauantrag kostet
je nach Gemeinde oder Stadt bis zu

Foto: Kjell Ake Kühn.

100 Euro, was den Betrieb nicht attraktiv macht. Somit gilt es, einen Platz auf einem privaten Grundstück zu finden. Der Besitzer bekommt meist eine kleine Provision, was in Summe günstiger ist, zumal man auch einen Automatenpaten hat, der ein Auge auf den Automaten wirft. Sie sehen, die Platzierung ist ein wichtiger Aspekt für den wirtschaftlichen Betrieb.

Die Kaugummiautomaten hängen ja recht niedrig. Warum — damit vorrangig Kinder angesprochen werden?

Genau das ist der Aspekt. Was im Übrigen häufig auch ein Grund ist, dass wir Erwachsenen glauben, dass es keine Automaten mehr gibt. Automaten werden auf Augenhöhe der Kernkundschaft montiert.

Was macht die Automaten für Kinder so spannend?

Wenn der Automat gepflegt ist, dann wird er immer sauber und mit einem wechselnden Sortiment bestückt sein. Mal sind es die sauren, mal die süßen Kaugummis. Mal die Freundschaftsringe, mal Flummis. Bei den Kaugummis gibt es häufig auch den bunten Mix. Man weiß nie genau, was man bekommt, wenn man die Münze reinwirft und den Griff dreht. Kinder kann man mit solch einer Vielfalt noch begeistern.

Kann ein Kind auch etwas durch oder mit dem Automaten lernen?

Ja, es lernt Entscheidungen zu treffen. Es lernt, sein Taschengeld richtig einzusetzen, und es lernt, wie fies es ist, wenn andere Kinder vorher einen Hundehaufen in den Ausgabeschacht gedrückt haben und dann in selbigen zu fassen.

Es gab in meiner Kindheit auch Chewing-Gum-Automaten,
wo man etwa Wrigley's-Kaugummipäckchen kaufen konnte.
An wen richteten sich diese Automaten? Hingen diese denn
höher? Gibt es diese Art Automaten überhaupt noch?

Vereinzelt gibt es diese Automaten immer noch. Ich selbst
besitze noch zwei Stück, die jedoch in meiner Werkstatt ver-
weilen. Die Automaten haben eine weitaus komplexere Mechanik verbaut. Diese instand zu halten, ist viel aufwendiger
als bei den bekannten »Brabo-Automaten«. Zudem gibt es
kaum noch Ersatzteile und man hat sich häufig fürchterlich
die Finger am Ausgabeschacht gequetscht. Man kann sagen,
der Mehrwert dieser Automaten hat nicht überwogen, sodass
sie nur wenige Jahre im Feld waren.

Wie hat sich denn der Inhalt der Automaten verändert und
haben sich die Kaugummis im Lauf der Jahre verändert? Frü-
her kann ich mich nur an bunte Kugeln erinnern, manchmal
auch kandierte Erdnüsse. Jetzt gibt es richtige Geschmacksex-
plosionen.

Ich weiß nicht, ob heute wirklich alles besser ist. Die gesetzlichen Anforderungen an Lebensmittel werden immer höher.
Dies gilt es in Einklang mit Haltbarkeit, Genuss und Preis zu
bringen. Deshalb versuche ich, auf Kaugummis zu verzichten, die mit AZO-Farbstoffen versehen sind. Die Konsequenz
ist, dass die Kaugummis im UV-Licht der Sonne schneller
ausbleichen. Geschmacklich macht das nichts, jedoch sieht er
einfach nicht mehr ansprechend aus. Ich erhalte Beschwerden,
dass die Kaugummis mit Bienenwachs überzogen sind. Aber
ohne Bienenwachs funktioniert ein Automatenkaugummi
nun mal nicht. Ohne diesen Überzug wären die Kaugummis
innerhalb kürzester Zeit ausgetrocknet und würden bröselig

aus dem Automaten kommen. Das will keiner! Knisternder
Kaugummi ist mittlerweile verboten, weil kleine Kinder sich
durch den daraus resultierenden Schluckreflex verschlucken
könnten. Eine Zauberkugel, das ist ein Kaugummi, der im
Verlauf des Lutschens seine Farbe wechselt, darf nicht mehr
vertrieben werden, da die Trennmittel zwischen den Schichten nicht zu 100 Prozent mit dem Lebensmittelgesetz in Einklang gebracht werden können. Die heutigen Möglichkeiten
für verschiedene Geschmäcker sind sicher vielseitiger geworden, jedoch fand ich die Kaugummis in meiner Kindheit viel
spannender.

Was ist denn im Moment, also 2020 besonders beliebt?

Bei den Kaugummis ist ganz klar weiterhin der Evergreen
»Center Shock« das beliebteste Kaugummi. Anfangs süß und
wenn man draufbeißt derart sauer, dass es einem die Zähne
zusammenzieht.

*Ich sehe öfters auch Automaten ohne Kaugummis, wo nur
Spielzeug gezogen werden kann. Gab es das schon immer?*

Ja, nur die Vielfalt ist breiter geworden. Tatsächlich sind
Spielzeuge teilweise beliebter als Kaugummis. Früher waren
es nur der Freundschaftsring und Flummis, heute sind es Flit-
sche-Dinos, Stinkbomben, Aliens, Monster, Hundewelpen.
Die Auswahl ist schier unendlich.

*Wie ist die Reaktion, wenn Menschen von Ihrem Tun erfah-
ren?*

Die Reaktionen sind durchweg positiv! Über meine Webseite
oder bei Facebook erhalte ich sehr viel Zuspruch und Unter-

stützung. Im Frühling inseriere ich in den sozialen Medien und stelle mein Retroprojekt LolliOlli vor, um neue Standplätze zu bekommen. Der Zuspruch ist nach wie vor überwältigend. Zahlreiche Menschen gratulieren mir zu meiner Idee, die Retrokaugummiautomaten wieder vermehrt ins Stadtbild zu bringen. Ich bekomme provisionsfreie Standplätze angeboten und die Menschen identifizieren sich mit den Automaten. Mehrere hunderte positive Kommentare sprechen für sich. Auch die Medien haben mein Projekt aufgegriffen. Anfragen von fast allen deutschen Fernsehsendern und auch aus Redaktionen aus dem Ausland haben mich erreicht. Ich bin absolut von dieser positiven Resonanz überwältigt. Und solange das so bleibt, werde ich diese Leidenschaft weiterverfolgen.

Ist das Aufstellen von Automaten für Sie ein Hobby? Ich habe den Eindruck, dass die Automaten langsam verschwinden. Kann man nicht mehr davon leben, gibt es gesellschaftliche Vorbehalte oder woran liegt es, dass es gefühlt immer weniger Automaten werden?

Das wäre toll, wenn ich davon leben könnte. Diese Leidenschaft ist ein sehr kostspieliges Hobby von mir. Bislang habe ich einen mittleren fünfstelligen Betrag investiert, um diesem Retrokult eine zweite Zeit geben zu können. Es ist nicht nur kostenintensiv, sondern auch sehr zeitintensiv. Die alten Kultautomaten kaufe ich gebraucht im Internet und restauriere sie aufwendig. Bis ein Automat an einer Wand hängt, habe ich mehrere hundert Euro an Materialkosten und bei einem Dreischachtautomaten rund 12 Stunden Zeit investiert. Und das nur für einen Standplatz! Die Margen an den Waren sind knapp kalkuliert, sodass ein neuer Automat rund fünf Jahre braucht, bis er wirtschaftlich ist. Ich weiß, dass es noch eine Handvoll Automatenaufsteller gibt, die das zum Haupterwerb machen. Ich könnte das mit meinen Automaten nicht. Im realen Leben arbeite ich als Manager für einen weltweit agierenden Konzern in der Medizintechnik und genieße es, bei meinen Automaten vom anspruchsvollen Alltag abzuschalten. Perspektivisch möchte ich meine Automaten so weit ausbauen, dass ich mir irgendwann mal im Alter damit noch ein paar Euro dazu verdienen kann. Aktuell ist es ein reiner Invest, den ich aber gerne auf mich nehme. Bedingt durch die relativ hohen Investitionskosten und den niedrigen Erlös erklärt es sich auch vielleicht, dass der Neuaufbau eines Automatennetzes sehr langsam vonstattengeht. Hinzu kommt, dass die Branche der Kaugummiautomatenaufsteller buchstäblich eine aussterbende Branche ist. Ich habe Kontakt zu zahlreichen Aufstellern in Deutschland. Das Lebensalter von vielen Aufstellern ist durchaus fortgeschritten. Was ich jedoch auch sehe, ist, dass meine Idee Nachahmer findet. Mein Netzwerk zu den sogenannten Jungautomatenaufstellern wächst immer weiter an. Alleine in meinem Freundeskreis haben sich drei Leute so sehr dafür begeistert, dass sie alte Automatenfirmen aufgekauft haben und den gleichen Weg wie ich gehen. Es gilt immer zwei Dinge zu beachten. Das eine ist: Wie komme ich an Automaten? Und das andere ist: Wo kann ich sie aufhängen? Es gibt zahlreiche verwaiste Automaten. Diese darf man aber nicht einfach unter Beschlag nehmen, auch wenn man weiß, dass diese seit Jahren nicht mehr benutzt wurden. Würde man das machen, dann wäre das Sachbeschädigung, da ich den Automaten knacken müsste, und Diebstahl. Dann frage ich lieber den Hausbesitzer, ob ich nicht nebenan einen frischen Automaten anbringen darf. Man darf hoffen, dass der zweite Frühling der Automaten bald wiederkommen wird.

Kaugummiautomaten fallen ja häufig auch Vandalismus zum Opfer, manche werden sogar gesprengt. Ich kann mich

an meine Jugend erinnern, da war es an manchen Automaten
so verkokelt, als ob jemand die Kaugummis mit einem Feuer-
zeug herausschweißen wollte. Ist das immer noch so? Hat der
Vandalismus zugenommen oder hat er sich gar verändert?

Vandalismus ist nach wie vor ein großes Thema. Es gibt mittlerweile gute Schutzmechanismen. Diese sind aber sehr kostspielig und machen einen Automaten unattraktiv für den normalen Kunden. Man kann z. B. Gitter vor die Gläser bauen. Diese schützen dann vor dem Abflämmen, jedoch sieht man die Waren dann nicht so gut. Panzerglas schützt auch, jedoch wird es beim Abflämmen schwarz, womit der Automat dann auch wieder unansehnlich wird. Eine Patentlösung gibt es nicht wirklich. Deshalb ist ein guter Standort umso wichtiger.

Manche finden ja Kaugummis aus den Automaten eklig, weil
diese offen an einer Straße in einem Automaten liegen. Was
können Sie diesen Vorbehalten erwidern?

Wenn diese Menschen wüssten, was für ein Aufwand betrieben wird, damit die Kaugummis hygienisch einwandfrei aus dem Automaten kommen, dann gäbe es dieses Vorurteil nicht mehr. Jedes Automatenglas und die damit verbundene Mechanik wird mit lebensmittelechten Desinfektionsmitteln gereinigt. Ein entsprechender Nachweis ist bis ins kleinste Detail dokumentiert. Ebenso werden Chargen von Kaugummis und Daten des Inverkehrbringens akribisch nachgehalten. Einzig und alleine der Ausgabeschacht ist die Variable, die wir nicht beeinflussen können. Wenn man meint, einen Hundehaufen in den Schacht drücken zu müssen, dann schmeckt der Kaugummi »scheiße«. Aber das passiert so gut wie nur noch sehr, sehr selten. Nach jedem Befüllvorgang wird alles hygienisch aufbereitet. Ich bin jetzt 45 Jahre jung und habe in meinem Leben schon sehr viele Kaugummis gegessen. Bislang lebe ich. Das sollte ein Indikator sein, dass es nicht ganz so schlimm ist.

Was schätzen Sie: Gibt es eine Zukunft für die Automaten und warum oder warum auch nicht?

Die Automaten sind alternativlos, weshalb ich glaube, dass sie weiterhin Bestand haben werden. Das Erlebnis Kaugummiautomat kann man nicht durch etwas anderes ersetzen. Es ist schlichtweg unique.

Was will man eigentlich lieber, ein Kaugummi oder ein Spielzeug?

Das ist abhängig vom Aufstellort. Vor Schulen sind Kaugummis mehr gefragt. Vor Spielplätzen sind es mehr die Spielzeuge. Aber es ist ein ausgewogenes Gleichgewicht.

Als Kind haben mich auch die kleinen Spielzeuge fasziniert. Gibt es diese immer noch?

Oh ja! Und das wird sich bei mir auch nicht ändern. Ich habe nach wie vor die Freundschaftsringe und andere Gimmicks, die ich auch als Kind schon immer mit den roten Automaten assoziiert habe.

Diese kleinen Spielzeuge, warum sind die eigentlich in den Automaten, und können Sie sagen, seit wann?

Dafür bin ich zu jung, um das beantworten zu können, seit wann die in den Automaten sind. Drin sind sie, weil es im-

Foto: Kjell Ake Kühn.

mer noch viele Kinder gibt, die lieber auf der Straße spielen, als mit einer Spielkonsole vor dem Fernseher zu sitzen. Es ist wie mit jedem Spielzeug. Es gibt einen Antrieb, die Kreativität zu entfalten. Ein Flummi, bei dem alle tobend hinterhereilen, wird niemals ein Computerspiel ersetzen.

Haben diese kleinen Charms auch eine besondere Bedeutung oder ist das eher eine zufällige Zusammenstellung?

Charme bei den Charms ist mir wichtig – ein Grund, warum ich die Ringe in den Automaten halte, obwohl die gar nicht so gut gehen wie andere Sachen. Aber das ist ein bisschen Erziehung und Marketing. Aus dem Freundschaftsring wird dann der Prinzessinnenring und schon haben wir wieder einen gemeinsamen Nenner. Ansonsten schaue ich mir ganz genau an, was gut geht und was nicht. Ich hole beim Großhändler kleinere Mengen und schaue an ausgewählten Testplätzen ganz genau hin, wie die Waren ankommen. Davon mache ich es abhängig, was zukünftig in die Automaten kommt und was nicht. Marktforschung im kleinen Stil.

Und wie haben diese sich im Lauf der Jahre und Jahrzehnte verändert?

Gerade bei den Charms spielt auch die kulturelle Entwicklung und die Beeinflussung der Medien eine Rolle. Früher wurde die Kreativität selbst inszeniert, demnach wurden eher kreative Spielzeuge in die Automaten gepackt. Heute wird der Inhalt durch die Medien stark beeinflusst. »Paw Patrol« im Fernsehen heißt auch »Paw Patrol«-Figuren in den Automaten. Aber dennoch bleiben Klassiker wie der schon so oft erwähnte Freundschaftsring nach wie vor ein gern gezogener Kult.

Warum ist so ein Kaugummiautomat, bei dem man ja auch etwas gewinnen kann, kein Glückspielgerät?

Buchstäblich wäre es ein Spielgerät, das glücklich macht. Aber Ihre Frage beruht sicherlich auf einem anderen Ansatz. Man erhält preislich definierte und garantierte Waren für sein Geld. Somit ist es kein Glückspiel.

Muss man bei diesen Spielzeugen etwas beachten?

Hier gab es in den letzten Jahren zahlreiche gesetzliche Veränderungen. So muss zum Beispiel jedes Spielzeug CE-geprüft und auch CE-gekennzeichnet sein. Auch muss eine Alterskennzeichnung, z. B. »nicht für Kinder unter drei Jahren«, plus das dazugehörige Piktogramm auf den Produkten einsehbar sein. Hinzu kommen Herstellerangaben und Angaben zum Importeur. Bei Flummis z. B. heißt das, dass man eine zusätzliche Plastikfolie um den Flummi schweißen muss, damit die gesetzlichen Pflichtangaben drauf sind. Ich persönlich finde das übertrieben! Eine Kennzeichnung auf der Schaukarte, das ist die Karte, die die Ware im Automaten anpreist, hat mittlerweile mehr Hinweise als werbewirksame Inhalte. Eine zusätzliche Kennzeichnung auf den Waren produziert nur zusätzlichen Kunststoff. Ich wage die These, dass sich bislang kaum jemand diese Angaben angeschaut hat.

Was sind aktuell begehrte Spielzeuge?

Ganz klar der »Sticky Hammer«. Und mit großer Freude kann ich sagen, dass sich dieses Spielzeug über Jahrzehnte in den Top Ten gehalten hat. Der »Sticky Hammer« ist eine klebende Wabbelkugel, die einen elastischen Wabbelschwanz hat. Man hält das Ende fest und kann dann die Kugel an die Wand oder zur Freude der Eltern an eine Scheibe klatschen. Wunderbar! Selbst mir macht das heute immer noch Spaß.

Haben Sie als Kind auch eines dieser kleinen Spielzeuge begehrt? welches war Ihr Objekt der Begierde – und haben sie es bekommen?

Ich muss gestehen, es waren mehr die praktischen Gegenstände, mit denen ich Streiche spielen konnte, die ich geliebt habe. Ein Grund, warum ich meine schon damals geliebten Stinkbomben sehr gerne in Automaten rund um die Schulen packe. Jedes Mal, wenn ich die Automaten neu befülle, muss ich schmunzeln und denke daran, ob der Käufer wohl den gleichen Unfug wie ich damals damit angestellt hat.

Und falls sie aus dem Nähkästchen plaudern mögen, Hand aufs Herz: Was gehört gar nicht in einen Automaten?

Ich hasse Kunststoff so sehr. Insbesondere, wenn er nicht langlebig ist. Leider ist in der 20-Cent-Preisklasse keine hohe Qualität zu erwarten. Wenn es nach mir gehen würde, dann würde ich sehr gerne auf Kunststoffe verzichten. Aber dieser Zwiespalt lässt sich nicht schließen. Die Kinder stehen auf diesen Plastikkram, sodass ich diesen schweren Herzens in die Automaten packe. Was ich kategorisch ablehne, sind Spielzeuge mit einer Batterie, z. B. blinkende Flummis, die mit dem

Ablauf der Batterielebensdauer im Hausmüll landen. So etwas kommt bei mir aus Überzeugung nicht in die Automaten. Mir persönlich ist der Kunststoff ein großer Dorn im Auge. Manche Kaugummis oder fast alle Spielzeuge sind schon mit in einer Umverpackung versehen. Diese Umverpackung macht es jedoch unmöglich, über den Warenausgabemechanismus ausgegeben zu werden. Das hat zur Folge, dass man diese Artikel in eine Kunststoffkugel einpacken muss. Leider müssen alle Top-Ten-Produkte in solch eine Kapsel. Jetzt kann ich mich entscheiden, ob ich auf diese Artikel verzichte und sie aus dem Programm nehme oder ob ich eine Alternative finde. Technisch bin ich auf diese Kapsel angewiesen.

Was gäbe es denn für Alternativen, die man in die Automaten packen könnte, statt der Plastik-Charms?

Ich stehe mit einer innovativen Firma für Umverpackungen aus Maisstärke im Dialog. Wir entwickeln gerade eine zu 100 Prozent umweltneutrale Kapsel aus Maisstärke. Leider hat Kunststoff viele Eigenschaften, die ein Alternativprodukt nach dem jetzigen Stand der Technik nicht ohne weiteres leisten kann. Ich investiere aber gerne Geld in diese Entwicklung und möchte Pionier in diesem kleinen Marktsegment sein. Um einen kleinen positiven ökologischen Fingerabdruck zu hinterlassen, habe ich einen Hersteller für Blumensamen gefunden. Diese Blumensamen sind in der gleichen Größe eines Kaugummis gepresst und können dann im heimischen Garten Lebensraum für Bienen und Insekten werden.

Foto: Kjell Ake Kühn.

Foto: Kjell Ake Kühn.

Foto: Kjell Ake Kühn.

Foto: Kjell Ake Kühn.

Klein-Las Vegas lebt (noch)

Darijana Hahn

Der Kaugummiautomat ist viel mehr als eine Absatzmöglichkeit für Kaugummi – er ist Träger von Erinnerungen, Quelle von Begehrlichkeiten und nicht zuletzt ein Indikator für gesellschaftliche Veränderungen

Samstagnachmittag im kleinen Bad Sebastiansweiler-Belsen: Zwischen Zugankunft und Busabfahrt liegen 40 Minuten. Wie soll man diese Ewigkeit an einem Ort rumkriegen, in dem der Dorfbäcker längst zu hat und alles wie ausgestorben wirkt? Doch siehe da: Da hängt neben der Werbung für Altgoldankauf am Zaun ein Kaugummiautomat! Mit vier Schächten. Juchu, Zerstreuung! Was hat dieser stumme Verkäufer wohl zu bieten?

Im ersten Schacht gibt es, man mag es kaum glauben, Stinkbomben! 50 Cent das Stück. Auf dem zweiten Schacht prangt ein Motorrad und es ist erstmal nicht ganz klar, was sich hinter dem Fenstergitter verbirgt. Aber da, da steht ja

Foto: Darijana Hahn.

Bubble Gum Balls. Das Motorrad, womöglich eine Harley, ist wohl ein Symbol für »American Flavour«. Mmmh, klingt interessant. Überraschung für 20 Cent. Der dritte Schacht bietet Fingerringe, Stück 50 Cent. Und der vierte Schacht hat »Bubble Gum Gobstoppers« im Angebot, 20 Cent. Gobstoppers? Huh, klingt irgendwie schmerzvoll.

O. K., ein Blick in den Geldbeutel, ob sich überhaupt die nötigen Münzen finden. Gott sei Dank, da sind 20 Cent. Was nehmen? American Flavour oder Gobstopper? Gut, dass der Geldbeutel keine 50 Cent birgt. Wie sollte man sich da entscheiden? Stinkbombe oder Fingerring? Da mich das Motorrad anspricht und von »Easy Rider« träumen lässt, werden die 20 Cent in den zweiten Schacht gesteckt. Bubble Gum Ball American Flavour. Erst mal den Griff ganz nach links in die waagerechte Position drehen, nach dem richtigen Schlitz fühlen, einstecken, einmal nach rechts mit knarzendem Geräusch um mehr als 360 Grad drehen, und juhu, es scheint zu klappen. Nach dem Drehen macht es ›klack‹. Vorsichtig die Ausgabeklappe geöffnet und da! Da liegen zwei Kugeln. Welchen Geschmack sie wohl haben? Tutti Frutti, Cream Soda oder Blueberry Muffin?

Auch wenn es hier weit und breit kein blinkendes Lichtermeer gibt, so hat der Journalist Dirk Hein durchaus recht, wenn er schreibt, dass es »immer etwas von Las Vegas«[1] hätte, »wenn das 20-Cent-Stück im Münzschlitz verschwindet«.

Es ist dieser Moment der Überraschung, der ein sehr charakteristisches Element des Kaugummiautomaten ist. Hält der Automat sein Versprechen und spuckt überhaupt etwas aus? Wenn ja, was? Welche Farbe? Wie viel? Welcher Geschmack?

---

1   Hein, Dirk: Kaugummi-Automaten vom Aussterben bedroht, Westdeutsche Allgemeine Zeitung, 09.08.2010: https://www.waz.de/staedte/oberhausen/kaugummi-automaten-vom-aussterben-bedroht-id3468744.html [Abgerufen: 23.03.2019].

Kommt endlich, endlich, endlich eines von den unter den Kaugummikugeln befindlichen Klappmessern? Oder der Ring? Oder die Pfeife?

Generell dreht der Automat den traditionellen Kaufvorgang um. Während man im Laden zuerst das Produkt in den Händen hält und dann bezahlt, braucht man beim Automaten – wie gleichfalls mittlerweile beim Internetkauf – Vertrauen. Und Zuversicht.

Laut Aussagen von Paul Brühl vom Verband der Automaten-Fachaufsteller gibt es in Deutschland 2,5 Millionen Warenautomaten. Dazu gehören die Automaten, mit denen Landwirte vermehrt ihre Waren rund um die Uhr verkaufen. Und dazu zählt die Palette, die Brühl mit »Coffee, Candy, Coke« umschreibt. Die Zahl der Kaugummiautomaten schätzt Brühl auf mindestens 400.000 bis maximal 800.000. Über 1.000 Aufsteller würden sich das Geschäft teilen. Manche hätten eine fünfstellige Automatenzahl. Unter 2.000 Stück würde sich das Geschäft nicht rechnen.

Ach, möge doch bitte, bitte endlich mal das Klappmesser rauskommen! Fotos: D. Hahn.

Brühl hat Routine im Auskunft-Geben über das Geschäft mit dem Kaugummiautomaten. Bis zu 30 Interviews gibt er im Jahr. Der Kaugummiautomat würde halt faszinieren, weil er an erste Kindheitserlebnisse erinnere. Brühl hält den Gang eines Kindes zum Kaugummiautomaten für ein sehr wichtiges pädagogisches Moment. »Diese Kaugummiautomaten sind die erste kaufmännische Tätigkeit, die das Kind tut«, sagt Brühl und beschreibt genau jene aufgeführte charakteristische Spannung: »Trau ich mich? Erstmal das Geld reinschmeißen, drehen, und dann: Kommt der Kaugummi? Kommt die richtige Farbe?«

Dass es den Kaugummiautomaten noch gibt, sorgt seit vielen Jahren für große Verwunderung. Er wirkt wie ein Relikt aus vollkommen anderen Zeiten. Alles, alles ändert sich: Aus Raider ist längst Twix geworden, das behäbige, feststehende Telefon ist zum omnipräsenten Lebensbegleiter avanciert, die Schachtel Zigaretten ist um das Vierfache teurer als noch in den 70er Jahren, und apropos Zigaretten: Der Zigaretten-Automat ist zum Big Brother geworden, der nichts ausspuckt ohne persönliche Angaben. Auch gibt es nichts Mechanisches mehr. Kein kräftiges Ziehen der entsprechenden Schublade.

Und dann der Kaugummiautomat. Der bleibt, was er war. Wenn man davon absieht, dass man nun Cent- anstatt Pfennig-Münzen einsteckt, scheint er sich kein kleines Bisschen

Dieser junge Mann ist die einzige Person, die in einem Zeitraum von über einem halben Jahr jemals an einem Kaugummiautomat gesichtet wurde. Als Amerikaner war er fasziniert von dem Automat, den es so in den USA nicht gibt.

Die Allianz von Kaugummiautomaten und Geschäft, hier einem Kiosk, ist häufig anzutreffen. Auch in welcher Höhe die Automaten angebracht sind, ist recht typisch.

Fotos: Darijana Hahn.

Materialisierte Erinnerung: Wie in den vielen Zeitungsartikeln wird auch mit dieser Karte aus dem Kirchenkreis der evangelischen Kirche Lübeck-Lauenburg dem Kaugummiautomaten Tribut für die Erinnerungen an die Kindheit gezollt. Foto: D. Hahn.

verändert zu haben. Die äußeren Kästen sehen so aus, als ob sie seit 60 Jahren da hängen. Und darin sind immer noch Kugeln, die steinhart sind und dann bröselig und sich erst nach und nach zu einer sehr süßen Kaumasse verbinden; und immer noch gibt es alles Mögliche in runden Plastikkapseln – und das alles für 10 Cent bis maximal 1 Euro.

»Es gibt sie noch« – eben in diesem Tenor widmet sich die Medienwelt einem Objekt, dem viel Sympathie entgegengebracht wird. Als »unkaputtbare Anachronismen des Konsums«[2] bezeichnet Jürgen Heimann die Kaugummiautomaten auf seinem Blog www.rotorman.de und zitiert dabei

---

2   Heimann, Jürgen: Süßkram und Flummis aus dem Automat – Unkaputtbare Anachronismen des Konsums: http://www.rotorman.de [Abgerufen: 01.05.2019].

andächtig die Beschreibung aus der Frankfurter Rundschau, die von den Kaugummiautomaten als »kuriosen Zeugen vergangener Glücksmomente« spricht, »die die Optik der alten Bundesrepublik konservieren«.[3]

Dass diese »Ikonen des Wirtschaftswunders«[4] immer noch existieren, liegt nicht zuletzt an denen, die die Automaten betreiben und mit ihrem begehrlichen Inhalt befüllen. So Peter Kiedels aus Maintal. Seit 40 Jahren ist er im Geschäft. Nein, das Geschäft hätte sich nicht großartig verändert, sagt der Kaugummimann aus dem Frankfurter Raum, der an die 1.200 Automatenboxen sein Eigen nennt. Mindestens alle drei Monate würden die Automaten neu befüllt. Dabei würde jeder Platz fotografiert und mit dem Datum versehen, an dem er da war. Da, wo es viele Kinder gebe, an Schulen und Haltestellen, würden die Automaten nach wie vor gut laufen. Und er achte darauf, dass es immer wieder Wechsel gebe. Die »Stickys, die man an die Wand wirft«, würden gut laufen. Und die Stinkbomben wären gut gegangen. Allerdings hatte er deswegen eine rechtliche Klage laufen und hat sie jetzt aus dem Sortiment genommen. Trotz Problemen mit Vandalismus, vor allem an den »Problemzonen Sylvester, 1. Mai und Halloween«, machen Kiedels seine Automaten Freude. Erstens sei er ein freier Mann und zweitens freue er sich über die viele Post, die er von seinen Kund:innen bekomme. Unter anderem, wenn sie »nicht das bekamen, was sie haben wollten«.

Auch Torsten Landgraf bekommt von seinen Kund:innen Post. Der Kaugummimann aus Singen betreibt mehrere

---

3   Zit. auf ebd.
4   Hardt, Christoph: Ikonen des Wirtschaftswunders, Handelsblatt, 30.08.2004:https://www.handelsblatt.com/arts_und_style/kunstmarkt/kulturgeschichte-der-kaugummi-automaten-ikonen-des-wirtschaftswunders/2393562.html [Abgerufen: 01.05.2019].

Tausend Kaugummiautomaten in ganz Baden-Württemberg. Anders als Kiedels kann er durchaus Veränderungen in der Zeit seines Bestehens seit 1962 benennen. »Es ist nicht mehr das, was es mal war«, bringt Landgraf die Entwicklung knapp auf den Punkt. Früher konnten die Gewerbetreibenden ihre Familien ernähren. Heutzutage sei es eher ein Zubrot. Doch auch Landgraf genießt seine Selbstständigkeit, bei der er die Möglichkeit hätte, »das schöne Baden-Württemberg zu sehen«. Außerdem mache es ihn glücklich, dass er schöne Erinnerungen auslöse.

Anja Brandt aus Schleswig-Holstein ist mit Kaugummiautomaten aufgewachsen, da ihre Eltern in ganz Norddeutschland Kaugummiautomaten betrieben. Brandt, die die elterlichen Automaten im Nebenerwerb weiterführt, erinnert sich, dass es in den 1970er Jahren ein »richtiger Hype« gewesen sei und es »ja kaum was anderes gegeben« hätte. Heutzutage seien die Kinder aber ja »so voll«. Außerdem seien heute ja »kaum Kinder draußen«. »Sie sehen gar kein Kind mehr auf der Straße«, stellt Brandt fest und erklärt, dass sie jedem, »der neu in das Geschäft einsteigt«, abraten würde. Als großes Problem benennt sie den Vandalismus, der »ganz stark zugenommen« hätte.

Spaß und Ernst nebeneinander: Einmal Stinkbombe, einmal ein Beleg dafür, wie anfällig Kaugummikästen für Vandalismus zu sein scheinen. Foto: D. Hahn.

Ganz, kaputt, weg – der Kaugummiautomat in der Fährstraße in Wilhelmsburg durchlief das typische Schicksal unzähliger Kollegen. Foto: D. Hahn.

Das bestätigt gleichfalls Horst Slany von der Schwäbischen Alb. »Was die Leute für Ideen haben, das ist gigantisch«, sagt Slany, der den verstärkten Vandalismus seit 15 Jahren beobachtet. Wenn er früher seine Automaten aufgefüllt hatte, seien die Kinder herbeigelaufen und hätten gefragt, ob sie ihm helfen könnten. Und sie hätten versichert, auf den Automaten aufzupassen. Heute würden die Kinder, wenn überhaupt Kinder kämen, fragen, ob sie seine Ware klauen könnten. »Die Gesellschaft hat sich total verändert«, sagt Slany, der das nicht nur am Dasein seiner Kaugummiautomaten festmacht. Er würde sich auch viel mit den Kindern unterhalten und hätte ganz schön gestutzt, als er deren Berufswunsch gehört hatte. Slany erzählt, wie er zuerst gar nicht gewusst hätte, was das wäre, als das erste Kind ihm gesagt hätte, dass es »Youtuber« werden möchte. Er hätte früher Lokführer werden wollen und kam schließlich per Zufall ins Automatengeschäft, das in den 1980er Jahren noch so gut lief, dass er ausschließlich davon leben konnte. Heute, da die Kinder weit mehr Interesse für ihr Smartphone als für einen unvernetzten Kaugummiautomaten haben, hat er nur noch eine Handvoll Außenautomaten. Der Hauptanteil an seinen rund 1.000 Standorten sind so genannte Kugelautomaten, die in Innenräumen – in Kaufhäusern, Schwimmbädern und Sportheimen – aufgestellt sind. Außerdem würde Kaugummi selbst nur noch einen kleinen Teil seines Sortiments ausmachen. Der Hauptanteil bestehe aus so genannten Trendartikeln. Wie zum Beispiel Quetschbällen, Pokémon-Aufklebern und -Anhängern. Je nach dem, was gerade im Kino läuft. Und letztes Jahr gingen die Fidget Spinner gut.

So wie Slany seine Kaugummiautomaten stark verringert hat, so hat sich auch deren Anteil in der Firma Schwarz in Österreich dezimiert. Machten die Kaugummiautomaten in dem Unternehmen für Warenautomaten aus Österreich einst mindestens die Hälfte aus, ist es heute höchstens nur noch ein Drittel. Als einen der Gründe benennt Schwarz, dass es weniger Kinder gebe. Außerdem gingen auch Flächen verloren, wenn die sogenannten Kreisler zumachten, wie die Österreicher:innen zu den kleinen Nahversorgungsläden sagen. Die auf der grünen Wiese gebauten Supermärkte aus Glas und Beton würden keine Kaugummiautomaten in ihrer Nähe wünschen. So, wie auch viele Städte nicht gerade aufgeschlossen für die Aufstellung von Kaugummiautomaten seien. Die Westdeutsche Allgemeine Zeitung berichtete am 9. August

Eine deutliche Veränderungen zu Kaugummikästen aus den 70er Jahren: Die ellenlange Auflistung der E-Inhaltsstoffe, sowie die Warnung, von der nicht ganz klar ist, ob sie nun ernst oder ironisch gemeint ist. Foto: D. Hahn.

2010 darüber, dass in Oberhausen keine neuen Automaten mehr genehmigt würden, »um eine Überfrachtung des öffentlichen Verkehrsraumes zu vermeiden«.[5] Und Unternehmer Schwarz aus Österreich benennt die »Luftraumsteuer«, die manche Kommunen erheben würde, weil der Kaugummiautomat in den Luftraum hineinragen würde.

Dass Kaugummiautomaten außen an der Wand hängen, so Schwarz, sei nicht umsonst ein »Phänomen«, das es in nur wenigen Ländern gebe (so nachweislich in Deutschland, Österreich und der Schweiz). Hier gab und gibt es Gesetzesbestimmungen, die den Warenautomaten im Außenbereich bislang weitestgehend genehmigten. Und wo es, bislang zumindest,

---

5   Hein, Dirk: Kaugummi-Automaten vom Aussterben bedroht.

Rechts: Sieben Schächte auf einen Streich: Das schaffen nur die Österreicher. Und dann auch noch in nächster Nachbarschaft zu einer Personenwaage, die ein wenig aus einer anderen Welt grüßt.

Dieses Modell eines Kaugummiautomaten gibt es nur in Österreich. Es ist das Modell S3 der Warenautomatenfirma Schwarz.

Rechts: Auch die Objekte auf den Kaugummiautomaten sind von Interesse und geben nicht selten einen Tipp, wo sich der Automat befindet. Wo gibt es Ottakringer-Bier? Genau, in Wien!
Fotos: D. Hahn.

Archiv: Darijana Hahn.   *Foto: Darijana Hahn.*

nicht zu gravierenden Problemen mit Vandalismus kam. Dadurch konnten Warenautomaten im Außenbereich auch etwas wie ein Indikator für friedliches Zusammenleben sein. Dass ausgerechnet der Kaugummiautomat bis heute so verbreitet ist, nachdem es auch solche – im öffentlichen Raum nicht mehr existierenden – Warenautomaten gab, in denen zum Beispiel Schokolade und Kekse verkauft wurden, liegt für Schwarz an »dem sehr dankbaren Produkt«. Kaugummi würde sehr viel aushalten, nicht schmelzen, und es würde ihn in vielen Farben und in vielen Geschmacksrichtungen geben. »Das spricht die Kinder an«, sagt Schwarz, um dem hinzufügen: »Es gibt aber auch viele Erwachsene, die an unseren Automaten kaufen.« Da gibt es unter anderem »Gourmet Flavoured Bubble Gum« für 20 Cent mit dem Namen »Fantastic Fruit« – mit Geschmacksrichtungen wie Ananas, Apfel, Kiwi, Melone oder Orange. Da gibt es für 10 Cent den »Bubble King«, in dessen Schacht auch Ringe untergemischt sind, nicht zuletzt der

legendäre Totenkopfring! Und da gibt es den »Squeeze Ball«
für 1 Euro. Der Quetschball, den man »really hard« quetschen
kann. An anderen Automaten gibt es Verheißungsvolles wie
»Foxbox, der schlaue Kaugummi« – was immer das sein mag;
wird man beim Kauen etwa schlauer? Und da gibt es Gummi-
bälle in Augenoptik. Und, wer weiß, vielleicht kommt man
auch an einem der Schwarz-Automaten für kleine Autos oder
Stickers vorbei.

Bei allen möglichen Gadgets – von der Stinkbombe über
den Totenkopfring bis zum Taschenmesser –ist es vor allem
die Kaugummikugel, die wir mit dem Kaugummiautomaten
verbinden. Dass es aber auch Automaten mit Kapseln gab, das
kann Torsten Landgraf aus Singen bestätigen. »Ja, das waren
die Tabiletts, die liefen sehr gut«. Dass es wiederum darüber
hinaus auch Kaugummi in Streifenform am Automaten gab,
davon legen seltene, stehen gebliebene Automaten ebenso
Zeugnis ab wie die Modelle, die im Deutschen Automatenmuseum – Sammlung Gauselmann auf Schloss Benkhausen
zu sehen sind. Warum und wie lange Wrigley's wie viele Kaugummis in dieser Weise unter die Leute brachte, ist aus der
Abteilung für Öffentlichkeitsarbeit bei Wrigley's nicht zu erfahren. Auf eine entsprechende Anfrage gibt es lediglich die
Antwort: »Leider liegen uns zu Ihrer Anfrage zu den Kaugummiautomaten keine Informationen vor.«

Überhaupt ist über die Geschichte des Kaugummiautomaten
nur sehr wenig zu erfahren. Das gesamte Wissen scheint bei
den jetzigen Betreiber:innen versammelt und verstreut zu sein –
immer mal wieder ansatzweise durch einen Zeitungsartikel ans
Licht der Öffentlichkeit gehoben. Wann es aber den ersten
Automaten gab,[6] das bleibt unklar – mal abgesehen von dem

---

6   Laut der Sonntagszeitung Welt am Sonntag vom 24.04.2005 ist es der
     Niederländer Lambertus de Jonge gewesen, der 1948 in Deutschland

Allgemeinwissen, dass der Kaugummiautomat ein Kind der Nachkriegszeit, eben eine »Ikone des Wirtschaftswunders«, ist.

Interessant ist jedenfalls die Ausführung der beiden Autoren Peter Assmann und Herbert Nikitsch in ihrem 2004 veröffentlichten Buch »Dinge des Alltags: Objekte zu Kultur und Lebensweise in Österreich seit 1945«. Demnach hätte der amerikanische Kaugummi-Gigant Wrigley sein Produkt mit Sprüchen wie »Kiddy kauen, gut verdauen«[7] oder »Kaue Deine Zähne gesund« das »bislang doch eher subkulturell konnotierte Image des Kaugummis hierzulande allmählich«[8] verändert. Da nun Kaugummikauen nicht nur mit Coolness und jugendlicher Verwegenheit in Verbindung gebracht wurde, sondern auch mit körperlichem Wohlbefinden, wurden Kaugummiautomaten an öffentlichen Plätzen und auf Bahnsteigen bevorzugt eingesetzt, sodass jederzeit das verfügbar war, was als der Gesundheit förderlich beworben wurde.

Während sich diese Information ausschließlich auf den Kaugummiautomaten bezieht, bietet das 1956 veröffentlichte Heft »Außenwerbung und Warenautomaten im geltenden Recht« einen Einblick in die rechtliche Situation der Warenautomaten im Allgemeinen. So mag es zwar bereits früh, Ende des 19. Jahrhunderts, Warenautomaten wie die Schokoladenautomaten von Stollwerck gegeben haben. Dass Warenautomaten in Deutschland aber auch außen hängen durften, geht auf einen Erlass des Warenautomatengesetzes aus dem

---

die ersten Kaugummiautomaten aufgestellt hatte; Lorentz, Frank: »Automaten-Geschäft ist mein Lebenswerk«, Interview mit Lambertus de Jonge, Welt am Sonntag, 24.04.2005:https://www.welt.de/print-wams/article127155/Automaten-Geschaeft-ist-mein-Lebenswerk.html [Abgerufen: 01.05.2019].

7 Assmann, Peter/Nikitsch, Herbert: Dinge des Alltags: Objekte zu Kultur und Lebensweise in Österreich seit 1945, Weitra 2004, S. 20.

8 Ebd.

Jahre 1934 zurück. Wurde der Warenautomat bis dahin »als offene Verkaufsstelle im Sinne der Ladenschlussvorschrift«[9] angesehen, erlaubte der Erlass den Verkauf nun während der Ladenschlusszeiten, »wenn die im Gesetz und den dazu ergangenen Ausführungsverordnungen festgesetzten Voraussetzungen erfüllt waren.«[10]

Welche Automaten es ab 1934 gab, wie sich die gesetzliche Lage entwickelte und von Ort zu Ort, von Land zu Land und von Automat zu Automat unterschiedlich gehandhabt wurde und wird, all das bedürfte einer intensiven Aufarbeitung und Darstellung.

Doch zurück von der Vergangenheit in die Zukunft: Wie lange gibt es das seit Jahren tot gesagte Relikt des Kaugummiautomaten noch? Alle dazu Befragten benennen als Hauptfaktor die Existenz von Bargeld. Denn ohne Münzen kein Drehmoment. Und wäre ein Kaugummiautomat noch ein ebensolcher, wenn es keine mechanischen Geräusche mehr gebe? Allenfalls ein Blinken und Piepen?

Zudem leben die Kaugummiautomaten von den Kindern. Und wenn es erstens von diesen immer weniger gibt und zweitens die, die es gibt, immer eingebundener und verhäuslichter werden und ihre Zeit nur noch vermeintlich sinnvoll verbringen müssen, dann fristet auch der Kaugummiautomat ein immer kümmerlicheres Dasein. Wenn nicht wieder ein Slogan aufkommt, dass Kaugummikauen besonders intelligent macht …

Und schließlich müssten sich die Kaugummiautomatenbetreiber, wie dies Paul Brühl vom Fachverband ausdrückt, etwas einfallen lassen und sich diverser aufstellen: neben dem

---

9   Kretzschmar, Alfons/Eisenhart-Rothe, Sigismund: Außenwerbung und Warenautomaten im geltenden Recht, Heidelberg 1956, S. 33.
10   Ebd.

Kaugummiautomaten zum Beispiel auch mal ein »Kiddyride« oder einen Getränkeautomaten aufstellen. Und dabei vor allem einmal »über die Kaugummikugel hinaus denken«.

Wie bei vielen anderen Automatenformen auch haben sich gleichfalls beim Kaugummiautomaten schon einige Künstler gefunden, die das »Relikt« mit neuem Inhalt füllen. So beispielsweise in Nürnberg, wo der Kabarettist Oliver Tisot in einem umgebauten Kaugummiautomaten Witze verkauft, 20 Cent pro Kapsel.[11] Oder in Potsdam, wo der Künstler Lars Kaiser Kunst unter die Leute bringen möchte;[12] 2 Euro pro Objekt.

Last but not least haben sich auch Kommunikationsdesigner von der Hochschule Augsburg mit der Neunutzung des vertrauten Objektes beschäftigt. Bei diesen besonderen Kaugummikästen kriegt man nicht den Kaugummi selbst, sondern ein Abreißpapierchen, um ihn ökologisch gerecht und sauber entsorgen zu können.[13] Dass man also die schnell geschmacklos gewordene, zähe Masse wieder loswerden kann. Um wieder Platz zu haben, wenn der nächste Kaugummiautomat auftaucht. Ob ein-, zwei-, drei- oder vierschachtig. Ob ganz in Rot, rot umrahmt oder gar in Grün. Ob mit Kaugummi oder Spielzeug, Klappmesser oder Pfeife, Geschmacksrichtung Watermelon, Cream Soda oder Tutti Frutti.

---

11   o. A. (dpa): Lachen statt Kauen – Witze aus dem Automaten, Neues Deutschland, 03.08.2018: https://www.neues-deutschland.de/arti kel/1096159.lachen-statt-kauen-witze-aus-dem-automaten.html [Abgerufen: 01.05.2019].

12   Kübler, Vivian: Nicht nur Kaugummis und Zigaretten. Neues Leben für alte Automaten, Tagesspiegel, 12.03.2017: https://www.tagesspiegel. de/gesellschaft/panorama/nicht-nur-kaugummis-und-zigaretten-neues -leben-fuer-alte-automaten/19504558.html [Abgerufen: 01.05.2019].

13   o. A.: Mit Kaugummikästen sollen Augsburgs Fußwege sauber bleiben, BR, 17.10.2018: https://www.br.de/nachrichten/bayern/mit-kaugummi kaesten-sollen-augsburgs-fusswege-sauber-bleiben [Abgerufen: 01.05. 2019].

Quellen

Assmann, Peter/Nikitsch, Herbert: Dinge des Alltags: Objekte zu Kultur und Lebensweise in Österreich seit 1945, Weitra 2004.

Hardt, Christoph: Ikonen des Wirtschaftswunders, Handelsblatt, 30.08.2004:https://www.handelsblatt.com/arts_und_style/ kunstmarkt/kulturgeschichte-der-kaugummi-automaten -ikonen-des-wirtschaftswunders/2393562.html [Abgerufen: 01.05.2019].

Heimann, Jürgen: Süßkram und Flummis aus dem Automat – Unkaputtbare Anachronismen des Konsums: http://www. rotorman.de [Abgerufen: 01.05.2019].

Hein, Dirk: Kaugummi-Automaten vom Aussterben bedroht, Westdeutsche Allgemeine Zeitung, 09.08.2010:https://www.waz. de/staedte/oberhausen/kaugummi-automaten-vom -aussterben-bedroht-id3468744.html [Abgerufen: 23.03.2019].

Kretzschmar, Alfons/Eisenhart-Rothe, Sigismund: Außenwerbung und Warenautomaten im geltenden Recht, Heidelberg 1956.

Kübler, Vivian: Nicht nur Kaugummis und Zigaretten. Neues Leben für alte Automaten, Tagesspiegel, 12.03.2017:https:// www.tagesspiegel.de/gesellschaft/panorama/nicht-nur -kaugummis-und-zigaretten-neues-leben-fuer-alte -automaten/19504558.html [Abgerufen: 01.05.2019].

Lorentz, Frank: »Automaten-Geschäft ist mein Lebenswerk«, Interview mit Lambertus de Jonge, Welt am Sonntag, 24.04.2005: https://www.welt.de/print-wams/article127155/ Automaten -Geschaeft-ist-mein-Lebenswerk.html [Abgerufen: 01.05.2019].

o. A. (dpa): Lachen statt Kauen – Witze aus dem Automaten, Neues Deutschland, 03.08.2018: https://www.neues-deutschland. de/artikel/1096159.lachen-statt-kauen-witze-aus-dem-automaten. html[Abgerufen: 01.05.2019].

o. A.: Mit Kaugummikästen sollen Augsburgs Fußwege sauber bleiben, BR, 17.10.2018:https://www.br.de/nachrichten/bayern/ mit-kaugummikaesten-sollen-augsburgs-fusswege-sauber -bleiben[Abgerufen: 01.05.2019].

Warenautomaten Schwarz: http://www.automatenschwarz.at [Abgerufen: 01.05.2019].

Der Chewinggraph.
Die Obduktion
einer Wunschmaschine

Sacha Szabo

Meine erste Begegnung ...

Meine erste Begegnung hatte ich wohl in meiner frühen Kindheit, so erzählt es mir zumindest meine Mutter, als sie sich beim Windelwechseln über die merkwürdig klebrig-weiße Konsistenz meines Aa furchtbar erschrak. Ich hatte wohl ein Kaugummi in die Finger bekommen und unverdaut wieder ausgeschieden. Womit bewiesen war, dass Kaugummi entgegen der gerne kolportierten Legende nicht den Magen verklebt, wohl aber die Windel.

Diese Episode kenne ich aber nur vom Hörensagen. Meine erste wirklich bewusste Erinnerung war, als ich 10 Pfennig bekam und an einem roten, an der Wand montierten Kaugummiautomaten drehen durfte.

Doch statt einer Kaugummikugel kam ein kleiner goldener Ring aus dem Automaten. Der Ring erinnerte mich an die Eheringe meiner Eltern und ich deutete dieses Zeichen so, dass ich meiner Babysitterin einen Heiratsantrag machen sollte. Allerdings war das Umziehen in einen der Situation angemessenen dunkelgrünen Samtanzug recht kompliziert, da man das Anziehen auch erst lernen muss. Während dieser aufwendigen Prozedur ging nun der kleine goldene Ring verloren, auch das bereits bekaufte Biedermeiersträußchen war kein gleichwertiger Ersatz und ich gab enttäuscht mein Begehren auf.

Es gab natürlich auch noch andere Automaten, an die ich mich erinnere, doch hingen diese höher, hatten – so glaube ich mich zu erinnern – Werbeaufdrucke von Comicfiguren. Der Mechanismus war jedoch schlichter und weniger faszinierend, vor allem aber konnte man nicht sehen, was sich in dieser Blackbox befand.

Warenautomaten

Diese Schachtautomaten sind auch keineswegs exklusiv für Kaugummis konzipiert, vielmehr können mit diesen Automaten die unterschiedlichsten Waren verkauft werden.[1] Zigaretten, Kondome, Fahrradschläuche, ja sogar kleine Kunstobjekte und eben auch Kaugummis. Im Grunde sind diese Automaten technische Nachbildungen des Tuns eines Händlers, nur dass all das, was den Verkaufsakt flankiert, subtrahiert wurde und der eigentliche Ablauf mechanisiert und maschinisiert wurde. Der Vorteil bestand und besteht für die menschlichen Händler darin, quasi neben sich einen weiteren mechanischen Angestellten zu haben – so werden entsprechend die Kaugummiautomaten treffend als »Selbstverkäufer« bezeichnet – der nicht nur den Vorteil hat, wartungsfreundlich zu sein, sondern vor allem berechenbar ist. Zudem waren diese künstlichen Verkäufer auch nicht an Öffnungszeiten gebunden, so dass ganze Automatenpassa-

---

1   Siehe als Einstieg dazu: Kemp, Cornelia: Vom Schokoladenverkäufer zum Bajazzo – Die Anfänge der Münzautomaten-Herstellung in Deutschland, in: Kemp, Cornelia/Gierlinger, Ulrike (Hg.): Wenn der Groschen fällt … Münzautomaten – gestern und heute, München 1989. S. 10–25 und auch die Bilderstrecken: S. 138f., 150f., 170f., 176f.

gen entstanden.[2] Auch wenn bei manchen Automaten, wie
etwa den noch heute in den Niederlanden beliebten Auto-
matenrestaurants, ähnlich wie bei dem legendären »Schach-
türken«, bei dem sich ein Schachmeister im Gehäuse ver-
barg und eine Maschine die Züge auszuführen schien[3], noch
Menschen hinter den Gehäusen arbeiten, so ersetzt doch bei
den meisten Automaten eine mehr oder weniger komplexe
Mechanik das menschliche Zutun völlig. Bruno Latour beschrieb diesen Vorgang der Ersetzung und Optimierung am
Beispiel eines Türschließers, wie dieser unbelebten Aktanten (Mechanismus) die Tätigkeiten eines belebten Aktanten
(Portier) übernimmt.[4]

Diese Zerlegung und Ersetzung menschlicher Tätigkeit
ist gewissermaßen die effiziente Fortführung der Wahrnehmung des Menschen als Maschine, wie sie von Rene Descartes[5] und La Mettrie[6] angedacht wurde. Wurde bei Descartes
der menschliche Körper nur mittels Maschinen-Metaphern
beschrieben, so wurde diese Maschine immerhin qua der Zir-

---

2   Vgl. Kemp, Cornelia: Vom Schokoladenverkäufer zum Bajazzo – Die
     Anfänge der Münzautomaten-Herstellung in Deutschland, in: Kemp,
     Cornelia/Gierlinger, Ulrike (Hg.): Wenn der Groschen fällt … Mün-
     zautomaten – gestern und heute, München 1989. S. 10ff., S. 14, S. 19ff.
3   Poe, Edgar Allen: Maelzels Schachspieler, in: Völker, Klaus (Hg.):
     Künstliche Menschen. Über Golems, Homunculi, Androiden und le-
     bende Statuen, Frankfurt a. M. 1994, S. 222–249, bes. S. 248f.
4   Siehe: Latour, Bruno: Ein Türschließer streikt, in: Latour, Bruno: Der
     Berliner Schlüssel. Erkundungen eines Liebhabers der Wissenschaften,
     Berlin 1996, S. 66f. und S. 72.
5   Hier: Descartes, Rene: Der Mensch, in: Descartes, Rene: Die Welt,
     Hamburg 2015, S. 173–188 und siehe auch: Berr, Marie-Anne: Technik
     und Körper, Berlin 1990, S. 162–168.
6   Siehe: la Mettrie, Julien Offray de: Der Mensch eine Maschine, in:
     Völker, Klaus (Hg.): Künstliche Menschen. Über Golems, Homunculi,
     Androiden und lebende Statuen, Frankfurt a. M. 1994, S. 78–102. Siehe
     auch: Berr, Marie-Anne: Technik und Körper, S. 168–171.

beldrüse im Reich des Geistigen (res cogitans) angesiedelt.[7]
Bei la Mettrie erschien der Körper dann als komplexe, aber
eben doch auch profane Maschine.[8] Wie bei einer Maschine konnten damit eben nicht nur fehlerhafte Teile ersetzt
werden, sondern ähnlich der Optimierung von Funktions-
abläufen konnten diese Maschine auch optimiert werden
(Taylorismus).[9] Anfangs als mehr oder weniger geeigneter
Teil einer Fabrikstraße,[10] wie man dies in Charlie Chaplins
»Modern Times«[11] mitverfolgen kann, wurde der Anteil an
Masse Mensch sukzessive aus dem Produktionsprozess her-
ausgedrängt und automatisiert,[12] nicht nur aus der Produktion, sondern auch aus dem Verkauf. Auch dort erwies sich
die Mechanisierung als unkomplizierte Lösung, den Gewinn
zu maximieren und die Störanfälligkeit der »Mitarbeiter« zu
verringern, da diese weder Ruhepausen verlangten und man
deshalb diese daher auch außerhalb des Geschäfts platzieren
konnte, noch streikten diese für bessere Arbeitsbedingungen.
Und sollte doch einmal solch ein Automat streiken und ein
»Eigenleben« entwickeln, dann muss er nicht selten grobe Behandlung und üble Beleidigungen über sich ergehen lassen.
So sind der Kaffeeautomat und sein Eigenleben in unzähligen
Filmen schon zu einem eigenen Topos geronnen.

---

7   Vgl. Descartes, Rene: Von der Methode des richtigen Vernunftgebrauchs, München 2018, Ebook Pos. 611–662. (Der Körper als Maschine) und siehe auch: Descartes, Rene: Der Mensch, in: Descartes, Rene:
Die Welt, Hamburg 2015, S. 189–212.

8   Vgl. la Mettrie, Julien Offray de: Der Mensch eine Maschine, in: Völker,
Klaus (Hg.): Künstliche Menschen. Über Golems, Homunculi, Androiden und lebende Statuen, Frankfurt a. M. 1994, S. 87.

9   Vgl. Berr, Marie-Anne: Technik und Körper, S. 36–38.

10   Vgl. ebd, S. 52 ff.

11   Internet Movie Database: Modern Times (dt. Moderne Zeiten), 1936:
https://www.imdb.com/title/tt0077631 / [Abgerufen: 22.07.2020].

12   Berr, Marie-Anne: Technik und Körper, S. 58–61.

Junggesellenmaschinen

Die Mechanik, die auf den menschlichen Körper angewendet wurde, fand ihren Nachhall in der Beschreibung der menschlichen Seele, so spricht man etwa auch bei Sigmund Freuds Strukturmodell der Psyche von einem psychischen »Apparat«[13]. Freud lokalisiert vereinfacht ausgeführt drei Bereiche. Zum einen das »Es«, das die angeborenen Triebe und die Befriedigung dieser beschreibt. Aus diesem Bereich, der »der dunkle unzugängliche Teil unserer Persönlichkeit ist«,[14] entstehen – so Freud – Gefühle und auch Bedürfnisse[15]. Das zweite Element ist für Freud das »Ich«, das durch die Erfahrung des Getrenntseins von den anderen Objekten und den anderen Menschen entsteht.[16] Die Erfahrung des Getrenntseins bestimmt dabei die darin gebildete Selbstvorstellung und die Wahrnehmung der umgebenden Welt.[17] Das dritte Element bildet das »Über-Ich«, dieses beschreibt Freud als eine Instanz, die als Gewissen die verinnerlichten sozialen Werte und Normen aufrechterhält.[18]

---

13 Freud, Sigmund: Traumdeutung, in: Freud, Sigmund: Gesammelte Werke, Chicago 2015. Ebook Pos. 8450–8515, daraus: »Wir stellen uns also den seelischen Apparat vor als ein zusammengesetztes Instrument, dessen Bestandteile wir Instanzen oder der Anschaulichkeit zuliebe Systeme heissen wollen.«, Ebook Pos. 8450.

14 Vgl. Freud, Sigmund: Neue Folge der Vorlesungen zur Einführung in die Psychoanalyse (Die Zerlegung der psychischen Persönlichkeit), in: Freud, Sigmund: Gesammelte Werke, Chicago 2015, Ebook Pos. 29447.

15 Vgl. ebd, Ebook Pos. 229447–29487.

16 Vgl. Freud, Sigmund: Das Ich und das Es, in: Freud, Sigmund: Gesammelte Werke, Chicago 2015, Ebook Pos. 25550–25560, 25571–25591.

17 Vgl. ebd, Ebook Pos. 25843–25874.

18 Man könnte dieses Modell anschaulich mit drei verschieden farbigen Kaugummis modellieren. So bildet ein weißer Kagummi das »Es«, auf dem als »Ich«-Instanz ein rotfarbener Kaugummi geklebt wurde, der dann in einer Weise von einem orangefarbenen Kaugummi, dem

Konflikte entstehen etwa dann, wenn aus dem triebhaf-
ten Es Wünsche nach Realisierung drängen, die dann in der
»Ich«-Sektion mit den Geboten des Über-Ichs in Konflikt
geraten und so zu Schuldgefühlen führen können, und um
diese zu umgehen, verdrängt werden.[19]

Ähnlich, wie sich Maschinenlogik auf den menschlichen
Körper anwenden ließe und diesen dann als unbeseelten Ro-
boter entstehen ließ, lässt sich auch diese Automatenlogik aus
dem Bereich der Psyche auf künstliche Automaten anwenden.
Versuchen die frühen Androiden von Jaques de Vaucanson
oder Pierre Jaquet-Droz, die äußerliche körperlichen Regun-
gen nachzuahmen,[20] so unternahm eine Reihe von Künstlern
Anfang des zwanzigsten Jahrhunderts den Versuch, die innerli-
chen psychischen Bewegungen nachzubilden und übertrugen
das freudsche Modell des psychischen Apparats auf fiktionale
Maschinen.[21] Michel Carrouges bezeichnete diese fiktionalen
Maschinen in Anlehnung an Marcel Duchamps »Großes Glas
oder Die Braut von ihrem Junggesellen entblößt, sogar«[22], als

---

»Über-Ich« überformt wird, dass dieser orange Kaugummi zugleich in
Kontakt zu dem weißen Kaugummi steht.

19 Dazu vgl. Freud, Sigmund: Jenseits des Lustprinzips, in: Freud, Sigmund: Gesammelte Werke, Chicago 2015, Ebook Pos. 23350–23400,
Ebook Pos. 23744–23843.

20 Vgl. Westermann, Bianca: Anthropomorphe Maschinen. Grenzgänge
zwischen Biologie und Technik seit dem 18. Jahrhundert, Paderborn
2012, bes. S. 17–27 und siehe: Martius, Joh. Nik./Wigleb, Joh. Chr.:
Vaucansons Beschreibung eines mechanischen Flötenspielers, in: Völker,
Klaus (Hg.): Künstliche Menschen. Über Golems, Homunculi, Androiden und lebende Statuen, Frankfurt a. M. 1994, S.103–112.

21 Siehe: Carrouges, Michel: Die Junggesellenmaschinen, Berlin 2019,
S. 56.

22 Duchamps kombinierte etwa über den Zeitraum von 1913 bis 1923 diese
Bezeichnung für die Kombination verschiedener Arbeiten bzw. Teilen
davon (z. B. »Der Junggeselle zerreibt seine Schokolade selber«), die er
dann zum Großen Glas arrangierte. Radierungen und Zeichnungen sowohl der »Maschine« als auch der einzelnen Komponenten finden sich

»Junggesellenmaschinen«[23]. Duchamps »Großes Glas« repräsentiert dabei für ihn das Grundmodell einer Junggesellenmaschine,[24] einer Apparatur, die im Grunde aus zwei Elementen besteht, einem oberen und einem unteren; die wiederum als Es und Über-Ich identifiziert werden.[25] Dieses Kompositionsprinzip findet Carrouges als literarisches Motiv in einer Reihe weiterer recht unterschiedlicher Texte, so bei Franz Kafka, Raymond Roussel, Alfred Jarry, Guillaume Apollinaire, Jules Verne und einigen weiteren Autor:innen. Harald Szeemann kuratierte aus diesem literarischen Motiv Anfang der Siebzigerjahre eine legendäre Ausstellung,[26] die die Idee der »Junggesellenmaschinen« fest im öffentlichen Diskurs verankerte.

Die vielleicht bekannteste Junggesellenmaschine, auf die sowohl Carrouges als auch Szeemann immer wieder eingehen, ist dabei die groteske Maschine aus Franz Kafkas »In der Strafkolonie«.[27] Hier wird dem Delinquenten sein Vergehen durch diese Tätowiermaschine bis zu dessen Tod in die Haut eingeschrieben.[28] Das Besondere an diesem Apparat ist für

---

im Katalog zu Harald Szeemanns Ausstellung »Junggesellenmaschinen«, siehe dort z. B.: Schwarz, Arturo: Die alchemistische Junggesellenmaschine, in: Szeemann, Harald/Reck, Hans Ulrich (Hg.): Junggesellenmaschinen, Wien/New York 1975 (Neuausgabe 1999). S. 236. S. 239 und S. 231 und Szeemann, Harald/Reck, Hans Ulrich (Hg.): Junggesellenmaschinen, S. 16f. Siehe dazu auch: Duchamp, Marcel: Die Schriften, Zürich 1981 (korrigierte Neuausgabe, 2018). Darin auch die Schriften aus der »Grünen Schachtel«.

23   Carrouges, Michel: Die Junggesellenmaschinen, S. 30.

24   Vgl. Carrouges, Michel: Die Junggesellenmaschinen, S.34–38.

25   Siehe: Szeemann, Harald: Junggesellenmaschinen, S. 59.

26   Szeemann, Harald: Junggesellenmaschinen, in: Szeemann, Harald/Reck, Hans Ulrich (Hg.): Junggesellenmaschinen, Wien/New York 1975 (Neuausgabe 1999).

27   Vgl. Carrouges, Michel: Die Junggesellenmaschinen, S. 41f., S. 44–53 und vgl. Szeemann, Harald: Junggesellenmaschinen, S. 59ff.

28   Kafka, Franz: In der Strafkolonie, in: Kafka, Franz: Gesammelte Werke, Dinslaken 2013, Daraus: »[Der Apparat] besteht, wie Sie sehen, aus drei

Carrouges, dass auch hier eine obere Instanz, das Über-Ich
Zugriff auf das Es nimmt,[29] zugleich weist Carrouges aber
auch darauf hin, dass diese Strafe ebenso Lust erzeugt.[30]

Schützenautomat

Eine ähnliche groteske Maschine findet sich in Robert Walsers Erzählung »Der Gehülfe«[31] – der Schützenautomat. Dies
ist eine Maschine, die, nachdem ein Geldstück eingeworfen
wurde, eine Packung Patronen freigibt und dabei ein wech-
selndes Werbeschild im Sichtfenster zeigt.

»Der Schützenautomat erwies sich als ein Ding, ähnlich
den Schokoladenautomaten, die die reisenden Menschen auf
Bahnhöfen und in allerlei öffentlichen Lokalen antreffen, nur
entsprang dem Schützenautomaten nicht eine Platte Süßigkeit, Pfefferminz oder dergleichen, sondern ein Paket scharfer
Patronen. […] Am Automaten war in ungefährer Mannes-
höhe ein Schlitz angebracht, zum Hineinwerfen oder -fügen
des Geldstückes oder der Münze, die für Geld erhältlich war.
Nach dem Einwurf hatte man einen Moment zu warten,
dann an einem bequem zu erfassenden Hebel zu ziehen und
das nun in eine offene Schale stürzende Paket Patronen ru-

Teilen. […] Der untere heißt das Bett, der obere heißt der Zeichner,
und hier der mittlere, schwebende Teil heißt die Egge. […] Hier auf das
Bett wird der Verurteilte gelegt. […] Sie werden ähnliche Apparate in
Heilanstalten gesehen haben; nur sind bei unserem Bett alle Bewegungen genau berechnet; sie müssen nämlich peinlich auf die Bewegungen
der Egge abgestimmt sein. Dieser Egge aber ist die eigentliche Ausführung des Urteils überlassen.« Siehe dazu auch: Siehe dazu auch: Berr,
Marie-Anne: Technik und Körper, S. 212ff.

29 Vgl. Carrouges, Michel: Die Junggesellenmaschinen, S. 34f.
30 Vgl. ebd, S. 42f.
31 Walser, Robert: Der Gehülfe, Berlin 2016.

hig in Empfang zu nehmen. […] Die innere Konstruktion beruhte auf drei sich gegenseitig bedienenden Hebeln, sowie auf einem abwärts gleitenden Kanal zur Beförderung der Patronen, die sich in gleichmäßigen, der staatlichen Verpackung entsprechenden Paketen in einer Art von Kamin zu dreißigen von Stücken aufeinandergetürmt befanden; zog man nun an dem Hebel mit dem bequem zu erreichenden Griff, so fiel eben eines der im Kamin befindlichen Stücke äußerst elegant heraus […] Aber noch mehr! Der Automat hatte den Vorzug, mit dem Reklamewesen verbunden zu sein, indem eine kreisrunde Öffnung am oberen Teil desselben jeweilen bei Einwurf der Münze und Ziehen am Griff des Hebels eine schönbemalte Reklamescheibe zeigte. Dieses Reklamewesen bestand sehr einfach aus einem Reifen verschiedenartig gefärbten Papieres, der mit der ganzen Hebelvorrichtung in engster und zweckentsprechendster Verbindung stand, derart, daß der Sturz eines Patronenpäckchens jeweilen eine erneute Reklame unmittelbar und exakt an die kreisrunde Öffnung schob, indem sich der Papierreifen stückweis umdrehte.«[32]

Das Besondere an dieser Maschine ist, dass sie nicht rein fiktional ist, sondern auch selbst existierte und Walser diese aus der Zeit, als er bei Carl Dubler in Wädenswil arbeitete, recht wahrscheinlich kannte.[33] Leicht lässt sich auch bei dieser Maschine das Strukturmodell der Psyche anwenden. So gibt es im Inneren der Maschine »drei sich gegenseitig bedienende Hebel«, auch gibt es einen oberen Bereich, dort, wo die Patronen in den Schächten gestapelt sind und einen unteren

---

32 Ebd., S. 37f.
33 Siehe: Echte, Bernhard: Ohne Napoleon und das Bürgli. Was die Quellen zum Hintergrund von Walsers »Gehülfen« erzählen, Jahrbuch der Stadt Wädenswil, o. O. 2003: https://www.baukultur-waedenswil. ch/anhang-jsw-2003-von-bernhard-echte.html [Stand der Abfrage: 22.07.2020].

Bereich, eben dort, wo die Patronen entnommen werden können. Dass man nun diesen Warenschacht wahlweise als Vagina oder Muttermund und die Patronen als phallisch oder als Spermien deuten kann, ist hier eine fast banal wirkende, weil so naheliegende psychoanalytische Literaturdeutung. Interessanter für die vorliegende Arbeit ist der obere Bereich: Der Bereich, in dem das Sichtfenster angebracht ist und in dem die Werbeschilder sichtbar werden. Das Über-Ich lockt hier nicht nur mit einem Werbeversprechen, sondern das Über-Ich wird von Reklame überdeckt. Zugespitzt interpretiert drückt sich in diesem Bild aus, dass die kapitalistische Wirtschaftsform dem Über-Ich seinen Stempel aufdrückt. In diese Gesellschaftsform übt sich nun das Individuum ein, indem es eine Münze einwirft, also dafür bezahlt, seine Begierden zu befriedigen und so wird das Triebhafte als Teil der Wertschöpfungskette in eine Warenform überführt[34].

Kaugummiautomat

Bei dem Schützenautomat handelt es sich vermutlich um einen Schachtautomaten, ähnlich dem Automaten, an den ich mich aus meiner Kindheit erinnere, der für mich unerreichbar in der Höhe von Erwachsenenhänden angebracht war. Aber die Wenigsten denken bei Kaugummiautomaten vermutlich an Schachtautomaten und vielmehr an die roten Automaten, die an den Hauswänden hingen, die einem auf dem Schulweg begleiteten. Doch vielleicht lässt sich dieses Modell auch auf die Kaugummiautomaten übertragen, die in kindgerechter Höhe und für Erwachsene gerade hüfthoch hängen. Auch bei diesen gibt es einen oberen Bereich, eben der Bereich, in

---

34   Dazu: Debord, Guy: Die Gesellschaft des Spektakels, Wien 1999, S. 19f.

dem sich all die bunten Kugeln und die anderen begehrens-
werten Objekte befinden. Unten befindet sich hingegen der
Ausgabeschacht, der mit einer Klappe verschlossen ist, das
Innere verbirgt und aus dem das Lustvolle herauskommen
kann. Auch scheint das Kauen und Lutschen selbst ein lust-
volles Tun zu sein[35] und wie stark das Verlangen ist, zeigt sich
auch darin, dass Kinder ermahnt werden müssen, sich diesem
Genuss nicht formlos hinzugeben und mit offenen Mund zu
kauen, sondern dazu aufgefordert werden müssen, diesen zu
schließen, bis sie diese Regel internalisiert haben.[36] Doch zwischen diese unmittelbare Wunscherfüllung schiebt sich auch
hier das Über-Ich, wohl ist der Drehmechanismus zwischen
dem oberen und dem unteren Teil angesiedelt, aber dass man
ein Geldstück einwerfen muss, wird auf einem Zettel, der
hinter dem Sichtglas steckt, mitgeteilt. Nur ein Centstück
lässt das Begehren zu.

Der Kaugummiautomat kann daher als nahezu einzigartige real existierende Junggesellenmaschine bestimmt werden. Oben sind all die begehrten Objekte, die aber durch die
Regeln, die die Gesellschaft durchziehen, verwehrt bleiben,
außer man setzt das Kapital ein, um dieses Begehren zu befriedigen. Wie drängend dieses ist, zeigt sich auch darin, dass
viele Automaten beschädigt oder zerstört werden, wenn sich
das Begehren nicht durch Geld stillen lässt. Dabei ist offen,
ob die Kaugummikugel, die Charms oder das Geld, das im
Automaten steckt, Ziel dieses Begehrens sind. Allerdings liegt

---

35 Vgl. Freud, Sigmund: Vorlesungen zur Einführungen in die Psychoana-
    lyse, in: Freud, Sigmund: Gesammelte Werke, Chicago 2015, Ebook Pos.
    21242–21252.

36 Siehe: Mathews, Jennifer P./Schultz, Gillian P.: Chicle. The Chewing
    Gum of the Americas. From the Ancient Maya to William Wrigley, Tuc-
    son 2009, S. 63 und Wardlaw, Lee: Bubblemania: A Chewy History of
    Bubble Gum, New York 1997, S. 136.

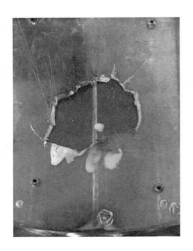

die Vermutung nahe, sofern der Behälter beschädigt wird, dass sich das Streben auf die Objekte bezieht, zumal die Behälter nicht selten auch durch besondere Gitter vor dem Aufschmelzen geschützt werden. Vermutlich würde man aber, um an das Geld zu gelangen, eher eine andere Strategie wählen. Eine andere Frustrationshandlung ist, sofern das Begehren nicht gestillt ist, den Ausgabeschacht mit Kot zu verdrecken, und auch hier böte sich ein breites Feld spekulativer psychoanalytischer Mutmaßungen präödipaler Frustrationserfahrungen.[37]

Glücksautomat

Sobald aber eine Münze den Mechanismus eines Kaugummiautomaten auslöst und eines der begehrten Objekte freigibt, kann dieses Begehren gestillt werden. Man könnte sich den:die Kaugummikauer:in in diesem Moment als glücklichen Menschen vorstellen. Es ist ein Zustand des Glücklichseins; ein Zustand, in dem scheinbar alle Bedürfnisse befriedigt sind. Zugleich war diesem Menschen auch das Glück hold, sofern er sich ein Kaugummi wünschte und diesen auch erhielt. Ein Charm wäre in diesem Fall vielleicht sogar eine

---

37   Vgl. Freud, Sigmund: Vorlesungen zur Einführung in die Psychoanalyse (Libidoentwicklung und Sexualorganisationen), Ebook Pos. 21181–21242.

»Niete« gewesen. Wir haben hier zwei Formen des Glücks, die sich miteinander verbinden.

Im Englischen lässt sich diese Differenz leichter kenntlich machen, als dass es dort den Begriff »luck« gibt, also das Glück, das einem zufällt und »happiness«, das Glück, das durch eine bestimmte Lebensführung angestrebt werden kann.[38] Meist werden diese beiden Formen des Glücks unabhängig voneinander gedacht, wobei dem Glück, das durch eine bestimmte (und bewusste) Lebensführung entsteht,[39] eine weitaus höhere Aufmerksamkeit[40] – die sich durchaus durch eine dezidierte Geringschätzung auszudrücken vermag[41] – zukommt und das zufällige Glück, seinen diskursiven Ort eher in der Mathematik, in Form der Wahrscheinlichkeitsrechnung gefunden hat.

Vielleicht kann man das Glück im Deutschen vor diesem Hintergrund in »Glück haben« und »Glücklich sein« unterscheiden. Freud führt dabei über das Glück aus: »Wir wenden uns darum der anspruchsloseren Frage zu, was die Menschen selbst durch ihr Verhalten als Zweck und Absicht ihres Lebens erkennen lassen, was sie vom Leben fordern, in ihm erreichen

---

38 Hirschhausen ergänzt diese beiden Merkmale um drei weitere (Die Fünf Arten des Glücks: »des Zufalls (engl. luck oder serendipity), des Moments (engl. pleasure), der Selbstüberwindung (engl. flow), der Fülle (engl. bliss oder beauty), der Gemeinschaft«), um dann im nächsten Kapitel Manfred Spitzers physiologische Glücksintegral einzuführen: Dopamin! Siehe dazu: Von Hirschhausen, Eckart: Glück kommt selten allein, Hamburg 2011, S. 19 und S. 23–27.

39 Ohne das komplette Leporello der Glückphilosophie zu entfalten, so sei doch der Form halber auf die auch für diesen Text zentrale Dichotomie von Glück und Lust hingewiesen, die bei Platon im Gorgias und bei Aristoteles entfaltet wurde. Dazu: Platon: Gorgias, in: Platon: Gorgias, in: Platon: Platons Werke, o. O. o. J. (Ebook der Übersetzung von Friedrich Schleiermacher, Berlin 1985) und Aristoteles: Nikomachische Ethik, o. O. o. J (Ebook der Übersetzung von Eugen Rolfes, o. O. 1911).

40 Vgl. Thomä, Dieter: Vom Glück in der Moderne, Frankfurt a. M. 2003.

41 Siehe ebd., S. 12.

wollen. Die Antwort darauf ist kaum zu verfehlen; sie streben nach dem Glück, sie wollen glücklich werden und so bleiben. Dieses Streben hat zwei Seiten, ein positives und ein negatives Ziel, es will einerseits die Abwesenheit von Schmerz und Unlust, anderseits das Erleben starker Lustgefühle.«[42]

Die Befriedigung aller Bedürfnisse als Teil des Glücks[43] wird durch das ausschüttende Füllhorn, mit dem die mythologische Darstellung der Glücksgöttin Fortuna häufig versehen wird, symbolisiert.[44] Dabei beschränkt sich eben das Glück nicht nur auf eine bestimmte Form der Lebensführung, sondern zum gelingenden Glück gehört eben auch der Zufall. Denn auch, wenn gerne betont wird, dass jeder »seines Glückes Schmied« sei, so lässt sich das Glück eben keinesfalls erzwingen, sondern man kann bestenfalls bereit für das Glück sein,[45] diese Eigenschaft rückt Fortuna als »Fortuna Huiusque«[46] in die Nähe des griechischen Kairos,[47] den man nicht greifen kann, wenn man ihm nachjagt.[48]

---

42   Vgl. Freud, Sigmund: Das Unbehagen in der Kultur, in: Freud, Sigmund: Gesammelte Werke, Chicago 2015, Ebook Pos. 27344.

43   Vgl. Thomä, Dieter: Vom Glück in der Moderne, S. 134–143, S. 151–161.

44   Siehe: Roscher, Wilhelm Heinrich (Hg.): Ausführliches Lexikon der griechischen und römischen Mythologie, Band 1, Leipzig 1884–1886, S. 1503–1549. Siehe auch: Appuhn-Radtke, Sibylle: Fortuna: Forschungsstelle Realienkunde/Zentralinstitut für Kunstgeschichte: RDK Labor: http://www.rdklabor.de/w/index.php?title=Fortuna [Abgerufen: 22.07.2020].

45   Siehe: Thomä, Dieter: Vom Glück in der Moderne 2003, S. 269.

46   Vgl. Roscher, Wilhelm Heinrich (Hg.): Ausführliches Lexikon der griechischen und römischen Mythologie, Band 1, S. 1511.

47   Vgl. ebd, S. 1503.

48   Siehe: Roscher, Wilhelm Heinrich (Hg.): Ausführliches Lexikon der griechischen und römischen Mythologie, Band 2, Leipzig 1890–1897, S. 897–901. Da Kairos auf der Stirn einen Zopf, den Hinterkopf kahl trägt, kann man ihn nicht packen indem man ihm hinterher eilt, sondern muss die Gelegenheit »am Schopf packen«.

Neben dem Füllhorn ist das Rad ein weiteres Attribut, das Fortuna beigeordnet wird.[49] Und wenn wir uns einmal von den überlieferten Abbildungen Fortunas entfernen, dann kann man mit etwas Phantasie im Kaugummiautomaten eine mechanische Fortuna erkennen. Der Behälter, das Füllhorn, der Drehknauf, das Rad, und wenn man wollte, könnte sogar die eingeworfene Münze als Opfer gedeutet werden. Die freigegebene Kugel, die neben dem Rad und dem Füllhorn das ausschließliche Symbol Fortunas ist,[50] ist in diesem Deutungsrahmen ein Orakelgegenstand, der von dieser Divinationsmaschine freigegeben wird. Und so verspricht auf einem Kaugummiautomatenaufkleber eine »weiße Kugel«, dass der Tag perfekt verlaufen wird, eine »orange Kugel« mahnt, dass man besser vorsichtig sein solle und eine »rote Kugel« warnt gar vor kommendem Ärger.

Und so spielt der Zufall, der für diese Göttin namensgebend ist,[51] eine bedeutende Rolle, wenn man nun bei diesen Automaten am Rad der Fortuna dreht und gespannt wartet, was einem das Schicksal zulosen wird.[52] Vielleicht sind es aber in manchen – vielleicht sogar in vielen –

---

49 Vgl. Roscher, Wilhelm Heinrich (Hg.): Ausführliches Lexikon der griechischen und römischen Mythologie, Band 1, S. 1505.

50 Vgl. ebd, S. 1505.

51 Vgl. ebd, S. 1503.

52 Dieser raffinierte Mechanismus unterscheidet diese Automaten auch von den Horoskopautomaten – wie man sie manchmal noch auf einem Jahrmarkt findet –, in denen die Karten einfach in Schächte gestapelt und der Reihe nach ausgegeben werden.

Fällen gar nicht die bunten Kugeln, sondern die Objekte, die
das Begehren affizieren. So wecken Wunschtüten wie die »OK
Schatzkiste« das Begehren nicht nur durch den enthaltenen
Kaugummi[53], sondern vor allem durch die darin vermuteten
unbekannten Objekte.

Bei vielen Automaten werden diese Wunschobjekte zudem noch durch eine Schaukarte herausgehoben und prominent präsentiert und steigern so das Verlangen zusätzlich.
Betrachtet man einmal solch eine Schaukarte, dann fällt die
Unterschiedlichkeit der Objekte auf. Es gibt dort kleine Plas-
tikautos, verschiedene Ringe, einen Würfel und eine Pfeife,
zwei Kreisel, einen Haargummi, einen Schlüsselanhänger mit
einer Lilie und einer mit einer roten Banane, dann eine Lupe,
ein Geschicklichkeitsspiel, einen Fingernagel aus Gummi, ein
Schaf oder Lamm aus Gummi und ein Plastikschiff.

---

53 Wovon man aufgrund des Aufdrucks auf der Wunschtüte ausgehen
    konnte.

Gemeinhin würde man anmerken, dies sei eben eine Mischung, in der für alle etwas dabei sei. Grob unterteilen lassen sich dabei die Objekte in Schmuck, zu dem die Ringe und die Ketten gezählt werden können und Spielsachen wie etwa die Autos oder die Kreisel. Natürlich reizt es auch hier, die Objekte, wie das »Auto« oder die »Banane«, psychoanalytisch zu deuten.[54] Gerade aber bei der Banane würde durch eine Verkürzung auf deren phallische Form viel von deren Symbolik beschnitten werden. So wurde die Banane im Mittelalter auch als Paradiesfeige beschrieben und steht hier also nicht allein nur für ein sexuelles Verlangen, sondern für eine Art Sehnsucht nach einem paradiesischen Zustand des Einsseins[55]. Didymos unternahm die bemerkenswerte Arbeit, die Bedeutung von Symbolen aus populärwissenschaftlichen Publikationen einmal zusammenzutragen und nach »allgemeiner«, »psychologischer«, »spiritueller« und »volkstümlicher« Bedeutung zu unterscheiden. So steht das Auto im Allgemeinen als »Sinnbild für Antriebe«, Autos in den Träumen von Männern symbolisieren – erwartbar – »daher ihre augenblickliche Beziehung zum Sex«. Spirituell soll ein Auto eine »Richtung« symbolisieren und steht volkstümlich für »Erfolg«.[56] Auch die Banane wird hier im Allgemeinen, als auch psychologisch und spirituell als sexuelles Symbol gedeutet.[57] Auch wenn die Schmuckstücke keine dezidiert sexuelle Bedeutung haben, so beziehen sie sich doch auch auf das Begehren. Bekommt man

---

54   Siehe: Freud, Sigmund: Traumdeutung, in: Freud, Sigmund: Gesammelte Werke, Chicago 2015. Ebook Pos. 6523.

55   Vgl. Szabo, Sacha: Essen und Trinken hält Leib und Seele zusammen. Lebkuchenherzen, Schokobananen und kandierte Äpfel, in: Nos Cahiers, 2–3/2008, Luxemburg 2008, S. 226ff.

56   Vgl. Didymos: Lexikon der Traumsymbole für das deutsche Volk, o. O. 2001, S. 198f.

57   Vgl. ebd, S. 214.

etwa eine Halskette geschenkt, so bedeutet dies, »dass man
von einem anderen Menschen geliebt wird«. Wobei eine Halskette zugleich auch »erotische Bedürfnisse, die unbefriedigt
bleiben« symbolisiert[58]. Die Ringe können ganz unterschiedliche Bedeutungen haben, je nachdem, aus welchem Material
sie sind und in welchem Kontext sie auftreten. Denn es spielt
eine wichtige Rolle, ob man den Ring verliert, ihn ansteckt
oder ihn nicht mehr vom Finger abbekommt, alles Dinge,
die auch bei einem Kaugummiring eine Rolle spielen. Vielleicht ist bei einem Automatenring die Deutung, dass einem
ein Ring geschenkt wird, die naheliegende und kann so interpretiert werden, dass »Ein Liebeswunsch in Erfüllung gehen
[wird]«. Goldene Ringe – die Ringe in den Automaten sind
wohl nicht aus Gold aber zumindest goldfarben – versprechen immerhin »baldige Hochzeit oder Taufe«. Allerdings
sollte man solch einen Ring eben nicht verlieren, weil sich
dann das »Liebesverhältnis löst«[59] und sich das Begehren wohl
nie erfüllen wird. So haben diese Objekte nicht nur eine feste Bedeutung, sondern sie sind zugleich Zeichen, in denen
Wünsche verdichtet werden, und deren Ausformung als Symbol eine Art manifester »Deckmantel«[60] ist. Zugleich findet
sich auch unter diesen libidinös besetzten Objekten auch eine
»Trillerpfeife«, die nicht nur einer träumenden Frau verheißt,
dass sie einen »Soldaten zum Ehemann«[61] bekäme, sondern
vor allem signalisiert ein solcher Pfiff, wenn man »Verhaltens-
regel übertreten hat«.[62]

Interessant ist bei all diesen Objekten, dass sich neben diesen Liebesgaben auch kleine Glückssymbole finden: wie etwa

---

58   Vgl. ebd, S. 641.
59   Vgl. ebd, S. 1156.
60   Siehe: Freud, Sigmund: Traumdeutung, Ebook Pos. 6084–6094.
61   Vgl. Didymos: Lexikon der Traumsymbole, S. 1069.
62   Vgl. ebd., S. 1069.

der Würfel, der »zukünftiges Glück«[63] verheißt, der Kreisel, der dafür steht, dass man »die Mittel für kindische Vergnügen verschwende[t]«[64] oder das Schiff[65], das »Glück« bringt, für »Fruchtbarkeit und Abenteuer« oder eben auch »für die ›letzte‹ Reise« stehen kann. Gut, vielleicht ist das Schiff nicht immer und für alle allein nur ein Glückssymbol, daher lohnt es sich, solch einen Automaten unter die »Lupe« zu neh

men, da »eine kleine Ursache […] eine große Wirkung haben [kann]«[66] und durch eine Obduktion eines solchen Automaten dem Geist, der möglicherweise in der Maschine wohnt und der das Glück zuteilt, nachzuspüren.

---

63 Vgl. ebd., S. 1533.

64 Vgl. ebd., S. 842.

65 Vgl. ebd., S. 1211. Fortuna wird im Übrigen auch häufig mit einem Schiffbug abgebildet und gilt als Meeresgöttin. Vgl. Roscher, Wilhelm Heinrich (Hg.): Ausführliches Lexikon der griechischen und römischen Mythologie, Band 1, S. 1507.

66 Vgl. Didymos: Lexikon der Traumsymbole, S. 914.

Obduktionsprotokoll eines Automaten

Im Rahmen dieses Projekts konnte ich in einem Internetauktionshaus einen Automaten aus dem Raum Nürnberg, der als »Scheunenfund« angeboten wurde, ersteigern. Weitere Hintergrundinformationen waren leider nicht zu erfahren, außer, dass er eben in der Garage lag. Der Automat war leer, auch fehlte der Metallkasten, mit dem diese Automaten normalerweise an Hausmauern oder an Brückengeländern angebracht werden. Bei einer stichprobenartigen Überprüfung verschiedener Kaugummiautomaten in der Nähe meines Wohnorts ergab sich, dass diese Automaten etwa in einer Höhe aufgehängt werden, sodass sich der Schlitz, in den eine Münze eingeführt werden kann, etwa in 60–70 cm Höhe befindet. Meist waren es Automatenbatterien mit zwei oder drei Automaten in einem Metallkasten, der entweder Rot oder Blau lackiert war. Die Mitte des Sichtfeldes befand sich dabei etwa 10 Zentimeter über dem Münzschlitz und das Ausgabefach ungefähr 10 Zentimeter unterhalb des Münzschlitzes.

1. Objektbestimmung

- Das Objekt hat eine Höhe von 42,5 cm und verfügt sowohl an der Ober- als auch an der Unterseite über die Maße von 18,5 cm x 18,5 cm.

- Das Gewicht beträgt 2.340 Gramm, also etwa 2,4 KG.
- Das Objekt kann durch das Lösen einer einzigen Schraube in mehrere größere Teile zerlegte werden, deren Statik durch eine innen verlaufende Gewindestange stabilisiert wird.
- Schraube: Längsschlitz, silberfarben, Längsschlitz 1,5 cm, Durchmesser Kopf 1,5 cm, Gesamtlänge 2,7 cm, Innengewinde 5 mm.
- Die Stange verläuft durch den kompletten Automaten und ist ca. 40 cm lang und hat einen Durchmesser von 5 mm.

An diesem Punkt der Obduktion erhielt ich Hilfe von Herrn Georgios Georgotas, der nebenberuflich Kaugummiautomaten aufstellt und mich bei der Bestimmung und den Bezeichnungen der einzelnen Komponenten unterstützte.

2. Bezeichnung der Elemente des Objekts

- Der Deckel
  Die Oberseite des Automaten wird als Deckel bezeichnet. Von diesen Deckeln gibt es zwei Größen in zwei Höhen. Zudem gibt es zwei Deckelvarianten. Zum einen Deckel, die mit einer Schraube fixiert werden, diese sind für den Außenbereich gedacht, da hier der Metallkasten, der sog. »Panzer«, in den die Automaten bei Bedarf komplett ausgestattet eingestellt werden, ausreichend Schutz bietet. Dann gibt es auch noch Deckel für den Innenbereich, die statt mit einer Schraube mit einem Schloss versehen sind, so dass der Deckel nicht von unbefugten einfach aufgeschraubt werden kann.

- Der Behälter
  Der Behälter ist aus durchsichtigem Kunststoff. Es gibt ihn in zwei Größen. Einmal für Kaugummis und etwas größer für Waren, wie Flummis, Kapseln oder auch Nüsse.

- Der Verteiler
  Ein weiteres Element ist der Verteiler. Von dieser Einheit gibt es ca. 10 verschiedene Varianten, die sich sowohl im Durchmesser der Öffnungen durch die die Waren fallen, als auch durch die Einteilung der verschiedenen meist dreieckigen Abteilungen, die zudem auch verschieden hoch sind, unterscheiden.

- Der Body
  Der Body ist häufig aus Kunststoff, früher aus Metall im Druckguss hergestellt. Der Body nimmt den Verteiler, den Warenschacht, den Münzprüfer, den Stopper und den Boden auf. Im Inneren des Bodys befindet sich ein Warenschacht, der von dem »Inneren Schutzdeckel« abgedeckt wird, der sicherstellt, dass man nicht mit den Fingern in den Behälter bzw. in das Loch des Verteilers greifen kann. Außen sichtbar ist am Boden noch der »Stopper«. Eine Klappe, die das Kaugummi stoppt und dafür sorgt, dass das Kaugummi nicht zu Boden fällt, sondern vom Kunden entnommen werden kann.

- Der Münzprüfer
  Der Münzprüfer ist auch aus Metall. Durch das Einführen einer passenden Münze kann die Mechanik bedient werden. Die Münze erlaubt das Drehen des außen angebrachten Griffes. Ein am Münzprüfer angebrachtes Zahnrad greift in die entsprechende Vertiefung des Verteilers und dreht diesen, so dass die Ware durch dessen Öffnung nach

unten fällt. Es gibt diese Münzprüfer in verschiedenen Varianten für die entsprechenden Münzgrößen (10 Cent, 20 Cent, 50 Cent, 1 Euro etc.).

- Der Boden
  Der Boden dient auch dazu, dass das Geld, das der Münzprüfer freigibt, nicht aus dem Body herausfällt. An der Unterseite des Bodens sind zudem Löcher angebracht, in die bei Indoorversionen Gummistopfen, als Rutschschutz, eingepasst werden können. Mittig kann in den Boden die »Schraubstange« verankert und mit einer Mutter fixiert werden und gibt den verschiedenen Elementen Stabilität.

3. Objektbeschreibung

- Deckel
  Farbe: rot, unbekanntes Plastikmaterial. Außenmaße: Breite: 16,7cm, Höhe: 16,7 cm. Der Deckel hat eine abgesetzte Erhöhung. Mittig befindet sich ein Loch mit 1,6 cm Durchmesser. An der Unterseite des Deckels befindet sich eine umlaufende Nut. Unterteilt wird die Unterseite durch vier Stege.

- Behälter
  Vermutl. Acrylglas oder Ähnliches. Trapezförmig zulaufend. Der Behälter ist an einer Seite mit silbernem Farblack besprüht worden. Höhe: 23,7 cm, Breite oben: 18,4cm, Breite unten: 15,5 cm. Am oberen Rand befindet sich eine Feder, die in die entsprechende Nut des Deckels eingefügt werden kann. An der Unterseite des Behälters befindet sich mittig eine Runde Öffnung mit 13 cm Durchmesser. Im

Behälter befinden sich neun Markierungen in einem Abstand von jeweils 2 cm. Vermutlich Abstandsmarkierungen.

Löst man unten im Behälter zwei Schrauben, kann dieser von dem darunter liegenden Elementen gelöst werden. Die Schrauben sind Rundkopfschrauben mit einem Querschlitz, sie sind 3cm lang und haben einen Durchmesser von 4 mm. Bei diesen Schrauben handelt es sich um Holzschrauben, die vermutlich die hier vorgesehenen Schrauben ersetzen. Hat man die Schrauben gelöst, dann zerteilt sich das darunter liegende Element in den Verteiler und den Body.

• Verteiler
Der Verteiler ist orangefarben und kann in drei Teile zerlegt werden, von denen das eine mit dem Body abschließt. Ein anderes Teil fixiert den Behälter, indem es von innen mit dem Body verschraubt wird.

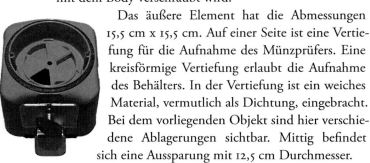

Das äußere Element hat die Abmessungen 15,5 cm x 15,5 cm. Auf einer Seite ist eine Vertiefung für die Aufnahme des Münzprüfers. Eine kreisförmige Vertiefung erlaubt die Aufnahme des Behälters. In der Vertiefung ist ein weiches Material, vermutlich als Dichtung, eingebracht. Bei dem vorliegenden Objekt sind hier verschiedene Ablagerungen sichtbar. Mittig befindet sich eine Aussparung mit 12,5 cm Durchmesser.

In dieser Aussparung befindet sich das zweite Element mit einem Durchmesser von 13 cm. Eine Hälfte dieses Elements ist ausgespart und lässt den Blick auf ein darunter liegendes bewegliches Rad zu. An zwei Seiten der Aussparung befinden sich vier bewegliche Metallfedern, die mittels einer Metallplatte mit dem Bauteil verschraubt wurden. Entfernt man dieses Bauteil, so gelangt man zu dem dritten Element. Dieses Teil ist radförmig und besitzt drei trapezförmige Durchbrüche. Dieses Element hat einen Durchmesser vom 11 cm. Es ist wie das äußere Element orangefarben. Es ist augenscheinlich nicht gereinigt. Auf der Rückseite befinden sich 27 Zahnradzapfen mit einer Breite von 3 mm. Auf der Rückseite sind auch drei Ziffern erkennbar: a) »32335«, b) »120« c) »2«.

- Body
  Der Body verjüngt sich nach oben. An der Stelle, an der der Body mit dem Verteiler verbunden wird, hat er die Abmessungen 15,5 cm x 15,5 cm. Unten hat er die dem Boden entsprechenden Maße von 16,6 cm x 16,6 cm. An der Oberkante verläuft eine ungleichmäßige dicke Feder, die in die Nut des Verteilers eingefügt werden kann. Innerhalb des Bodys befinden sich gitterförmige Kunststoffverstrebungen, die einen orangefarbenen Schacht, vermutlich einen Warenschacht, fixieren. Der Schacht verläuft in einer abschüssigen Biegung und kann entnommen werden.

  Von außen wird dieser Schacht von einer beweglichen möglicherweise aus Aluminium bestehenden Metallplatte verschlossen. Diese Platte (Stopper) hat eine Breite von 5,3 cm und eine Höhe von 4,5 cm, an der oberen Kante hat die Platte zwei 6 mm lange Zapfen zum Einhängen in den Body. Hinter dieser Platte ist ein 6,8 cm breiter Metallsteg eingehängt. Insgesamt sind diese Teile patiniert, oxidiert und durch unbestimmte Ablagerungen verschmutzt.

- Münzprüfer

Den Münzprüfer kann man aus dem Body ziehen, so

dass beide Teile getrennt voneinander zu betrachten sind. Der Münzprüfer ist an der Vorderseite silberfarben mit einer rauen Oberfläche. An der Oberkante befindet sich ein 2,5 cm breiter und 3 mm tiefer Schlitz, wohl für Münzen. Der Münzprüfer besteht aus mehreren Elementen und wiegt 406 Gramm.

In den Münzprüfer ist ein Drehgriff eingepasst, der herausgelöst werden kann, wenn auf der Rückseite ein Metallzahnrad dann ein konisches Plastikstück, sowie ein Spannring gelöst werden. Das Zahnrad hat einem Durchmesser von 4 cm, die Zähne des Rades sind 1 cm lang und verjüngen sich zum Ende hin. Das elfenbeinfarbene Plastikteil besteht aus zwei Ebenen. Diese Ebenen liegen sich spiegelbildlich gegenüber. Die Form kann man als zusammengesetzte Ovale beschreiben, die aufeinandergelegt wurden, wobei eines um 40 Grad gedreht wurde. Mittig hat dieses Plastikteil eine rechteckige Aussparung. Der Spannring hat einen Innendurchmesser von 1 cm und dient vermutlich dazu, die Verschraubung zu fixieren.

Der Griff, der aus dem Münzprüfer herausgezogen werden kann, besteht aus zwei Elementen. Einem Metallstab mit Gewinde, der etwa ab der Mitte rechteckig abgeflacht ist und am Ende wieder in ein Gewinde übergeht. Der Griff selbst besteht aus einem anthrazitfarbenen Kunststoff. Er ist 5,5 cm lang und läuft konisch zu. Im Seitenprofil zeigt sich, dass der Griff zu den Enden hin abgeflacht ist und über vier abgerundete Kanten verfügt, auf der Rückseite ist er hohl.

Die Münzprüfeinheit selbst kann dann weiter zerlegt werden. Sie setzt sich aus verschiedenen Elementen zusammen, die durch verschiedene Rundkopfschrauben miteinander verschraubt sind.

Betrachtet man die Münzprüfeinheit von hinten, dann ist auf dieser Ebene ein zweiteiliger Federmechanismus montiert, bei dem ein Metallplättchen auf einen Haken drückt. Auf dieser Ebene ist auch eine Nummer erkennbar: »9692«.

Löst man die Schrauben, dann gelangt man zu einer zweiten Ebene, die deutlich komplexer ist. Mittig befindet sich dort eine messingfarbene Metallplatte, die über verschieden geformte Zacken, ähnlich einem Zahnrad, verfügt, dabei ist etwa ein Viertel glatt ohne Zacken. Oben besitzt diese Platte eine 2 cm breite und 2 mm tiefe Aussparung, die zudem nochmals in sich durchbrochen ist. In der Mitte der Platte ist ein rechtwinkliger Durchbruch zur Aufnahme des Griffes. Seitlich greifen zwei metallene Sperren in die außenliegenden Zahnräder dieser Platte. Von diesen Sperren wird die eine, durch eine Metallfeder fest gegen die Metallplatte gedrückt, die gegenüberliegende Sperre wird zugleich von einer weichen gummiartigen Dämpfung in ihrer Position gehalten.

Ein Versuch ergab, dass die Münzprüfeinheit mit 10 Pfennigstücken betrieben werden kann, wobei ein einzelnes 10 Pfennigstück genügte um den Mechanismus komplett auszulösen, so dass Waren hätten entnommen werden können.

• Boden
Die Farbe des Bodens hat den gleichen rotfarbenen Ton
wie der Deckel. Er hat die Maße 16,6 cm x 16,6 cm. Eine
Seite des Bodens weist einen 3,5 cm langen Riss auf. Er
besteht aus Plastik, vermutlich aus dem gleichen Material
wie der Body.

In der Mitte des Bodens ist ein Metallgewinde sichtbar.
Vermutlich sichern acht Streben eine ins Plastik eingelas-
sene Metallplatte. Mittig ist ein Gewinde, in dem eine ca.
40 cm lange Gewindestange, mit einem Durchmesser von
5 mm steckt und die mit einer Schraubenmutter befestigt
ist. Diese Stange konnte bei diesem Automaten, nicht gelöst werden, vermutlich weil die Stange oxidiert, und das
Gewinde beschädigt ist.

Auf der Unterseite befinden sich in den Ecken runde
Vertiefungen mit 1,5 cm Durchmesser. Auf der Unterseite
des Bodens befinden sich acht erhöhte und acht durch-
brochene Punkte, jedoch nicht symmetrisch durchbrochen sind.

4. Funktionsweise des Objekts
Beschreibt man den Mechanismus, so kann der Drehhe-
bel durch das in den Münzprüfer (e) eingeführte Geldstück soweit gedreht werden, dass der Verteiler (c) sich

soweit dreht, dass eines der Objekte, die im oberen Behälter (b)
eingefüllt sind erfasst und in den
Schacht befördert wird. Der befindet sich im Body (d) und ist
durch eine Metallplatte (innerer
Schutzdeckel) abgedeckt, so dass
nicht durch den Schacht in den
Vorratsbehälter gegriffen werden

kann, eine metallene Klappe (Stopper) sorgt dabei dafür, dass der Waren nicht aus dem Schacht fallen kann. Die Münzen, die in den Münzprüfer (e) passen (hier 10 Pf.), erlauben es, dass dieser Münzhalter samt der Münze gedreht werden kann, wobei nur eine passende Münze die Sperren freigibt. Anschließend fällt die Münze aus dem Münzprüfer auf den Boden (f) und kann dort vom Betreiber entnommen werden.

5. Hintergrundrecherche zum Objekt
Ich konnte von Herrn Georgios Georgotas für einen eher symbolischen Betrag einen weiteren Automaten als Vergleichsobjekt erwerben. Dabei wählte ich bewusst einen aus, der deutlich Spuren von Vandalismus trug. Darüber hinaus war dieser Automat im Unterschied zu meinem untersuchten komplett aus Metall, im Druckguss, her-

gestellt. Bei diesem Automaten war der Verteiler im Unterschied zu meinem untersuchten Automaten jedoch im gleichen Rotton wie der Body und der Deckel gehalten. Der Farbton war im Unterschied zu meinem untersuchten Automaten etwas heller und wies auch einige Abplatzungen auf. Das Besondere dieses Automaten, den ich als Vergleichsobjekt erhielt, war, auch dass auf dem metallenen Spritzgussdeckel eine Patentnummer sowie eine Firmenbezeichnung aufgebracht war.

Firmenbezeichnung: »›Brabo‹ Antwerp Belgium«
Patentnummer: »Pat. No. 2537317«

Beim Vergleich der beiden Automaten zeigte sich, dass sich die einzelnen Bauteile der beiden Automaten problemlos miteinander kombinieren ließen, sodass ich bei meinem untersuchten Automaten davon ausgehen kann, dass es sich um baugleiche Teile handelt, möglicherweise sogar um Originalteile der Firma »Brabo«.

In einem weiteren Schritt begann ich nach der Firma und vor allem der Patentnummer zu recherchieren. Die Angaben auf dem Deckel des zweiten Automaten konnten es mir eventuell ermöglichen, meinen untersuchten Automaten genauer zu bestimmen. So fand ich schnell heraus, dass aktuell in Belgien eine Firma, die den Namen »Brabo« trägt existiert: »Charlier-Brabo Group.«[67] Hierbei handelt es sich um einen Lebensmittelvertrieb, der sowohl eigene, als auch Fremdmarken führt und verschiedene Lebensmittelketten wie etwa »Aldi« oder »Carrefour« beliefert. Unter den vielen auf der Seite aufgeführten Lebensmitteln konnte ich aber keine Kaugummis finden. Sofern es sich bei dieser Firma um die Firma handelt, die die Kaugummiautomaten führte, so scheint sie dieses Geschäft entweder aufgegeben zu haben oder unter einem anderen Dach zu führen. Auch weitere Recherchen im Internet führten lediglich zu gebrauchten Automaten, darüber hinaus ließen sich über diese besuchten Seiten keine weiteren Informationen zu dem Automaten recherchieren (Stand: Juni 2020).

---

67 Charlier-Brabo Group: https://food.cbg.be / [Abgerufen: 22.07.2020].

In einem zweiten Schritt begann ich, die Patentnummer zu recherchieren. Eine erste Abfrage in der Patentdatenbank des »Deutschen Patent- und Markenamts«[68] ergab keinen Treffer, so dass ich in der europäischen Datenbank »expacenet.com« recherchierte. Dort führte die Patentnummer zu einem Eintrag aus dem Jahre 1951, die von der Firma »OAK Manufacturing Company Inc.« angemeldet wurde und in der »Harold T. Probasco« als Erfinder geführt wird.[69] (Diese Patentschrift ist diesem Band beigefügt). Diese Maschine weist sehr große Ähnlichkeiten in der Funktionsweise und dem Aufbau meines untersuchten Automaten auf. In einem Katalog zu historischen Warenautomaten fanden sich dann Bilder von »OAK Acorn« Automaten, die abgesehen von der Farbgebung, sehr große Ähnlichkeit mit meinem Automaten haben,[70] sodass ich davon ausgehen konnte, dass

es sich bei meinem Automaten um das Modell »Acorn« der Firma »OAK Manufacturing Company Inc.« handeln könnte, das möglicherweise von der Firma »Brabo« lizenziert wurde. Über die englischsprachige Wikipedia konnte ich dann eine Webadresse ausfindig machen (www.oakmfg. com), die aber leider stillgelegt worden zu sein scheint (Stand Juni 2020).

---

68   Deutsches Patent- und Markenamt: https://www.dpma.de [Abgerufen: 22.07.2020].

69   Europäische Patentorganisation: Espacenet: US2537317A Vending machine: https://worldwide.espacenet.com/patent/search/family/022025303/publication/US2537317A?q=2537317 [Abgerufen: 22.08.2020].

70   Siehe: Carini, John: The Pocket Guide to Coin-Up Vending Machines, Atglen 2002, S. 13 und S. 100f.

In einem Forum, das sich mit Warenautomaten beschäftigt, fand sich eine etwas ausführlichere Firmengeschichte.[71] Harold T. Probasco hatte ein neuartiges Verfahren entwickelt, um Schüttautomanten, also Warenautomaten mit austauschbaren Teilen im Druckguuss herzustellen.[72] 1948 gründete Probasco dann zusammen mit Sam Weitzman und Sid H. Bloom, die bereits langjährige Erfahrung mit Geschäft mit Warenautomaten hatten, die Firma »OAK Manufacturing Company Inc.«.[73] Anfangs beschränkte sich der Markt auf die US-amerikanische Westküste, doch schon ein Jahr später wurde, nachdem die Teilnahme an einer Automatenmesse ein großer Erfolg war, eine neue Fabrikationsstätte errichtet, sodass nun auch der gesamte Markt in Nordamerika bedient werden konnte.[74] Ab Ende der Sechzigerjahre, nachdem auch die Söhne von Sam Weitzman in das Unternehmen eingetragen, entwickelte sich OAK zu einem der größten, wenn nicht dem größten Automatenproduzenten für diese besondere Form von Automaten.[75] Schon früh musste OAK dabei auch Patentstreitigkeiten ausfechten. Die Firma OAK Manufacturing Company wurde 1985 von Jim Hinton übernommen und befand sich wohl bis zum Datum des Eintrags im besagten Forum (29.07.2010) noch in dessen Besitz.[76] Allerdings ist auch die dort angegebene Internetadresse (www.oakmfg.com) nicht abrufbar (Stand Juni 2020).

---

71 Vgl. The Vendiscuss Forums: https://vendiscuss.net/topic/6795-the-history-of-oak-manufacturing / [Abgerufen: 22.07.2020].
72 Vgl. ebd.
73 Vgl. ebd.
74 Vgl. ebd.
75 Vgl. ebd.
76 Vgl. ebd.

Laut dem Eintrag in dem Forum stellte wohl »Ford Gum Machines«[77], die als erste erfolgreich ab Anfang des zwanzigsten Jahrhunderts Kaugummiautomaten produzierten,[78] Ende der Siebzigerjahre die eigene Entwicklung ein und setze anschließend die Geräte von OAK ein.[79] Kurz darauf erwarb Ford Gum Machines die »Operators Vending Machine Supply Company« und änderte deren Namen in »Astro Operators«[80] und ist unter diesem auch aktuell noch (Stand: 2020) auf dem Markt aktiv. Auf der Seite von Astro Operators finden sich nicht nur Kaugummiautomaten, sondern auch Kaugummis und andere Süßigkeiten, ebenso verschiedene Charms, Spielzeuge und auch Tattoos und Sticker.[81] Leider ist die Firmenhistorie, die auf dieser Seite abgebildet ist, wenig informativ. Die Firma »Ford Machines«, wurde in den Achtzigerjahren an die Firma »Leaf Inc.« zusammen mit »Carousel Industries« verkauft, die wiederum 1996 vom Süßwarenkonzern »Hershey Company« übernommen wurde.[82] Doch bereits ein Jahr später wurde Ford Gum & Machine Company

---

77 Ford Gum: https://fordgum.com / [Abgerufen: 22.07.2020].

78 Zur Geschichte der Firma »Ford Gum & Machine Company«: https://www.gumball.com/pages/history-of-ford-gum [Abgerufen: 22.07.2020]. Siehe auch: thegumballman: Tour of the Ford Gum and Machine Co.: https://www.youtube.com/watch?v=QdJ1b-kaaXE [Abgerufen: 22.07.2020] und thegumballman: Ford Gum History: https://www.youtube.com/watch?v=zurI8wWeY6Y [Abgerufen: 22.07.2020]. Siehe auch: Hendrickson, Robert: The Great American Chewing Gum Book, Radnor 1976, S. 183f. und Wardlaw, Lee: Bubblemania, S. 106f.

79 Vgl. The Vendiscuss Forums: https://vendiscuss.net/topic/6795-the-history-of-oak-manufacturing / [Abgerufen: 22.07.2020].

80 Siehe: Astro Operators: http://www.astrooperators.com/index.html [Abgerufen: 22.07.2020].

81 Vgl. ebd.

82 Vgl. The Vendiscuss Forums: https://vendiscuss.net/topic/6795-the-history-of-oak-manufacturing / [Abgerufen: 22.07.2020].

durch ein Management Buy Out wieder eigenständig.[83]
Laut dem Foreneintrag war auch Caroussel Inc., das heute
im Besitz der Firma Ford Gum & Machine Company ist,
Vertreiber der druckgegossenen Automaten, ließ diese später in China durch billige Kunststoffautomaten imitieren
und verdrängte auf diese Weise OAK aus dem Markt.[84]

Sofern diese Information stimmt, könnte es sich also
bei meinem untersuchten Automaten, da dieser im Unterschied zu dem später als Vergleichsobjekt erworbenen
nicht aus Druckguss, sondern nahezu komplett aus Plastik
besteht, um eine in China produzierte Nachahmung eines
»OAK Acorn« handeln, der möglicherweise von der Firma
»Caroussel Inc.« in Auftrag gegeben wurde.

Eine allgemeine Recherche zu den Patenten der Firma
Brabo ergab noch einen besonderen Fund. So wurde ein
Patent für einen »Selbstverkaeufer zur gleichzeitigen Abgabe mehrerer Gegenstaende« angemeldet. Bei diesem Patent
mit der Nummer »DE1096657B« aus dem Jahr 1961 handelt sich augenscheinlich um einen Kaugummiautomaten,
der einen Kaugummiautomaten mit zwei weiteren Schächten kombiniert, die parallel zur Kaugummikugel Sammelkarten ausgeben.[85] Da bei diesem Entwurf die Firma

---

83 Vgl. ebd.
84 Vgl. The Vendiscuss Forums: https://vendiscuss.net/topic/6795-the-his
    tory-of-oak-manufacturing / [Abgerufen: 22.07.2020], daraus: For
    many years Oak was the largest producer of antique home machines.
    Carousel industries (today owned by Ford Gum) was a distributor of
    these machines and knocked them off in China with a cheap plastic
    version years later. This plastic version is the popular one you see today
    in stores.
85 Europäische Patentorganisation: Espacenet: DE1096657B »Selbstver-
    kaeufer zur gleichzeitigen Abgabe mehrerer Gegenstaende«: https://
    worldwide.espacenet.com/patent/search/family/022328889/publication/
    DE1096657B?q=pn%3DDE1096657B [Abgerufen: 22.07.2020].

»Confiserie Brabo« das Patent anmeldete und als Erfinder
»Harold Probasco« genannt wurde, ist auch aufgrund dieser
Koinzidenz davon auszugehen, dass es sich bei den Auto-
maten der Firma Brabo um Konstruktionen von Harold
Probasco und der OAK Manufacturing Company handelt.

Automatennetzwerk

Die Untersuchung des Automaten ließ also einige Rück-
schlüsse auf seine Herkunft zu und die Autopsie
des Automaten brachte etwas Licht in seine
Funktionsweise, wobei die zugrundeliegende
Frage nach der Heimat der Glücksgöttin leider ergebnislos blieb. Der Automat war leer,
es befand sich nicht einmal eine Münze darin;
zumal Geld, wie dies gerne attestiert wird, allein
auch nicht glücklich macht. Deutet man das Zahnrad
des Warenverteilers als Rad der Fortuna, dann ist vielleicht
sogar die Glücksmechanik des Automaten, aber eben nicht
der Mechanismus dieser Wunschmaschine entschlüsselt.

Ähnlich der gerne kolportierten lakonischen Feststellung
Rudolf Virchows: »Ich habe so viele Leichen seziert und nie
eine Seele gefunden«,[86] scheint auch diesem Automaten keine
transzendente Kraft innezuwohnen. Vielleicht hat Fortuna
das Schicksal vieler anderer Götter erlitten und könnte tot
sein, wobei sie möglicherweise die Maschine auch verlassen
hat und sich nun außerhalb dieser befindet. Greift man noch
einmal Bruno Latours Überlegungen zu dem streikenden
Türschließmechanismus auf, dann war die obige Beschrei-

---

86 Zitate.net: Rudolf Virchow: http://zitate.net/rudolf-virchow-zitate [Ab-
    gerufen: 22.07.2020].

bung zugegebenermaßen auch ein wenig unvollständig. Denn Latour ersetzt nicht einfach nur den Portier durch eine Mechanik, vielmehr situiert er den Akt des Türöffnens neu.[87] Verbunden mit dem Türöffner ist zum einen die Aneignung und das Einüben neuer Techniken für die Nutzer,[88] so wie eben auch die Nutzer von Automaten sich in eine neue Form des Konsumaktes einüben. Vor allem aber ist der Türschließer für sich funktionslos, erst in der Kombination mit anderen Aktanten, die nicht nur intentional handelnde Akteure, sondern vor allem nicht-intentional Handelnde Aktanten umfasst,[89] kann dieser sein Programm, eine Tür zu schließen, vollenden.[90] Zu diesem Netzwerk gehört neben dem Türschließer das Türblatt, der Türrahmen, das Türschloss, vielleicht ein Türschlüssel und eben auch ein Mensch, der durch die Türe gehen will und diese öffnet, um einzutreten.

Überträgt man dieses Netzwerk auf den Kaugummiautomaten, so lässt sich hier ein Netzwerk erkennen, das Kaugummihersteller, Kaugummiautomatenaufsteller, Kaugummikäufer und eben auch den Automaten mit all seinen Elementen zueinander situiert.[91] Dieses Netzwerk, das Latour als »Körperschaft«[92] bezeichnet, verlangt dabei einerseits vom Produzenten, dass seine Produkte mit dem Automaten (vor allem dem »Verteiler«) reibungslos harmonieren, vor allem aber drängt dabei die Interaktion zwischen Kunden und Kaugummiautomaten in den Vordergrund.

---

87 Siehe: Latour, Bruno: Ein Türschließer streikt, in: Latour, Bruno: Der Berliner Schlüssel. Erkundungen eines Liebhabers der Wissenschaften, Berlin 1996, S. 74–77.

88 Vgl. Latour, Bruno: Ein Türschließer streikt, S. 79 ff.

89 Zum Konzept des Aktanten Netzwerks siehe: Latour, Bruno: Die Hoffnung der Pandora, Frankfurt a. M. 2002, S. 372 ff.

90 Vgl. Latour, Bruno: Die Hoffnung der Pandora, S. 216 f.

91 Vgl. ebd, S. 211–232.

92 Vgl. ebd, S. 236.

Die Rationalisierung der Abläufe verlangt also auch Anpassung vonseiten der Kunden, die den Umgang mit dem Automaten lernen, um ihr Begehren zu stillen. Diese Aussicht ist dabei eine Art »Nudging«[93], um die Konsumenten zu diesen Lernleistungen zu motivieren und sie in diesen Konsumakt einzuüben.[94]

Bezogen auf das Kaugummi, ja vielleicht auf alle Konsumartikel, könnte man hier die Analyse beenden und konstatieren, dass der Konsument für die Befriedigung der Wünsche bezahlt, die die Konsumgesellschaft, also im Grund »der« Kapitalismus selbst, hervorgebracht hat.[95] Das Kaugummi ist insofern idealtypisch für eine Ware, dass ihm überhaupt kein Gebrauchswert mehr innewohnt[96] und es somit der »spektakulärste«[97] »Warenfetisch«[98] par excellence ist.

---

93 Als Beispiel dazu: Thaler, Richard H./Sunstein, Cass R.: Nudge. Wie man klugen Entscheidungen anstößt, Berlin 2011.

94 Das gibt der technischen Bezeichnung des »Selbstverkäufers« für die Kaugummiautomaten auch die erweiterte Logik, dass nicht nur der Automat selbst verkauft, sondern sich auch der Kunde selbst (an die dahinterstehende gesellschaftlich Logik) verkauft. Das kann auch der Grund sein, weswegen dieses Netzwerk entgegen der üblichen ANT-Logik, nicht zerfällt, sobald das Programm ausgeführt wurde, da, es sich der Kapitalismus sich aus sich selbst heraus beständig weiter (re)produziert.

95 Siehe: Debord, Guy: Die Gesellschaft des Spektakels, S. 20.

96 Vgl. ebd, S. 19f.

97 Vgl. ebd, S. 17f.

98 Marx, Karl: Das Kapital, Band I, in: Marx, Karl: Sämtliche Werke von Karl Marx, o. O. 2017, Ebook Pos. 32449–32531, 32612–32634, bes. Ebook Pos. 32510, [»Der Fetischcharakter der Ware und sein Geheimnis«].

Begehrensmaschine

Allerdings erklärt dies dabei nicht, warum auf dem Kaugummi (und, sofern man in die Menschheitsgeschichte blickt, immer wieder auf mehr oder weniger nutzlosen Massen) gekaut wurde. Es muss gewissermaßen einen Mehrwert geben, der dem Kaugummi innewohnt.

Dieser Mehrwert scheint aber auch darin begründet zu sein, dass ein Kaugummi gekauft werden muss, dass es also nicht unbegrenzt verfügbar ist. Das, was hier limitierend fungiert, ist die Menge des Geldes, die man in einen Automaten stecken kann. Im Grunde also das dahinterstehende – um es an dieser nochmals zu erwähnen – das kapitalistische Wirtschafts- bzw. Gesellschaftssystem.

Freud setzte als Instanz, die die Lust des Kindes limitiert, den Vater, der (mit der Kastration) drohend, das Kind aus der Einheit mit der Mutter zwingt. Durch die Identifikation mit diesem »Vater« übernimmt das Kind dessen Regeln und versucht, diesen zu entsprechen, internalisiert dabei diese und bildet daraus die Instanz eines Über-Ichs. Dabei dient der Vater nicht nur als konkrete Person, sondern Freud sieht in diesem Prozess den Vorgang, durch den das Kind die Regeln und Normen der umgebenden Gesellschaft verinnerlicht und damit erst ein soziales Wesen wird. Zugleich drängt es beständig nach einer verlorenen Einheit und erst die Verwehrung dieser Sehnsucht lässt Kultur gewissermaßen als Lustversagung entstehen.

Es ist also die Sehnsucht nach Einheit, die das Kaugummi wohl so begehrenswert werden lässt. Dabei aber zeichnet das Kaugummi eben – gegenüber allen anderen Nahrungsmitteln –aus, dass er nicht nur einen äußerst geringen Nährwert hat, sodass man wohl verhungern würde, würde man sich von Kaugummis ernähren wollen, sondern dass das Kaugummi überhaupt nicht verdaubar ist. Es ist eben unmöglich, mit dem Kaugummi eine Einheit einzugehen, dieser Wunsch bleibt ewig unerfüllt.

Es ist – so Zizek – die eigentliche bedeutsame Leistung Lacans, diese Begehren nach Einheit als Fiktion zu beschreiben.[99] Da das Begehren eben erst entstand, nachdem das Kind gelernt hatte, seine Wünsche zu artikulieren – um hier kurz eine sehr grobe Skizze von Lacans Überarbeitung psychischen Apparates zu geben. Das Kind wird aus seiner Einheit (mit der Mutterbrust) durch die Mutter, durch die es die Sprache lernt[100] und den Vater[101], der (wiedermal) mit der Kastration droht[102], mit Normen, Regeln und Gesetzen vertraut gemacht.[103]

Dies ist für Lacan der Bereich der »Symbolischen Ordnung«.[104] Das Kind entwickelt dabei ein (inzestuöses) Begehren nach dem, was durch dieses Verbot dem Zugriff entzogen ist. Das Begehren ist dabei nicht mit dem Bedürfnis[105] zu verwechseln, da dieses rein organisch ist und gestillt werden kann. Das Begehren hingegen richtet sich durch die Erfah-

---

99 Zizek, Slavoj: Liebe Dein Symptom wie Dich selbst. Jaques Lacans Psychoanalyse und die Medien, Berlin 1991, S. 53ff.

100 Vgl. Evans, Dylan: Wörterbuch, S. 179. Als kurze Erläuterung: Sprache – um hier einen kurzen Exkurs in die Linguistik zu unternehmen, besteht so das Konzept Ferdinand de Saussures aus zwei Elementen. Dem Signifikat (dem Bezeichneten) und dem Signifikanten (Dem Bezeichnenden). Diese stehen bei Saussure noch in einem festen Verhältnis, wohingegen Lacan betont, dass sich die Signifikanten verschieben und nicht mehr auf das Bezeichnete verweisen, sich im Verhältnis zueinander etablieren. (Vgl. Evans, Dylan: Wörterbuch, S. 276). Bei Lacan sind allein diese Signifikaten Teil der Symbolischen Ordnen, die Sprache selbst – so Evans »schließt neben ihrer symbolischen Dimension die imaginäre und die reale Dimension mit ein.« (ebd.).

101 Siehe: Evans, Dylan: Wörterbuch, S. 299ff.

102 Siehe ebd., S. 147 (»Kastration des Subjekts«).

103 Vgl. Lacan, Jacques: Die Angst. Das Seminar, Buch X, Wien 2010, S. 135–139 (»Die Ursache des Begehrens«).

104 Siehe: Evans, Dylan: Wörterbuch, S. 275f.

105 Siehe ebd., S. 50f.

rung der Bedürfnisbefriedigung auch auf diesen »Anderen«[106] (die »Mutter«[107]). Da auch die Mutter Teil der Symbolischen Ordnung ist, bleibt dieses Begehren immer auch ein ungestilltes[108] und aus dieser Sehnsucht entsteht »Lust«. Begehrt wird also das Andere[109]. Lacan wird an solcher Stelle gewöhnlich (und auch hier) mit der Aussage zitiert: »Das Begehren des Menschen ist das Begehren des Anderen«.[110] Dieser Satz kann dabei drei unterschiedliche Bedeutungen annehmen.[111] So kann es das Begehren des Anderen selbst sein, es kann aber auch das Begehren des Anderen an einem selbst meinen, oder es beschreibt, dass sich das eigene Begehren mit dem Begehren des Anderen identifiziert hat. Wobei diese drei Bedeutungen nicht voneinander zu trennen sind, sondern sich zugleich überlagern.

Dieses Andere, das seinen Ort in der Symbolischen Ordnung hat, nennt Lacan »Der große Andere«. Daneben aber gibt es bei Lacan auch noch ein »anderes« Anderes, das er als »Objekt klein a«[112] bezeichnet. Dieses Objekt klein a ist der Rest, der nicht durch die Symbolische Ordnung erfasst wird und hat seinen Ort im Realen.[113] Dieses Reale[114] sollte da-

---

106 Siehe ebd.

107 Vgl. Lacan, Jaques: Subversion des Subjekts und Dialektik des Begehrens im freudschen Unbewußten, in: Lacan, Jaques: Schriften II, Weinheim 1991, S. 189f. und siehe. Evans, Dylan: Wörterbuch, S. 35f.

108 Vgl. Fink, Bruce: Das Lacansche Subjekt. Zwischen Sprache und Jouissance, Wien 1995, S. 112–121.

109 Siehe: Evans, Dylan: Wörterbuch der Lacan'schen Psychoanalyse, Wien 2017, S. 35.

110 Vgl.: Lacan, Jacques: Die Angst, S. 35 (»Die Angst, Zeichen des Begehrens«).

111 Siehe: Evans, Dylan: Wörterbuch, S. 51f. und vgl.: Lacan, Jacques: Die Angst, S. 75 (»Jenseits der Kastrationsangst«).

112 Siehe: Evans, Dylan: Wörterbuch, S. 51 und S. 186ff.

113 Siehe ebd., S. 187f.

114 Siehe ebd., S. 229f.

bei nicht mit der »Realität«[115] verwechselt werden[116], vielmehr steht dieses Reale dem »Symbolischen« und dem »Imaginären« entgegen und geht diesen voraus.[117]

Das Imaginäre bildet neben dem Symbolischen und dem Realen eine dritte Ordnung, die sich im »Borromäischen Knoten«[118] gegenseitig in- und umeinander winden. Das Imaginäre wird durch die Formung des »Ich« im Spiegelstadium etabliert.[119] Dies bedeutet, dass der Säugling in der Wahrnehmung seines Körpers im Spiegel zugleich sich selbst und sich auch als »Anderen« Gegenüberstehenden wahrnimmt.[120] Damit verbindet sich dieses imaginäre »Ich« sowohl mit der Ordnung des Symbolischen als auch mit dem Realen.

Die dritte und vielleicht spannendste und wortwörtlich opake Ordnung ist das Reale. Lacan beschreibt das Reale als das »was außerhalb der Sprache liegt und vom Symbolischen nicht assimiliert werden kann«[121] Lacan verbindet das Reale mit der »Angst«, dem »Trauma« und der »Halluzination«.[122] Evens weist ausdrücklich darauf hin, dass Lacan dieses Reale bewusst »zum Ort der radikalen Unbestimmtheit macht«.[123]

---

115 Aus dem Realen entsteht mittels der symbolischen Ordnungen Realität. Vgl. dazu Fink, Bruce: Das Lacansche Subjekt, S. 48–52, S. 83–86 und siehe. Evans, Dylan: Wörterbuch, S. 232.

116 Siehe: Evans, Dylan: Wörterbuch, S. 231f.

117 Vgl. Fink, Bruce: Das Lacansche Subjekt, S. 46ff.

118 Siehe: Evans, Dylan: Wörterbuch, S. 58ff. Zur Erläuterung das Bild des »Borromäischen Knotens« geht auf ein Wappensymbol der Familie Borromeo zurück. Die Besonderheit dieses Knotens ist, dass er aus drei gegenseitig so verketteten Ringen besteht, dass er sich komplett in seine einzelnen Bestandteile zerlegt, sobald ein Ring gelöst wird. (Siehe: Evans, Dylan: Wörterbuch, S. 59f.).

119 Siehe: Evans, Dylan: Wörterbuch, S. 254ff.

120 Siehe ebd., S. 253 und S. 255f.

121 Siehe ebd., S. 229f.

122 Vgl. Fink, Bruce: Das Lacansche Subjekt, S. 49ff.

123 Siehe: Evans, Dylan: Wörterbuch, S. 231.

Das Objekt klein a verspricht dabei »Genuss« (»Jouissance«), der so aber nur im Realen möglich ist.[124] Das Begehren
hingegen steht dabei dem Genuss gegenüber, da es indem es
durch die Symbolische Ordnung hervorgebracht wurde, Teil
dieser,[125] also »ein Produkt der Gesellschaft«[126], geworden ist.
Dabei ist zugleich ungewiss, ob dieses Reale überhaupt existiert, da es erst durch die symbolische Ordnung seine Existenz erlangt.[127] Zizek illustrierte dies anhand eines »MacGuffin«, also eines Tricks im Film, in dem ein Objekt Auslöser der
Handlung wird, ohne das aufgeklärt wird, was dieses Objekt
auszeichnet.[128]

An dieser Stelle ist die Verlockung groß, das Kaugummi
aufgrund seiner ungewöhnlichen Beschaffenheit und seiner
exklusiven Nutzlosigkeit als »Prüfkörper«[129] für das Andere
einzufügen, um zu klären, ob es eher als Teil des »großen Anderen« der symbolischen Ordnung oder als »Objekt klein a«,
einen genussvollen Ort im Realen hat. Das Kaugummi als das
Andere lässt sich nicht assimilieren, es ist unmöglich, sich mit
ihm zu vereinen. Es bleibt beständig ein Anderes, und jeder
Versuch, sich mit diesem zu verbinden, lässt das Getrennt-

---

124 Hier: Psyalpha Wissensplattform für Psychoanalyse: Begehren – Lust – Ge-
     nießen: https://www.psyalpha.net/de/biografien/jaques-lacan/begehren
     -lust-geniessen [Abgerufen: 22.07.2020].
125 Siehe: Evans, Dylan: Wörterbuch, S. 53.
126 Siehe ebd.
127 Vgl. dazu: Zizek, Slavoj: Liebe Dein Symptom wie Dich selbst, S. 54 ff.,
     S. 128–133.
128 Vgl. ebd, S. 129f. Anm. Ein »MacGuffin« kann zum Beispiel ein verlo-
     rener Brief zu Beginn des Films sein, der die Handlung in Gang setzt,
     wobei auch nach Ende des Films unklar bleibt, was Inhalt dieses Briefes
     war.
129 Mit einem Prüfkörper oder einem »Prüfling« kann sowohl die Beschaf-
     fenheit des Objekts als auch ein zu prüfendes System durch dieses Prüf-
     mittel untersucht werden.

sein noch stärker hervortreten.[130] Sofern man ihn im Mund aufzulösen versucht, bleibt dieses Begehren ungestillt[131] und selbst wenn man es verschluckt, bleibt es das Andere, das den Körper als solches auch wieder verlässt. Da dieser Genuss nun gewissermaßen im Realen stattfindet, gerät der Kauende in Konflikt mit dem großen Anderen, der diesen Genuss in eine symbolische Ordnung überführt, also den herrschenden Gesetzen (nicht ausspucken!), den sozialen Normen (den Mund schließen!) und auch den ökonomischen Verhältnissen (Taschengeld!). Vielleicht ist dieser Konflikt auch ein Grund für den Reiz, sich die temporären Tattoos auf die Haut zu speicheln, um eben diesen Verstoß sichtbar zu machen und die Strafe einzufordern, die Zuhause von den Eltern (Große(s/r) Andere) droht (wobei zu hoffen ist, dass Vater diesmal deswegen nicht gleich wieder mit der Kastration drohen wird).

Es scheint also, als ob sich das Begehren nach dem Genuss nur temporär erfüllen lässt,[132] wie dies Freud als Merkmal des Lustprinzips herausstellte. Freud: »Es ist, wie man merkt, einfach das Programm des Lustprinzips, das den Lebenszweck setzt. Dies Prinzip beherrscht die Leistung des seelischen Apparates vom Anfang an; an seiner Zweckdienlichkeit kann kein Zweifel sein, und doch ist sein Programm im Hader mit der ganzen Welt, mit dem Makrokosmos ebensowohl wie mit dem Mikrokosmos«[133] Um dann lakonisch weiter auszuführen: »Es ist überhaupt nicht durchführbar, alle Einrichtungen

---

130   Siehe als Inspiration Lacan, Jaques: Die vier Grundbegriffe der Psychoanalyse. Das Seminar, Buch XI, Wien 2015, S. 281–284 (»In dir mehr als dich«).

131   Vgl. Fink, Bruce: Das Lacansche Subjekt, S. 128ff.

132   Vgl. Zizek, Slavoj: Liebe Dein Symptom wie Dich selbst, S. 131f und vgl. Evans, Dylan: Wörterbuch, S. 164. Vgl. dazu auch: Fink, Bruce: Das Lacansche Subjekt, S. 122f.

133   Vgl. Freud, Sigmund: Unbehagen in der Kultur, Ebook Pos. 27355.

des Alls widerstreben ihm; man möchte sagen, die Absicht, daß der Mensch ›glücklich‹ sei, ist im Plan der ›Schöpfung‹ nicht enthalten. Was man im strengsten Sinne Glück heißt, entspringt der eher plötzlichen Befriedigung hoch aufgestauter Bedürfnisse und ist seiner Natur nach nur als episodisches Phänomen möglich.«[134]

Übrig bleibt also letztlich nur das ausgespuckte Kaugummi, das durch seine Verbindung mit dem Realen reellen Ekel auslöst. Was jedoch nicht unter den Tisch fallen sollte, es (hier das Kaugummi) stillte für einen winzigen Moment das Begehren und erlaubte Genuss. Lacan »konzeptionalisierte mit seiner Rede von Objekt klein a so ein Pseudo-Objekt, das weder radikal auf der Seite des individuellen Subjekts zu finden ist, noch auf der Seite der Außenwelt, d. h. auf der Seite anderer Subjekte. [...] Objekt klein a ist Teil des Subjekts als Abwesenheit und Teil einer Abwesenheit als symbolisierte Anwesenheit«[135]. Es befindet sich gewissermaßen inmitten des Borrömäischen Knotens[136] und ist dort »liminaler Teil«[137] jeder der drei Ordnungen (das Imaginäre, der große Andere, das Reale)[138] und verspricht etwas, das das Kaugummi vielleicht einzulösen vermag, nämlich: »Mehr-Lust«[139].

---

134 Vgl. ebd, Ebook Pos. 27356.
135 Aus und vgl. auch: Finkelde, Dominik: Lacan und das Begehren – zu Heilsgeschichte und Gesetzeskraft und Objekt klein a, in: Reinmuth, Eckart (Hg.): Subjekt werden. Neutestamentliche Perspektiven und politische Theorie, Berlin 2013, S. 76f.
136 Siehe: Evans, Dylan: Wörterbuch, S. 188.
137 Vgl. Finkelde, Dominik: Lacan und das Begehren, S. 77f.
138 Vgl. ebd.
139 Siehe: Evans, Dylan: Wörterbuch, S. 188, dort: »plus-de-jouir«.

Wunschmaschine

Felix Guattari, ein Schüler Lacans,[140] entwarf 1972 gemeinsam mit Gilles Deleuze, abgestoßen von der Vorstellung des
beständigen Mangels[141], in »Anti-Ödipus Kapitalismus und
Schizophrenie I«[142] dem Konzept der »Symbolischen Ordnung«, die auf Einschränkung gründet, eine Vorstellung, in
der eine Entwicklung ohne Einschränkungen möglich ist[143]:
die »Wunschmaschine«. Der Anti-Ödipus sollte dabei nicht
einfach nur die Prä-Ödipale Situation konservieren oder gar
narzisstisch regredieren. Die Wunschmaschine geht dabei für
Deleuze/Guattari über die (auch in diesem Text) gebräuchli-
chen Maschinenmetaphern weit hinaus,[144] denn sie verstehen
diese Maschine vielmehr als sich ständig weiterproduzieren-
der Zusammenschluss unterschiedlichster (Partial)Objekte.[145]

> »Es funktioniert überall, bald rastlos, dann wieder mit Unter-
> brechungen. Es atmet, wärmt, ißt. Es scheißt, es fickt. Das
> Es … Über sind es Maschinen im wahrsten Sinne des Wor-
> tes: Maschinen von Maschinen, mit ihren Kupplungen und
> Schaltungen. Angeschlossen eine Organmaschine an eine

---

140 Der im Übrigen für sich reklamierte, die »Wunschmaschinen« zuvor
   bereits in seinen Seminaren erdacht zu haben. (Schmidgen, Henning:
   Das Unbewußte der Maschinen. Konzeptionen bei Guattari, Deleuze
   und Lacan, München 1997, S. 10 und S. 100 (Dort Verweis auf Elisabeth
   Roudinesco, Jacques Lacan. Esquisse d'une vie, historie d'un systéme
   des pensée, Paris 1993, S. 425)).
141 Vgl. ebd, S. 158.
142 Deleuze, Gilles/Guattari, Félix: Anti-Ödipus. Kapitalismus und Schizophrenie I, Frankfurt a. M. 1974.
143 Vgl. Schmidgen, Henning: Das Unbewußte der Maschinen, S. 28.
144 Vgl. ebd, S. 9 und S. 11ff.
145 Vgl. dazu auch ebd., S. 29f. und S. 44.

Quellemaschine: der Strom von dieser hervorgebracht, wird von jeder unterbrochen.«[146]

Dabei schließen diese Objekte linear als Quell- und Organmaschine aneinander an,[147] ohne aber, dass sich aus diesem Zusammenschluss eine Hierarchisierung ergibt.[148] Deleuze/ Guattari beschreiben die Anordnung der Maschinenteile als molekular[149] und setzen diese in Opposition zur »molaren«[150], also hierarchischen Anordnung, die die die anderen Maschinen, wie etwa die Gesellschaftsmaschine auszeichnet.[151]

Diese Wunschmaschine erfasst dabei ihre Umwelt, ohne dass diese Konjunktion zu einer homogenen Einheit führt.[152] Vielmehr ist es ein – wie Deleuze/Guattari dies später bezeichnen werden – Gefüge[153] unterschiedlichster gleichwertiger Organe. Diese Maschine ist also, da sie einem Prinzip der Vielheit folgt[154] eine Einheit aus Differenzen.[155] Die Organe sind dabei voneinander abgegrenzt, allerdings nicht in der Form, wie dies etwa eine chirurgische Extraktion impliziert,[156] sondern die Differenz ist vielmehr eine Art »Kerbe«[157]. Auf diese

---

146 Deleuze, Gilles/Guattari, Félix: Anti-Ödipus, S. 7.

147 Vgl. ebd, S. 11 und vgl. Schmidgen, Henning: Das Unbewußte der Maschinen, S.29f.

148 Vgl. ebd, S. 75.

149 Vgl. ebd, S. 369f.

150 Deleuze, Gilles/Guattari, Félix: Tausend Plateaus. Kapitalismus und Schizophrenie II, Berlin 1992, S. 290–295.

151 Deleuze, Gilles/Guattari, Félix: Anti-Ödipus, S. 43ff., und vgl. Deleuze, Gilles/Guattari, Félix: Tausend Plateaus, S. 284–310. Vgl. auch: Schmidgen, Henning: Das Unbewußte der Maschinen, S. 75.

152 Vgl. Schmidgen, Henning: Das Unbewußte der Maschinen, S. 83.

153 Vgl. Deleuze, Gilles/Guattari, Félix: Tausend Plateaus, S. 698–700.

154 Siehe: Deleuze, Gilles/Guattari, Félix: Rhizom, Berlin 1977, S. 13–16

155 Vgl. Deleuze, Gilles/Guattari, Félix: Anti-Ödipus, S. 417.

156 Vgl. ebd, S. 51.

157 Vgl. Deleuze, Gilles/Guattari, Félix: Tausend Plateaus, S. 702.

Weise werden die »gewöhnlichen« binären Dichotomien zugunsten von prozessualen Beziehungen abgelöst.[158] Die Verbindung dieser Organe stellt dabei die »Nahrung«[159] dar, stellt die Nahrung bereit, so dass sich diese Maschine mit immer neuen Organen zu vernetzen vermag. Deleuze/Guattari dazu: »Stets wird dem Produkt Produzieren aufgesetzt, so dass die Wunschproduktion Produktion von Produktion ist«.[160] Dort aber, wo die Quell- und Organmaschine identisch werden, dort entsteht der von Deleuze/Guattari so genannte »Körper ohne Organe«.[161] Und so ist die Wunschmaschine beständig dem Risiko unterworfen zu einem Körper ohne Organe[162] zu werden, der dann aber wieder – ungewollt (und ungewünscht) – neu eingekerbt wird.[163]

Nun haben diese Maschinen nur noch wenig mit den konkreten technischen Anlagen zu tun,[164] vielmehr ist es das Prozessuale, das einer technischen Anlage innewohnt, das hier losgelöst von einer exklusiven limitierenden Materia-

---

158 Vgl. Deleuze, Gilles/Guattari, Félix: Anti-Ödipus, S. 8.

159 Siehe: Schmidgen, Henning: Das Unbewußte der Maschinen, S. 166.

160 Vgl. Deleuze, Gilles/Guattari, Félix: Anti-Ödipus, S. 12.

161 Vgl. Schmidgen, Henning: Das Unbewußte der Maschinen, S. 30. Daraus: »Das dritte Moment in den binär-linearen Reihen der Wusch-Maschinen ist die Identität von Quell-Maschine und Organ-Maschine. Es ist der ›corps sans organes‹, der Körper ohne Organe«.

162 Vgl. Deleuze, Gilles/Guattari, Félix: Anti-Ödipus, S. 15.

163 Vgl. ebd, S. 14f. und vgl. Deleuze, Gilles/Guattari, Félix: Tausend Plateaus, S. 206–213.

164 Man könnte, um dieses Konzept zu veranschaulichen, Rudolf zu Lippes Ausführungen der Entstehung des Körpers aus dem Leib, der noch Teil der Umwelt war und durch Disziplinierung und Objektivierung aus dieser herausdiszipliniert wurde, anführen. Dazu: zur Lippe, Rudolf: Vom Leib zum Körper. Naturbeherrschung am Menschen in der Renaissance, Hamburg 1988, S. 11–23. Allerdings beschränken Deleuze/Guattari diesen Prozess der Einkerbung des organlosen Körpers nicht auf einen als rein biologisch verstandenen menschlichen Leib, sondern beziehen auch die komplette, den Leib umgebende, Umwelt mit ein.

lität (z. B. Maschinenstahl) als Maschine verstanden wird.
Es ist sozusagen die Maschine selbst. Wobei diese Wunschmaschinen auch nicht allein immateriell sind, sondern die
unterschiedlichsten Materialien miteinander zu kombinieren in der Lage sind. Deleuze/Guattari beschreiben das Verhältnis dieser Maschinen zueinander, als »Assemblage«, als
eine einer Art dreidimensionaler Collage. Das Besondere
dieser ist, dass dort auch die Teile, die deutlich herausragen,
mit den im Hintergrund angelegten Objekten in Beziehung
stehen.[165] Dieses Konzept entwickeln Deleuze/Guattari 1980
weiter zu ihrem Konzept der »Plateaus«[166], die durch ein un-
sichtbares Netz, dem »Rhizom«[167], miteinander verbunden
sind.

Zugleich steht die Ausdehnung dieser Maschine mit anderen gesellschaftlichen Maschinen in Konfrontation. So
existiert eine »Soziale Maschine«[168] ähnlich der, wie Lewis
Mumford im »Mythos der Maschine«[169] die Entstehung des
Staates nachzeichnete. Die früheste dieser Maschinen wird
von Deleuze/Guattari als »Territorial Maschine«[170] bezeichnet,

---

165 Deleuze arbeitet das Verhältnis der sich scheinbar gegenüberstehenden
    Seiten in seinem Text über »Die Falte« weiter aus. So sind Gegensät-
    ze, die durch eine Falte getrennt sind, auch wenn nicht sofort sichtbar,
    weiterhin miteinander verbunden und unterscheiden sich dadurch von
    einem Schnitt, der diese Einheit trennt (und sofern diese Trennung sich
    wieder verbindet, als Narbe sichtbar wird). Deleuze, Gilles: Die Fal-
    te. Leibniz und der Barock, Frankfurt a. M. 2000, und siehe ebd. bes.
    S. 21–28 und S. 139–160.

166 Vgl. Deleuze, Gilles/Guattari, Félix: Rhizom, S. 35.

167 Vgl. ebd, S. 35–39 und vgl. Deleuze, Gilles/Guattari, Félix: Tausend
    Plateaus, S. 700f.

168 Vgl. Deleuze, Gilles/Guattari, Félix: Anti-Ödipus, S. 179.

169 Mumford, Lewis: Mythos der Maschine. Kultur, Technik und Macht.
    Die umfassende Darstellung der Entdeckung und Entwicklung der
    Technik, Frankfurt a. M. 1986.

170 Vgl. Deleuze, Gilles/Guattari, Félix: Anti-Ödipus, S. 179.

und war eine Art institutionsloser egalitärer »Urstaat«,[171] der durch eine »Despotische Maschine« umgestürzt und von einer segmentär-differenzierten in eine stratifizierte, auf Macht gegründete, Gesellschaft überführt wird, in der die entstehenden Herrschaftsverhältnisse in einem Staat institutionalisiert sind. Aus einem molekularen Bezugssystem wurde ein hierarchisch molares, das die Psyche[172] und damit und dadurch auch die Selbstbilder, der darin eingebundenen Biomaschinen (der Menschen) als Rangfolge und nicht mehr als Reihenfolge prägte. In einem dritten Umsturz wurden diese Unterschiede dann scheinbar nivelliert, aber eben nur scheinbar, also, dass nun alles als Ware der Logik der entstandenen kapitalistischen »Produktionsmaschine« unterworfen ist.[173]

Die Wunschmaschinen gleichen diesen Maschinen, aber sie haben nicht die gleichen »Ordnungen«[174]. Im Unterschied zu diesen erzeugen Wunschmaschine molekulare Verbindungen und können auf diese Weise molare Gefüge unterlaufen.[175] Die Wunschmaschine lässt Freiräume entstehen, Freiräume, die in der Lage sind, sich weiter auszudehnen. Eine deutliche Besonderheit dieser Maschinen ist, dass sie nicht die auf Nützlichkeit gegründete Logik der molaren (kapitalistischen) Maschinen teilen. Diese Maschinen sind unnütz, da sie kein Produkt hervorbringen, sondern es sind gewissermaßen sich selbst genügende Anti-Maschinen. Anti-Maschinen betreiben aber keine Anti-Produktion, denn dies würde bedeuten,

---

171 Vgl. ebd, S. 186ff.

172 Siehe: de Certeau, Michel: Kunst des Handelns, Berlin 1988, S.40ff.

173 Vgl. Deleuze, Gilles/Guattari, Félix: Anti-Ödipus, S. 296–308, S. 345.

174 Vgl. ebd, S. 514.

175 Empfehlenswert hier: Hartung, Maximilian: Revolution? Revolte? Widerstand! Wandel und wie er gedacht werde kann im Werk von Gilles Deleuze und Michel Foucault, München 2015, [Dissertation]: https://edoc.ub.uni-muenchen.de/19099 / [Abgerufen: 22.07.2020]., S. 255ff. Vgl. auch: Deleuze, Gilles/Guattari, Félix: Anti-Ödipus, S. 477.

einen Mangel zu produzieren, dies aber ist die Logik des Kapitalismus.[176] Vielmehr produzieren Anti-Maschinen den Überfluss, all das was nicht verwertet werden kann, also Anti-Waren.

Deleuze/Guattari erwähnen im Anti-Ödipus auch die Junggesellenmaschinen[177] und verstehen diese als Ausformung einer Wunschmaschine, insofern sich die Junggesellenmaschinen, als Masturbationsmetapher[178] einer »ausbeutbaren Form von Leistungssexualität«[179] verweigern.[180]

---

176 Vgl. Deleuze, Gilles/Guattari, Félix: Anti-Ödipus, S. 477.

177 Vgl. Deleuze, Gilles/Guattari, Félix: Anti-Ödipus, S. 24 ff. und vgl. Schmidgen, Henning: Das Unbewußte der Maschinen, S. 31, S. 39 f. Deleuze/Guattari werden ihrerseits auch in Harald Szeemanns Ausstellung gewürdigt. Siehe: Szeemann, Harald/Reck, Hans Ulrich (Hg.): Junggesellenmaschinen, S. 4–6, S. 16 f., S. 71–73.

178 Mit »Der Junggeselle zerreibt seine Schokolade selber« beschreibt Duchamps eine Konstruktion, die in Korrespondenz zum unteren Teil seines »Großes Glas oder Die Braut von ihrem Junggesellen entblößt, sogar« steht. Auch mit wenig Phantasie lässt sich hier eine sexuelle Metapher herauslesen, die die Masturbation, wenn nicht sogar noch mehr, umschreibt. Siehe dazu: Schwarz, Arturo: Die alchemistische Junggesellenmaschine«, in: Szeemann, Harald/Reck, Hans Ulrich (Hg.): Junggesellenmaschinen, S. 226–243.

179 Szeemann, Harald/Reck, Hans Ulrich (Hg.): Junggesellenmaschinen, S. 10. Anm.: Im französischen wird die Junggesellenmaschine als »Machine Célibataire« bezeichnet.

180 Rita Bischof hingegen teilt Carrouges Reduktion der Junggesellenmaschinen, explizit der Duchampsen, nicht, sondern weist darauf hin, dass es Duchamps darum ging, »die Vorstellung einer möglichen Wirklichkeit zu entwerfen, die eine Dimension mehr besitzt und ihrem Wesen nach unsichtbar ist«. Dazu: Bischof, Rita: Teleskopagen, wahlweise. Der literarische Surrealismus und das Bild, Frankfurt a. M. 2001, S. 233–250,

Genussmaschine

Fügt man in eine dieser Wunschmaschinen[181] das lacansche »Andere«[182] hinzu, entsteht ein quasi omnipotentes Ereignis.[183] Denn aus der Wunschmaschine, die von Deleuze/Guattari, noch als »Begehrensmaschine« (»machine désiderante«) bezeichnet wird, wird jetzt eine Genussmaschine,[184] die nicht mehr danach begehrt, Wünsche zu erfüllen, sondern das ermöglicht, was eigentlich unmöglich ist: Genuss. Beschreiben kann man diesen Genuss vielleicht am besten mit einer Bedeutung, die auch dem Lacanschen Begriff der »Jouissance« innewohnt, nämlich dem Orgasmus. Diese Wunschmaschine erlaubt das Erleben intensiver »Quantitäten im Reinzustand«.[185] Diese »Super-Wunschmaschine« erfasst, dadurch, dass das Begehren aufgehoben wird, genussvoll alles um sich herum und entgrenzt sich ekstatisch in die unendlichen Weiten. Es ist ein Ursprungsereignis.[186]

In diesem Sinne ließe sich auch das Schlusswort das Lacan an die Teilnehmer seines Seminars lesen, als durch die Analyse die Fesseln, die das Begehren um den Menschen

---

bes. S. 250 (»Exkurs über das dadaistische Paradox der Junggesellenmaschinen«).

181 Vgl. Schmidgen, Henning: Das Unbewußte der Maschinen, S. 69f. Dazu kontrastierend: Zizek, Slavoj: Was ist ein Ereignis?, Frankfurt a. M. 2014, S. 64–67.

182 Anm. Wir nehmen an dieser Stelle das Scheitern dieses Konzepts, allein um der Vorstellung willen ‚bewusst und gerne in Kauf. Dazu als Unterminierung der folgenden Ausführungen: Zizek, Slavoj: Was ist ein Ereignis?, Frankfurt a. M. 2014, S. 123–136.

183 Vgl. Zizek, Slavoj: Was ist ein Ereignis?, S. 114ff.

184 Vgl. Schmidgen, Henning: Das Unbewußte der Maschinen, S. 163.

185 Siehe: Szeemann, Harald/Reck, Hans Ulrich (Hg.): Junggesellenmaschinen, S. 12.

186 Vgl. und siehe: Finkelde, Dominik: Lacan und das Begehren, S. 93ff.

legt, gesprengt werden können[187] und wenn diese Grenzen und Gesetze, die durch das Begehren etabliert werden, transzendiert sind, »kann die Bedeutung einer grenzenlosen Liebe entstehen, die nun außerhalb der Grenzen des Gesetzes ist, wo sie allein zu leben vermag.«[188]

Es scheint also, als ob vor diesen Hintergrund nicht Freud mit seinem Lamento, das »der Mensch glücklich sei, [...] im Plan der ›Schöpfung‹ nicht enthalten [ist]«[189], recht behielte, sondern Eckart von Hirschhausen, der kurz, knapp und ohne dies auszuführen, auf Seite 177 seines Glücksratgebers dekretiert: »Glück kommt selten allein – es kommt mit dem Genuss«.[190]

Wir haben bei der Konstruktion dieser Super-Wunschmaschine offengelassen, was das »Andere« denn hier ist, aber natürlich ist damit das Kaugummi gemeint, denn nur das Kaugummi kann für diese Wunschmaschine das sein, was der »Tesserakt«[191] für das Marvel-Universum, der »Fluxkompensator« für Doc Browns DeLorean[192] oder der Gral für Parzival ist. Es ist »das« Element, das diese Maschine potenziert und

---

187 Vgl. Lacan, Jaques: Die vier Grundbegriffe der Psychoanalyse. Das Seminar, Buch XI, S. 290 (»In dir mehr als dich«).

188 Ebd.

189 Vgl. Freud, Sigmund: Unbehagen in der Kultur, Ebook Pos. 27356.

190 Von Hirschhausen, Eckart: Glück, S. 177.

191 Der »Tesserakt« ist ein Portalöffner. Siehe: Internet Movie Database: The Avengers (dt. The Avengers), 2012: https://www.imdb.com/title/tt0848228 / [Abgerufen: 22.07.2020].

192 Der »Fluxkompensator« erlaubt in »Back to the Future« Zeitreisen. Siehe: Internet Movie Database: Back to the Future (dt. Zurück in die Zukunft), 1985: https://www.imdb.com/title/tt0088763 / [Abgerufen: 22.07.2020].

es ist das, weil es wohl die einzig existierende »Anti-Ware« ist. Es ist zu nichts gut, es hat weder Nutzen, noch stillt es ein Bedürfnis.[193] Im Unterschied zu beispielsweise Kaubonbons, die verdaut werden können, widersetzt sich das Kaugummi der Aneignung und entzieht sich einer gastrosophischen Dialektik, die die Verkörperung des Essens als Synthese versteht.[194] Es entzieht sich der Nützlichkeit. Das macht es für die Wunschmaschine so bedeutsam, denn trotz all der Versuche, ihm irgendeinen Nutzen zuzuschreiben, werden durch das Kaugummi »die Mittel für kindische Vergnügen verschwende[t]«[195]; wie dies durch die Symbolik – des weiter oben im Text erwähnten – Kreisel-Charms aus dem Kaugummiautomaten Pars pro Toto bedeutet wird.[196]

So erlaubt das Kaugummi den Genuss, indem es etwa im Unterschied zu einem Kaubonbon, erst gar nicht den Wunsch weckt, sich mit ihm vereinen zu wollen – sofern man natürlich davon ausgeht, dass man bewusst ein Kaugummi gekauft hat und nicht eigentlich ein Kaubonbon woll-

---

193 Anmerkung: Das Kaugummi selbst ist auch recht geschmacklos. Die Süße wird ihm erst durch Zucker verliehen. Zugleich würde auch die »Süße« das Begehren nach einem Transzendieren des Alltags zu stillen suchen (vgl. Szabo, Sacha: Essen und Trinken hält Leib und Seele zusammen, S. 215–228.), insofern als eine mögliche »Süßpräferenz« des Menschen (vgl. Lehnert, Hendrik: Mögliche Ursachen und Konsequenzen einer Süßpräferenz beim Menschen, Aktuelle Ernährungsmedizin, 31/2006, S. 13–16: Stuttgart/New York 2006: https://www.thieme-connect.de/products/ejournals/abstract/10.1055/s-2005-915389 [Abgerufen: 22.07.2020]) als »angeborene« in die Ordnung des Realen hinein- und zugleich herausscheint.

194 Als Anregung: Lemke, Harald: Über das Essen. Philosophische Erkundungen, München 2014, S. 145–149.

195 Didymos: Lexikon der Traumsymbole, S. 842.

196 Siehe S. 265 dieses Bandes.

te, sondern beständig das »Andere« bleibt und damit wird durch das Kauen eines Kaugummis das Begehren selbst zum genussvollen Erlebnis.

Das, was also diese Maschine antreibt, ist im Grunde eine Rückkonvertierung insofern, als dass durch die Umwandlung des Genusses in Kapital »Mehr-Wert« erzeugt wurde und jetzt durch die Umwandlung des Kapitals in Genuss »Mehr-Lust« erzeugt wird.[197]

Der Chewinggraph

Kaugummikauen wird vor diesem Hintergrund zu einer Praxis des Widerstands. Betrachtet man das Individuum dabei nicht als willenlosen, von Reklame gesteuerten Konsumenten, sondern gesteht dem Konsumakt auch eine Eigenständigkeit zu,[198] dann wird Kaugummi nicht deshalb gekaut, weil die Werbung so überzeugend ist, obwohl es gar keinen Nutzen hat, sondern es wird gekaut, weil es gerade keinen Nutzen hat.[199] Der Griff in den Schacht des Kaugummiautomaten ist als Zeichen subversiven und souveränen Handelns zu verstehen, da sich der Konsument im bewussten Akt des nutzlosen Tuns von dem ihm umgebenden System transzendiert und zugleich dessen Logik unterminiert.[200] Diese (subversive) Wunschmaschine umgreift dabei nicht nur das Kaugummi und den:die Kauer:in, sondern erstreckt sich zugleich über den dahinterstehenden gesellschaftlichen, politischen, wirt-

---

197 Siehe: de Certeau, Michel: Kunst des Handelns, S.31f.
198 Dazu auch: Fiske, John: Populärkultur verstehen, in: Fiske, John: Lesarten des Populären. Cultural Studies Bd. 1, Wien 2000, S. 14ff.
199 Siehe: de Certeau, Michel: Kunst des Handelns, S.74f.
200 Siehe ebd, S 79–84.

schaftlichen[201] und eben auch geographischen Raum und eignet sich diesen an.[202]

Deterritorialisierten die im kapitalistischen System eingebetteten Kaugummiproduzenten den geographischen Raum, wie dies Michael Redclift in seiner Untersuchung der Chicle Produktion beschreibt,[203] so eignen sich die Kaugummikauer:innen diese Räume wieder an.

Es ist das Widerständige, das dem Genuss innewohnt.[204] Und dieses Widerständige führte auch dazu, dass diese Anti-Ware dazu eingesetzt wird, anderen Maschinen nicht Sand ins Getriebe zu schütten, sondern Kaugummis auf die Sensoren zu kleben. Denn dies war der eigentliche Grund des so häufig erwähnten Verkaufsverbots von Kaugummis in Singapur, dass dort mittels Kaugummis das Massenverkehrssystem lahmgelegt wurde.[205] So lässt sich das Kaugummi auch als Symbol eines Protests, eines Aufbegehrens gegen eine immer effizientere Einbindung in eine durch Warenlogik organisierte und auf Nützlichkeit begründete Gesellschaft, lesen.

Die Kaugummiflecken sind also vielmehr Chewinggramme und bilden die Wegmarken[206] dieser subversiven Wunschmaschine, die sich rhizomatisch[207] durch den städtischen

---

201 Vgl. Schmidgen, Henning: Das Unbewußte der Maschinen, S. 152.
202 Siehe: de Certeau, Michel: Kunst des Handelns, S.85–92.
203 Dazu siehe: Redclift, Michael R.: Das Kaugummi: Geschmack, Raum und die ›Schattenländer‹, PROKLA Zeitschrift für kritische Sozialwissenschaft, Bd. 35/138 (Ökonomie des Konsums), Berlin 2005, S. 62f.
204 Siehe: Fiske, John: Populärkultur verstehen, S. 21f.
205 Siehe: Metz, Elle: Why Singapore banned chewing gum, BBC News, Magazine, 28.03.2015: https://www.bbc.com/news/magazine-32090420 [Abgerufen: 22.07.2020]. Dort erläutert der ehemalige Premierminister Lee Kuan Yew, wie es zu dem Kaugummiverkaufsverbot kam: »Putting chewing gum on our subway train doors so they don't open, I don't call that creativity. I call that mischief-making«.
206 Vgl. Deleuze, Gilles/Guattari, Félix: Rhizom, S. 20–24.
207 Vgl. Deleuze, Gilles/Guattari, Félix: Tausend Plateaus, S. 700f.

Raum hinweg bewegt.[208] Sie sind Zeichen erfüllten Genusses, die diese »Super-Wunschmaschine«, der »Chewinggraph«,
ähnlich einer Schreibmaschine[209] als Botschaft in der Psychogeographie[210] einer Stadt einschreibt.[211]

208 Vgl. ebd, S. 453–460.
209 Siehe: de Certeau, Michel: Sterbekünste: in: Szeemann, Harald/Reck,
    Hans Ulrich (Hg.): Junggesellenmaschinen, S. 147.
210 Zur Einstieg in die Psychogeographie sei hier der Text des Mitglieds
    der »Situationistischen Internationalen« Abdelhafid Khatib empfoh-
    len. (Khatib, Abdelhafid: Versuch einer psychogeographischen Be-
    schreibung der Pariser Hallen, in. SI Revue: https://www.si-revue.de/
    versuch-einer-psychogeographischen-beschreibung-der-pariser-hallen /
    [Abgerufen: 22.07.2020].
211 Vgl. de Certeau, Michel: Kunst des Handelns, S.181f.

Quellen

Appuhn-Radtke, Sibylle: Fortuna: Forschungsstelle
Realienkunde/Zentralinstitut für Kunstgeschichte: RDK Labor:
http://www.rdklabor.de/w/index.php?title=Fortuna [Abgerufen:
22.07.2020].

Aristoteles: Nikomachische Ethik, o. O. o. J. (Ebook der
Übersetzung von Eugen Rolfes, o. O. 1911).

Astro Operators: http://www.astrooperators.com/index.html
[Abgerufen: 22.07.2020].

Berr, Marie-Anne: Technik und Körper, Berlin 1990.

Bischof, Rita: Teleskopagen, wahlweise. Der literarische
Surrealismus und das Bild, Frankfurt a. M. 2001.

Carini, John: The Pocket Guide to Coin-Up Vending Machines,
Atglen 2002.

Carrouges, Michel: Die Junggesellenmaschinen, Berlin 2019.

Charlier-Brabo Group: https://food.cbg.be / [Abgerufen:
22.07.2020].

de Certeau, Michel: Kunst des Handelns, Berlin 1988.

de Certeau, Michel: Sterbekünste: in: Szeemann, Harald:
Junggesellenmaschinen, in: Szeemann, Harald/Reck, Hans
Ulrich (Hg.): Junggesellenmaschinen, Wien/New York 1975
(Neuausgabe 1999).

Debord, Guy: Die Gesellschaft des Spektakels, Wien 1999.

Deleuze, Gilles/Guattari, Félix: Anti-Ödipus Kapitalismus und
Schizophrenie I, Frankfurt a. M. 1974.

Deleuze, Gilles/Guattari, Félix: Tausend Plateaus. Kapitalismus
und Schizophrenie II, Berlin 1992.

Deleuze, Gilles: Die Falte. Leibniz und der Barock, Frankfurt a. M.
2000.

Descartes, Rene: Der Mensch, in: Descartes, Rene: Die Welt,
Hamburg 2015.

Descartes, Rene: Von der Methode des richtigen
Vernunftgebrauchs, München 2018.

Deutsches Patent- und Markenamt: https://www.dpma.de
[Abgerufen: 22.07.2020].

Didymos: Lexikon der Traumsymbole für das deutsche Volk,
o. O. 2001.

Duchamp, Marcel: Die Schriften, Zürich 1981 (korrigierte Neuausgabe, 2018).

Echte, Bernhard: Ohne Napoleon und das Bürgli. Was die Quellen zum Hintergrund von Walsers »Gehülfen« erzählen, Jahrbuch der Stadt Wädenswil, o. O. 2003: https://www.baukultur -waedenswil.ch/anhang-jsw-2003-von-bernhard-echte.html [Stand der Abfrage: 22.07.2020].

Europäische Patentorganisation: Espacenet: DE1096657B »Selbstverkaeufer zur gleichzeitigen Abgabe mehrerer Gegenstaende«: https://worldwide.espacenet.com/patent/search/ family/022328889/publication/DE1096657B?q=pn%3D DE1096657B [Abgerufen: 22.07.2020].

Europäische Patentorganisation: Espacenet: US2537317A Vending machine: https://worldwide.espacenet.com/patent/search/ family/022025303/publication/US2537317A?q=2537317 [Abgerufen: 22.08.2020].

Evans, Dylan: Wörterbuch der Lacan'schen Psychoanalyse, Wien 2017.

Finkelde, Dominik: Lacan und das Begehren – zu Heilsgeschichte und Gesetzeskraft und Objekt klein a, in: Reinmuth, Eckart (Hg.): Subjekt werden. Neutestamentliche Perspektiven und politische Theorie, Berlin 2013.

Fiske, John: Populärkultur verstehen, in: Fiske, John: Lesarten des Populären. Cultural Studies Bd. 1, Wien 2000.

Ford Gum: https://fordgum.com / [Abgerufen: 22.07.2020].

Freud, Sigmund: Das Ich und das Es, in: Freud, Sigmund: Gesammelte Werke, Chicago 2015.

Freud, Sigmund: Das Unbehagen in der Kultur, in: Freud, Sigmund: Gesammelte Werke, Chicago 2015.

Freud, Sigmund: Jenseits des Lustprinzips, in: Freud, Sigmund: Gesammelte Werke, Chicago 2015.

Freud, Sigmund: Neue Folge der Vorlesungen zur Einführung in die Psychoanalyse, in: Freud, Sigmund: Gesammelte Werke, Chicago 2015.

Freud, Sigmund: Traumdeutung, in: Freud, Sigmund: Gesammelte Werke, Chicago 2015.

Freud, Sigmund: Vorlesungen zur Einführungen in die Psychoanalyse, in: Freud, Sigmund: Gesammelte Werke, Chicago 2015.

Gumball.com: Ford Gum & Machine Company: https://www.gumball.com/pages/history-of-ford-gum [Abgerufen: 22.07.2020].

Gumball.com: Ford Gum History: https://www.youtube.com/watch?v=zurI8wWeY6Y [Abgerufen: 22.07.2020].

Gumball.com: Tour of the Ford Gum and Machine Co.: https://www.youtube.com/watch?v=QdJ1b-kaaXE [Abgerufen: 22.07.2020].

Hartung, Maximilian: Revolution? Revolte? Widerstand! Wandel und wie er gedacht werde kann im Werk von Gilles Deleuze und Michel Foucault, München 2015, [Dissertation]: https://edoc.ub.uni-muenchen.de/19099 / [Abgerufen: 22.07.2020].

Hendrickson, Robert: The Great American Chewing Gum Book, Chilton Book Company, Radnor 1976.

Internet Movie Database: Back to the Future (dt. Zurück in die Zukunft), 1985: https://www.imdb.com/title/tt0088763 / [Abgerufen: 22.07.2020].

Internet Movie Database: Modern Times (dt. Moderne Zeiten), 1936: https://www.imdb.com/title/tt0077631 / [Abgerufen: 22.07.2020]

Internet Movie Database: The Avengers (dt. The Avengers), 2012: https://www.imdb.com/title/tt0848228 / [Abgerufen: 22.07.2020].

Kafka, Franz: In der Strafkolonie, in: Kafka, Franz: Gesammelte Werke, Dinslaken 2013.

Kemp, Cornelia: Vom Schokoladenverkäufer zum Bajazzo – Die Anfänge der Münzautomaten-Herstellung in Deutschland, in: Kemp, Cornelia/Gierlinger, Ulrike (Hg.): Wenn der Groschen fällt … Münzautomaten – gestern und heute, München 1989.

Khatib, Abdelhafid: Versuch einer psychogeographischen Beschreibung der Pariser Hallen, in. SI Revue: https://www.si-revue.de/versuch-einer-psychogeographischen-beschreibung-der-pariser
-hallen / [Abgerufen: 22.07.2020].

la Mettrie, Julien Offray de: Der Mensch eine Maschine, in: Völker, Klaus (Hg.): Künstliche Menschen. Über Golems, Homunculi, Androiden und lebende Statuen, Frankfurt a. M. 1994.

Lacan, Jacques: Die Angst. Das Seminar, Buch X, Wien 2010.

Lacan, Jaques: Die vier Grundbegriffe der Psychoanalyse. Das Seminar, Buch XI, Wien 2015.

Lacan, Jaques: Subversion des Subjekts und Dialektik des Begehrens im freudschen Unbewußten, in: Lacan, Jaques: Schriften II, Weinheim 1991.

Latour, Bruno: Die Hoffnung der Pandora, Frankfurt a. M. 2002.

Latour, Bruno: Ein Türschließer streikt, in: Latour, Bruno: Der Berliner Schlüssel. Erkundungen eines Liebhabers der Wissenschaften, Berlin 1996.

Lehnert, Hendrik: Mögliche Ursachen und Konsequenzen einer Süßpräferenz beim Menschen, Aktuelle Ernährungsmedizin, 31/2006, S. 13–16: Stuttgart/New York 2006: https://www.thieme-connect.de/products/ejournals/abstract/10.1055/s-2005-915389 [Abgerufen: 22.07.2020].

Lemke, Harald: Über das Essen. Philosophische Erkundungen, München 2014.

Martius, Joh. Nik./Wigleb, Joh. Chr.: Vaucansons Beschreibung eines mechanischen Flötenspielers, in: Völker, Klaus (Hg.): Künstliche Menschen. Über Golems, Homunculi, Androiden und lebende Statuen, Frankfurt a. M. 1994.

Marx, Karl: Das Kapital, Band I, in: Marx, Karl: Sämtliche Werke von Karl Marx, o. O. 2017.

Mathews, Jennifer P./Schultz, Gillian P.: Chicle. The Chewing Gum of the Americas. From the Ancient Maya to William Wrigley, Tucson 2009.

Metz, Elle: Why Singapore banned chewing gum, BBC News, Magazine, 28.03.2015: https://www.bbc.com/news/magazine-32090420 [Abgerufen: 22.07.2020].

Mumford, Lewis: Mythos der Maschine. Kultur, Technik und Macht. Die umfassende Darstellung der Entdeckung und Entwicklung der Technik, Frankfurt a. M. 1986.

Platon: Gorgias, in: Platon: Platons Werke, o. O. o. J. (Ebook der Übersetzung von Friedrich Schleiermacher, Berlin 1985).

Poe, Edgar Allen: Maelzels Schachspieler, in: Völker, Klaus (Hg.): Künstliche Menschen. Über Golems, Homunculi, Androiden und lebende Statuen, Frankfurt a. M. 1994.

Psyalpha Wissensplattform für Psychoanalyse: Begehren – Lust – Genießen: https://www.psyalpha.net/de/biografien/jaques-lacan/begehren-lust-geniessen [Abgerufen: 22.07.2020].

Redclift, Michael R.: Das Kaugummi: Geschmack, Raum und die ›Schattenländer‹, PROKLA Zeitschrift für kritische Sozialwissenschaft, Bd. 35/138 (Ökonomie des Konsums), Berlin 2005.

Roscher, Wilhelm Heinrich (Hg.): Ausführliches Lexikon der griechischen und römischen Mythologie, Band 1, Leipzig 1884–1886.

Roscher, Wilhelm Heinrich (Hg.): Ausführliches Lexikon der griechischen und römischen Mythologie, Band 2, Leipzig 1890–1897.

Szabo, Sacha: Essen und Trinken hält Leib und Seele zusammen. Lebkuchenherzen, Schokobananen und kandierte Äpfel, in: Nos Cahiers, 2–3/2008, Luxemburg 2008.

Schmidgen, Henning: Das Unbewußte der Maschinen. Konzeptionen bei Guattari, Deleuze und Lacan, München 1997

Schwarz, Arturo: Die alchemistische Junggesellenmaschine, in: Szeemann, Harald/Reck, Hans Ulrich (Hg.): Junggesellenmaschinen, Wien/New York 1975 (Neuausgabe 1999).

Szeemann, Harald: Junggesellenmaschinen, in: Szeemann, Harald/Reck, Hans Ulrich (Hg.): Junggesellenmaschinen, Wien/New York 1975 (Neuausgabe 1999).

Thaler, Richard H./Sunstein, Cass R.: Nudge. Wie man kluge Entscheidungen anstößt, Berlin 2011.

The Vendiscuss Forums: https://vendiscuss.net/topic/6795-the-history-of-oak-manufacturing / [Abgerufen: 22.07.2020].

Thomä, Dieter: Vom Glück in der Moderne, Frankfurt a. M. 2003

von Hirschhausen, Eckart: Glück kommt selten allein, Hamburg 2011.

Walser, Robert: Der Gehülfe, Berlin 2016.

Wardlaw, Lee: Bubblemania: A Chewy History of Bubble Gum, New York 1997.

Westermann, Bianca: Anthropomorphe Maschinen. Grenzgänge zwischen Biologie und Technik seit dem 18. Jahrhundert, Paderborn 2012.

Zitate.net: Rudolf Virchow: http://zitate.net/rudolf-virchow-zitate [Abgerufen: 22.07.2020].

Zizek, Slavoj: Liebe Dein Symptom wie Dich selbst. Jaques Lacans Psychoanalyse und die Medien, Berlin 1991.

Zizek, Slavoj: Was ist ein Ereignis?, Frankfurt a. M. 2014.

zur Lippe, Rudolf: Vom Leib zum Körper. Naturbeherrschung am Menschen in der Renaissance, Hamburg 1988.

United States Patent

Patentnummer: US3128011A
09.01.1951

Jan. 9, 1951

H. T. PROBASCO

VENDING MACHINE

2,537,317

Filed Nov. 13, 1948

3 Sheets—Sheet 1

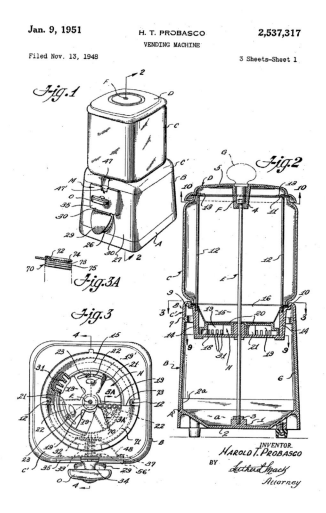

Fig.1

Fig.2

Fig.3A

Fig.3

INVENTOR.
HAROLD T. PROBASCO

BY

Luther L. Mack

Attorney

Jan. 9, 1951   H. T. PROBASCO   2,537,317
                              VENDING MACHINE

Filed Nov. 13, 1948   3 Sheets—Sheet 2

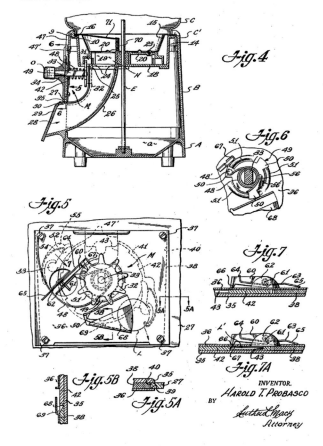

Fig.4

Fig.6

Fig.5

Fig.7

Fig.7A

Fig.5B

Fig.5A

INVENTOR.
HAROLD T. PROBASCO
BY
Luther L. Macy
Attorney

Jan. 9, 1951

H. T. PROBASCO

2,537,317

VENDING MACHINE

Filed Nov. 13, 1948

3 Sheets—Sheet 3

Fig.9

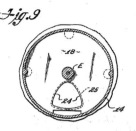

Fig.8

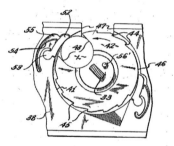

Fig.10

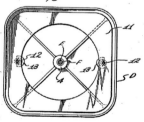

INVENTOR.
HAROLD T. PROBASCO
BY *Luther L. Mack*

Attorney

Patented Jan. 9, 1951   2,537,317

UNITED STATES PATENT OFFICE

2,537,317

VENDING MACHINE

Harold T. Probasco, Inglewood, Calif., assignor to Oak Manufacturing Company, Inc., Los Angeles, Calif., a corporation of California

Application November 13, 1948, Serial No. 59,798

9 Claims. (Cl. 312—89)

This invention relates in general to vending machines, but particularly to a coin controlled machine for vending articles of merchandise in bulk, such as candy, salted nuts, chewing gum, etc., and a primary object is to provide a vending machine for such purpose which while embodying some of the conventional features of machines heretofore and now used also includes several new, novel, and desirable features which affords greater simplicity, facility, and certainty of operation, more perfect sanitation in the handling, storing, and dispensing of food products, more security against unauthorized use of the machine and consequent losses by theft of the dispensed products and a substantial economy of production and maintenance when compared with other machines for a similar purpose.

The objects of invention therefore include means for producing the following results:

Streamlining the appearance of the assembled unit by the omission of protruding parts or surfaces which are prone to be fouled with dirt and grime and are conducive to unsightliness and unsanitariness;

Employment of a carefully studied design of all of the sub-units and parts to an extent which will permit rapid assembly and disassembly thereof, and ready access to the material container for cleaning and replenishment and to the operating mechanism for easy and rapid repair, adjustment, replacement and service;

Redesign of a well known type of coin operating unit which will be effective for dispensing a quantity of merchandise only upon the insertion of a predetermined coin and which will automatically reject slugs or imperfect coins and thereby prevent a dispensing operation when unauthorized or an attempt is made to defraud the machine;

The provision of a dispenser spout or chute embodying improvements for cleaning from the exterior of the machine in order to maintain sanitary conditions, especially of the parts with which the food products come in contact;

And, otherwise to improve on accepted and used types of machines for increasing the economy and benefits of use and decreasing the requirements of service, repair, operation, and replacement.

Other and more detailed objects will appear as the description progresses.

In the annexed drawings there is shown a preferred form of vending machine embodying my improvements, in which:

Fig. 1 is a perspective view of the machine;

Fig. 2 is a sectional elevation on line 2—2 of Fig. 1;

Fig. 3 is a cross-sectional plan view on line 3—3 of Fig. 2;

Fig. 3a is a fragmentary view of a brush and mounting therefor associated with the dispensing unit;

Fig. 4 is a partial sectional elevation on line 4—4 of Fig. 3, and showing details of the dispensing mechanism;

Fig. 5 is a rear elevational view of the coin controlled dispensing mechanism as viewed in the direction of arrow 5 in Fig. 4;

Figs. 5a and 5b are, respectively, fragmentary sectional views on lines 5a—5a, and 5b—5b of Fig. 5;

Fig. 6 is a fragmentary view of the tensioning means in the plane of line 6—6 of Fig. 4;

Figs. 7 and 7a are similar sectional views of devices cooperating to latch the dispenser against operation when a slug or undersized coin is used in attempt to defraud the machine, Fig. 7 showing the device when permitting operation by a coin of appropriate size and value, and Fig. 7a showing the same as locking the mechanism against operation as when a slug or coin of wrong size and value is used;

Fig. 8 is a view of the coin control mechanism as viewed in a plane adjacent the plane of Fig. 6; and

Figs. 9 and 10 are, respectively, sectional plans on lines 9—9 and 10—10 of Fig. 2.

Briefly described a vending machine embodying my improvements includes a base A, a hollow body B, a bowl or container C (usually of glass or other transparent material), a container mounting C' and a top D, which are arranged one upon the other in succession and are detachably held together by means of a single stay rod E. Said rod is threaded into a boss 1 on the upper side of bottom 2 of base B and may be held tight as by means of a locknut 3, as shown in Fig. 2. The upper end of rod E is fixed to the cylinder of a lock F, the barrel of which is held in a depending boss 4 from the wall 5 of top D. Lock F may be operated by a key G so that members A, B, C, and D may be locked together to prevent access to the interior of body B and container C, at will, or when unlocked said members may be quickly and easily detached for any purpose.

Bottom 2 of base A is of concave cross section and provides a suitable coin receptacle and an annular flange 2a is extended above bottom 2 for telescopically receiving the skirt 9 of body B. The upper end portion of body B is formed with an

2,537,317

3

external annular seat 7 to receive and support an annular flange 8 of member C', and member C' is formed with an internal seat 9 for receiving and supporting the lower edge of container C and a suitable gasket 10. A plate 11 overlies the upper edge of container C and is connected with member C' as by means of rods 12, 12 having pivoted butterfly heads 13 fixed to their upper ends while their lower ends are threaded into an internal depending wall 14 of member C'. Plate 11 has a central opening through which boss 4 of top D extends.

Thus, when lock F is operated for detaching the several units of the assembly the top is first removed, then the container C and its mounting C', and finally body B from base A. If desired by turning rods 12 through manipulation of butterfly heads 13 member C may be removed from mounting C'.

Member C' bears a frusto-conical member 15 having a flange 16 seated with gasket 10 on seat 9 of member C' and open at its bottom immediately above a dispensing unit H which is rotatably mounted on rod E within wall 14 of member C', as shown in Figs. 2 and 3. The wall 14 of member C' in which member 15 and dispensing unit H are mounted has a closed bottom 18 on which unit H rests. Said unit is generally conventional in form and is subdivided into a plurality of pockets 19, 19 etc., of uniform size which are open at their tops for receiving charges of material from container C of measured quantities of the material to be dispensed at each operation as the unit H is rotated by means hereinafter described. Pockets 19 are separated by radial portions 18' preferably bearing adjustable sheet metal separators 20 which are in the form of flat webs with depending flanges 21. Webs 20 are arcuately slotted at 22 to adjustably receive screws 23 whereby the size and capacity of pockets 19 may be varied at will.

The bottom 18 of wall 14 has an orifice 24 and a depending flange 25 around which the upper end of a delivery chute 26 fits, said chute being extended downwardly and forwardly on a curve and integral with the front wall 27 of body B, as shown in Fig. 4. Preferably, the outlet 28 of the chute is closed by a detachable flap 29 which is hinged at opposite points 30, 30 on the wall 27 of the body, as in open notches, so that at times 50 it may be readily removed.

The pockets 19 of dispenser H are movable into registration successively as the dispenser is actuated for dispensing measured quantities of material from container C through chute 26 for use. Dispenser H includes a sprocket or gear 31 which rotates on the vertical axis of rod E and is driven by a pinion 32 fixed to a horizontal shaft 33 journaled in a boss 34 on a plate 35 of body B. An operating handle 0 is suitably fixed to shaft 33 for rotating dispenser H through shaft 33 and pinion 32 under the control of a coin actuated mechanism generally indicated at M and which, also, is of generally conventional type but embodies certain details of structure and arrangement of parts of my invention.

Said coin controlled operating mechanism is detachably mounted as a unit on the front wall of body B on the escutcheon plate 35 in the following manner. An inner plate 36 of the same 70 size as plate 35 is attached by means of screws 37 to plate 35 and also extend through spacer 38, and plates 35 and 36 are so arranged that the margins of opposite sides of plates 35 and 36 will project over the corresponding margins of por- 75

4

tions 38 to provide grooves 39 to slidably receive opposite edges 40 of an opening in body wall 27 which extends from the upper extremity of flap 29 to the upper edge of body B where the slot is open to permit the bodily insertion and removal of unit M. The edges 40 of said slot are tapered correspondingly to provide a greater width of slot at the top than at the bottom, so as to facilitate the insertion and removal of unit M and to eliminate nicety of fitting when the machine is assembled and disassembled.

The inner side of plate 35 has a circular recess 41 concentric with the axis of shaft 33 for rotatably receiving a combined locking and unlocking disc 42 (Fig. 8) fixed to shaft 33. Said disc has a single coin receiving recess 43 open at the periphery of the disc, two groups of ratchet teeth 44 and 45—one on each side of recess 43—and an intermediate concentric dwell 46 between said groups of teeth. Normally disc 42 is held with the coin recess 43 in registration with a slot 47 in member C' and a continuing slot 47' in plate 35 so that a coin may be conveniently placed in operating position in recess 42 when the machine is at rest.

Disc 42 is urged to normally inoperative coin receiving position by a spring 48 which extends for a few convolutions around shaft 33 and has its inner end anchored at 48' to a washer 49 rotatably carried on shaft 33 and its outer end anchored to plate 36 by one of the screws 37 (Fig. 5). Said washer has a plurality of radial extensions 50 thereon which overlie corresponding inclined arcuate beads 51 formed on the inner side of plate 36 and are spaced apart so that when the extensions 50 abut the ends of beads 51 the operating member 0 and disc 42 will be stopped at coin receiving position. When disc 42, however, is turned in a given direction as in a dispensing operation, the extensions 50 will climb upon and traverse the inclined surfaces of the beads and thereby tension the spring 48 and raise washer 49 away from plate 36 and disengage the washer from a pin 56' on disc 42 which at times extends through a hole 56 in the washer. Thus, the spring 48 serves the dual purposes of tensioning the operating member 0 and disc 42 and of holding washer 49 in engagement with pin 56' at times.

Members 0 and 42 rotate in a counterclockwise direction as viewed in Fig. 8, the extent of which movement depends upon the presence or absence of a coin L in recess 43. If no coin is in said recess a slight forward movement of disc 42 will move the trailing edge of recess 43 into abutment with the free end of a pawl 52 which is pivoted at 53 in plate 36 and is urged into engagement with disc 42 by a spring 54 in a recess 55 of plate 38, and such a slight movement will not suffice to operate dispenser H.

If, however, a coin L is held on the disc it will engage and lift pawl 52 out of interference with the trailing edge of recess 43, thereby permitting a complete revolution of said members and a consequent movement of dispenser H to an extent which will effect registration of one of its pockets 19 with orifice 24 and evacuation of the contents of such pocket and delivery thereof through chute 26 to the operator.

In the event an undersize or improper coin or slug be inserted in slot 43 means is provided for detecting the same and preventing operation of the machine by their use. For example, if a coin of less diameter or value than that of a predetermined coin is placed in slot 43 the end of pawl

2,537,317

5

52 will drop sufficiently to engage the trailing edge of slot 43 and prevent further forward and effective rotation of the members 0 and 42.

If a thinner than normal coin is used a detector 60 is employed to stop effective rotation of said members. Said detector is pivotally mounted at 61 on lugs 62, 62 bent outwardly from plate 36 and tensioned by a spring 63 coiled around pintle 61 and having one end 64 bearing upon detector 60 and the other end 65 bearing against plate 36, all as shown in Figs. 7 and 7A. The free end of detector 60 has a foot 66 extended through an aperture 67 of plate 36 so that in an authorized rotation of disc 42 (Fig. 7) the foot 66 will ride upon the flat face of the disc but upon the attempted fraudulent operation by the use of an improper coin or slug L' (Fig. 7A) the foot 66 will fall into coin slot 43 and engage the trailing edge of the slot after but a slight operation and thereby prevent a complete and effective operation of the dispensing mechanism.

As shown in Figs. 5 and 5B, the coin L is carried in slot 43 until disc 42 has been rotated to an extent which will register slot 43 with a coin receiving outlet 68 formed on the plate 36 and having an inclined bottom 69 for guiding the coin downwardly so that it will fall into the concave receptacle a of base A (Fig. 2).

Referring to Figs. 3, 3A, and 5 it will be noted that there is disclosed a novel leveling means arranged above the dispenser H for preventing an overfilling of pockets 19. The means shown for such purpose is also generally conventional in form but embodies certain structural improvements which render the machine more easily assembled and freer from operating troubles than units formerly used. Said leveling unit includes a plurality of so-called brushes 70, 70 commonly mounted on a segmental plate 71 (Fig. 4), the outer edge of which lies diametrically over dispenser H and the outer marginal portion of which is held in seat 9 between member C' and container C.

Plate 71 is of thin metal, is readily yieldable and has a row of upwardly bent ears 72 (Fig. 3A) near its inner straight edge 73. Brushes 70 are formed as coiled springs and their upper extremities are detachably but securely fastened to plate 71 by spreading the upper and adjacent coils 74 and 75 apart sufficiently to force the brushes rearwardly under the plate until the upper coils snap into position behind ears 72 as shown in Fig. 3A. Thus, as dispenser H moves under the brushes the surplus material is displaced from the pockets 19 in succession and the dispenser will rotate freely without crushing or breaking the material or clogging of the dispensing mechanism. The flexibility of the brushes and the blunt surfaces thereof in lieu of flat, though yieldable, blade-like scrapers affords reasonable assurance that the dispensed product will not be impaired and the particular form and means for mounting the brushes is novel, simple, and effective.

It may be understood that at no time in the absence of a proper coin in slot 43 of disc 42 can the disc be rotated forwardly to a point beyond the engagement of pawl 52 with the trailing edge of slot 43 and even with an improper coin or slug in slot 43 the rotation of disc 42 would be stopped by engagement of the foot 66 of detector 60 and the trailing edge of slot 43. In either event the washer 49 which is keyed to disc 42 by pin 56 would not have been moved rotatably and axially to an extent sufficient to disengage the washer

6

from pin 56. When the washer is disengaged from pin 56 the tension of spring 48 operates to retract the washer on its axis until one of its extensions 50 snaps into position against an end of one of the ridges 51 while the disc 42 continues forward rotation until slot 43 is moved into registration with slot 47' in plate 35 and pin 56' is simultaneously registered with hole 56 of the washer, whereupon the tension of spring 48 will seat the washer again on the pin in preparation for a subsequent operation.

Importance of the washer 49 in the hookup of the operating member with the dispenser would be at once noted inasmuch as its function is to apply the tension of the spring 48 to the operating member 0 and disc 42 in order to always return said elements to normal coin receiving position if, perchance, the operating member is turned without a coin in slot 43. After disc 42 has been rotated forwardly with a coin in its slot to a point beyond possible engagement with pawl 52 the washer which has been also rotated to a corresponding extent will have at such point of engagement been disengaged from its pin 56, thereby rendering spring 48 effective for retracting the washer to normal position while the rotation of the disc continues to the extent of a full revolution. Thus the washer is releasably connected with the disc for the purpose of retracting the disc up to a given point in its rotation and thereafter permitting the continued free rotation of the disc to the end of a single revolution.

It is important also that the operating assembly include the plurality of inclined arcuate beads or ridges 51 and that the washer includes a corresponding number of extensions 50 thereon alternating with an individually engaging said beads so that, as the washer is forwardly rotated, it is urged away from plate 36 axially and all of the extensions 50 are at all times in the same plane transversely of the washer axis instead of as in other machines for the same purpose tilting a member such as the washer 49 for accomplishing a similar result.

The essence of this invention accordingly is in the specific structural improvements embodied in the operating mechanism, the dispensing mechanism, and in the general assembly of the body sections A, B, C, C', and D which is superposed one upon the other in succession, are commonly held in assembled position against unauthorized access by the single rod E and lock F, thereby permitting quick assembly and disassembly, and yet affording ample safety and security against manipulation for the purpose of defrauding the machine or robbing it of its contents or the money accumulated in the base A.

I claim:

1. A vending machine comprising: a base, a first body member mounted on said base, a second body member superposed on the second body member, a receptacle for dispensable material superposed on the second body member and provided at its bottom with a rotatable dispensing unit and at its top with a cover, means for securing the second body member, the receptacle and the cover together for removal as a unit from the first body member and together with said dispensing member, means for securing said receptacle and dispensing unit to said first body member and said base against unauthorized detachment, and an operating mechanism mounted on the first body member and operatively connected with said dispensing member.

2. A vending machine as characterized in

2,537,317

7

claim 1 in which a wall of said first body member is formed with a recess open at its upper edge for removably receiving said operating mechanism, whereby when the receptacle and associated elements are removed from the first body member the operating mechanism may be inserted or removed as a unit but not otherwise.

3. A vending machine as characterized in claim 1 in which a wall of said first body member is formed with a recess open at its upper edge for removably receiving said operating mechanism, whereby when the receptacle and associated elements are removed from the first body member the operating mechanism may be inserted or removed as a unit but not otherwise, said first body member having a delivery chute inwardly thereof for receiving material from the dispensing member and an outlet in a wall of the first body member for delivering dispensed quantities of material to a user.

4. A vending machine as characterized in claim 1 in which a wall of said first body member is formed with a recess open at its upper edge for removably receiving said operating mechanism, whereby when the receptacle and associated elements are removed from the first body member the operating mechanism may be inserted or removed as a unit but not otherwise, said first body member having a delivery chute inwardly thereof for receiving material from the dispensing member and an outlet in a wall of the first body member for delivering dispensed quantities of material to a user, said outlet being open at the bottom of the recess in which the operating unit is held, and a cover removably and hingedly seated at the top of and for normally closing said cover, said cover being held in position by and removable from its seat only when said operating unit is removed.

5. A vending machine as characterized in claim 1 in which said last mentioned securing means includes a vertically disposed rod fixed at its lower end to the base and extended through the first and second body members, the dispensing unit and the receptacle and detachably secured to said receptacle cover.

6. A vending machine as characterized in claim 1 in which said last mentioned securing means includes a vertically disposed rod fixed at its lower end to the base and extended through the first and second body members, the dispensing unit and the receptacle and detachably secured to said receptacle cover, and a key operated lock

8

borne by the receptacle cover and operatively connected with said rod for separating said units without individual disassembly.

7. A vending machine as characterized in claim 1 in which said dispensing unit includes a plural pocketed member rotatable in each dispensing operation to an extent necessary to move a predetermined single charge of material to a position for delivery to a user.

8. A vending machine as characterized in claim 1 in which said dispensing unit includes a plural pocketed member rotatable in each dispensing operation to an extent necessary to move a predetermined single charge of material to a position for delivery to a user, and said operating unit includes a rotatable member, said rotatable operating member and said rotatable dispensing member having gears constantly engaged for effecting successive operations.

9. A vending machine as characterized in claim 1 in which said dispensing unit includes a plural pocketed member rotatable in each dispensing operation to an extent necessary to move a predetermined single charge of material to a position for delivery to a user, and said operating unit includes a rotatable member, said rotatable operating member and said rotatable dispensing member having gears constantly engaged for effecting successive operations, the bottom of said receptacle being partly open for communication with the pockets of the dispensing member, and yieldable elements depending from the closed portion of the receptacle bottom overlying the dispensing member for engagement with and directing the movement of material into the open pockets of the dispensing member.

HAROLD T. PROBASCO.

REFERENCES CITED

The following references are of record in the file of this patent:

UNITED STATES PATENTS

Number	Name	Date
1,134,305	Wiesner	Apr. 6, 1915
1,158,692	Lance	Nov. 2, 1915
1,192,019	Taylor	July 25, 1916
1,239,753	Antoine et al.	Sept. 11, 1917
1,490,365	Du Grenier	Apr. 15, 1924
1,651,605	Kuhn et al.	Dec. 6, 1927
1,845,094	Morin	Feb. 16, 1932
2,258,916	Tratsch et al.	Oct. 14, 1941
2,330,390	Smith	Sept. 28, 1943

Quelle: United States Patent, Patentnummer: US3128011A, 09.01.1951. Europäische Patentorganisation: Espacenet: US2537317A Vending machine: https://worldwide.espacenet.com/patent/search/family/022025303/publication/US2537317A?q=2537317 [Abgerufen: 22.08.2020].

Requisite

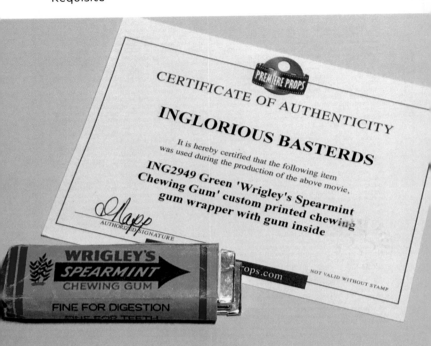

Zur Kulturgeschichte des Kaugummis: Markt

Anna-Lena Huber/Sacha Szabo

Als die US-Soldaten den europäischen Kriegsschauplatz betraten, befand sich im Marschgepäck das an sie priorisiert abgegebene Kaugummi,[1] das nun als Geschenk für zunächst britische Kinder ungeheuer beliebt wurde, sodass sich die Redewendung »got any gum,

chum«[2], also sinngemäß ›Hast 'nen Kaugummi, Kumpel‹ etablierte.[3] Aus dieser Redewendung entwickelte sich in England der Slang-Ausdruck »Gum-Chums« für die amerikanischen Soldaten.[4] Auf diese Weise setzte sich mit dem Kaugummi symbolisch auch die US-amerikanisch geprägte Massenkultur in Großbritannien fest.[5] Als dann die Alliierten in das von den

---

1 Vgl. Redclift, Michael R.: Das Kaugummi: Geschmack, Raum und die ›Schattenländer‹, PROKLA Zeitschrift für kritische Sozialwissenschaft, Bd. 35/138 (Ökonomie des Konsums), Berlin 2005, S. 55f.

2 »›Got any gum, chum?‹ riefen die Kinder, und die Gis antworteten halb im Spaß, halb im Ernst: ›Gotta sister, mister?‹« aus: Stabe, Helmut, Mahn, Jule Claudia, Illner, Torsten: Der Kaugummi. Poesien des Alltags, München/Aarau 2018, o. S.

3 Vgl. Redclift, Michael R.: Das Kaugummi, S. 55.

4 Vgl. Wardlaw, Lee: Bubblemania: A Chewy History of Bubble Gum, New York 19 1997, S. 59.

5 Vgl. Redclift, Michael: Chewing Gum. The Fortunes of Taste, New York/London 2004, S. 134–140 und Redclift, Michael R.: Das Kaugummi, S. 54ff.

Nazis befreite Deutschland einmarschierten, half auch hier das Kaugummi, das Eis zwischen der Bevölkerung und den Alliierten zu brechen. Solch eine exemplarische Szene wird in der Biographie der »Amigos« anschaulich beschrieben.

> »Im Herbst fahren die amerikanischen Besatzungstruppen mit ihren Jeeps und Panzern durch Villingen. ›Da wurde auch schon mal ein Vordach abrasiert, ohne dass es die Panzerfahrer störte‹. Zu den Camps der Amis im Wald pilgert die Dorfjugend gern. Die freundlichen Soldaten verschenken Schokolade und Kaugummi. Doch noch etwas andere saugen die Kinder auf: das amerikanische Lebensgefühl – Rock'n'Roll und Coca-Cola.«[6]

Noch etliche weitere Erinnerungen an die Nachkriegskindheit behandeln diesen Topos und tragen teils sogar »Kaugummi« im Titel, wie beispielsweise: »Lebertran und Chewing Gum«[7], »Bomben, Kaugummi und Swing. Köln zwischen Krieg und Frieden,[8] »Ami, Kaugummi!: Die Geschichte einer Nachkriegskindheit«[9] oder »Carepaket & Kaugummi – Ein Panoptikum der Besatzungszeit«[10]. Das Kaugummi wurde so nach dem Zweiten Weltkrieg ein Teil der Alltagskultur beider Teile Deutschlands und so entstand nicht nur in Deutsch-

---

6   Becker, Markus/Kächler, Klaus: Amigos. Danke, Freunde! Die unglaubliche Amigos-Story, Berlin 2019, S. 30.

7   Kleindienst, Jürgen: Lebertran und Chewing Gum: Kindheit in Deutschland 1945–1950. 55 Geschichten und Berichte von Zeitzeugen, Berlin 2000.

8   Monheim, Heinz: Bomben, Kaugummi und Swing. Köln zwischen Krieg und Frieden, Bergisch-Gladbach 2005.

9   Kannegiesser, Ursula B.: Ami, Kaugummi!: Die Geschichte einer Nachkriegskindheit, o.O. 2014.

10   Agoston, Tom: Carepaket & Kaugummi – Ein Panoptikum der Besatzungszeit, Graz 19 1994.

land mit der »1. Deutschen Kaugummi Fabrik« der Firma »Hitschler«[11] und deren Konkurrenz
»OK-Kaugummi«, sondern auch
in der DDR eine eigene Kau-
gummiindustrie. Und so lässt
sich auch an der Firmengeschichte von OK-Kaugummi aus Pinneberg, lässt sich auch ein Stück

wechselhafter deutsch-deutscher Nachkriegsgeschichte ablesen, die Gerhard Klußmeier nachzeichnete.[12] Denn aus einer
Kooperation von OK-Kaugummi, der in den Siebzigerjahren
einer der größten deutschen Produzenten war, und der »Fo-
rum-Handelsgesellschaft«, die die DDR Intershops belieferte
und zudem auch Devisen aus dem Export von Kaugummis
erlösen wollte, entstand »Die geheime Kaugummi-Fabrik der
DDR« (BILD).[13] 1978 wird die Arbeit dann in der dem VEB
Beikowa angegliederten Fabrik aufgenommen. Doch schon
keine zehn Jahre später gerät der westdeutsche Partner in
wirtschaftliche Schwierigkeiten.[14] Bis zur Wende beliefert Beikowa noch den westdeutschen Kaugummihersteller Hitschler,[15] doch danach wird der Betrieb als nicht sanierungsfähig
aus dem VEB ausgegliedert und in eine eigene Beteiligungs-

11 Hitschler: https://www.hitschler.de/historie [Abgerufen: 22.07.2020].

12 Dazu: Klußmeier, Gerhard: Vom Wirtschaftswunder-Erfolg über die
DDR ins Nichts: OK-Kaugummi aus Pinneberg, Herne 2013.

13 Siehe: Bild.de: Die geheime Kaugummi-Fabrik der DDR: https://www.
bild.de/regional/leipzig/ddr/die-geheime-kaugummi-fabrik-40450334.
bild.html [Abgerufen: 22.07.2020].

14 Vgl. Adam, Torsten: Kaugummi-Fabrik Geschmack der Freiheit aus
Bernburg, Mitteldeutsche Zeitung, 23.04.2013: https://www.mz-web.de/
mitteldeutschland/kaugummi-fabrik-geschmack-der-freiheit-aus-bern
burg-684138 [Abgerufen: 22.07.2020].

15 Vgl. ebd.

firma überführt.[16] 1993 pachtet dann Thomas Wohlgemuth, ein aus dem Stuttgarter Raum stammender Bäcker, den Betrieb und beginnt langsam wieder, die Produktion der bunten Kaugummikugeln aufzubauen und zu steigern. 2006 kauft er den Betrieb[17] und belebte die in der DDR bekannte Kaugummimarke »Jamboree« wieder.[18] Und auch, wenn die Umsätze in Deutschland rückläufig sind,[19] so geben doch 2019 9,97% der Bevölkerung in Deutschland an, mehrmals pro Woche Kaugummi zu kauen.[20]

Die Zwischenkriegszeit

Allerdings war es nicht so, dass das Kaugummi erst mit dem Zweiten Weltkrieg nach Europa gelangte. So brachten bereits im neunzehnten Jahrhundert Reisende Chewing Gums aus den Vereinigten Staaten nach Europa. Vor allem aber befand sich im Ersten Weltkrieg das Kaugummi im Marschgepäck

---

16   Vgl. ebd.

17   Vgl. ebd.

18   Wohlgemuth Süsswaren GmbH: https://www.wohlgemuth-suesswaren. de/de/ueber_uns/index.php?id=13 [Abgerufen: 22.07.2020].

19   Siehe: Wichert, Silke: Umsätze brechen ein. Kaugummikauen ist geschmacklos geworden, Süddeutsche Zeitung, 04.05.2018: https://www. sueddeutsche.de/stil/umsaetze-brechen-ein-kaugummi-kauen-ist-ge schmacklos-geworden-1.3965273 [Abgerufen: 22.07.2020].

20   Siehe: Statista: Umfrage in Deutschland zur Häufigkeit des Konsums von Kaugummi bis 2019: https://de.statista.com/statistik/daten/stu die/172314/umfrage/haeufigkeit-konsum-von-kaugummi/ [Abgerufen: 08.05.2020]. Allerdings erfasst diese Statistik nicht die Gruppe der unter 14jährigen. Gerade diese Gruppe stellt einen besonders hohen Anteil an Konsumenten, wie aus einer früheren Statistik hervorging. Quelle: Statista: Verwender von Kaugummi in Deutschland nach Altersgruppen bis 2012, 31.01.2013 (https://de.statista.com/statistik/daten/stu die/156437/umfrage/verwenderanteil-von-kaugummi-nach-altersgrup pen-seit-dem-jahr-2008/ [Abgerufen: 05.01.2020]).

der US-amerikanischen Soldaten[21] und half bereits dort, Reifen zu flicken, Schlauchboote
abzudichten oder auch Maschi-
nengewehre zu reparieren,[22] und
konnte natürlich auch – was
nicht vergessen werden sollte –
gekaut werden. Nach dem Ersten Weltkrieg konnte sich das

Kaugummi auf dem europäischen Markt wohl festsetzen.
So eröffnete Wrigley 1925 in Frankfurt am Main seine erste
deutsche Fabrik, deren Misserfolg schon bei deren Eröffnung
prophezeit wurde.[23] Zudem ließen sich die Deutschen durch
geschickte Werbung so manipulieren, dass sie »kaugummi-
reif« wurden.[24] Der Misserfolg lag also nicht am fehlenden
Zuspruch, sondern an durch den Versailler Vertrag bedingten
wirtschaftlichen Widrigkeiten, die dazu führten, dass Wrigley die Firma 1932 wieder schloss.[25] Dennoch schien der europäische, insbesondere der deutsche Markt, eher schwierig
anzusprechen,[26] da US-amerikanische und damit ein Stück
weit als modern verstandene Ideen und als antiamerikanisch
vorgetragene antimoderne Vorstellungen miteinander ran-

21 Vgl. Redclift, Michael R.: Das Kaugummi S. 65. Siehe auch: Kerry, Se-
    grave: Chewing Gum in America, 1850–1920: The Rise of an Industry,
    Jefferson 2015, S. 94–98, S. 150–182.
22 Vgl. Wardlaw, Lee: Bubblemania, S. 59.
23 Siehe: Lorsy, Ernst: Die Stunde des Kaugummis: Das Tagebuch, 26.06.1926:
    http://germanhistorydocs.ghi-dc.org/pdf/deu/PROB_LORSY_
    DEU.pdf [Abgerufen: 22.07.2020].
24 Vgl. ebd.
25 Dazu: Dietermann, Judith: Wrigley: Kaugummi made in Frankfurt,
    Frankfurter Neue Presse, 16.12.17: https://www.fnp.de/frankfurt/wrigley
    -kaugummi-made-frankfurt-10441414.html [Abgerufen: 22.07.2020].
26 Vgl. Kerry, Segrave: Chewing Gum in America, S. 154–175.

gen.[27] Vielleicht war in der Tat etwas an der Einschätzung der US-amerikanischen Kaugummihersteller, über die 1917 ein Reporter berichtete, dass diese den europäischen Markt recht kritisch betrachteten[28] und daher skeptisch konstatierten: »The non-American couldn't understand it. He tried to swallow it, and when he couldn't he gave it up as incomprehensible nonsense«.[29]

Die Nachkriegszeit

Dass sich das Kaugummi nach dem Zweiten Weltkrieg in Europa, ja vielleicht weltweit als Ausdruck eines American Way of Life festsetzen konnte, hat nicht allein nur mit der Masse zu tun, sondern eben auch damit, dass es ein Massenprodukt ist, das für den mit den USA identifizierten Kapitalismus als typisch empfunden wird – sodass Leo Trotzki 1934 prophezeite: »Im dritten Jahr der Rätemacht in Amerika werden Sie nicht mehr Kaugummi kauen«.[30]

---

27 Dazu: Maase, Kaspar: Grenzenloses Vergnügen. Der Aufstieg der Massenkultur 1850–1970, Frankfurt a. M. 2007, S. 145–151. Siehe auch dazu auch: Maase, Kaspar: Amerikanisierung der Jugend. Eine Studie zur kulturellen Verwestlichung der Bundesrepublik in den fünfziger Jahren, [Habilitationsschrift], o. O. [Universität Bremen], 1992, S. 62–72. Überträgt man Kaspar Maases Analyse auf die Produktpolitik der Kaugummiproduzenten, dann zeigt sich auch dort bei der Betrachtung der Werbekampagnen, dass ein eher vormodernes Amerikabild inszeniert wird, wie beispielsweise bei dem von der Berliner Firma Bicamint vertriebenen »Kau Boy Gum«, der auf ein Karl May inspiriertes Amerikabild rekurriert und nicht ein modernes kapitalistisches Amerikabild, wie es später beispielsweise bei »Bazooka Joe« thematisiert wird.
28 Vgl. Kerry, Segrave: Chewing Gum in America, S. 158–165.
29 Vgl. ebd., S. 164.
30 Trotzki, Leo: Wenn Amerika kommunistisch würde, Denkzettel. Politische Erfahrungen im Zeitalter der Revolution, Frankfurt a. M. 19

Nach dem Zweiten Weltkrieg
war Amerika nicht nur die mili-
tärische, sondern auch technische
und ökonomische Hegemonial-
macht, was auch eine kulturelle
Hegemonie beförderte.[31] Dies
wurde dadurch verstärkt, als dass
die Nachkriegs-BRD den Schul-

terschluss mit den siegreichen Amerikanern suchte und so gewissermaßen ein »Amerikanismus von oben« etabliert wurde.[32]
Allerdings blieben trotz allem Ressentiments gegenüber allzu
vulgären Aspekten der amerikanischen Kultur bestehen. Gerade
der Massenkultur[33], die eben Massen[34] und nicht eine exklusive bildungsbürgerliche Elite anspricht, wurden entschiedene –
spannenderweise auch aus dem US-amerikanischen Kulturraum selbst – Vorbehalte entgegengebracht.[35] Allerdings wurde

1981, S. 244–254: https://sites.google.com/site/sozialistischeklassiker
2punkto/trotzki/1934/leo-trotzki-wenn-amerika-kommunistisch-wu
erde [Abgerufen: 22.07.2020]. Siehe auch: Trotzki, Leo: Sowjets in
Amerika?, Die Sammlung, 1935: https://sites.google.com/site/sozi
alistischeklassiker2punkto/trotzki/1935/leo-trotzki-sowjets-in-ameri
ka [Abgerufen: 22.07.2020]. Pointiert dazu die Paraphrasierung von
Hendrickson: »Leon Trotsky: who proclaimed that chewing gum was
another capitalist opiate to make masses munch away their misery
instead of doing something about it« aus: Hendrickson, Robert: The
Great American Chewing Gum Book, Radnor 1976, S. 107.

31   Siehe dazu: Maase, Kaspar: Amerikanisierung der Jugend, S. 13–16.
32   Dazu bsp: Maase, Kaspar: All shook up – Formen der Amerikanisie-
     rung, in: Bavendamm, Gundula (Hg.): Amerikaner in Hessen. Eine
     besondere Beziehung im Wandel der Zeit, Hanau 2008, S. 127 ff.
33   Dazu: Maase, Kaspar: Massenkultur, in: Haug, Wolfgang Fritz / Haug,
     Frigga / Jehle, Peter / Küttler, Wolfgang (Hg.): Historisch-Kritisches
     Wörterbuch des Marxismus, Bd. 9, Hamburg 2018, Sp. 66–79, bes.
     S. 73–76.
34   Maase, Kaspar: Amerikanisierung der Jugend, S. 12, S. 27 f.
35   Dazu vgl., S. 29 ff.

gerade dieser Teil, auch wegen der ihm entgegen-
gebrachten Ablehnung von der westdeutschen
Jugend, aufgegriffen,[36] die sich dezidiert von der
militärischen »Zackigkeit« ihrer Elterngenera-
tion abgrenzte[37] – so entwickelte sich eine Jugendkultur der Renitenz.[38] Zugleich wird auch
widerständiges renitentes Verhalten reflexhaft als amerikanisch
gedeutet. Die »Halbstarkenkrawalle« der Fünfzigerjahre im Anschluss an Bill Haleys »Rock Around The Clock« gelten als Beleg
für den schädlichen Einfluss.[39] Zumal die »Halbstarken«[40] – so
der damals gebräuchliche Begriff – in ihrem betont »lässigen«[41]
Habitus mit Lederjacken, Jeanshosen und pomadierten Tol-
len, Attitüden von Außenseiterfiguren, wie sie von James Dean,
Marlon Brando und Elvis Presley verkörpert wurden, Symbole
dieser Massenkultur aufgriffen und sich zugleich aneigneten.[42]

---

36 Vgl. ebd., S. 10.
37 Vgl. Maase, Kaspar: Auf dem Weg zum zivilen Habitus. Rock'n'Rol-
    ler, Teenager, BRAVO und die US-Populärkultur in der zweiten Hälfte
    der 50er Jahre, in: Maase, Kaspar/Hallenberger, Gerd/van Elteren/Mel
    (Hg.): Amerikanisierung der Alltagskultur? Zur Rezeption US-amerika-
    nischer Populärkultur in der Bundesrepublik und in den Niederlanden,
    o. O. 1990, S. 13f. und vgl.: Maase, Kaspar: Die amerikanische Gebär-
    de. Lässigkeit in Nachkriegsdeutschland, in: Köth, Anke/Krauskopf,
    Kai/Schwarting, Andreas (Hg.): Building America 2: Migration der
    Bilder, Dresden 2007, S. 194–201.
38 Vgl. Maase, Kaspar: Amerikanisierung der Jugend, S. 123–129, S. 137f.
39 Vgl. ebd., S. 116f., S. 123–129.
40 Dazu siehe auch: Maase, Kaspar: Die Halbstarken. Bilder einer neuen
    Jugend, in: Paul, Gerhard (Hg.): Das Jahrhundert der Bilder – 1949 bis
    heute, Göttingen 2008, S. 157ff.
41 Dazu bsp.: Maase, Kaspar: Auf dem Weg zum zivilen Habitus, S. 13f.
    und: Maase, Kaspar: Die amerikanische Gebärde. Lässigkeit in Nach-
    kriegsdeutschland, in: Köth, Anke/Krauskopf, Kai/Schwarting, Andreas
    (Hg.): Building America 2: Migration der Bilder, Dresden 2007,
    S. 194–201.
42 Siehe dazu z. B. Fiske, John: Cultural Studies und Alltagskultur, in:
    Winter, Rainer/Mikos, Lothar: Die Fabrikation des Populären. Der

Neben bestimmten, aus dem Kino oder Zeitschriften entnommenen, Kleidungsstilen und Verhaltensweisen, orientierten
sich die Jugendlichen an der Arbeiterschicht[43] und bestimmten
Attributen, die mit Unterschichten verbunden waren[44], griffen
so die Ressentiments, die ihnen entgegengebracht wurden, auf
und eigneten diese sich diese gewissermaßen souverän als Dis-
tinktionsmerkmal an.[45] Der Rock'n'Roll ist dabei das Bindemittel, das nun amerikanische und manchmal auch nur scheinbar
amerikanische Elemente miteinander verbindet.[46] So stellt Kaspar Maase bei seiner Analyse des Erfolgs von Elvis Presley in den
Fünfzigerjahren heraus: »Er brachte in die weiße Popmusik das
vulgäre Erbe von C&W und ›race music‹ ein: Alltagsrealismus,
Körperlichkeit, Sexualität und die Sehnsucht der einfachen Leute nach einem guten Leben«.[47]

»Bazooka Joe«

In dieser Charakterisierung des Rock'n'Roll auch wird etwas sichtbar, dass zwar in deutlich sublimerer Weise, aber
dennoch vergleichbar auf das Kaugummi übertragbar ist. So
antizipieren einige Kaugummianbieter bei ihrer Produktpo-

John Fiske Reader, Bielefeld 2001, S. 140-ff. Siehe dazu auch: Maase,
Kaspar: Grenzenloses Vergnügen, S. 243–246.

43 Vgl. dazu: Maase, Kaspar: Amerikanisierung der Jugend, S. 43.
44 Vgl. ebd., S. 45.
45 Vgl. Fiske, John: Die populäre Ökonomie, in: Winter, Rainer/Mikos,
Lothar: Die Fabrikation des Populären., S. 114-ff.
46 Vgl. Maase, Kaspar: Amerikanisierung der Jugend, S. 146. und vgl.
Maase, Kaspar: Wie deutsch ist Elvis Presley, wie amerikanisch die
Amerikanisierung? Volkskundlich-kulturwissenschaftliche Überlegungen zum Spiel der Amerikanismen, in: Maase, Kaspar: Das Recht der
Gewöhnlichkeit. Über populäre Kultur, Tübingen 2011, S. 17ff. und
S. 25ff.
47 Maase, Kaspar: Amerikanisierung der Jugend, S. 145.

litik dieses renitente und vulgäre Verhalten. Der Reiz von Kaugummizigaretten könnte eben auch darin bestehen, dass nicht einfach nur irgendeine Erwachsenenrolle nachgespielt, sondern eine widerständige Rolle eingeübt wird. »Lucky Strike-Kaugummizigaretten« werden dann in gewisser Weise zu einer kindgerechten »Fackel der Freiheit«[48] umcodiert. Und der subversive Reiz temporärer Tattoos in Zeiten, als Tätowierungen noch nicht Teil des Mainstreams, sondern einen stückweit stigmatisierten Charakter hatten,[49] bekommt vor diesem Hintergrund eine besondere Qualität. Wie konkret diese Bezüge inszeniert wurden, lässt sich wunderbar an »Bazooka Joe« aufzeigen.[50] »Bazooka Joe« ist ein von Topps bereits im Zweiten Weltkrieg produzierter, süßlich nach Wintergrün schmeckender, rosaroter Bubble Gum, der in einer blau-weiß-roten Verpackung, die an die amerikanischen Nationalfarben erinnert, vertrieben wurde.[51] Topps, die Firma, die sich bereits mit Sammelbildern auf dem Markt

48 Edward Bernay, der als Erfinder der modernen PR gilt, bewarb »Lucky Strike« Zigaretten in einer legendären Aktion als »Fackeln der Freiheit«. Dazu: Schnee, Philipp: PR-Erfinder Bernays. Der Überzeugungstäter, Spiegel Online, 30.09.2009: https://www.spiegel.de/geschichte/pr-er finder-bernays-a-948512.html [Abgerufen: 22.07.2020].

49 Als Einstieg in dieses Thema sei hier auf Oettermann, Stephan: Zeichen auf der Haut. Die Geschichte der Tätowierung in Europa, Frankfurt a. M. 1979 und Gröning, Karl: Geschmückte Haut. Eine Kulturgeschichte der Körperkunst, München 2001 hingewiesen.

50 Vgl. Neal, Rome: Bazooka Joe turns 50: https://www.cbsnews.com/news/bazooka-joe-turns-50/ [Abgerufen: 22.07.2020].

51 Vgl. Candyfavorites.com: The Unofficial Official History of Bazooka Joe Bubble Gum: https://www.candyfavorites.com/unofficial-offi cial-history-bazooka-joe-bubble-gum [Abgerufen: 22.07.2020].

etablieren konnte, legte diesem Bubble Gum ab 1953 einen kleinen Comicstrip bei.[52] Das Neue an »Bazooka Joe« war, dass hier Kaugummi und Comic in einem engen Bezug zueinanderstanden.[53] Comics selbst – daran sei an dieser Stelle erinnert – standen in den Fünfzigerjahren dabei im Ruf, eine Form von »Schundliteratur« zu sein.[54] Bazooka Joe ist ein kleiner Junge mit Baseballcap und einer Augenklappe. Allerdings lag der Erfolg vermutlich nicht allein nur an den halbwegs lustigen Cartoons, sondern zugleich daran, dass das Sammeln von diesen Comicstrips belohnt wurde. Kinder, die die Geschichten von Bazooka Joe sammelten, erhielten die Möglichkeit, die Comicstreifen einzusenden, um Prämien zu bekommen. Die Kinder konnten auf diese Weise bei Einsendung von 100 Comicstreifen zwei Abenteuerbücher oder andere Artikel wie Halsketten, Baseballhandschuhe, Armketten, Sonnenbrillen oder eine Mitgliedsnadel für den Bazooka Joe Club erhalten.[55] Dieses geschickte Marketing, verbunden mit dem eigentümlichen Geschmack, dem militärischen Hintergrund und der patriotischen Gestaltung, erzeugt, dass – so das »Markenmuseum« – : »der Geschmack und der Geruch des Kaugummis stärker als bei anderen Produkten Erinnerungen an die eigene Kind- und Jugendzeit auslöst.«[56]

---

52 Siehe: Markenmuseum: Bazooka Joe: https://web.archive.org/web/20100402182236/http://www.markenmuseum.com/marke_bazooka bubble.o.html [Abgerufen: 22.07.2020].

53 Eine Monographie wurde 2013 von Topps herausgegeben. (The Topps Company: Bazooka Joe and his Gang, New York 2013).

54 Siehe: Wertham, Fredric: Seduction of the Innocent, New York 1954.

55 Vgl. Wardlaw, Lee: Bubblemania, S. 113ff.

56 Dazu: Markenmuseum: Bazooka Joe: https://web.archive.org/web/20100402182236/http://www.markenmuseum.com/marke_bazooka bubble.o.html [Abgerufen: 22.07.2020].

Vor diesem Hintergrund erscheint das Kaugummi als ide-
altypisches Massenprodukt, das Bedürfnisse stillt, die es zuvor
nicht gab. Betrachtet man das Kaugummi als Kulturträger,
dann inkorporiert sich in ihm die Adorno/Horkheimersche
»Kulturindustrie«, insofern, als »Kultur eine paradoxe Ware
[ist]. Sie steht so völlig unterm Tauschgesetz, dass sie nicht
mehr getauscht wird; sie geht blind im Gebrauch auf, dass
man sie nicht mehr gebrauchten kann. Daher verschmilzt
sie mit der Reklame«.[57] Wir erinnern uns an dieser Stelle an
Wrigleys Maxime, dass es keine Kunst sei, Kaugummi herzustellen, sondern ihn zu verkaufen.[58] Merkmale der Kulturindustrie ist, dass die Produkte selbst banal und trivial sind und
dass die Konsumenten in einer passiven Rolle festgeschrieben
werden.[59] Natürlich sprechen Horkheimer/Adorno in ihrem
Text nicht über das Kaugummi, sondern fokussieren ihre Kri-

tik gewissermaßen auf immaterielle Kul-
turgüter, wie etwa den Film. Allerdings
lässt sich diese Kritik so geschmeidig auf
das Kaugummi anwenden, da er schon allein dadurch, dass er ein Nahrungsmittel
fast ohne Nährwert ist, kein existentielles
Bedürfnis stillt. Aus diesem Blickwin-
kel ist das Kaugummi die banale »Ware«
schlechthin ist, die sich allein durch Marketing und Reklame etabliert.[60]

---

57 Siehe: Horkheimer, Max/Adorno, Theodor W.: Kulturindustrie, in:
    Horkheimer, Max/Adorno, Theodor W.: Dialektik der Aufklärung.
    Philosophische Fragmente, Frankfurt a. M. 1993, S. 170f.
58 Vgl. Hendrickson, Robert: The Great American Chewing Gum Book,
    S. 91.
59 Siehe: Horkheimer, Max/Adorno, Theodor W.: Kulturindustrie, S. 145f.,
    S. 141ff.
60 Oder um nochmal William Wrigley zu zitieren: »Tell 'em quick, an tell
    'em often ... Advertising is pretty much like running a Train. You've got

Bubble Gum Music

Dieser auf Marktgängigkeit konfektionierte Charakter des Kaugummis wurde als Analogie auf andere Produkte übertragen, wie etwa auf die »Bubble Gum Music«[61]. So charakterisierte Dawn Eden die Merkmale dieses Genres zugespitzt: »Power pop aims for your heart and your feet. Bubblegum aims for any part of your body it can get, as long as you buy the damn record«.[62] Der Begriff selbst wurde, so die Legende von Jerry Kasenetz und Jett Katz erdacht, um den Stil, der die ihnen produzierten Bands »The Ohio Express« und »The 1910 Fruitgum Company« auszeichnete, nämlich eingängigen Rhythmus, einfache Melodien, sich häufig wiederholende Refrains[63] um junge Teenager und Kinder anzusprechen, zu beschreiben.[64] Vor allem sollte der Text dabei keine Zweideu-

---

to keep on shoveling coal in the enginge … [otherwise], it will … come to a dead stop«. Aus: Wardlaw, Lee: Bubblemania, S. 39f.

61 Dazu: Cafarelli, Carl: An Informal History of Bubblegum Music: https://carlcafarelli.blogspot.com/2016/07/an-informal-history-of-bubble gum-music.html [Abgerufen: 22.07.2020]. Damit kein Missverständnis entsteht, Bubble Gum Music meint nicht, die winzigen Langspielplatten aus Kaugummi in original getreuen Covern Anfang der Achtziger Jahre unter dem Namen »Chu Bops« verkauft wurden. (https://www.chubops.com/ [Abgerufen: 22.07.2020]). Dies waren in eine besondere Variante der von Bubble Gum Sammelkarten, da man die Cover sammeln und spezielle Alben einfügen konnte. Dazu auch: Vidal, Vincent: Les Chewing Gums, Paris 1995, S. 78f. (Anm. Es wurde allerdings nicht überprüft, ob sich solch eine Miniplatte von wenigen Zentimetern Durchmesser abspielen lässt).

62 Cafarelli, Carl: An Informal History of Bubblegum Music: https://carlcafarelli.blogspot.com/2016/07/an-informal-history-of-bubble gum-music.html [Abgerufen: 22.07.2020].

63 Siehe: Merriam-Webster: Bubblegum: https://www.merriam-webster.com/dictionary/bubblegum [Abgerufen: 22.07.2020].

64 »When we were talking about different things, we would gear 'em toward a certain audience, and we figured it was the teenagers, the young kids. And at the time we used to be chewing bubblegum and that,

tigkeiten oder Anspielungen beinhalten. Die vielleicht proto-
typische Band dieses Genres sind »The Monkees«, eine fiktive
Band, die für eine Fernsehsendung gecastet und so eine Art
Prototyp späterer Retortenbands wurde, wie dies Nick Brownlee darlegte.[65] Es bedarf eigentlich keiner Erwähnung, dass es
selbstverständlich auch für diese Band eine eigene Bubble
Gum Card Serie gab.[66] Nach einem ähnlichen Konzept wurden dann 1968 »The Archies« gecastet, um einer Zeichen-
trickband Leben einzuhauchen, die dann mit »Sugar Sugar«,
der einen Flirt mit einer Süßigkeitenverkäuferin beschreibt,
einen Hit landeten.[67] Dass aber diesem Song der Durchbruch
gelang, lag auch daran, dass er — nachdem er kaum beachtet
wurde —, von der US-amerikanischen Drogenszene als Chiff-
re umgedeutet wurde,[68] in der »Sugar« für Kokain oder LSD
(das auch auf Zuckerwürfel geträufelt werden kann) steht und
»Honey« für Haschisch.[69]

---

and my partner and I used to look at it and laugh and say, ›Ah, this is
like bubblegum music.‹«. Aus: Cafarelli, Carl: An Informal History of
Bubblegum Music: https://carlcafarelli.blogspot.com/2016/07/an-infor
mal-history-of-bubblegum-music.html [Abgerufen: 22.07.2020].

65 Brownlee, Nick: Bubblegum: The History of Plastic-Pop, Sommerset
2003.

66 Siehe: Sixties Child: 1967 Monkees bubble gum cards: https://www.
youtube.com/watch?v=q5fmxNlEpb8 [Abgerufen: 22.07.2020].

67 Vgl. Brownlee, Nick: Bubblegum: The History of Plastic-Pop, Sommerset 2003, S. 53

68 Vgl. Dazu auch: Fiske, John: Populärkultur verstehen, in: Fiske, John:
Lesarten des Populären. Cultural Studies Bd. 1, Wien 2000, S. 14ff.

69 »Of course everybody knows this is a song about drug use. Back in
1969, ›sugar‹ was a street term for cocaine, and ›honey‹ meant pot. You
guys all really mean to tell me you didnt know that? I guess you're too
young to know these things. And Jammie in Deckerville, MI, dont you
realize that ›Pour Sugar On Me‹ is a reference to LSD, which was tak-
en in sugar cubes.« (Forumbeitrag von Musicmama from New York,
Ny unter dem Artikel: »Sugar, Sugar by The Archies«, auf: Songfacts.
com: https://www.songfacts.com/facts/the-archies/sugar-sugar [Abge-

Bei diesem Beispiel zeigt sich, dass die Konsument:innen nicht allein nur passiv konsumieren, sondern auch aktiv die Konsumgüter umdeuten und in einen neuen Kontext stellen.[70] Dieses Wechselspiel von Produzent:in und Konsument:in zeichnet auch das Kaugummi selbst aus. Wirkt »Bazooka Joe«, abgesehen von seiner Augenklappe und den dazu gepackten Tattoos, vielleicht etwas altbacken, so zeigt sich, wenn man die anderen Produkte von Topps neben »Bazooka Joe« stellt, eben dieses Wechselspiel. So ironisiert die 1985 lancierte Sammelkartenreihe »Garbage Pail Kids«[71] nicht nur die damals beliebten »Cabbage Kids« Puppen,[72] sondern greift zugleich verfemte Außenseiterattitüden auf.[73] Die Ironisierung und Verhöhnung von Konsumartikeln, die in dieser Kartenreihe sichtbar wird, zeigt eben auch, dass den angeblich passiven Konsumenten durchaus bewusst ist, dass Produkte nur durch die Macht der Reklame in ihrer Warenförmigkeit erfolgreich sein können.[74]

rufen: 22.07.2020]. Siehe dazu auch: Wikipedia: Sugar, Sugar [Bearbeitungsstand: 27.09.2020]: https://de.wikipedia.org/wiki/Sugar,_Sugar [Abgerufen: 22.07.2020].

70   Vgl. Fiske, John: Populärkultur verstehen S. 14f.

71   The Topps Company: Garbage Pail Kids (Topps), New York 2012.

72   Siehe: GPKOnline.com: About Garbage Pail Kids https://web.archive.org/web/20100628054317/http://www.gpkonline.com/about.php [Abgerufen: 22.07.2020].

73   Siehe: Booton, Aaron J.: Garbage Pail Kids World: http://members.tripod.com/garbage_pail_kids/ [Abgerufen: 22.07.2020]. Alternativ auch: Wikipedia: Wikipedia: Garbage Pail Kids [Bearbeitungsstand: 16.06.2020]: https://de.wikipedia.org/wiki/Garbage_Pail_Kids [Abgerufen: 22.07.2020].

74   Dass allerdings nicht alle Produkte, die diesem Konzept folgen erfolgreich sein müssen, zeigt sich in der Verfilmung »The Garbage Pail Kids

Zugleich wird diese Deutungskompetenz wiederum in einer weiteren erfolgreichen Topps Sammelbildreihe, den »Wacky Packages«[75] aufgegriffen,[76] in der erfolgreiche Werbekampagnen und Marken verspottet werden.[77] Zugleich werden diese Handlungen wiederum durch die Industrie aufgegriffen und eine Warenförmigkeit überführt, sodass sich die Kulturindustrie nicht nur in ihnen verkörpert, sondern auch durch sie in den Konsumenten einschreibt. Das ist, so Horkheimer/Adorno: »der Triumpf der Reklame in der Kulturindustrie,

---

Movie«, der als der schlechteste Film aller Zeiten gilt. (Dazu: Owen, Luke: The true story behind The Garbage Pail Kids Movie: https://www.flickeringmyth.com/2017/08/the-true-story-behind-the-garbage-pail-kids-movie/ [Abgerufen: 22.07.2020]).

75 The Topps Company: Wacky Packages (Topps), New York 2008 und siehe:Wacky Packages Collectors Guide: http://wackypackages.org/wackypacks.php [Abgerufen: 22.07.2020]. Siehe auch: Hendrickson, Robert: The Great American Chewing Gum Book, S. 152.

76 Dazu: Ernie's Wacky Pack Project: http://www.wackypackage.com/Wacky%20Packs/HTML%20Stuff/project.html [Abgerufen: 22.07.2020].

77 Vgl. Fiske, John: Populärkultur verstehen, S. 18f.

die zwanghafte Mimesis der Konsumenten an die zugleich durchschauten Kul-
turwaren«[78]. Eines dieser wunderbaren,
schon fast selbstreferentiellen Spiele zeigt
sich auch darin, dass Topps mit der Karte »Gadzooka«[79] die eigene erfolgreiche

Werbekampagne seiner »Bazooka Joe« Kaugummis aufgreift,
satirisch verfremdet und als Kaugummi Sammelkarte auf den
Markt bringt.

Kaugummikonflikte in der Schule

Zugleich wird bei dieser Karte das renitente Potential, das den
Kaugummis innewohnt, herausgestellt, dass sie sich nämlich
auch wunderbar dazu eignen, Lehrer:innen zu ärgern. Die
Verbindung von Kaugummi und Schule scheint dabei eine
zu sein, die keineswegs ein nur aktuelles Thema ist, sondern
schon zu Beginn des zwanzigsten Jahrhunderts intensiv diskutiert wurde.[80] Die Themen blieben jedoch über ein Jahrhundert hinweg dabei in etwa immer die gleichen,[81] nämlich
dass Kaugummis nichts in der Schule zu suchen haben, da
sie den Unterricht stören und zudem das Herumkauen auch
unappetitlich sei.

An diesen beiden Aufhängern lassen sich auch exemplarisch
die Vorbehalte aufzeigen, die dem Kaugummi entgegengebracht werden. So stellt Kaugummikauen einen Regelverstoß
dar, der bis heute an manchen Schulen explizit in den Verhal-

78   Horkheimer, Max/Adorno, Theodor W.: Kulturindustrie, S. 176.
79   Siehe: Wackypackages.org: Gadzooka: http://www.wackypacks.com/
     bestof/gadzooka.html [Abgerufen: 22.07.2020].
80   Vgl. Kerry, Segrave: Chewing Gum in America, S. 60–68.
81   Vgl. ebd.

tensregeln aufgeführt ist.[82] Dass gerade am Kaugummi diese Diskussion in pädagogischer Disziplinarmacht ausgehandelt wird, hat dabei den besonderen Charme, dass, sofern ein Delinquent überführt wird, sofort das Argument vorgebracht wird, dass Kaugummikauen förderlich sei.[83] Es ist allerdings anzunehmen, dass manche Schüler:innen das Kaugummi nicht zur Steigerung des Lernerfolgs kauen. Wahrscheinlicher scheint es sich um eine Art Mutprobe zu handeln, um die Lehrer:innenautorität in Frage zu stellen. Dafür spricht auch, dass das Kaugummi, bevor man erwischt wird, eben unter die Bank geklebt wird. Wird man erwischt, dann wird genau der Diskurs, der dem Schulsystem zugrunde liegt, nämlich ein auf Nützlichkeit gegründetes Wissen zu vermitteln, als Begründung für den Regelverstoß herangezogen. Es ist daher vielleicht auch der Reiz dieser Mutprobe, den Lehrkörper in eine Art Double Bind Situation zu bringen. Es findet hier gewissermaßen mit und anhand des Kaugummis eine symbolische Auseinandersetzung um Ungleichheit und Herrschaft statt.[84]

---

82 Siehe: Stepney all saints: Rules and Behaviour: https://stepneyallsaints. school/for-students/school-information/rules-and-behaviour/ [Abgerufen: 22.07.2020].

83 Dazu: Chewinggumfacts.com: Chewing Gum in School: http://www. chewinggumfacts.com/chewing-gum-facts/chewing-gum-in-school /#:~:text=Kids%20who%20chew%20gum%20during,also%20make%20 their%20jaws%20stronger. [Abgerufen: 22.07.2020]. Dieses Gegenargument ist dabei im Übrigen fast genauso alt, wie die Vorbehalte dem Kaugummi gegenüber. Vgl. Kerry, Segrave: Chewing Gum in America, S. 67–71.

84 Kaspar Maase soll hier keinesfalls als ungefragter Apologet des Chewing Gums überinterpretiert werden. Dennoch sei an dieser Stelle darauf hingewiesen, dass diese Argumentationsfigur seiner Analyse des Rock'n'Roll nachempfunden wurde. (Maase, Kaspar: Amerikanisierung der Jugend, S. 46).

Kaugummikauen eine »vulgäre« Angewohnheit

Auch wird das ostentative Kauen seit der Jahrhundertwende des zwanzigsten Jahrhunderts[85] bis über die Wende des einundzwanzigsten Jahrhunderts hinaus mit dem Wiederkäuen einer Kuh assoziiert.[86] Sogar in Etiketteratgebern von Emily Post findet sich bis in die Sechzigerjahre diese Empfehlung: »Young people must understand that watching someone chew gum is, as older generations say, ›like watching a cow chew its cud‹«[87].

Diese Begründung von Verhaltensregeln unter Bezugnahme zum Tierhaften ist auch deshalb so interessant, weil sie nicht allein eine Assoziation zwischen dem Kaugummikauen und dem Wiederkäuen ist, sondern sie ist vor allem deshalb so spannend, weil sich in dieser Maßgabe eine Forderung nach der Zivilisierung und Disziplinierung[88] der Naturhaftigkeit der Körperlichkeit[89] des Menschen artikuliert.[90] Hier zeigt sich der von Norbert Elias beschriebene »Prozess der Zivilisation«. Elias führt aus, dass mit der gesellschaftlichen Ausdifferenzierung eine »Affektkontrolle« stattfand.[91] Die

---

85 Vgl. Kerry, Segrave: Chewing Gum in America, S. 55.

86 Siehe: Kanter, Ece/Klasse 8i Staudinger Gesamtschule Freiburg: Kaugummi in der Schule. Eine Klasse voller Kühe, Badische Zeitung, 22.11.2013: https://www.badische-zeitung.de/eine-klasse-voller-kuehe--7748680 4.html [Abgerufen: 22.07.2020].

87 Mathews, Jennifer P./Schultz, Gillian P.: Chicle. The Chewing Gum of the Americas. From the Ancient Maya to William Wrigley, Tucson 2009, S. 63.

88 Siehe dazu z.B. Fiske, John: Körper des Wissens, in: Winter, Rainer/ Mikos, Lothar: Die Fabrikation des Populären, S. 215–219.

89 Vgl. dazu auch: Fiske, John: Cultural Studies und Alltagskultur, S. 155ff.

90 Dazu auch z.B.: Fiske, John: Körper des Wissens, S. 213ff.

91 Vgl. Elias, Norbert: Über den Prozess der Zivilisation. Soziogenetische und Psychogenetische Untersuchungen. Erster Band. Wandlungen des Verhaltens in den weltlichen Oberschichten des Abendlandes, Frankfurt a.M. 1997, S. 234 und siehe auch: Canetti, Elias: Zur Psychologie des

Ausformung bestimmter Verhaltensweisen reglementierte das unkontrolliert Naturhafte des Menschen.[92] Es bildeten sich Regeln aus, denen sich dann die jeweils herrschenden Klassen unterwarfen[93] und sich auf diese Weise »verfeinerten«, was dann nach und nach von den jeweils unteren Schichten übernommen wurde.[94] Diese Regeln werden sukzessive von den Individuen internalisiert und so zu einer Art Selbsterziehung genutzt.[95] Diese Selbstdisziplinierung wird nicht nur aktiv durch die Erziehung an die Kinder weitergegeben, sondern diese ahmen zugleich auch das etablierte Verhalten nach.[96]

Dies wird auch in den Antworten, die Lee Wardlaw auf ihre Frage nach dem »richtigen« Kaugummikauen bekam, deutlich. So antwortete eine Sechsklässlerin: »Always chew

bubble gum with your mouth closed«,[97] und demonstriert so, dass sie die Regeln für »richtiges« Kaugummikauen verinnerlicht hat. Allerdings zeigen die von Wardlaw zusammengetragenen Antworten der anderen Schüler auch die Renitenz,[98] die sich an diesem Ort zu behaupten sucht. Eine Schülerin gibt ihm etwa den Tipp: »Always hide your bubble gum on the roof of your mouth when a teach-

---

Essens, in: Kashiwagi-Wetzel, Kikuko/Meyer, Anne-Rose: Theorien des Essens, Frankfurt a. M. 2017, S. 86.

92   Vgl. Elias, Norbert: Über den Prozess der Zivilisation. Erster Band, S. 255–265.

93   Vgl. ebd., S. 260f.

94   Vgl. ebd., S. 247f.

95   Vgl. ebd., S. 355.

96   Vgl. ebd., S. 339ff.

97   Wardlaw, Lee: Bubblemania, S. 136.

98   Vgl. Siehe dazu z. B. Fiske, John: Körper des Wissens, S. 240–244.

er is coming«.[99] Auch fließen wohl vermutlich selbst gemach-
te Erfahrungswerte mit der Kaumasse in die Antworten mit
ein, wenn beispielsweise Seth ausführt »Never spit or blow
bubble gum into the wind. (Results may be hazardous)«[100]
und sein Klassenkamerad Justin lapidar konstatiert: »Never
eat gum older than you«[101].

Auch wenn diese Antworten reizend und charmant klin-
gen, so zeigen sie doch auch, dass Kaugummikauen etwas ist,
das sozial geformt wird[102] und dass die, diese Affektkontrolle
nicht einzuhalten vermögen, von bestimmten Schichten ausgeschlossen bleiben, ja von diesen »in verschiedenen Stufen«
als »krank«, »anormal«, »kriminell« oder auch nur als »unmöglich« betrachtet werden.[103] Kaugummikauen wird damit
zu einem Habitus, der auch signalisiert – ähnlich wie dies Eva
Bärlösius für verschiedene Essstile herausgearbeitet hat[104] – zu
welcher Gruppe man sich zählen will. So modelliert diese
internalisierte Selbstkontrolle und Selbstbeherrschung die
Affekte und Triebe durch eine automatische Selbstüberwa-
chung.[105] Dies hat allerdings auch zur Folge – so Elias – dass

---

99 Vgl. Wardlaw, Lee: Bubblemania, S. 136.
100 Vgl. ebd., S. 137.
101 Vgl. ebd.
102 Siehe dazu: Noren, Laura: Chewing Gum. A Clean Performance
    Makes a Mess, New York University 2006. (Inzwischen nur noch ab-
    zurufen unter: https://de.scribd.com/document/67453233/Gum [Ab-
    gefragt: 22.07.2020]), o. S. [Handzählung: S.7–10].
103 Vgl. Elias, Norbert: Über den Prozess der Zivilisation. Erster Band,
    S. 283.
104 Vgl. Bärlösius, Eva: Soziologie des Essens. Eine sozial- und kulturwis-
    senschaftliche Einführung in die Ernährungsforschung, Weinheim/Ba-
    sel 2016, S. 102–106.
105 Vgl. Elias, Norbert: Über den Prozess der Zivilisation. Soziogenetische
    und Psychogenetische Untersuchungen. Zweiter Band. Wandlungen
    der Gesellschaft. Entwurf zu einer Theorie der Zivilisation«, Frankfurt
    a. M. 1997, S.228–333.

»[d]as Leben in gewissem Sinne gefahrloser, aber auch affekt-
oder lustloser [wird]«.[106]

Vor diesem Hintergrund wird das Kaugummi zu einem
Medium, um einen zivilisatorischen Regress zu inszenieren
und das Triebhafte und Lustvolle herauszustellen. Dass es
Präservative mit Bubble Gum-Geschmack gibt, ist nach allem bisher Gesagten recht naheliegend[107]. Allerdings wird
beim Kaugummikauen historischer weniger die männliche
Lust,[108] als vielmehr die weibliche Lust durch Regeln einge-
hegt. So wird 1903 sogar überlegt, eine »Society Against Gum
Chewing«[109] ins Leben zu rufen, da das Kaugummikauen als
weibliche Entsprechung zum männlichen Kautabak betrachtet wird. Dieses vulgäre Verhalten[110] wird dabei aufs Schärfste
verurteilt:[111] »Chewing gum cheapens both you and your firm.

---

106 Elias, Norbert: Über den Prozess der Zivilisation. Zweiter Band, S. 341.
107 Siehe: Vidal, Vincent: Les Chewing Gums, S.83.
108 Die sogar noch durch aphrodisierende Kaugummis potenziert werden
     kann. Wie etwa dem »Chewing Gum Sex Enhancement Spanish Excit-
     ing Itching Tighting. Spanish Technology« den die Firma »Lady Span-
     ish« vertreibt. Gefunden auf: Ebay.co.uk: https://www.ebay.co.uk/itm/
     Chewing-Gum-Sex-Enhancement-SPANISH-Exciting-Itching-Tigh
     ting-FREE-SHIPPING-/163524563832 [Abgerufen: 22.07.2020].
109 Dazu: Listverse: 10 fantastic facts about the history of chewing gum:
     https://listverse.com/2016/10/30/10-fantastic-facts-about-the-history
     -of-chewing-gum/ [Abgerufen: 22.07.2020]. Siehe auch: Segrave, Kerry:
     Chewing Gum in America, 1850–1920: The Rise of an Industry, Jeffer-
     son 2015, S. 115.
110 Vgl. Elias, Norbert: Über den Prozess der Zivilisation. Zweiter Band,
     S. 420.
111 Katja Ikens Artikel in Spiegel Online illustriert sehr anschaulich den his-
     torischen Hintergrund dieses Ratgeberhypes, der in den dreißiger und
     vierziger Jahren in den Vereinigten Staaten grassierte und Frauen gutge-
     meinte Ratschläge gab, wie diese sich verhalten sollen, damit sie für ein
     Mann »attraktiv« seien. Iken, Katja: Historische Flirt-Tipps. »Schaue
     nie gelangweilt, selbst wenn du es bist!«: Spiegel Online, 25.11.2015:
     https://www.spiegel.de/geschichte/dating-in-den-usa-1938-frauen-be
     nimmregeln-a-1063180.html [Abgerufen: 22.07.2020].

The working of your jaws in that vulgar manner gives you a common appearance.«[112] Weniger zurückhaltend klingt es in einem anderen Ratgeber, den Hendrickson zitiert und der Kaugummikauerinnen in das Rotlichtmilieu rückt: » Chewing gum is an act that should be avoided except by persons in a cheap burlesque house where such things are done.«[113]

Laszive Lässigkeit: Das Kaugummi im Film

Die Emanzipation dieser Rollenzu-schreibungen über das Kaugummi-kauen manifestierte sich nun unter anderem auch in der Art des Kauens. Wunderbar lässt sich das Anhand verschiedener Filmszenen illustrieren, bei denen Kaugummis als Stilmittel im Film eingesetzt wurden. Überraschenderweise gibt es eine ganze Reihe Filme, in denen Kaugummis eine Rolle spielen.[114] Bei der »Top 10 Film List: Cinema Bubblegum«[115], die

---

112 Hendrickson, Robert: The Great American Chewing Gum Book, S. 224. Ergänzend dazu: »Chewing Gum! Ugh! How can anyone indulge in the vulgar habit when seated so close to another? The odor – both of the gum itself and the flavoring – is most offensive. No person of refinement would so violate the roles politeness!« in: Hendrickson, Robert: The Great American Chewing Gum Book, S. 224.

113 Hendrickson, Robert: The Great American Chewing Gum Book, S. 224.

114 Smith, Ian: Film Compilation: Chewing Gum: https://www.youtube. com/watch?v=IdzMpLZrF4U [Abgerufen: 22.07.2020].

115 Siehe: Devereaux, James: Cinema Bubblegum. The Top 10 Film List: jamesdevereaux.com/the-top-10-cinema-bubblegum/ [Abgerufen: 22.07. 2020].

»Grease«, »The Gore, Gore Girls«, »Willy Wonka and The Chocolate Factory«, »Three Colours«, »Night on Earth«, »The Mad Adventures of Rabbi Jacob«, »Monkey Business«, »Lolita«, »Pleasentville« und »Carrie« aufzählt, sind im Übrigen in allen Einstellungen Frauen zu sehen.[116] Es entspricht dabei schon fast erwartbar dem Klischee, dass auch »Lolita« in dieser genannt wird; wohl naheliegend nannte daher auch Lolita Pille ihren Roman »Bubble Gum«[117]; vielleicht auch, um mit diesem Klischee zu spielen oder es gar zu brechen. Die Befreiung weiblicher Rollenbilder von diesen zugeschriebenen Rollenmustern lässt sich exemplarisch an vier Filmszenen aus verschiedenen Jahrzehnten zeigen: So signalisiert das Spiel Ginger Rogers mit dem Kaugummi in »Monkey Business«[118] aus dem Jahre 1952 einen kindlichen Zustand geistiger Naivität, in den sie durch eine, von ihrem Mann entwickelte, chemische Tinktur zurückversetzt wurde. Bei »Grease«[119] aus dem Jahr 1978 ist die Handlung

---

116 Wie auch in der vermutlich ersten Filmszene 1965 in der Kaugummi aufgeblasen wird. (Is It Love or Symbiosis? (Episode 9/Staffel 1): listal. com: Women celebrities blowing bubble gum: https://www.pinterest. de/pin/562387072195496485/?autologin=true&amp_client_id=CLI ENT_ID(_)&mweb_unauth_id=&amp_url=https%3A%2F%2Fwww. pinterest.de%2Famp%2Fpin%2F562387072195496485%2F&from_amp_ pin_page=true [Abgerufen: 22.07.2020]. Passend dazu thematisiert 1976 auch einer der zentralen avantgardistischen Kurzfilme von John Smith: »The Girl Chewing Gum«. Siehe: Tate.org: John Smith. The Girl Chewing Gum. 1976: https://www.tate.org.uk/art/artworks/smith -the-girl-chewing-gum-t13237 [Abgerufen: 22.07.2020] und ewwtubes: John Smith – The Girl Chewing Gum 1976: https://www.youtube.com/ watch?v=57hJn-nkKSA [Abgerufen: 22.07.2020].

117 Pille, Lolita: Bubble Gum, München 2006.

118 Internet Movie Database: Monkey Business (dt. Liebling, ich werde jünger), 1952: https://www.imdb.com/title/tt0044916/ [Abgerufen: 22.07. 2020].

119 Internet Movie Database: Grease (dt. Grease – Schmiere), 1978: https:// www.imdb.com/title/tt0077631/ [Abgerufen: 22.07.2020].

im »Halbstarkenmilieu« der Fünfzigerjahre angesiedelt. Die von Olivia Newton John verkörperte Rolle der Sandy, die ein einer ikonischen Szene einen pinken Bubble Gum aufbläst, ist anfangs als sehr »sauber« angelegt und spiegelt so den Zeitgeist der Fünfzigerjahre, in denen Frauen noch aus der (vulgären) Subkultur ausgeschlossen waren[120] – allerdings emanzipiert sich Sandy am Ende des Films von ebendieser »reinen« Unschuld und wird selbst Teil der »vulgären« Subkultur. In diesem Film findet sich noch das seit der Belle Epoque häufig von Männern variierte Motiv der Frau als Heiligen und Hure wieder. Madonna eignet sich dann 1985 in »Desperately Seeking Susan«[121] das selbstbewusst Lässige der Halbstarkenattitüde an, und lässt das zugeschrieben kindlich Unschuldige wortwörtlich zerplatzen. Radikal dekonstruiert wird dann diese Zuschreibung kindlicher Unschuld und weiblicher Reinheit von der von Natalie Portman dargestellten Mathilda in »Léon«[122], die unterschwellig als Lolitafigur inszeniert wird[123], sich aber selber empowert und ihre In-

---

120 Dazu auch: Maase, Kaspar: Amerikanisierung der Jugend, S. 153.

121 Internet Movie Database: Desperately Seeking Susan (dt. Susan … verzweifelt gesucht), 1985: https://www.imdb.com/title/tt0089017/ [Abgerufen: 22.07.2020].

122 Internet Movie Database: Léon (dt. Léon: Der Profi), 1994: https://www.imdb.com/title/tt0110413/ [Abgerufen: 22.07.2020].

123 Dazu: Arthaus.de: Léon – Der Profi: Liebe ist … dieser Film, 27.09.2019: https://www.arthaus.de/magazin/leon_der_profi_liebe_istdieser_film [Abgerufen: 22.07.2020]. Eine ungewöhnliche Analyse dieses Films findet sich in dem unterhaltsamen Sammelband »Batman und andere himmlische Kreaturen. Nochmal 30 Filmcharaktere und ihre psychischen Störungen«. (Ross, Thomas/Fantao, Maria Isabell: Kapitel 18: »No Woman, no kids« – Eine Geschichte von der Liebe und vom Untergang. Léon: Schizoide Persönlichkeitsstörung (F60.1), Antisozia-

itiation als Killerin dadurch einleitet, dass sie das Kaugummi, auf dem sie kaut, so auf einen Türspion klebt, dass das Opfer gezwungen ist, die Tür zu öffnen.[124] Sie blendet und negiert damit gewissermaßen den voyeuristischen zuschreibenden patriarchalen Blick.[125]

Was durch diese Szenenfolge deutlich wird, ist, dass das Kaugummi auch ein Botschafter des Sexuellen ist. Genau diese sexuelle Dimension spielt in den Ekel mit hinein,[126] den ein Kaugummi auszulösen in der Lage ist. Zugespitzt wird die

---

le Persönlichkeitsstörung (F60.2), in: Möller, Heidi/Doering, Stephan (Hg.): Batman und andere himmlische Kreaturen. Nochmal 30 Filmcharaktere und ihre psychischen Störungen. Berlin 2010, S. 226–237.

124 Anmerkung: Bei diesen vier zugespitzten Kurzinterpretation soll und darf jedoch nicht unterschlagen werden, dass »Monkey Business«, »Grease«, »Léon« von männlichen Regisseuren inszeniert wurden und damit letzlich auch eine männliche Vorstellung weiblicher Rollenmuster darstellen. Lediglich bei »Desperately Seeking Susan« führt mit Susan Seidelmann eine Frau Regie. Madonnas Auseinandersetzung mit den Rollenbildern von Heiliger und Hure wurde umfassend bearbeitet (als Einstieg: Paglia, Camille: Der Krieg der Geschlechter: Sex, Kunst und Medienkultur, Berlin 1999 und Fiske, John: Madonna, in: Fiske, John: Lesarten des Populären. Cultural Studies Bd. 1, Wien 2000). Erwähnt werden sollte aber an dieser Stelle das Musikvideo zu »Open Your Heart«, das von Jean-Baptiste Mondino gedreht wurde und in der Madonna die Machtverhältnisse in einer Peepshow thematisiert und auch umkehrt. Vgl. Fiske, John: Die britischen Cultural Studies und das Fernsehen, in: Winter, Rainer/Mikos, Lothar: Die Fabrikation des Populären, S. 58ff. und vgl. Welton, Donn: Biblical Roots. Biblical Bodies, in: Welton, Donn (Hg.): Body and Flesh: A Philosophical Reader, Hoboken 2010, S. 229–257.

125 Siehe: Mulvey, Laura: Visual Pleasure and Narrative Cinema, in: Braudy, Leo/Cohen, Marshall (Hg.): Film Theory and Criticism. Introductory Readings, New York 1999, S. 833–844. Zum »Male Gaze« siehe auch: Lexikon der Filmbegriffe: Gaze/Male Gaze: http://filmlexikon. uni-kiel.de/index.php?action=lexikon&tag=det&id=2378 [Abgerufen: 22.07.2020].

126 Dazu z. B. Fiske, John: Cultural Studies und Alltagskultur, S. 155f.

Libido in einer Art »Affektverwandlung«[127] in das Kaugummi hineingekaut und sublimiert.

Der Ekel

Der Ekel, den ein Kaugummi auszulösen vermag, scheint nicht allein darin zu gründen, dass er Straßendreck und Abfall ist, oder dass er als unhygienischer Krankheitshort[128] durch die in es eingekauten Bakterien[129] wirkt und er so allein durch eine evolutionstheoretische Disposition erklärt werden könnte.[130] Dass Ekel nicht nur eine individuelle Disposition ist, wird auch darin kenntlich, dass Ekel in der Kindheit

---

127 Zum Ekel und der Affektverwandlung: Freud, Sigmund: Hemmung, Symptom und Angst, in: Freud, Sigmund: Gesammelte Werke, Chicago 2015, Ebook Pos. 47159–47238 und Freud, Sigmund: Traumdeutung, in: Freud, Sigmund: Gesammelte Werke, Chicago 2015, Ebook Pos. 9490–9521.

128 So wirbt die Firma »Steam-E«, die das Kaugummireinigungsgerät »Gum-E« anbietet bildgewaltet mit den Gefahren des Kaugummis: »Birds and other animals who ingest chewing gum, cannot digest it and sadly die as a result. Littered gum can also make its way into the food chain, and has been found in fish, and can cause an accumulation of toxins over time. Manufacturers who use flavouring isoamyl acetate (a bee pheromone) can disrupt bee behaviour when littering occurs. If this isn't enough to convince people to dispose of chewing gum properly, consider this – discarded gum is also a hotbed for bacteria – it's all been in someone's mouth after all – so it is even creating an unsanitary environment for us too.« Aus: https://www.steam-e.com/nationwide-battle -chewing-gum-litter/. [Abgerufen: 22.07.2020].

129 Dazu: Wessel, Stefan W./van der Mei, Henny C./Morando, David et al: Quantification and qualification of bacteria trapped in chewed gum, PLoS One, 10/2015: https://pubmed.ncbi.nlm.nih.gov/25602256/ [Abgerufen: 22.07.2020].

130 Vgl.: Pschyrempel Online: Ekel: https://www.pschyrembel.de/Ekel/T00 7D [Abgerufen: 22.07.2020]. Dazu auch: Jeggle, Utz: Runterschlucken. Ekel und Kultur, in: Bodner, Reinhard/Bonz, Jochen/Egger, Simone et

durch Sozialisation gelehrt und gelernt wird (und im Übrigen kaum noch verlernt werden kann).[131] Der Ekel bezieht sich dabei zugleich immer auch auf das »Andere«, das aus der gesellschaftlichen Ordnung ausgeschlossen wird.[132] Der Ekel, so Thorsten Benkel, »entfaltet in gesellschaftlicher Perspektive seinen Sinn darin, dass er als Beleg für den permanenten Kampf der Ordnung gegen die Unordnung fungieren kann«[133]. Das, was als Unordnung wahrgenommen wird, ist der »Restbestand einer kulturabhängigen Einsortierung, der all jene Kriterien auslässt, die für das Wahre, Schöne, Gute stehen«[134]. Körperausscheidungen, so führt Benkel seinen Gedanken weiter an dem Gang zur Toilette aus, sind »Beweisstücke für die Verwurzelung des ›Kulturmenschen‹ in einer körperlichen Verfasstheit, die sich dem Zivilisationsprozess in vielerlei Hinsichten entzieht«[135]. Dem Ekel wohnt also zugleich eine triebhaft unheimlich sexuelle Dimension inne,[136] wie dies

---

al. (Hg.): Igitt. Ekel als Kultur, Bricolage: Innsbrucker Zeitschrift für Europäische Ethnologie, Innsbruck 2015, S. 34f.

131   Dazu: Rozin, Paul/Fallon, April E.: A Perspective on Disgust, Psychological Review 94/1, Washington 1987. Auch siehe: Perasse, Eva: Disgust? It's All a Matter of Taste. Interview with Professor Paul Rozin, Finedininglovers.com, 2012: https://www.finedininglovers.com/article/disgust-its-all-matter-taste-interview-professor-paul-rozin [Abgerufen: 22.07.2020] und vgl. Heimerdinger, Timo: Ekel als Kultur, in: Bodner, Reinhard/Bonz, Jochen/Egger, Simone et al. (Hg.): Igitt. Ekel als Kultur, in: Bricolage: Innsbrucker Zeitschrift für Europäische Ethnologie, Innsbruck 2015, S. 11ff.

132   Vgl. Benkel, Thorsten: Die Idee des Ekels. Analyse einer Affekt(konstrukt)ion, Psychologie und Gesellschaftskritik, 35/1, 2011, S. 16, SSOAR: https://nbn-resolving.org/urn:nbn:de:0168-ssoar-389620 [Abgerufen: 22.07.2020].

133   Ebd., S. 15.

134   Ebd., S. 11.

135   Ebd., S. 25.

136   Vgl. z.B.: Kristeva, Julia: Auszüge aus: Mächte des Grauens. Versuch über den Abscheu, in: Kashiwagi-Wetzel, Kikuko/Meyer, Anne-Rose:

Menninghaus in seiner Monographie über den
»Ekel«[137] beispielsweise in seiner Interpretation
der Texte Kafkas herausarbeitete.[138]

Dabei wird Ekel nicht von dem etwa mit einem Tabu belegten Objekt ausgelöst, sondern
vielmehr markiert er die Grenze. Die Vorstellung, diese zu überschreiten, löst ebendiesen aus.
Dass die Toilette zu einem »Ort des Geheim-
nisses« geworden ist, liegt, so Benkel, auch an
der »fehlende[n] Produktivkraft der Körperaus-
scheidung«[139]. Der Ekel fungiert gewissermaßen
als Instanz, die das »gewünschte« Verhalten ge-
währleistet. Ekel ist laut Benkel »der Ausdruck
einer Definitionsmacht, die darüber aufklären
will, welche Momente in der Gesellschaft als
verstörend und vermeidenswert gesehen werden sollen, damit
das erreichte Kulturniveau bewahrt werden kann«[140]. An dieser
Stelle entfalten auch Scherzartikel, wie etwa künstliche Kaugummis, ihre eigentliche Bedeutung. Barbara Sieferle führte
die Funktion von Scherzartikeln in einem bemerkenswerten
Aufsatz über »Plastik-Hundehaufen« aus.[141] Bemerkenswert
ist Sieferles Beschreibung eines Hundehaufens: »Er ist Kot,

Theorien des Essens, Frankfurt a. M. 2017, S. 207ff., S. 214f.

137 Vgl. Menninghaus, Winfried: Ekel: Theorie und Geschichte einer star-
     ken Empfindung, Frankfurt a. M. 2002. Hier besonders die Einleitung:
     »Zwischen Erbrechen und Lachen. Fluchtlinien einer Philosophie des
     Ekels«.

138 Vgl. ebd., S. 392–421, S. 474–484.

139 Vgl. Benkel, Thorsten: Die Idee des Ekels, S. 20.

140 Vgl. ebd., S. 10.

141 Sieferle, Barbara: Ein Plastik-Hundehaufen als Scherzartikel: vom Ekel
     zum Lachen, in: Bodner, Reinhard/Bonz, Jochen/Egger, Simone et al.
     (Hg.): Igitt. Ekel als Kultur, Bricolage: Innsbrucker Zeitschrift für Eu-
     ropäische Ethnologie, Innsbruck 2015.

ein Ausscheidungsprodukt des (nicht nur tierischen) Körpers und gehört damit neben Eiter, Nasenschleim und Spucke zur Gruppe der organischen Substanzen, die als ekelerregend wahrgenommen werden. Es scheint hier keine Rolle zu spielen, dass es Hundekot ist; das menschliche Exkrement würden wir wohl alle als genauso eklig empfinden. Wichtiger erscheint seine Konsistenz, die sich nicht klar bestimmen lässt. Der Hundehaufen liegt auf den ersten Blick breiig, formlos und vielleicht auch etwas schleimig da. Er ist nicht flüssig, aber auch nicht fest. Er ist irgendwo und irgendwas dazwischen. Genau wie seine Konsistenz ist auch seine Farbe nicht genau bestimmbar. Sie wirkt unrein und vermischt; wie die meisten Ekelsubstanzen, insbesondere Ausscheidungsprodukte, die sich oftmals aus einer Mischung von gräulichem Braun, Grün, Gelb oder Weiß zusammensetzen. Und dies zeigt sich auch bei Ekelscherzartikeln: Braungrüner Schleim aus der Dose, graurotes Plastikblut, gelbweißes Spuckeimitat sind sowohl von Farbe als auch Konsistenz her nicht genau bestimmbar. Darüber hinaus sind sie keiner klar abgrenzbaren Wahrnehmungskategorie zuzuordnen, und dies trifft auf Scherzartikel im Allgemeinen zu«[142]. All dies trifft in ähnlicher Weise nicht

nur für das Scherzkaugummi, sondern auch für das unheimliche Gefühl zu, wenn ein Kaugummi, dem Blick entzogen, zufällig unter einem Tisch ertastet wird. Es ist ein Gefühl des Unheimlichen. Stellt sich das Kaugummi aber dann als »falscher«, als Scherzartikel heraus, dann folgt ein entlastendes Lachen. Sieferle folgert, dass im Scherz für

142 Ebd., S. 156.

einen kurzen Moment eine Art karnevaleske Verkehrung des Alltags stattfindet,[143] die dann jedoch in einem entspannenden Lachen aufgelöst wird. Auf diese Weise konstituieren sich Gemeinschaften auch durch die Konfrontation mit den Grenzen des »Gewünschten«.[144]

Damit diese Grenzen aufrechterhalten werden, wird aber nicht nur entlastend gelacht, sondern der Ekel wird auch, selbst ohne räumliche anwesende Zuschauer, optisch und akustisch demonstriert. So verknüpft sich die Ekelvermeidung mit den Forderungen, die in der (Selbst)zivilisierung internalisiert[145], durch die Etikette- und Benimmratgeber kodifiziert[146] und durch Kulturentwicklung sublimiert werden.[147]

Es wird im Übrigen alles Mögliche gesammelt,[148] was mit dem Kaugummi zu tun hat. So werden die Päckchen[149], oder

---

143 Vgl. ebd., S. 159.
144 Vgl. ebd., S. 162f. Ergänzend: Diese gemeinschaftskonstituierende Praxis, um sich gegenseitig der existierenden Normen zu versichern, gilt ganz, wie dies Barbara Sieferle darlegte, nicht nur für die realistisch nachgebildeten Plastikkaugummis (wobei hier noch der interessante Spin hinzukommt, dass die Kaugummis heutzutage gewissermaßen auch aus Plastik bestehen), sondern auch auf die vielen Kaugummi-Scherzartikel. Die beispielsweise in der Weise mit der Höflichkeitsnorm spielen und diese karnevalesk verkehren, indem jemand ein Kaugummi angeboten wird, und wenn dieser nach dem Streifen greift, der aus der Packung herausragt, von diesem einen sanften elektrischen Stromstoß erhält, oder bei einem anderen Produkt mit einer Art Drahtfalle auf den Finger geschlagen wird. Beispiele in: Vidal, Vincent: Les Chewing Gums, S. 83.
145 Vgl. Elias, Norbert: Über den Prozess der Zivilisation Zweiter Band, S. 341.
146 Vgl. Kerry, Segrave: Chewing Gum in America, S. 107–115.
147 Freud, Sigmund: Das Unbehagen in der Kultur, in: Freud, Sigmund: Gesammelte Werke, Chicago 2015, Ebook Pos. 27620–27680, bes. Ebook Pos. 27660–27670.
148 Siehe in: Vidal, Vincent: Les Chewing Gums.
149 Die wahrscheinlich weltgrößte Sammlung von Kaugummipäckchen mit 2.800 Stück (Stand: 2007), die auch verschiedentlich ausgestellt wurde, trug das Freiburger Brüderpaar Thomas und Volker Martins aus

die »Wrapper«, also die Umverpackungen der einzelnen Streifen, »Inserts«, also die kleine Papierstreifen, mit einem winzigen Comic, einem Witz, einem Aufkleber oder einem Tattoo, das man mit etwas Wasser oder Spucke auf seinen Arm auftragen kann, gesammelt. Es werden Werbeartikel[150], Sammelbilder[151] und Kaugummiautomaten[152] gesammelt. Sogar in der bildenden Kunst hat das Kaugummi seinen Platz gefunden[153], aber es findet sich keine Sammlung gekauter Kaugummis. Es klingt wohl etwas abseitig und nach einem devianten Fetisch, wobei für die wenigen Kaugummis, die öffentlich versteigert wurden, horrende Preise bezahlt wurden[154] und

Freiburg, die auch als »Chaostheater Oropax« bekannt sind, zusammen. Quelle: Museum Offenburg: Die größte Kaugummisammlung der Welt: https://www.museum-offenburg.de/html/aktuell/aktuell_u.html?t=f74 be8b55f02b21e9a294a96841b71c9&&cataktuell=&m=1788&artikel=245 &stichwort_aktuell=&default=true [Abgerufen: 22.07.2020].

150 Vgl. Z. B. Vidal, Vincent: Les Chewing Gums, S. 37 ff.

151 Siehe auch: Brown, Len/Gelman, Woody: The Great Old Bubble Gum Cards and Some Cigarette Cards – 137 Cards. Punch‹em Out, New York 1977.

152 Dazu: Franz, Michael: Automaten mit Münzeinwurf: https://tischauto matenparade.jimdofree.com/ [Abgerufen: 22.07.2020].

153 Dazu auch in: Stabe, Helmut, Mahn, Jule Claudia, Illner, Torsten: Der Kaugummi, o. S. Ergänzend auch: Das gelb-rote »Chupa Chups« Logo, das inzwischen nicht nur bekannten Lutscher sondern auch die »Big Babol« Kaugummis ziert (https://www.chupachups.de/produkte/big-ba bol [Abgerufen: 22.07.2020]) wurde im Übrigen 1969 von Salvador Dali entworfen. Quelle: BBC: Modern Masters: Chupa Chups logo (1969): https://web.archive.org/web/20170202100511/http://www.bbc.co.uk/ bbcone/modernmasters/virtual-exhibition/dali/15-chupa-chups-logo. shtml [Abgerufen: 22.07.2020].

154 So wurde das Kaugummi, den Sir Alex Ferguson im Finalspiel gekaut hat 2019 für 456.000 Euro verkauft. Quelle: AS: Sir Alex Ferguson's final chewing gum sells for 456,000 euros, 21.03.2019: https://en.as.com/en/

der Künstler Les Levine seine gekauten Kaugummis sogar in 24-karätigem Gold nachformen ließ.[155] Vermutlich kann man seinem Idol kaum näher kommen als durch einen Kaugummi, der mit der DNA des Stars kontaminiert ist. So könnte man vermutlich nicht nur die 5700 alte DNA einer Frau extrahieren[156] oder eine Vaterschaft klären,[157] sondern auch überprüfen, ob die vielen angeblich von Britney Spears gekauten Kaugummis, die auf den Markt kamen, nachdem ein von ihr gekauter für 14.000 Dollar versteigert wurde,[158] tatsächlich echt sind.

2019/03/21/football/1553172619_229466.html [Abgerufen: 22.07.2020]. Auch wurde ein angeblich von Jürgen Klopp gekautes Kaugummi angeboten (Rheinische Post: Wirbel um Ebay-Auktion. Klopp: »Ich kaue kein Kaugummi beim Spiel«, 18.04.2014: https://rp-online.de/sport/fussball/borussia-dortmund/juergen-klopp-bei-ebay-sorgt-ein-kaugummi-des-trainers-fuer-furore_aid-20423339 [Abgerufen: 22.07.2020]). Versteigert wurde wurden auch Kaugummis von Luis Gonzalez (Gaine, Christopher: That time Luis Gonzalez's used gum was sold for $10k, 19.04.2016, Venomstrike.com: https://venomstrikes.com/2016/04/19/diamondbacks-luis-gonzalez-gum-10/ [Abgerufen: 22.07.2020] oder auch von Ryan Gosling (Sandwell, Ian: You can now buy Ryan Gosling's used chewing gum thanks to Matt Richardson, Digitalspy.com, 12.01.2017: https://www.digitalspy.com/ Abgerufen: 22.07.2020]).

155 Vgl. Hendrickson, Robert: The Great American Chewing Gum Book, S. 8f.

156 Vgl. Spiegel: Erbgut einer Frau aus Steinzeit-Kaugummi entschlüsselt, 18.12.2019: https://www.spiegel.de/wissenschaft/mensch/daenemark-erbgut-einer-frau-dank-steinzeit-kaugummi-entschluesselt-a-1301884.html [Abgerufen: 22.07.2020].

157 Z. B.: Hamburger Abendblatt: Ein Kaugummi reicht schon, 14.02.07: https://www.abendblatt.de/politik/deutschland/article107207292/Ein-Kaugummi-reicht-schon.html [Abgerufen: 22.07.2020] oder: Schattenhofer, Suzanne: DNA sogar schon aus Kaugummi geholt, Donaukurier, 31.01.2017: https://www.donaukurier.de/lokales/ingolstadt/DNA-schon-aus-Kaugummi-geholt;art599,1020065 [Abgerufen: 22.07.2020].

158 laut.de: Britney Spears. 14.000 Dollar für ein Kaugummi, 01.09.2004: https://www.laut.de/News/Britney-Spears-14.000-Dollar-fuer-ein-Kaugummi-01-09-2004-3049 [Abgerufen: 22.07.2020]. und Intro.de: Pop-

Und wenn über die aus Kaugummis extrahierte DNA[159] nicht nur die Herkunft, sondern auch die ehemaligen Besitzer recherchiert werden können, könnten auch die Kaugummis auf den Gehwegen ihren ehemaligen Besitzer:innen zugeordnet werden.[160] Denn aktuell werden sie als »Abfall« kategorisiert,[161] wobei sie vielleicht für einen kurzen Moment eine Art

star-DNA bei eBay. Wrigley\'s Spears, 27.08.2004: https://www.intro.de/popmusik/wrigley-s-spears [Abgerufen: 22.07.2020].

159 Dazu: Eychner, Alison M./Schott, Kelly M./Elkins, Kelly M.: Assessing DNA recovery from chewing gum, Medicine, Science and the Law (SAGE Journals), 01/2017, S. 7–11: https://journals.sagepub.com/doi/10.1177/0025802416676413 [Abgerufen: 22.07.2020].

160 Dazu: Pollmer, Udo: Warum ein Kaugummi mehr verrät als tausende E-Mails. Gegen eine Gen-Analyse ist die Ausspähung durch Geheimdienste eine schlappe Sache, 17.08.2013: https://www.deutschlandfunkkultur.de/warum-ein-kaugummi-mehr-verraet-als-tausende-e-mails.993.de.html [Abgerufen: 22.07.2020].

161 Ergänzend dazu aus: 123Recht.de: Wilde Müllentsorgung – Wenn die Umwelt zum Mülleimer wird: Experteninterviews: https://www.123recht.de/ratgeber/experteninterviews/Wilde-Muellentsorgung-Wenn-die-Umwelt-zum-Muelleimer-wird-__a157233.html [Abgerufen: 22.07.2020]. Daraus: »Rechtsanwalt Düllberg: Es ist immer etwas schwierig, einen dem allgemeinen Sprachgebrauch entnommenen Begriff, unter dem sich wohl jeder etwas vorstellen kann, juristisch zu erläutern, ohne in komplexe Ausführungen zu verfallen. Etwas verkürzt lässt sich die Frage so beantworten, dass der Begriff des Abfalls nach den Vorschriften des Kreislaufwirtschaftsabfallgesetzes (KrWG) alle Stoffe und Gegenstände umfasst, denen sich der Besitzer entledigt, entledigen will oder entledigen muss. Darunter ist der Kaugummi ebenso zu fassen wie das beim Ölwechsel anfallende Altöl aus dem Auto. Für jeden anfallenden Abfall gibt es weitere Vorschriften, die seine mögliche Entsorgung regeln. Bleiben diese unbeachtet, kann man von wilder Müllentsorgung sprechen; selbstverständlich mit sehr unterschiedlichen Konsequenzen. […] Zur echten Straftat (§ 326 StGB) wird eine wilde Müllentsorgung dann, wenn etwa Abfälle entsorgt werden, die Gifte oder für Menschen oder Tiere gefährliche Krankheitserreger enthalten, oder geeignet sind, Gewässer, Luft oder Boden anhaltend zu verunreinigen. Es gibt weitere Beispiele im § 326 StGB. Das oben genannte Kaugummi fällt hierunter nicht. Das Altöl in der Regel schon. Die Strafbarkeit entfällt aller-

aufgegebener Besitz sind,[162] ein winziger autonomer Raum,[163] den etwa der als »Chewing Gum Man« bekannte Londoner Street Art Künstler Ben Wilson[164] nutzt, um auf diesen festgetretenen Flecken tausende winziger Miniaturen im Londoner Stadtbild zu hinterlassen.[165]

dings wieder, wenn schädliche Einflüsse auf die Umwelt aufgrund der geringen Menge offensichtlich ausgeschlossen sind. Unterhalb dieser Vorschrift gibt es dann aber noch die Landesabfallgesetze und entsprechende Bußgeldkataloge.« Schon »unbedeutende Produkte« wie etwa ein Pappbecher oder eine Bananenschale können danach mit einem Bußgeld belegt werden. Verkürzt lässt sich die Frage so beantworten, dass der Begriff des Abfalls nach den Vorschriften des Kreislaufwirtschaftsabfallgesetzes (KrWG) alle Stoffe und Gegenstände umfasst, denen sich der Besitzer entledigt, entledigen will oder entledigen muss. Darunter ist der Kaugummi ebenso zu fassen wie das beim Ölwechsel anfallende Altöl aus dem Auto.«

162 Siehe dazu BGB, §§ 929–984: https://dejure.org/gesetze/BGB [Abgerufen: 22.07.2020]. Allerdings ist diese Begründung mit großer Sicherheit juristisch, trotz des prominenten Verweises auf das »BGB«, nicht stichhaltig, denn letzlich bedient sie sich auch nicht einer juristischen als vielmehr einer, von Hakin Bey entwickelten, philosophisch Denkfigur der TAZ, der temporären autonomen Zonen. (Dazu: Bey, Hakin: T. A. Z.: The Temporary Autonomous Zone, Ontological Anarchy, Poetic Terrorism, New York 2004).

163 Bey, Hakin: T. A. Z.: The Temporary Autonomous Zone, Ontological Anarchy, Poetic Terrorism, New York 2004.

164 Dazu: isupportstreetart: Ben Wilson / The Chewing Gum Man: https://www.isupportstreetart.com/interview/ben-wilson-chewing-gum-man/ [Abgerufen: 22.07.2020].

165 Vgl. Naylor, Aliide: Chewing Gum Man's new guerilla art project slips through the cracks on the London Underground, New Statesman/City-Metric, 30.08. 2018: https://www.citymetric.com/horizons/chewing-gum-man-s-new-guerilla-art-project-slips-through-cracks-london-un derground-4106 [Abgerufen: 22.07.2020].

Quellen

123Recht.de: Wilde Müllentsorgung – Wenn die Umwelt zum Mülleimer wird: Experteninterviews: https://www.123recht.de/ratgeber/experteninterviews/Wilde-Muellentsorgung-Wenn-die-Umwelt-zum-Muelleimer-wird-__a157233.html [Abgerufen: 22.07.2020].

Adam, Torsten: Kaugummi-Fabrik Geschmack der Freiheit aus Bernburg, Mitteldeutsche Zeitung, 23.04.2013: https://www.mz-web.de/mitteldeutschland/kaugummi-fabrik-geschmack-der-freiheit-aus-bernburg-684138 [Abgerufen: 22.07.2020].

Agoston, Tom: Carepaket & Kaugummi – Ein Panoptikum der Besatzungszeit, Graz 1994.

Arthaus.de: Léon – Der Profi: Liebe ist … dieser Film, 27.09.2019: https://www.arthaus.de/magazin/leon_der_profi_liebe_ist_dieser_film [Abgerufen: 22.07.2020].

AS: Sir Alex Ferguson's final chewing gum sells for 456,000 euros, 21.03.2019: https://en.as.com/en/2019/03/21/football/1553172619_229466.html [Abgerufen: 22.07.2020].

Bärlösius, Eva: Soziologie des Essens. Eine sozial- und kulturwissenschaftliche Einführung in die Ernährungsforschung, Weinheim/Basel 2016.

BBC: Modern Masters: Chupa Chups logo (1969): https://web.archive.org/web/20170202100511/http://www.bbc.co.uk/bbcone/modernmasters/virtual-exhibition/dali/15-chupa-chups-logo.shtml [Abgerufen: 22.07.2020].

Becker, Markus/Kächler, Klaus: Amigos. Danke, Freunde! Die unglaubliche Amigos-Story, Berlin 2019.

Benkel, Thorsten: Die Idee des Ekels. Analyse einer Affekt(konstrukt)ion, Psychologie und Gesellschaftskritik, 35/1, 2011, SSOAR: https://nbn-resolving.org/urn:nbn:de:0168-ssoar-389620 [Abgerufen: 22.07.2020].

Bey, Hakin: T.A.Z.: The Temporary Autonomous Zone, Ontological Anarchy, Poetic Terrorism, New York 2004.

Bild.de: Die geheime Kaugummi-Fabrik der DDR: https://www.bild.de/regional/leipzig/ddr/die-geheime-kaugummi-fabrik-40450334.bild.html [Abgerufen: 22.07.2020].

Booton, Aaron J.: Garbage Pail Kids World: http://members.tripod.
com/garbage_pail_kids/ [Abgerufen: 22.07.2020].

Brown, Len/Gelman, Woody: The Great Old Bubble Gum Cards
and Some Cigarette Cards – 137 Cards. Punch'em Out, New
York 1977.

Brownlee, Nick: Bubblegum: The History of Plastic-Pop,
Sommerset 2003.

Cafarelli, Carl: An Informal History of Bubblegum Music: https://
carlcafarelli.blogspot.com/2016/07/an-informal-history-of
-bubblegum-music.html [Abgerufen: 22.07.2020].

Candyfavorites.com: The Unofficial Official History of Bazooka
Joe Bubble Gum: https://www.candyfavorites.com/unoffici-of
ficial-history-bazooka-joe-bubble-gum [Abgerufen: 22.07.2020].

Canetti, Elias: Zur Psychologie des Essens, in: Kashiwagi-Wetzel,
Kikuko/Meyer, Anne-Rose: Theorien des Essens, Frankfurt a. M.
2017.

Chewinggumfacts.com: Chewing Gum in School: http://www.
chewinggumfacts.com/chewing-gum-facts/chewing-gum
-in-school/#:~:text=Kids%20who%20chew%20gum%20du
ring,also%20make%20their%20jaws%20stronger. [Abgerufen:
22.07.2020].

Chu Bops: https://www.chubops.com/ [Abgerufen: 22.07.2020].

Chupa Chups: https://www.chupachups.de/produkte/big-babol
[Abgerufen: 22.07.2020].

Dejure.org: BGB: https://dejure.org/gesetze/BGB [Abgerufen:
22.07.2020].

Devereaux, James: Cinema Bubblegum. The Top 10 Film
List: jamesdevereaux.com/the-top-10-cinema-bubblegum/
[Abgerufen: 22.07.2020].

Dietermann, Judith: Wrigley: Kaugummi made in Frankfurt,
Frankfurter Neue Presse, 16.12.17: https://www.fnp.de/frankfurt/
wrigley-kaugummi-made-frankfurt-10441414.html [Abgerufen:
22.07.2020].

Elias, Norbert: Über den Prozess der Zivilisation. Soziogenetische
und Psychogenetische Untersuchungen. Erster Band.
Wandlungen des Verhaltens in den weltlichen Oberschichten
des Abendlandes, Frankfurt a. M. 1997.

Elias, Norbert: Über den Prozess der Zivilisation. Soziogenetische und Psychogenetische Untersuchungen. Zweiter Band. Wandlungen der Gesellschaft. Entwurf zu einer Theorie der Zivilisation, Frankfurt a. M. 1997.

Ernie's Wacky Pack Project: http://www.wackypackage.com/ Wacky%20Packs/HTML%20Stuff/project.html [Abgerufen: 22.07.2020].

ewwtubes: John Smith – The Girl Chewing Gum 1976: https:// www.youtube.com/watch?v=57hJn-nkKSA [Abgerufen: 22.07.2020].

Eychner, Alison M./Schott, Kelly M./Elkins, Kelly M.: Assessing DNA recovery from chewing gum, Medicine, Science and the Law (SAGE Journals), 01/2017: https://journals.sagepub.com/ doi/10.1177/0025802416676413 [Abgerufen: 22.07.2020].

Fiske, John: Cultural Studies und Alltagskultur, in: Winter, Rainer/Mikos, Lothar: Die Fabrikation des Populären. Der John Fiske Reader, Bielefeld 2001.

Fiske, John: Die britischen Cultural Studies und das Fernsehen, in: Winter, Rainer/Mikos, Lothar: Die Fabrikation des Populären. Der John Fiske Reader, Bielefeld 2001.

Fiske, John: Die populäre Ökonomie, in: Winter, Rainer/Mikos, Lothar: Die Fabrikation des Populären. Der John Fiske Reader, Bielefeld 2001.

Fiske, John: Körper des Wissens, in: Winter, Rainer/Mikos, Lothar: Die Fabrikation des Populären. Der John Fiske Reader, Bielefeld 2001.

Fiske, John: Madonna, in: Fiske, John: Lesarten des Populären. Cultural Studies Bd. 1, Wien 2000.

Fiske, John: Populärkultur verstehen, in: Fiske, John: Lesarten des Populären. Cultural Studies Bd. 1, Wien 2000.

Franz, Michael: Automaten mit Münzeinwurf: https://tischauto matenparade.jimdofree.com/ [Abgerufen: 22.07.2020].

Freud, Sigmund: Das Unbehagen in der Kultur, in: Freud, Sigmund: Gesammelte Werke, Chicago 2015.

Freud, Sigmund: Hemmung, Symptom und Angst, in: Freud, Sigmund: Gesammelte Werke, Chicago 2015.

Freud, Sigmund: Traumdeutung, in: Freud, Sigmund: Gesammelte Werke, Chicago 2015.

Gaine, Christopher: That time Luis Gonzalez's used gum was sold
    for $10k, 19.04.2016, Venomstrike.com: https://venomstrikes.
    com/2016/04/19/diamondbacks-luis-gonzalez-gum-10/
    [Abgerufen: 22.07.2020].
GPKOnline.com: About Garbage Pail Kids https://web.archive.
    org/web/20100628054317/http://www.gpkonline.com/about.
    php [Abgerufen: 22.07.2020].
Gröning, Karl: Geschmückte Haut. Eine Kulturgeschichte der
    Körperkunst, München 2001.
Hamburger Abendblatt: Ein Kaugummi reicht schon, 14.02.07:
    https://www.abendblatt.de/politik/deutschland/article
    107207292/Ein-Kaugummi-reicht-schon.html [Abgerufen:
    22.07.2020].
Heimerdinger, Timo: Ekel als Kultur, in: Bodner, Reinhard/Bonz,
    Jochen/Egger, Simone et a. (Hg.): Igitt. Ekel als Kultur, in:
    Bricolage: Innsbrucker Zeitschrift für Europäische Ethnologie,
    Innsbruck 2015.
Hendrickson, Robert: The Great American Chewing Gum Book,
    Radnor 1976.
Hitschler: https://www.hitschler.de/historie [Abgerufen:
    22.07.2020].
Horkheimer, Max/Adorno, Theodor W.: Kulturindustrie, in:
    Horkheimer, Max/Adorno, Theodor W.: Dialektik der
    Aufklärung. Philosophische Fragmente, Frankfurt a. M. 1993.
Iken, Katja: Historische Flirt-Tipps. »Schaue nie gelangweilt, selbst
    wenn du es bist!«, Spiegel Online, 25.11.2015: https://www.
    spiegel.de/geschichte/dating-in-den-usa-1938-frauen-benimm
    regeln-a-1063180.html [Abgerufen: 22.07.2020].
Internet Movie Database: Desperately Seeking Susan (dt. Susan …
    verzweifelt gesucht), 1985: https://www.imdb.com/title/
    tt0089017/ [Abgerufen: 22.07.2020].
Internet Movie Database: Grease (dt. Grease – Schmiere), 1978:
    https://www.imdb.com/title/tt0077631/ [Abgerufen: 22.07.2020].
Internet Movie Database: Léon (dt. Léon: Der Profi), 1994: https://
    www.imdb.com/title/tt0110413/ [Abgerufen: 22.07.2020].
Internet Movie Database: Monkey Business (dt. Liebling, ich
    werde jünger), 1952: https://www.imdb.com/title/tt0044916/
    [Abgerufen: 22.07.2020].

Intro.de: Popstar-DNA bei eBay. Wrigley\'s Spears, 27.08.2004:
    https://www.intro.de/popmusik/wrigley-s-spears [Abgerufen:
    22.07.2020].

isupportstreetart: Ben Wilson /The Chewing Gum Man: https://
    www.isupportstreetart.com/interview/ben-wilson-chewing
    -gum-man/ [Abgerufen: 22.07.2020].

Jeggle, Utz: Runterschlucken. Ekel und Kultur, in: Bodner,
    Reinhard/Bonz, Jochen/Egger, Simone et al. (Hg.): Igitt. Ekel
    als Kultur, Bricolage: Innsbrucker Zeitschrift für Europäische
    Ethnologie, Innsbruck 2015.

Kannegiesser, Ursula B.: Ami, Kaugummi!: Die Geschichte einer
    Nachkriegskindheit, o. O. 2014.

Kanter, Ece/Klasse 8i Staudinger Gesamtschule Freiburg:
    Kaugummi in der Schule. Eine Klasse voller Kühe, Badische
    Zeitung, 22. 11, 2013: https://www.badische-zeitung.de/eine-
    klasse-voller
    -kuehe--77486804.html [Abgerufen: 22.07.2020].

Kerry, Segrave: Chewing Gum in America, 1850–1920: The Rise of
    an Industry, Jefferson 2015.

Kleindienst, Jürgen: Lebertran und Chewing Gum: Kindheit in
    Deutschland 1945–1950. 55 Geschichten und Berichte von
    Zeitzeugen, Berlin 2000.

Klußmeier, Gerhard: Vom Wirtschaftswunder-Erfolg über die
    DDR ins Nichts: OK-Kaugummi aus Pinneberg, Herne 2013.

Kristeva, Julia: Auszüge aus: Mächte des Grauens. Versuch über
    den Abscheu, in: Kashiwagi-Wetzel, Kikuko/Meyer, Anne-Rose:
    Theorien des Essens, Frankfurt a. M. 2017.

Lady Spanish: Chewing Gum Sex Enhancement Spanish Exciting
    Itching Tighting. Spanish Technology: https://www.ebay.co.uk/
    itm/Chewing-Gum-Sex-Enhancement-SPANISH-Exciting
    -Itching-Tighting-FREE-SHIPPING-/163524563832 [Abgerufen:
    22.07.2020].

laut.de: Britney Spears. 14.000 Dollar für ein Kaugummi,
    01.09.2004: https://www.laut.de/News/Britney-Spears
    -14.000-Dollar-fuer-ein-Kaugummi-01-09-2004-3049
    [Abgerufen: 22.07.2020].

Lexikon der Filmbegriffe: Gaze/Male Gaze: http://filmlexikon.uni
-kiel.de/index.php?action=lexikon&tag=det&id=2378
[Abgerufen: 22.07.2020].

listal.com: Women celebrities blowing bubble gum: https://www.
pinterest.de/pin/562387072195496485/?autologin=true&amp_
client_id=CLIENT_ID(_)&mweb_unauth_id=&amp_url
=https%3A%2F%2Fwww.pinterest.de%2Famp%2Fpin
%2F562387072195496485%2F&from_amp_pin_page=true
[Abgerufen: 22.07.2020].

Listverse: 10 fantastic facts about the history of chewing gum:
https://listverse.com/2016/10/30/10-fantastic-facts-about-the
-history-of-chewing-gum/ [Abgerufen: 22.07.2020].

Lorsy, Ernst: Die Stunde des Kaugummis: Das Tagebuch,
26.06.1926: http://germanhistorydocs.ghi-dc.org/pdf/deu/
PROB_LORSY_DEU.pdf [Abgerufen: 22.07.2020].

Maase, Kaspar: All shook up – Formen der Amerikanisierung, in:
Bavendamm, Gundula (Hg.): Amerikaner in Hessen. Eine
besondere Beziehung im Wandel der Zeit, Hanau 2008.

Maase, Kaspar: Amerikanisierung der Jugend. Eine Studie zur
kulturellen Verwestlichung der Bundesrepublik in den fünfziger
Jahren, [Habilitationsschrift], o.O. [Universität Bremen], 1992.

Maase, Kaspar: Auf dem Weg zum zivilen Habitus. Rock'n'Roller,
Teenager, BRAVO und die US-Populärkultur in der zweiten
Hälfte der 50er Jahre, in: Maase, Kaspar/Hallenberger,
Gerd/van Elteren/Mel (Hg.): Amerikanisierung der
Alltagskultur? Zur Rezeption US-amerikanischer Populärkultur
in der Bundesrepublik und in den Niederlanden, o.O. 1990.

Maase, Kaspar: Die amerikanische Gebärde. Lässigkeit in
Nachkriegsdeutschland, in: Köth, Anke/Krauskopf,
Kai/Schwarting, Andreas (Hg.): Building America 2: Migration
der Bilder, Dresden 2007.

Maase, Kaspar: Die Halbstarken. Bilder einer neuen Jugend, in:
Paul, Gerhard (Hg.): Das Jahrhundert der Bilder – 1949 bis
heute, Göttingen 2008.

Maase, Kaspar: Grenzenloses Vergnügen. Der Aufstieg der
Massenkultur 1850–1970, Frankfurt a.M. 2007.

Maase, Kaspar: Massenkultur, in: Haug, Wolfgang Fritz/Haug, Frigga/Jehle, Peter/Küttler, Wolfgang (Hg.): Historisch-Kritisches Wörterbuch des Marxismus, Bd. 9, Hamburg 2018.

Maase, Kaspar: Wie deutsch ist Elvis Presley, wie amerikanisch die Amerikanisierung? Volkskundlich-kulturwissenschaftliche Überlegungen zum Spiel der Amerikanismen, in: Maase, Kaspar: Das Recht der Gewöhnlichkeit. Über populäre Kultur, Tübingen 2011.

Markenmuseum: Bazooka Joe: https://web.archive.org/web/20100402182236/http://www.markenmuseum.com/marke_bazookabubble.0.html [Abgerufen: 22.07.2020].

Mathews, Jennifer P./Schultz, Gillian P.: Chicle. The Chewing Gum of the Americas. From the Ancient Maya to William Wrigley, Tucson 2009.

Menninghaus, Winfried: Ekel: Theorie und Geschichte einer starken Empfindung, Frankfurt a. M. 2002

Merriam-Webster: Bubblegum: https://www.merriam-webster.com/dictionary/bubblegum [Abgerufen: 22.07.2020].

Monheim, Heinz: Bomben, Kaugummi und Swing. Köln zwischen Krieg und Frieden, Bergisch-Gladbach 2005.

Mulvey, Laura: Visual Pleasure and Narrative Cinema, in: Braudy, Leo/Cohen, Marshall (Hg.): Film Theory and Criticism. Introductory Readings, New York 1999.

Museum Offenburg: Die größte Kaugummisammlung der Welt: https://www.museum-offenburg.de/html/aktuell/aktuell_u.html?t=f74be8b55f02b21e9a294a96841b71c9&&cataktuell=&m=1788&artikel=245&stichwort_aktuell=&default=true [Abgerufen: 22.07.2020].

Naylor, Aliide: Chewing Gum Man's new guerilla art project slips through the cracks on the London Underground, New Statesman/CityMetric, 30.08. 2018: https://www.citymetric.com/horizons/chewing-gum-man-s-new-guerilla-art-project-slips-through-cracks-london-underground-4106 [Abgerufen: 22.07.2020].

Neal, Rome: Bazooka Joe turns 50: https://www.cbsnews.com/news/bazooka-joe-turns-50/ [Abgerufen: 22.07.2020].

Noren, Laura: Chewing Gum. A Clean Performance Makes a Mess, New Yor University 2006. (Inzwischen nur noch abzurufen

unter: https://de.scribd.com/document/67453233/Gum
[Abgefragt: 22.07.2020]).

Oettermann, Stephan: Zeichen auf der Haut. Die Geschichte der
Tätowierung in Europa, Frankfurt a. M. 1979.

Owen, Luke: The true story behind The Garbage Pail Kids Movie:
https://www.flickeringmyth.com/2017/08/the-true-story-be
hind-the-garbage-pail-kids-movie/ [Abgerufen: 22.07.2020]).

Paglia, Camille: Der Krieg der Geschlechter: Sex, Kunst und
Medienkultur, Berlin 1999.

Perasse, Eva: Disgust? It's All a Matter of Taste. Interview with
Professor Paul Rozin, Finedininglovers.com, 2012: https://www.
finedininglovers.com/article/disgust-its-all-matter-taste-inter
view-professor-paul-rozin [Abgerufen: 22.07.2020].

Pille, Lolita: Bubble Gum, München 2006.

Pollmer, Udo: Warum ein Kaugummi mehr verrät als tausende
E-Mails. Gegen eine Gen-Analyse ist die Ausspähung durch
Geheimdienste eine schlappe Sache, 17.08.2013: https://www.
deutschlandfunkkultur.de/warum-ein-kaugummi-mehr-verraet
-als-tausende-e-mails.993.de.html [Abgerufen: 22.07.2020].

Pschyrempel Online: Ekel: https://www.pschyrembel.de/Ekel/
T007D [Abgerufen: 22.07.2020].

Redclift, Michael R.: Das Kaugummi: Geschmack, Raum und
die ›Schattenländer‹, PROKLA Zeitschrift für kritische
Sozialwissenschaft, Bd. 35/138 (Ökonomie des Konsums), Berlin
2005.

Redclift, Michael: Chewing Gum. The Fortunes of Taste, New
York/London 2004.

Rheinische Post: Wirbel um Ebay-Auktion. Klopp: »Ich kaue kein
Kaugummi beim Spiel«, 18.04.2014: https://rp-online.de/sport/
fussball/borussia-dortmund/juergen-klopp-bei-ebay-sorgt-ein
-kaugummi-des-trainers-fuer-furore_aid-20423339 [Abgerufen:
22.07.2020].

Ross, Thomas/Fantao, Maria Isabell: Kapitel 18: »No Woman, no
kids« – Eine Geschichte von der Liebe und vom Untergang.
Léon: Schizoide Persönlichkeitsstörung (F60.1), Antisoziale
Persönlichkeitsstörung (F60.2), in: Möller, Heidi/Doering,
Stephan (Hg.): Batman und andere himmlische Kreaturen.

Nachmal 30 Filmcharaktere und ihre psychischen Störungen. Berlin 2010.

Rozin, Paul/Fallon, April E.: A Perspective on Disgust, Psychological Review 94/1, Washington, 1987.

Sandwell, Ian: You can now buy Ryan Gosling's used chewing gum thanks to Matt Richardson, Digitalspy.com, 12.01.2017: https://www.digitalspy.com/ Abgerufen: 22.07.2020]).

Schattenhofer, Suzanne: DNA sogar schon aus Kaugummi geholt, Donaukurier, 31.01.2017: https://www.donaukurier.de/lokales/ingolstadt/DNA-schon-aus-Kaugummi-geholt;art599,1020065 [Abgerufen: 22.07.2020].

Schnee, Philipp: PR-Erfinder Bernays. Der Überzeugungstäter, Spiegel Online, 30.09.2009: https://www.spiegel.de/geschichte/pr-erfinder-bernays-a-948512.html [Abgerufen: 22.07.2020].

Segrave, Kerry: Chewing Gum in America, 1850–1920: The Rise of an Industry, Jefferson 2015.

Sieferle, Barbara: Ein Plastik-Hundehaufen als Scherzartikel: vom Ekel zum Lachen, in: Bodner, Reinhard/Bonz, Jochen/Egger, Simone et a. (Hg.): Igitt. Ekel als Kultur, Bricolage: Innsbrucker Zeitschrift für Europäische Ethnologie, Innsbruck 2015.

Sixties Child: 1967 Monkees bubble gum cards: https://www.youtube.com/watch?v=q5fmxNlEpb8 [Abgerufen: 22.07.2020].

Smith, Ian: Film Compilation: Chewing Gum: https://www.youtube.com/watch?v=IdzMpLZrF4U [Abgerufen: 22.07.2020].

Songfacts.com: https://www.songfacts.com/facts/the-archies/sugar-sugar [Abgerufen: 22.07.2020].

Spiegel: Erbgut einer Frau aus Steinzeit-Kaugummi entschlüsselt, 18.12.2019: https://www.spiegel.de/wissenschaft/mensch/daenemark-erbgut-einer-frau-dank-steinzeit-kaugummi-entschluesselt-a-1301884.html [Abgerufen: 22.07.2020].

Stabe, Helmut, Mahn, Jule Claudia, Illner, Torsten: Der Kaugummi. Poesien des Alltags, München/Aarau 2018.

Statista: Umfrage in Deutschland zur Häufigkeit des Konsums von Kaugummi bis 2019: https://de.statista.com/statistik/daten/studie/172314/umfrage/haeufigkeit-konsum-von-kaugummi/ [Abgerufen: 08.05.2020].

Statista: Verwender von Kaugummi in Deutschland nach Altersgruppen bis 2012, 31.01.2013 (https://de.statista.com/

statistik/daten/studie/156437/umfrage/verwenderanteil-von-kaugummi-nach-altersgruppen-seit-dem-jahr-2008/ [Abgerufen: 05.01.2020]).

Steam-E: https://www.steam-e.com/nationwide-battle-chewing-gum-litter/. [Abgerufen: 22.07.2020].

Stepney all saints: Rules and Behaviour: https://stepneyallsaints.school/for-students/school-information/rules-and-behaviour/ [Abgerufen: 22.07.2020].

Tate.org: John Smith. The Girl Chewing Gum. 1976: https://www.tate.org.uk/art/artworks/smith-the-girl-chewing-gum-t13237 [Abgerufen: 22.07.2020].

The Topps Company: Bazooka Joe and his Gang, New York 2013.

The Topps Company: Garbage Pail Kids (Topps), New York 2012.

The Topps Company: Wacky Packages (Topps), New York 2008.

Wacky Packages Collectors Guide: http://wackypackages.org/wackypacks.php [Abgerufen: 22.07.2020].

Trotzki, Leo: Sowjets in Amerika?, Die Sammlung, 1935: https://sites.google.com/site/sozialistischeklassiker2punkt0/trotzki/1935/leo-trotzki-sowjets-in-amerika [Abgerufen: 22.07.2020].

Trotzki, Leo: Wenn Amerika kommunistisch würde, Denkzettel. Politische Erfahrungen im Zeitalter der Revolution, Frankfurt a. M. 1981: https://sites.google.com/site/sozialistischeklassiker2punkt0/trotzki/1934/leo-trotzki-wenn-amerika-kommunis
tisch-wuerde [Abgerufen: 22.07.2020].

Vidal, Vincent: Les Chewing Gums, Paris 1995.

Wackypackages.org: Gadzooka: http://www.wackypacks.com/bestof/gadzooka.html [Abgerufen: 22.07.2020].

Wardlaw, Lee: Bubblemania: A Chewy History of Bubble Gum, New York 1997.

Welton, Donn: Biblical Roots. Biblical Bodies, in: Welton, Donn (Hg.): Body and Flesh: A Philosophical Reader, Hoboken 2010.

Wertham, Fredric: Seduction of the Innocent, New York 1954.

Wessel, Stefan W./van der Mei, Henny C./Morando, David et al: Quantification and qualification of bacteria trapped in chewed gum, PLoS One, 10/2015: https://pubmed.ncbi.nlm.nih.gov/25602256/ [Abgerufen: 22.07.2020].Wichert, Silke: Umsätze brechen ein. Kaugummikauen ist geschmacklos geworden, Süddeutsche Zeitung, 04.05.2018: https://www. sueddeutsche.de/stil/umsaetze-brechen-ein-kaugummi-kauen- ist-geschmacklos-geworden-1.3965273 [Abgerufen: 22.07.2020].

Wikipedia: Garbage Pail Kids [Bearbeitungsstand: 16.06.2020]: https://de.wikipedia.org/wiki/Garbage_Pail_Kids [Abgerufen: 22.07.2020].

Wikipedia: Sugar, Sugar [Bearbeitungsstand: 27.09.2020]: https:// de.wikipedia.org/wiki/Sugar,_Sugar [Abgerufen: 22.07.2020].

Wohlgemuth Süsswaren GmbH: https://www.wohlgemuth -suesswaren.de/de/ueber_uns/index.php?id=13 [Abgerufen: 22.07.2020].

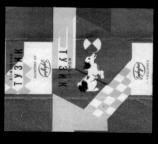

Projekt: Straßenmusik

Künstlerkollektiv: SNL (//SNL/IPA: [ʃnɛl])

Origo

Der Ton macht die Musik. Und die Wahrnehmung die Welt. Und wir können nicht anders, als die Welt zu ordnen. Was auch immer wir wahrnehmen, wir sind gezwungen, zu deuten. Nicht ohne Grund hat unser Gehirn Funktionen entwickelt, die sensorischen Input gruppieren, differenzieren und strukturieren, Input also einer symbolischen Ordnung unterwerfen – ganz gleich, wie zufällig der Ursprung des Inputs auch beschaffen sein mag. Diese – durch Wahrnehmung verursachte – Ordnung gibt mit Definitionen und Symbolen den Dingen ihre Bedeutung. Und zwar allen Dingen, die wir wahrnehmen können. Das haben wir so gelernt und das wird jetzt auch so gemacht. Deutungen schaffen untereinander Zusammenhänge, passen an und passen sich an. Und doch gibt es Phänomene, die scheinbar keiner Ordnung unterliegen. Klar unterliegen die dann der Ordnung der Dinge, die keiner Ordnung unterliegen. Ein klassisches Patt. Doch dann schleichen sich deutende Anpassungsprozesse heran und beginnen den Ordnungsfehler zu korrigieren, sie drehen und wenden die störende Irritation der ungeordneten Wahrnehmung, bis sie rundgeschliffen in die Ordnung der Dinge passt. Doch bevor das passiert, ist wirklich alles möglich. Solange das Phänomen selbst nicht weiß, was es in der Ordnung zu sein hat, kann es alles sein, sogar etwas ganz Neues.

Oft bemerken wir gar nicht, was da vonstattengeht. Und wenn, dann nur bei starken Irritationen. Im Normalfall nehmen wir Vertrautes ganz beiläufig wahr, zum Beispiel beim Vorbeilaufen. Mülltonnen sind Mülltonnen, in sie gehört der Müll. Autos sind Autos, in Städten gibt es wirklich viele von ihnen. Straßen, Gehwege, Pflastersteine. Und manchmal auch plattgetretene Kaugummis. Manchmal mehr, manchmal weniger. Manchmal in kleinen Ansammlungen, manchmal in abstrakten Formen und manchmal lassen sich Figuren erkennen – gerade so, wie Bilder in Wolken.

Das sind alles bekannte Ordnungssysteme und die lassen sich auch nicht umgehen. Was wir aber tun können, ist, Ordnungsmuster zu vertauschen. Wer sagt denn, dass das jeweils angewendete Muster das eine richtige ist? Ein Kaugummi weiß ja nicht, dass er ein Kaugummi ist und die Straße verschmutzt. Diese universalen Deutungszwänge sind allgegenwärtig. Sie vereinnahmen alles und lassen nichts und niemandem die Chance, wirklich frei zu sein. Doch wir können sie sichtbar machen. Ihre Machenschaften aufdecken. Denn gerade Kaugummis bleiben renitent und widersetzen sich. Erst der Nützlichkeit. Dann der Sauberkeit. Und schließlich der Ordnung. So können Kaugummis zum Seismograph hegemonialer Deutungs-Diskurse werden.

Und das werden sie ganz einfach mit einem neuen Ordnungsmuster. Denn eine neue Ordnung erzeugt eine neue Narration und damit – durch Wahrnehmung – eine neue Welt. Die zufällige Anordnung der plattgetretenen Kaugummis könnte demzufolge wie in einem Kindermalbuch mit Linien verbunden werden. Oder man deutet die Linien der Pflastersteine (für SNL ganz selbstverständlich) als Notenzeilen und macht die Komposition aus Fußweg und Kaugummis zur Komposition, die die Straße musikalisch erlebbar macht.

(Track 1)

The Gum Wall (Seattle)

Foto: Lane V. Erickson/Shutterstock.com.

Der Chewing Gum Man

Street-Art erlebt –
ein persönlicher Bericht

Jonas Fathy

Winter 2015

Im September 2014 war Sarah nach London gezogen. Sie setzte hier ihr Studium fort, das sie im Jahr zuvor in China begonnen hatte. Während sie in China war, studierte ich im Fernstudium und arbeitete im Marketing eines süddeutschen Mehrsparten-Theaters. China war zu weit weg für mich, aber London war Teil der EU. Also ließ ich meinen Vertrag auslaufen und nutzte die Vorteile der europäischen Freizügigkeit: Im Januar 2015 wanderte ich aus meiner Heimat im Süden Deutschlands aus und in die Weltmetropole London ein.

Wir lebten gemeinsam in einem kleinen 16 m²-Zimmer in einem Studierendenwohnheim im Stadtteil Borough, zehn Gehminuten südlich der London Bridge. Borough war bis ins 18. und 19. Jahrhundert ein Dreh- und Angelpunkt der Handels- und Reiserouten in die City of London, die nördlich der Brücke liegt. Die City of London selbst wiederum ist der älteste Stadtteil Londons mit über 2.000 Jahren Geschichte. Den historischen Unterschied zwischen der City und Borough kann man auch heute noch sehen, sowohl architektonisch als auch kulturell: Nördlich der Themse herrschen Global Business und internationale Banken, südlich der Themse Working Class und globale Hipster-Kultur. Kurz, auf relativ kleinem Raum gibt es eine schier überwältigende Anzahl an Eindrücken.

Es war leicht zu erkennen, wer hier wohnte und wer zu Besuch war: Tourist:innen schlenderten, saugten die Eindrücke auf und genossen die Vielfalt. Londoner:innen kannten das Terrain (oder glaubten, es zu kennen) und blendeten es aus. Sie wurden Teil der Masse, mit abwesendem Blick, hauptsächlich darauf achtend, niemanden anzurempeln; schnelle Schritte, um zügig von A nach B zu kommen. Im Laufrad des Alltags ging die Umgebung verloren.

Eines Nachmittags an einem Wochenende, vielleicht im April oder Mai, spazierten Sarah und ich südlich der Themse von London Bridge aus vorbei an Southwark Bridge bis zur Tate Modern und dann Richtung St Paul's Cathedral. Das war eine unserer Lieblingsrouten, und wir waren diesen Weg schon oft gegangen, auf verschiedensten Erkundungstouren.

Die Tate Modern und St Paul's Cathedral werden von der Millennium Bridge verbunden. Diese Fußgängerbrücke war im Jahr 2000 eröffnet worden und hat ihre ganz eigene, sehr amüsante Architektur- und Ingenieursgeschichte.[1] Wir waren gerade auf dem Weg über die Brücke, da kniete sich ein junger Mann in unseren Weg und begann, Fotos vom Boden zu machen.

Die Menschenmenge war nicht all zu dicht an diesem Tag, aber dennoch genügte das, um den Strom zu irritieren. Einige Leute vor uns fluchten leise, weil sie beinahe in ihn hineinliefen, andere hielten an, um zu sehen, was er denn da tat. So auch wir. Der Boden der Millennium Bridge war aus geriffeltem Metall, und zwischen den Rillen bemerkten wir kleine Bildchen! Für Aufkleber waren sie zu unregelmäßig, aber sie

---

1   Cornell University: »Explaining Why The Millennium Bridge Wobbled«, ScienceDaily, 03.11.2005: https://www.sciencedaily.com/releases/2005/11/051103080801.htm [Abgerufen: 01.06.2019].

Die Millennium Bridge an einem sonnigen Tag im Januar.
Foto: Jonas Fathy.

waren auch nicht direkt auf den Boden gemalt. Als hätte jemand eine Masse genommen, zwischen die Rillen getreten und dann bemalt. Von der Masse gab es noch mehr, dunkle und unbemalte Flecken. Da dämmerte mir, was ich da sah: Bilder auf eingetretenen Kaugummis!

Die Bildchen hatten eine unglaubliche Finesse: Manche waren nicht größer als ein 1-Pfund- oder Euro-Stück, die meisten eher etwa 3 cm im Durchmesser. Manche stellten abstrakte, manche weniger abstrakte Szenen dar. Manche in Farbe, manche in Schwarz-Weiß. Manche trugen Nachrichten und Schriftzüge, manche waren reine Bildsprache. Plötzlich erhielt die Millennium Bridge – ein futuristisch anmutendes Architekturwerk in Metall-Silber und -Grau – eine neue Dimension an Farbe und Vielfalt.

Ich zückte mein Smartphone und machte wie der junge Mann zuvor Fotos. Menschen, die mich irritiert oder überrascht ansahen, weil ich im Weg kniete, winkte ich mit einem entschuldigenden Lächeln zu und deutete auf die kleinen Miniaturgemälde auf dem Boden. Innerhalb weniger Minuten war die Gruppe der Fußboden-Fotografierenden von einem jungen Mann auf ein halbes Dutzend Menschen angewachsen. Die, die genug Fotos hatten und weiterliefen, wurden zügig durch Neu-Begeisterte ersetzt.

Auf einer ca. 4 m breiten Brücke machte sich das bemerkbar: Der gleichmäßige Strom glasiger Augen wurde zu einem stotternden Gewässer von Individuen, die ihrer Umgebung gewahr wurden, entweder, um knienden Hindernissen auszuweichen, oder um selbst zu solchen zu werden. Der Alltagstrott war durchbrochen. Die Aufmerksamkeit wurde auf die Umgebung gelenkt. Kunst wurde zum unmittelbaren Vermittler zwischen dem Menschen und seiner täglichen Umwelt.

Ein Effekt von Kunst auf Kaugummis. Kunst auf der Straße. Street-Art. Bis dato hatte ich nur ein vages Verständnis dieses Begriffs, das kaum über Banksy und Sprühfarbe an Hauswänden hinausging. Eine Ahnung bahnte sich an, wie vielfältig, einflussreich und wirkungsvoll diese Kunstform sein konnte. Doch ich hatte noch keine konkrete Vorstellung davon, was Street-Art eigentlich bedeutet. Es sollte fast 18 Monate dauern, bis ich mich wieder damit beschäftigen sollte. Doch dieser Eindruck blieb: London hat unendliche Facetten.

Ich begann, in der Stadt anzukommen.

Sommer 2016

Etwa ein Jahr später hatte Sarah ihr Studium abgeschlossen. Ich brauchte länger, da ich nebenher viel arbeitete, hauptsächlich als darstellender Künstler. Wir waren umgezogen, in eine WG mit größerem Zimmer, zwei Kilometer weiter südlich, aber immer noch recht zentral. Ich hatte mich in London, all seine Eigenheiten, seine Geschichte und deren Bedeutungen, verliebt. Irgendwann schenkte Sarah mir eine U-Bahn-Tour. Ich war begeistert! Es war eine meiner ersten geführten Touren, und der Tourguide war ein regelrechter Entertainer. Ich lernte viele interessante Dinge über die U-Bahn, aber auch über britische Kultur, Pioniergeist und historische Entwicklungen.

Am Ende der Tour sprach ich mit dem Guide und bewarb mich direkt. Ich lebte von der darstellenden Kunst und Entertainment, und ich liebte Londons Vielfalt. Ein Job als Tourguide erschien mir eine optimale Möglichkeit, mehr über die Stadt zu lernen und gleichzeitig Menschen informativ zu unterhalten. Von da an lernte ich verschiedene Touren und Skripte, recherchierte Hintergründe, erkundete Gegenden, die ich vorher noch nicht kannte – was natürlich auch Sarah als meinem regelmäßigen Test-Gast zugutekam. Im Sommer begann ich meine Recherchen zur Street-Art-Tour, die neben der U-Bahn-Tour zu einem meiner Steckenpferde werden sollte.

Wie immer lernte ich Zahlreiches: dass Graffiti-Kultur bereits tausende Jahre alt ist – schon an den Wänden Pompejis, zum Beispiel, finden sich solche Markierungen (»Lucius pinxit« – Lucius schrieb dies);[2] dass einige moderne Graffiti- und Street-Art-Künstler ihrem Handwerk zuschrieben, ihr Leben gerettet zu haben; und dass für viele Street-Art-Künstler De-

Fotos: Jonas Fathy.

2   Pappas, Stephanie: Pompeii ›Wall Posts‹ Reveal Ancient Social Networks, Live Science, 10.01.2013: https://www.livescience.com/26164-pompeii -wall-graffiti-social-networks.html [Abgerufen: 01.05.2016].

struktivität und Kreativität, Vergänglichkeit und Wiederbelebung Hand in Hand gehen.[3]

Im Rahmen meiner Recherchen stieß ich auch wieder auf die kleinen Kaugummi-Bildchen. Ich lernte, dass der Künstler dahinter Ben Wilson heißt und den Spitznamen Chewing-Gum-Man trägt. Ich lernte, dass er seine Miniaturgemälde Gum Pics nennt, und dass er im Gegensatz zu vielen anderen Street-Artists nicht selbst online auffindbar ist. Ich lernte, dass er auch Holzskulpturen schafft, und dass er auch in der professionellen Kunstszene eher ein Freidenker ist. Allem voran aber machte meine persönliche Erfahrung der Wirkung seiner Kunst diese zu einem Highlight meiner Tour. In meinen Augen war seine Kunst der Inbegriff von Street-Art.

Zum einen ist da der Aspekt der Legalität und des Um-Erlaubnis-Bittens. Nicht zuletzt ist das Bitten um Erlaubnis ein großer Kritikpunkt, den Street-Artists alter Schule an zahlreichen etablierten Kollegen anbringen: Geboren aus Rebellion und Widerstand sehen sie Street-Art als etwas, das sich nicht dem ›Big Man‹ unterwerfen sollte.[4]

Ben Wilson fragt nicht um Erlaubnis. Er legt sich auf die Straße und bemalt einfach eingetretenen Kaugummi. Mehr als einmal hatte er Zusammentreffen mit der Polizei und 2007 musste er mit einem DNA-Test beweisen, dass er die Kaugummis nicht selbst anbringt.[5] Aber obwohl er nicht um Erlaubnis fragt, arbeitet er nicht illegal: Er betreibt keine Sach-

---

3   TedX – Ben Eine – From Vandalism to Fine Art: https://www.youtube. com/watch?v=dIEvk3E9U-k [07.04.19]

4   Battersby, Matilda: Urban myths: Has street art sold out?, The Independent, 07.10.2010: https://www.independent.co.uk/arts-entertainment/art/features/urban-myths-has-street-art-sold-out-2099798.html [Abgerufen: 01.05.2019].

5   Bunting, Madeleine: The Policing of the Artist, The Guardian, 11.12.2007: https://www.theguardian.com/commentisfree/2007/dec/11/thepolicing oftheartist [Abgerufen: 01.05.2019].

beschädigung, indem er fremdes Eigentum bemalt, sondern bemalt Material, das bereits fremdes Eigentum beschädigt hat. Ben Wilson unterwirft seinen künstlerischen Prozess keiner willkürlichen Erlaubnis, sondern arbeitet, wo auch immer es ihm beliebt, solange er eingetretene Kaugummis findet.

Zum anderen ist da der Aspekt der Kreativität. Seine Kunst macht Dreck schöner. Statt schwarzer, ekliger Kaugummiflecken finden sich nach seiner Arbeit bunte Ausdrücke seiner Kreativität. Dabei bedient er sich nicht nur seiner eigenen Gedanken, sondern interagiert mit seiner Umgebung. Zum Beispiel Ben Wilsons Hommage an Thierry Noir vor der Red Gallery in Shoreditch, beschrieben von Andrea Stadler im vorliegenden Buch:[6] Ein drei Zentimeter großer Kaugummi zeigt eine Miniaturdarstellung eines über 2,5 Meter auf 1,5 Meter großen Gemäldes von Thierry Noir. Andere Gum Pics zeigen Straßenabschnitte, für einige Zeit fand sich in Rivington Street ein Selbstporträt von ihm selbst bei der Arbeit.

Und dann sind da all die anderen Aspekte: Seine Arbeit findet tatsächlich auf der Straße statt – Street-Art –, nicht auf Wänden. Seine Kunstwerke sind frei verfügbar für alle. Er lebt nach eigener Aussage von Auftragsarbeit und Ausstellungen anderer Kunstwerke. Seine Gum Pics sind vergänglich – Menschen treten auf sie und laufen sie ab, manchmal werden sie abgekratzt, Gehwege werden neugestaltet und die Miniaturen verschwinden.

Am meisten aber schätze ich Ben Wilsons Arbeit vor allem aufgrund seiner Wirkung auf die Rezipierenden. Meine Erfahrung auf der Millennium Bridge zeigte mir, wie Menschen durch Gum Pics auf ihre Umgebung aufmerksam wurden – ein Effekt, den Street-Art oft hat, auch bei meinen Street-Art-

---

6   Vgl. Stadler, Andreas: Der Kaugummi und die Kunst – eine vielgestaltige und vielschichtige Beziehung (Artikel in diesem Band).

Touren. Da ich auf Kunstwerke aufmerksam machte und ihre Geschichten und Bedeutungen darstellte, begannen Gäste oft, nach noch mehr Werken Ausschau zu halten. Sie suchten die Wände nach Bildern ab, und suchten auf Dächern nach Skulpturen. Sie wurden ihrer Umgebung gewahr – ein Effekt, der zumindest in den anekdotischen Berichten ehemaliger Gäste auch lange nach einer solchen Street-Art-Tour anhält. Ohne Ben Wilson wären aller Gäste Augen nur nach oben gegangen. Seine Gum Pics aber bewirkten, dass auch der Boden in die Wahrnehmung der Gäste rückte.

Gum Pics waren auf meiner Tour immer dabei. Banksy war auch dabei, aber das Highlight war immer die Ecke an der Red Gallery mit dem Thierry-Noir-Gum Pic.[7] Und häufig gab es ähnliche Reaktionen auf den Miniatur-Thierry wie damals auf der Millennium Bridge: gezückte Smartphones und Aufmerksamkeit auf den Boden gerichtet. Es war 2016, London war ein fester Bestandteil meiner Lebenswelt geworden, und mit ihr Ben Wilsons Kunst.

Ich fühlte mich in der Stadt angekommen.

Frühling 2018

Wieder etwas mehr als ein Jahr später sollte sich mein Verhältnis zu Ben Wilson erneut wandeln. Sarah und ich waren kurz zuvor erneut umgezogen, in eine Wohnung nur für uns. Ich war dabei, meine Tourguide-Karriere herunterzufahren und mir ein Geschäft als Coach und Trainer aufzubauen. Meine Arbeit als Tourguide hatte mich dazu gebracht, zu hinter-

---

7   Leider gibt es weder die Thierry-Noir-Wand noch das Gum Pic noch. Das Gebäude wurde Mitte 2019 abgerissen, Thierry Noirs Wand und Ben Wilsons Gum Pic sind vergangen. Street-Art-Life.

fragen, was mich motiviert und nach welchem Sinn ich in meiner Arbeit strebe. Nicht zuletzt meine Street-Art-Touren machten mir klar, dass ich Motivation und Sinnhaftigkeit dadurch erfahre, Menschen neue Perspektiven zu eröffnen und ihnen zu ermöglichen, bewusster mit ihrer Umwelt zu interagieren. Was schnell in einem Satz zusammengefasst ist, war ein langer und sehr fundamentaler Prozess, aber er brachte mich schließlich in das Feld des People Development.

Es war ein warmer Tag im März 2018 und ich hatte gerade eine meiner Touren hinter mir, die bei der St Paul's Cathedral endete. Anschließend war ich mit einem Freund südlich der Themse verabredet, also machte ich mich auf den Weg zur Millennium Bridge.

Als ich mich der Brücke näherte, schimmerte sie silbern im Sonnenschein. An ihrem Fuß lag ein Mann mit dreckiger, orangener Arbeitshose. Leider war das in London kein seltener Anblick: Obdachlosigkeit ist ein großes Problem in der Stadt. Als ich aber näherkam, realisierte ich, dass das kein Obdachloser war – sondern Ben Wilson bei der Arbeit! Er lag auf dem Boden und arbeitete an einem Kaugummi!

Ich sah ihm kurz zu und sprach ihn an. Während wir sprachen, werkelte er weiter an seinem Kaugummi, und strahlte eine Gelassenheit und Freundlichkeit aus, die mich tief beeindruckte. Da ich noch für das Tour-Unternehmen auch für Social-Media-Marketing zuständig war, fragte ich, ob ich ein kurzes Video seines Schaffensprozesses machen könnte. Er stimmte, ohne zu zögern, zu. Ich zückte mein Smartphone und startete das Video – doch anstatt einfach schweigend zu arbeiten, erzählte er von seiner Arbeit und seiner Motivation! Hier ist seine Sicht auf die Dinge:

»I'm a street artist, people call me the Chewing Gum Man. I transform the chewing gum [on the streets] into miniature pictures. The beauty of it is its freedom of expression, which means I can work anywhere and allow the art to happen in a random capacity. I suppose the thing for me is that we all have pictures in our imagination. It's about creative thinking, making different things happen and allowing those pictures in our subconscious to manifest in different ways. That doesn't necessarily have to be a picture – it could be someone dancing, someone singing a song or, I don't know, whatever comes to a person, however they're inspired. For me, the beauty of it is that I can take something thrown away and discarded, and hopefully transform it into something different or something which has another life. Give the chewing gum a different life.

It's good fun! I enjoy it!«

Ich war überglücklich: Zum Abschied meiner Arbeit als Tourguide durfte ich mit einem meiner Kunsthelden sprechen. Eine fundamentale Veränderung in meinem Leben wurde begleitet von einem absoluten Highlight.

Ich fühlte mich in der Stadt noch angekommener als zuvor.

Finale

Das Leben ging in großen Schritten weiter. Zwei Monate später endete meine Zeit als Tourguide, meine Karriere als People Developer begann. Ich hatte gerade eine Stelle angenommen, die sinnstiftend und erfüllend war. Es war meine erste Festanstellung, seit ich aus Deutschland weggezogen war. Obwohl nur ein paar Monate vergangen waren, fühlte es sich an wie ein anderes Leben.

Eines Samstags, am 21. April 2018, waren Sarah und ich in Shoreditch unterwegs. Wir waren zum Abendessen verabredet, mit anschließendem Besuch einer Show im National Centre for Circus Arts. Shoreditch war eines meiner ›Reviere‹ gewesen, in dem ich noch kurz zuvor als Tourguide unterwegs gewesen war. Wir liefen Shoreditch High Street entlang, eine Strecke, die ich in den zwei Jahren zuvor hunderte Male gegangen war.

Da lag wieder eine orangene Hose. Dieses Mal dachte ich nicht an einen Obdachlosen, sondern wusste sofort, wen ich da sah. Ben, Sarah und ich kamen wieder ins Gespräch, plauderten. Ich fragte, wovon er zumeist lebe. Er erzählte von Werken auf Kommission, und von Ausstellungen in Galerien, für die er Kaugummi von der Straße löste und auf Backsteinen anbrachte, bevor er sie bemalte. Wir sprachen über Motivationen, und wie er manche Motive seiner Bilder bewusst wählt, um zu beweisen, was auf kleinster Fläche möglich ist. Wie manche Motive dadurch entstehen, dass Passant:innen ihn nach etwas Bestimmtem fragen, so zum Beispiel war sein Selbstportrait in Rivington Street entstanden. Und schließlich fragte er uns, wie wir denn heißen.

Drei Mal war Ben Wilson in meiner gefühlten Entwicklung zum Londoner aufgetaucht: direkt nach Ankunft, damals auf der Millennium Bridge; in meiner Zeit als Tourguide, als ›Objekt‹ meiner Tour; und persönlich, während meiner Metamorphose vom Tourguide zum People Developer.

Manchmal sind aller guten Dinge vier: Dieses Mal trafen wir Ben an einer Straßenecke in Shoreditch. Eine Straße, die ich von meinen Touren kannte wie meine Westentasche. Um die Ecke eines meiner liebsten ›öffentlichen Wohnzimmer‹, in dem ich mich als Coach oft mit Klienten traf. Eine Straße weiter ein Wochenend-Blumenmarkt, von dem fast alle unsere Hauspflanzen kamen – eine eigene Wohnung brauchte auch mehr Pflanzen. Um die andere Ecke ein veganer Brasilianer, bei dem Sarah und ich den vergangenen Valentinstag gefeiert hatten. Und schließlich, unverdächtig vor einer schwarz gestrichenen Hauswand unter einem leerstehenden Schaufenster, ein Gum Pic mit der Abbildung der Kreuzung, an der wir Ben getroffen hatten, unterschrieben mit Datum und Unterschrift – und überschrieben mit unseren Namen.

Wir waren – wortwörtlich – Teil der Stadt geworden.

Sarahs und Jonas' Gum Pic.

Die auf dem Gum Pic abgebildete Straßenecke.
Fotos: Jonas Fathy.

Quellen

Battersby, Matilda: Urban myths: Has street art sold out?, The Independent, 07.10.2010: https://www.independent.co.uk/arts-entertainment/art/features/urban-myths-has-street-art-sold-out-2099798.html [Abgerufen: 01.05.2019].

Bunting, Madeleine: The Policing of the Artist, The Guardian, 11.12.2007: https://www.theguardian.com/commentisfree/2007/dec/11/thepolicingoftheartist [Abgerufen: 01.05.2019].

Cornell University: »Explaining Why The Millennium Bridge Wobbled«, ScienceDaily, 03.11.2005: https://www.sciencedaily.com/releases/2005/11/051103080801.htm [Abgerufen: 01.06.2019].

Duden – Graffiti/Graffito: https://www.duden.de/rechtschreibung/Graffito#b2-Bedeutung-3 [Abgerufen: 01.05.2019].

Pappas, Stephanie: Pompeii ›Wall Posts‹ Reveal Ancient Social Networks, Live Science, 10.01.2013: https://www.livescience.com/26164-pompeii-wall-graffiti-social-networks.html [Abgerufen: 01.05.2016].

TedX – Ben Eine – From Vandalism to Fine Art: https://www.youtube.com/watch?v=dIEvk3E9U-k [Abgerufen: 07.04.2019].

Abbildungsverzeichnis

01 Millennium Bridge – Foto Jonas Fathy 2018.jpg. Urheber: Jonas Fathy.

02 Tags, Graffiti, Street Art – KylaBorg CC-BY 2.0. Urheber [Lizenz]: KylaBorg [CC BY 2.0]. https://www.flickr.com/photos/kylaborg/13820949013/.

03 Ben Eine bei der Arbeit – Foto Edward Betts CC-BY 3.0.jpg. Urheber [Lizenz]: Edward Betts [CC BY-SA 3.0]. https://commons.wikimedia.org/wiki/File:Ben_Eine_at_work_06.jpg.

04 Sarahs und Jonas' Gum Pic – Foto Jonas Fathy.JPG.

05 Die Straßenecke – Foto Jonas Fathy.JPG. Beide Fotos Urheber: Jonas Fathy.

The Gum Wall (Seattle)

Der Kaugummi und die Kunst

Eine vielgestaltige und vielschichtige Beziehung

Andrea Stadler

»Der Kaugummi ist aus der Kunst nicht wegzudenken«, behauptet die Kuratorin Vera Wieschermann 2018 in einem Interview mit dem Deutschlandfunk Kultur.[1] Macht man sich auf die Suche nach Künstler:innen, in deren Werken Kaugummi eine Rolle spielt, stellt man fest, dass die Beziehung von Kaugummi und Kunst vielgestaltig ist, sie ist »abwechslungsreich, bunt, farbig, gemischt, kunterbunt, unterhaltsam, verschiedenartig, vielfältig«.[2] Sie ist aber auch vielschichtig, »aus vielen Schichten bestehend« und »aus vielem Verschiedenem zusammengesetzt«, »heterogen, komplex, vielfältig«.[3] Der Kaugummi ist kein statisches Element, sondern durchläuft während seines Daseins verschiedene Stadien, das macht den vielfältigen Umgang mit ihm möglich.

Anhand einiger Beispiele soll dem künstlerischen Umgang mit Kaugummi nachgespürt werden, von der Nutzung seiner Verpackung als Kunstobjekt über seinen Einsatz als Werkstoff

1   Welty, Ute: »Der Kaugummi ist aus der Kunst nicht wegzudenken«, Interview mit Vera Wieschermann, Deutschlandfunk Kultur, 17.11.2018: https://www.deutschlandfunkkultur.de/kuratorin-vera-wieschermann-der-kaugummi-ist-aus-derkunst.1008.de.html?dram:article_id=433477 [Abgerufen: 05.02.2019].

2   Duden – vielgestaltig: https://www.duden.de/suchen/dudenonline/vielgestaltig [Abgerufen: 07.01.2019].

3   Duden – vielschichtig: https://www.duden.de/rechtschreibung/vielschichtig [Abgerufen: 07.01.2019].

für Skulpturen und Bilder und als Motiv in Bildern, Skulpturen, Installationen und Performances bis hin zur künstlerischen Verwertung des Kaugummiabfalls. Dabei soll ebenfalls versucht werden, kunstgeschichtliche Bezüge herzustellen und in Ansätzen bis zu den Bedeutungsschichten dieser Werke vorzudringen, die der:die interessierte Rezipient:in sowohl an kunstspezifischen Orten wie Galerien, Museen und Kunstfestivals als auch in alltäglichen Zusammenhängen wie in Läden und auf der Straße findet.

Kaugummiverpackung als Bildträger

Zehn kleine Kaugummis (2 cm x 1 cm) kann man sicher platzsparender unterbringen als in einer Pappschachtel von etwa 11,5 cm Länge, 7 cm Breite und 1 cm Höhe, aber vielleicht nicht so schön, wie es sich die Macher von Charity Gums ausgedacht haben (Abb. 1). Zieht man an einer Lasche auf der Schmalseite, verlängert sich das Bild auf der Oberseite der Packung um weitere 9 cm (Abb. 2). Klappt man diese Fläche nach oben, entdeckt man eine auf der Pappfläche mit der Lasche aufliegende Kunststoffverpackung mit zehn Kaugummis, die sich herausdrücken lassen (Abb. 3). Auf die Pappfläche unter den Kaugummis sind Informationen über den:die Künstler:in aufgedruckt.

Das Konzept von Charity Gums beinhaltet einerseits ein Spendenkonzept, das mit einem Teil des Verkaufspreises wohltätiges Engagement unterstützt, und andererseits eine Art Kunstförderung. Die teilnehmenden Künstler:innen[4]

---

4   Künstler von Charity Gums: https://www.charitygums.de/epages/64178
     956.sf/sec2ca4ceaeof/?ObjectPath=/Shops/64178956/Categories/kuenst
     ler [Abgerufen: 18.02.2019].

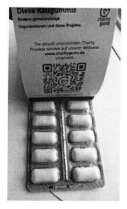

Abb. 1–3. Fotos: Andrea Stadler.

erhalten eine Vergütung und haben eine ungewöhnliche
Möglichkeit, ihre Kunst der Öffentlichkeit zugänglich zu machen. Die Verpackungen sind »Freiflächen« für künstlerische
Gestaltungen, die Bildserien sind »limitiert und wechseln in
regelmäßigen Abständen, ebenso wie die Künstler, die sie
entwerfen«.[5]

Verbindend und wiedererkennbar sind das einheitliche Format und die gleiche Zusammensetzung der Schachtel sowie
die Individualität der aufgedruckten Bildmotive. Natürlich
handelt es sich hier um Reproduktionen, die nicht signiert
und nicht nach den Ansprüchen des offiziellen Kunstmark-
tes limitiert sind, die aber durchaus Sammlerobjekte werden
können, da – wie Charity Gums in einer Broschüre schreibt –
»jedes einzelne Motiv ein kleines Meisterwerk der Illustrati-
onskunst« darstellt.[6]

Die Kunstgeschichte hat inzwischen das Repertoire ihrer
Gattungen und Inhalte erweitert. Comic, Fotografie, Film,
Installation, Performance und Street-Art gehören anerkann-
termaßen dazu. So lassen sich die Ziehbilder der Kaugum-
miverpackungen von Charity Gums wie Bildergeschichten,
Daumenkino und Klappbilder zu den Vorformen des Films
zählen. Sie erweitern die Bildfläche um die Dimensionen
Raum und Zeit. Der Betrachter, oder Benutzer, erweitert den
Bildinhalt durch Bewegung. Er entscheidet, an welcher Stelle
der Bewegungsfluss stoppt, ob und wie weit er den beweglichen Teil hinauszieht oder hineinschiebt. Das interaktive
Objekt regt zum Spielen an, zumal sich oft überraschende
oder witzige Effekte ergeben. Auch unter diesem Aspekt haben die Künstler:innen für das Objekt »Ausziehschachtel«

5   Charity Gums: http://blog.charitygums.de/uber-charity-gums/ [Abgeru-
    fen: 05.01.2019].
6   Charity Gums, Art Collection, Broschüre, Berlin o. J. (Teil einer Bestel-
    lung vom 21.01.2019).

unterschiedliche Lösungen gefunden, vom einfachen Bildträger mit Bilderweiterung durch den Ausziehteil bis hin zum dreidimensionalen Objekt, das der Schachtel einen weiteren Sinn verleiht.

So unterschiedlich wie die Künstler:innen, so verschieden sind auch ihre Motive und ihre Darstellungsweisen, die sich zwar an verschiedenen kunsthistorischen Vorbildern orientieren, aber immer gegenständlich und teilweise erzählend sind. Die Künstler:innen bedienen sich teilweise eines »altmeisterlichen« Stils, beziehen fotorealistische Elemente ein, arbeiten wie Dada oder Kubismus, wie Max Ernst und Picasso, mit Collagen, stehen in Farbwahl und Farbauftrag dem Expressionismus oder der Pop Art nahe. Die Mehrzahl der Künstler:innen praktiziert Mischformen, wie man sie aus Illustration, Karikatur und Comic kennt, von der flächig wirkenden Linienzeichnung mit monochromen Farbflächen über dreidimensional wirkende Motive mit feinsten Farbabstufungen bis hin zu abstrahierenden Darstellungen. Das Motiv »Kaugummi«, oder »Essen«, ist nicht in allen Fällen Teil der Erzählung, häufig findet man gestalterische Anspielungen, die mit ihren Kreisformen die Form von Kaugummiblasen aufgreifen.

Der tschechische Künstler und Illustrator Stanislav Setinský (geb. 1985) variiert in vielen seiner Grafiken Holzschnitte der Renaissance, die er durch eigene Veränderungen und Hinzufügungen »modernisiert« und aktualisiert.[7] Für die Kaugummiverpackung »Chameleon« (Abb. 4) hat er mit Bleistift und Pinsel gearbeitet. Entstanden ist die kolorierte Zeichnung eines blassblauen Chamäleons auf weißem Hintergrund, das sich mit eingerolltem Schwanz und rundem Rücken an einen braunroten, nach rechts unten geneigten

---

7   Setinský, Stanislav: http://setinsky.blogspot.com/ [Abgerufen: 18.02. 2019].

Zweig klammert und seine korallenfarbige Zunge ausstreckt. Detailliert sind Umrisse, Hautfalten, Körper- und Schlagschatten mit Linien, Schraffuren und Flächen in Schwarz ausgearbeitet. Weißhöhungen machen beleuchtete Partien und Lichtreflexe sichtbar. Im Gegensatz zu dem flächig erscheinenden Zweig sind Körperformen und Oberflächenbeschaffenheit des Chamäleons recht gut erkennbar. Zieht man den inneren Karton heraus (Abb. 5), vervollständigt sich die rechts am Bildrand in der Mitte abgeschnittene Zunge zunächst um die Zungenspitze. Dann erscheint über der länger werdenden, ausgerollten, welligen Zunge das Opfer, das eingerollt werden soll, eine Fliege mit blassblauem Körper, die versucht nach rechts oben davonzufliegen (Abb. 6). Zuletzt erscheint ein Tropfen, der von der Zunge nach rechts unten zu fallen scheint (Abb. 7). Er soll sicher auf den großen Appetit des etwas kränklich aussehenden Jägers hinweisen. Wie ein Renaissancekünstler hat Stanislav Setinský auf eine Bildkomposition geachtet, die sich auf einen wesentlichen Farbkontrast beschränkt, die Bildfläche mit orthogonalen Kompositionslinien organisiert und ein Gleichgewicht von Gegensätzen wie Statik und Dynamik, Fülle und Leere herzustellen versucht. Mit dem Chamäleon hat Stanislav Setinský ein Motiv gewählt, das sich besonders gut eignet für eine Ziehbildergeschichte und das durchaus einen Bezug zum Inhalt der Verpackung hat: das Einführen in den Mund und Essen einer leckeren, leichten Speise, das Kleben von Kaugummi und Zunge, die runde Form von Kaugummiblase und von Körper, Schwanz und Auge des Chamäleons. Spuckt der Jäger sein Opfer etwa aus? Kann er keiner Fliege etwas zuleide tun? Schließlich entfernt sich die Fliege beim Herausziehen des Bildes vom Maul dieses Tieres, das sich seiner jeweiligen Umgebung anpassen kann. Eine kaugummiangepasste vieldeutige Geschichte!

Abb. 4–7. Fotos: Andrea Stadler.

Realitätsnah erscheint auch der »Küchenzauber« von Carolina Rossi von der Akademie für Illustration und Design Berlin (Abb. 8), der sich – streng von oben gesehen – gegen jede perspektivische Darstellung wehrt. Stattdessen wird die Schachtel selbst zum Herd, zu einem »Kunstobjekt«, indem auf ihren Seiten Soße und »Kartoffelbrei« herabläuft. Da die rechte Verpackungsseite offen ist, befinden sich die Herdknöpfe auf der Oberseite rechts zusammen mit einem roten Lichtknopf (Abb. 9). Auf drei der vier Kochplatten, Kreise in verschiedenen Größen, stehen Töpfe. Die sorgfältig angelegte Blickführung lenkt die Konzentration des:der Betrachter:in zunächst auf einen großen Topf unten rechts mit einer gelben, amorphen Masse, vielleicht Kartoffelbrei. Links daneben steht ein kleiner Topf, dessen roter Inhalt eine Soße sein könnte. Oben links kocht im dritten Topf blaues »Wasser«. Auf der vierten Kochplatte, dem kleinsten Kreis oben rechts, liegt ein abgelegter rot gefärbter Kochlöffel. Carolina Rossi arbeitet mit den Grundfarben Rot, Gelb und Blau und schwarzen Punkten, Linien, Schraffuren und Flächen, um diesem in sich geschlossenen Stillleben Stofflichkeit und Plastizität zu geben. Zieht man an der Lasche, erscheint im rechten oberen Bildwinkel ein plastisch ausgearbeiteter, gerupfter Vogel ohne Füße, dessen Kopf und Teile der flatternden Flügel von der oberen und der rechten Bildkante abgeschnitten werden (Abb. 10). Zieht man das Bild weiter heraus, erkennt man einen Grillrost von oben und die Herdfront in extremer, perspektivischer Verkürzung. Der Grillrost – in seiner Form angelehnt an die Aluunterlage der zehn rechteckigen Kaugummis zwischen den beiden Ausziehpappen – trägt ein kleineres Backblech, auf dem ein ovaler Bräter steht, der zu zwei Dritteln aus dem Backofen gezogen und an den Wänden ausgekleidet ist mit einer dicken Schicht von Formen in warmen Farben, vielleicht Äpfel, Maronen und Kartoffeln, während in der Mitte sein kühler, metallener,

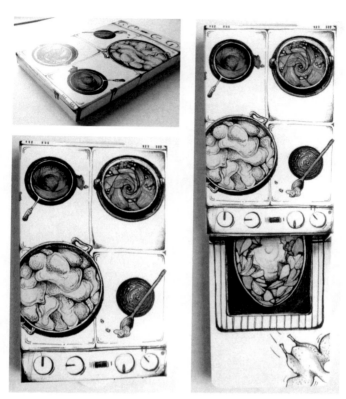

Abb. 8–10. Fotos: Andrea Stadler.

blauer Boden sichtbar wird. Der Braten ist ausgeflogen! Carolina Rossi versteht es, die Gegebenheiten der Verpackung für den:die Nutzer:in zu einem sinnvollen, dreidimensionalen, witzig-makabren Spiel werden zu lassen.

Die Motive der weiteren neun uns vorliegenden Verpackungen funktionieren vor allem als Bildträger (Abb. 1 und 11). Die Funktion des Ausziehbildes dient der Vervollständigung (Abb. 2 und 12). Der Inhalt der Verpackung, Kaugummi, wird nicht überall thematisiert. Auf dem Karton, der

Abb. 11. Foto: Andrea Stadler.

allerdings in einigen Fällen für den:die Betrachter:in bereits wie eine fertige Komposition wirkt,[8] sind am Bildrand rechts angeschnittene Bildteile, die erst bei vollständig herausgezogenem zweiten Teil einen Sinn ergeben. Häufig ist der zweite Teil vorhersehbar, die Ausziehschachtel wird zum Ratespiel.[9]

---

8   Als Beispiele seien hier zu nennen »Future City« von Nicolas Sperling, »Kuss« von Irmela Schautz, »A Kiss is a kiss« von MEWE.

9   Die wehenden Haare einer Schönheit mit Anker-Ohrringen werden zu Wellen, auf denen das Schiff mit dem Angebeteten schaukelt (Cons-

Abb. 12. Foto: Andrea Stadler.

So findet eine Frau mit gelber Blume, die sich einem halben Herzen rechts zuwendet, ihr Gegenüber in einem ebenso
bunten Mann mit komplementärfarbener violetter Blume,
der zur zweiten Herzhälfte nach links schaut. Der in Berlin
lebende, französische Street-Art-Künstler Thierry Noir (geb.
1958), der bekannt ist durch seine Arbeiten auf der Berliner
Mauer seit 1984,[10] hat tatsächlich den gleichaltrigen amerikanischen Pop-Art-Künstler Keith Haring (1958–1990) getroffen, dessen flächige, bunte Fantasiefiguren ähnlich gestaltet
sind.

---

tanze Guhr, »far away«). Das Fahrrad einer Berliner Radfahrerin wird
zum Fünfpersonen-Tandem mit einer ganzen Familie (Christian Badel,
»Tandem Love«). Die Silhouette des Hamburger Hafens mit einem
Kaugummiblasen produzierenden Spaziergänger im Vordergrund wird
ergänzt durch das einfahrende Schiff Emma und ein Mädchen, das die
Möwen füttert (Claudia Machler, »Am Hafen«).

10 Howard Griffin Gallery: Thierry Noir – A Retrospective, 2014: http://
howardgriffingallery.com/exhibitions/thierry-noir-a-retrospective/ [Ab-
gerufen: 19.03.2019].

Zum Abschluss soll noch ein kurzer Blick auf das sehr komplexe Bild »Allover« von Steffen Gumpert (geb. 1975) geworfen werden, in dem Kaugummiblasen eine Rolle spielen und das in seiner Fülle und in seinem Erfindungsreichtum von Wesen, denen man nur in Albträumen begegnet, sowohl an Bilder von Keith Haring[11] oder A. R. Penck (1939–2017) denken lässt als auch an Darstellungen von »alten Meistern« wie Hieronymus Bosch (~1450–1516). Die einzelnen Bildelemente sind im Stil von bunten Comicfiguren gehalten, die sich mit zartvioletten Kaugummiblasen beschäftigen, ein Kontrast von fröhlicher Bilderbuchwelt mit Glücks- und Spielsymbolen, Blumen, Fisch, Vogel, Drache, Einhorn, Tiger und Meerjungfrau und makabrem Inhalt, wo der Rettungsring an den Anker gefesselt ist, die Boxhandschuhe Heftpflaster tragen, das Herz von einem Schwert durchbohrt wird und im Zentrum des herausgezogenen Bildes der Tod mit Zylinder und großer Kaugummiblase vor dem Hintergrund einer grauen Rauchwolke, die den Nüstern eines teuflischen Wesens entsteigt, dem:der Betrachter:in zuzwinkert. Ist das Leben ein opulentes Glücksspiel, die Jagd nach Erfolg in allen Bereichen ohne Sinn, so leer wie eine zerplatzende Kaugummiblase?

Kaugummi als Werkstoff

Auf der Suche nach einem modernen Material für seine Skulpturen stieß der italienische Architekt und Künstler Maurizio Savini (geb. 1962) vor mehr als 20 Jahren auf Kaugummi. In

---

11   Besonders das Bild »Ohne Titel« von 1985, Acryl und Öl auf Leinwand, 296 x 303 cm, das sich im Ludwig Forum für Internationale Kunst in Aachen befindet und sich mit dem Tod durch AIDS beschäftigt, hat Ähnlichkeiten in Bildaufbau und Motiven.

der Nachkriegszeit aus den USA nach Europa eingeführt ist Kaugummi für ihn »Symbol amerikanischen Styles«[12] wie Coca-Cola und Nylonstrümpfe, flüchtig und kurzlebig, überflüssig, weil nicht nahrhaft, ein Material, das für ihn Industrie, Kunstgeschichte und Sozialgeschichte vereint[13] und mit dem er seiner Gesellschaftskritik Ausdruck verleiht.

Nachdem der Zuckergehalt der Kaugummihaut den Gipsunterbau der ersten Skulpturen nach wenigen Monaten zerstört hatte, begann der Künstler wie einst Leonardo Da Vinci (1452–1519) zu experimentieren, machte den Kaugummi haltbar durch die Behandlung der Oberfläche mit Formaldehyd, Antibiotika und Paraloid[14] und erschuf so den »Marmor der Zukunft«.[15] Das Material für die Kaugummioberfläche der zumeist lebensgroßen Skulpturen bezieht Maurizio Savini aus den USA, und er lässt die kubischen Grundelemente von seinen Assistentinnen aus dem Stanniolpapier wickeln und erwärmen. Er trägt das Material dünn auf und bearbeitet es mit dem Messer wie eine Tonplastik, die schließlich äußerst realistisch wirkt (Abb. 13). Allerdings beschränkt sich Maurizio Savini zumeist auf die Farben Weiß und Rosa[16] – »cream

Abb. 13. Foto: Andrea Stadler.

---

12 S&G Arte Contemporanea: http://www.art-in-berlin.de/ausstellungs -text.php?id=1164 [Abgerufen: 13.12.2018].

13 Kaugummi-Skulpturen des Künstlers Maurizio Savini | euromaxx: https: //www.youtube.com/watch?v=cGYTj2e-u5s [Abgerufen: 09.04.2019].

14 Paraloid ist ein Harz, das für die Konservierung von Kunstwerken eingesetzt wird.

15 S&G Arte Contemporanea: http://www.art-in-berlin.de/ausstellungs -text.php?id=1164 [Abgerufen: 13.12.2018].

16 Arbeiten aus den Jahren 2000 bis 2004 lassen die Grundelemente deutlich nebeneinander stehen und verwenden nur Rosa. Die Beispiele von

and strawberry« –, die »kindischste, femininste, und süßeste aller Farbschattierungen«, wie Gianluca Marziani bemerkt,[17] deren betörende Wirkung noch durch den Duft des süßen Materials verstärkt wird. Farbe, Duft und taktile Oberfläche machen das Kunsterlebnis sehr sinnlich, rauben zahlreichen gesellschaftskritischen Motiven Savinis zwar ihre Aggressivität, stehen aber in größtem Gegensatz zur Aussage der Werke, die mithilfe von Ironie und Parodie den Blick hinter die Fassade der Welt leiten, einer künstlichen Welt der Fälschungen und Täuschungen. Auch dafür steht die Farbe »Pink«.

In »Brothers«[18] (»Geschwister«, 2012) stehen zwei Kinder, ein Junge mit Kurzhaarfrisur und ein etwas größeres Mädchen mit Mittelscheitel und zwei kurzen Zöpfen, im Mittelpunkt der Inszenierung in Rosa und Weiß. Beide sind sorgfältig gekleidet, der Junge mit kurzen Hosen, Socken und Kinderschuhen, wozu er ein gestreiftes Hemd und Krawatte trägt, wie ein Bankangestellter oder Geschäftsmann; das Mädchen mit Kinderschuhen, Socken, Faltenrock, Bluse und Umhängetasche. Die Kleidungsstücke des Jungen sind detailliert mit Ziernähten, Innenfutter und Knöpfen und die des Mädchens mit Biesen, Spitze und Karos ausgearbeitet. Der Bruder legt seine linke Hand auf die rechte Schulter seiner Schwester, die wie er die Lippen zum Sprechen oder Flüstern leicht geöffnet hat, aber nach rechts oben schaut zu einem fiktiven Gegenüber, dem sie ihre rechte Hand entgegenstreckt, während

---

2007 aus dem Buch »Potenza della delusione« zeigen die Farben Weiß und Rosa und eine deutliche Annäherung der Oberflächenstruktur an die natürliche Oberfläche des dargestellten Lebewesens.

17 Marziani, Gianlucca: Maurizio Savini. Forbidden World: https://www. partnersandmucciaccia.net/forbidden-world-maurizio-savini/ [Abgerufen: 09.04.2019].

18 Cambi, Carlo (Hg.): Maurizio Savini. Potenza della delusione, o. O. 2013, S. 42–43: Brothers, 2012, chewingum fiberglass, 150 x 150 x 125 cm.

sie ihre linke hinter dem Rücken versteckt. Zwischen den Kindern steht ein schwarzer, dürrer, kahler Baum, an dessen Zweigen sich, wie auf dem hellblauen Boden, bunte Stäbchen und Plättchen befinden, die der:die Betrachter:in zunächst für Süßigkeiten hält, bis er erkennt, dass das Mädchen ihm kein Bonbon, sondern eine Tablette anbietet, ein Produkt der pharmazeutischen Industrie, für Riccardo Palmisciano »Glücksversprechen des 3. Jahrtausends«.[19] Das Motiv von »Hänsel und Gretel«, das man assoziiert, bekommt in dieser modernen Version einen bitteren Beigeschmack: Der Wald ist tot, das lebensrettende Brot ist ersetzt durch Chemie – Psychopharmaka, Vitaminpillen, chemisch behandelte Produkte der Nahrungsmittelindustrie, Medikamente in der Massentierhaltung, genveränderte Pflanzen, Pestizide und Herbizide. Aufblühendes Leben steht neben Tod. Das niedliche Rosa, das das Ensemble zusammenfasst und durch die weißen Akzente rhythmisiert wird, strahlt plötzlich sterile Künstlichkeit aus. Eine abstoßende Welt zwischen Verkitschung, Surrealismus und Hyperrealismus,[20] in der man nicht leben möchte! So rät Gianluca Marziani dem:der Betrachter:in ironisch, das appetitlich scheinende Werk nicht zu essen, sondern seinen Inhalt zu verdauen.[21]

---

19 Palmisciano, Riccardo: Potenza della delusione?, in: Cambi, Carlo (Hg.): Maurizio Savini. Potenza della delusione, o. O. 2013, S. 21: »promessa di felicità da Terzo millenio. Inutile scandalizzarsi. L'innocenza, in certe situazioni, non è che un lusso, e qui bisogna pur campare (it's economy baby!)« (»Glücksversprechen des 3. Jahrtausends. Unnötig, sich aufzuregen. In bestimmten Situationen ist Unschuld nichts als Luxus und hier eine Notwendigkeit um zu überleben (das ist Wirtschaft, Baby!)«).

20 Marziani, Gianluca: Collective Rites: http://www.mauriziosavini.com (Abgerufen: 13.12.2018).

21 Marziani, Gianluca: Babel Babol, in: Cambi, Carlo (Hg.): Maurizio Savini. Il mondo vola? o. O. 2016, S. 22: »Unica avvertenza: non masticare

Auch in der Ausstellung »Destined for Nothing«[22] (»Bestimmt für nichts«, 2007) steht der Umgang des Menschen
mit der Welt im Mittelpunkt. Hier spielen Tiere wie Bär,
Hase, Marder, Reh, Wolf und Stachelschwein die Hauptrolle.
Bis auf ihre unnatürlichen Farben Rosa und Cremeweiß sind
sie sehr realitätsnah und in Lebensgröße dargestellt. Jedes Tier
hat sein eigenes Podest und ist in einer Haltung dargestellt,
die äußerste Verteidigungsbereitschaft und Konzentration
suggeriert. Durch die einheitliche Weißeinfärbung der Umgebung ist erst auf den zweiten Blick zu erkennen, dass Plas-
tikmüll neben Zweigen und Blättern den »Waldboden« bildet.
Der Marder zieht mit dem Maul gerade eine Plastiktüte aus
dem Müll, der Hase hat sich auf einen Hocker gerettet. Der
Bär lehnt hoch aufgerichtet an einer verschlossenen Tür. Der
Lebensraum der Wildtiere, die hier als rosa »Kuscheltiere«
fortleben und angenehm duften, hat wie sie durch die Konsumgesellschaft seine Natürlichkeit verloren. Letztendlich
warnt Maurizio Savini die Menschheit vor der Zerstörung
ihrer eigenen Umwelt.

Sein bissiger Umgang mit ernsten Themen wie Konsum
und Umweltzerstörung, Reichtum und Armut, Krieg und
Frieden, Profit und Ethik, Legalität und Illegalität, Globali-
sierung und Verlust nationaler Identitäten, Macht und Ohn-
macht,[23] ist der Versuch, Bewusstsein und Kritikfähigkeit
der Menschen zu wecken, um gegen den Konsens einer »Un-
terhaltungsgesellschaft« anzugehen, in deren kollektives Ge-

---

l'opera quando si digerisce il suo contenuto. Potrebbe piacervi, e l'arte
non dovrebbe essere mai mangiata ma solo digerita.«

22 Cambi, Carlo (Hg.): Maurizio Savini. Potenza della delusione, o. O.
2013, S. 94–95.

23 Savini, Maurizio: Preface, in: Cambi, Carlo (Hg.): Maurizio Savini. Il
mondo vola? o. O. 2016, S. 5 oder http://www.mauriziosavini.com [Ab-
gerufen: 13.12.2018].

dächtnis die Medienwelt mit ihren Bildern und Idolen eine falsche Welt einlagert, die die reale Welt überdeckt.[24]

Savinis Skulpturen stehen zum einen in der langen Tradition von Bildhauerarbeiten, die seit der griechischen Antike Abbilder der Wirklichkeit zu schaffen versuchen, zum anderen knüpfen sie formal wie auch inhaltlich an die Arbeiten von Pop-Art-Künstlern wie George Segal (1924–2000) und Duane Hanson (1925–1996) an, die sich kritisch mit dem »American Way of Life« auseinandersetzten. Segals lebensgroße weiße Figuren werden wie Hansons hyperrealistische Kunststofffiguren mit alltäglichen Gegenständen kombiniert, erzählen fiktionale Geschichten und holen Ausschnitte der Wirklichkeit ins Museum, sozialkritische Reaktionen »auf das, was außerhalb der Museen in der amerikanischen Gesellschaft vor sich ging«.[25] Maurizio Savinis Rezensenten fassen die Kriterien, mit denen sie seine Kunst der Pop Art zuordnen, wie folgt zusammen: »[D]as Material als Teil des Alltäglichen ist ›Pop‹, das schrille Pink ist ›Pop‹, die Gratwanderung zum Kitsch ist ›Pop‹, der Wiedererkennungswert ist ›Pop‹. Hinter der Banalität seiner Skulpturen verbirgt sich ein Nachsinnen über den Zeitgeist – auch das ist ›Pop‹«.[26]

Auch seine Kaugummi-Porträts aktueller Idole sind »Pop«. Technisch finden sie ihre Vorläufer in den 2.000 Jahre alten Enkaustik-Bildern der ägyptischen Mumienporträts, da Maurizio Savini das Bindemittel Wachs durch Kaugummi ersetzt. Gestalterisch ersetzt er Farbabstufungen durch scharf abgegrenzte Farbfelder, wie der Pop-Art-Künstler

---

24 Trombadori, Duccio: Beware of the gorilla, in: Cambi, Carlo (Hg.): Maurizio Savini. Il mondo vola?, o. O. 2016, S. 9.

25 Wikipedia – Duane Hanson: https://de.wikipedia.org/wiki/Duane_Hanson [Abgerufen: 09.04.2019].

26 S&G Arte Contemporanea: http://www.art-in-berlin.de/ausstellungs-text.php?id=1164 [Abgerufen: 13.12.2018].

Andy Warhol (1928–1987) in seinen Siebdrucken, und inhaltlich führt er Warhols Galerie von zeitgenössischen Stars fort.

Kaugummi und Kaugummikauen als Motiv

Auch die ideale Gestalt der Kaugummiblase und der gekaute Kaugummi mit seiner amorphen Erscheinung und sogar das Kaugummikauen selbst können Teil von Kunstwerken werden.

Die Kugel der Kaugummiblase ist ein Motiv, das viele Assoziationen und Symbolbedeutungen implizieren kann. Kreis und Kugel sind ideale Formen. Dennoch ist die Kaugummiblase wie die Seifenblase eine flüchtige, vergängliche Erscheinung. Sie ist leicht und zerbrechlich, nur die eingeschlossene Luft hält sie in ihrer Form. Zu wenig Luft macht sie schrumpelig und deformiert sie, zu viel bringt sie zum Zerplatzen und macht deutlich, dass die vermeintliche Fülle aus »Nichts« besteht. Die Kugel ist leer.

Andererseits ist das Hervorbringen einer Kaugummiblase ein Akt des gekonnten Umgangs mit diesem Material. Es ist »cool«, jung und frisch. So finden sich im Kunstposter-Bereich viele Beispiele mit diesem Motiv: Marilyn Monroe (Abb. 14), Audrey Hepburn, Frida, Elizabeth II., Jan Vermeers »Mädchen mit dem Perlenohrring«, Giraffen, Schimpansen, Elefanten. Zumeist steht die transparente Kugel in Rosa oder Hellblau vor der schwarzweißen Abbildung des populären Wesens.

Abb. 14. Foto: Andrea Stadler.

Der Titel eines der Poster sagt alles über dessen Botschaft: »Girls just wanna have fun«.[27]

Für den international arbeitenden chinesischen Bildhauer Qian Sihua (geb. 1963) sind Blasen, die aus dem Mund einiger seiner Kopfskulpturen zu kommen scheinen, keineswegs leer, sondern sie enthalten die Essenz allen Seins, das »Qi«, die Energie des Lebens. Die Perfektion der Form ist ein Hinweis darauf, dass im Innern nicht zu wenig und nicht zu viel Qi vorhanden ist, ein Bild für die Bedeutung des Gleichgewichts der verschiedenen Kräfte, der Ausgewogenheit der verschiedenen Elemente[28] sowohl im Menschen als auch in der ganzen Welt.[29] Im Jahr 2015 nahm Qian Sihua in Davos am »Summer of Sculpture« teil (Abb. 15). Aus einheimischem Lärchenholz entstand nach einer Vorlage in kleinem Format der Kopf eines Knaben in etwa vierfacher Lebensgröße, getragen von einem Sockel (Abb. 16). Die Oberfläche zeigt deutlich die Arbeitsspuren des Künstlers, Spuren der Energie, die das Werk entstehen ließ. Nach eigener Aussage wollte er ein Gleichgewicht zwischen der Schönheit des alten Holzes und seiner eigenen Idee schaffen. An den Mund der Skulptur montierte er anschließend eine Kugel aus Metall. Die Wahl des Kinderkopfes hängt vielleicht damit zusammen, dass der Anfang des Lebens als ein Idealzustand verstanden wird,

---

27 Barockporträts mit Kaugummiblase, Kunstdruckposter: https://www. etsy.com/de/listing/263296532/girls-just-wanna-have-fun-pink-kaugum mi?ga_order=most_relevant&ga_search_type=all&ga_view_type=gal lery&ga_search_query=kaugummi+print&ref=sr_gallery-1-3 [Abgerufen: 11.03.2019].

28 Miklin, Martha: Art in real time, 24.10.2016: https://www.bestofthealps. com/en/d/davos/sculpture-symposium-summer-of-sculptures/ [Abgerufen: 07.01.2019].

29 Wikipedia – Qi: https://de.wikipedia.org/wiki/Qi [Abgerufen: 11.03. 2019] und Duden – Das große Fremdwörterbuch, 4. Auflage, Mannheim 2007.

Abb. 15–16. Fotos: Ian Ehm//
friendship.is.

da das Gleichgewicht der Energien noch nicht von inneren und äußeren Kräften gestört wird. Bereits im Sommer 2013 beteiligte sich Qian Sihua an der Ausstellung »Sculpture by the Sea« in Aarhus in Dänemark und im Herbst des gleichen Jahres in Australien[30] mit der zwei Meter hohen roten Stahlplastik »Bubble n° 5«. Dadurch, dass Kopf und Kugel aus einem Guss gemacht zu sein scheinen und mit derselben roten Farbe bemalt sind, wirkt die Plastik als optische Einheit abstrakter. Die Oberfläche ist glatt, aber übersät mit Beulen wie das Modell für die Skulptur in Davos, das 2016 nochmals für Australien als übergroßer gelber Kopf, »Bubble n° 7«, ausgearbeitet wurde.[31] Qian Sihua versteht diese konvexen Formen als Zeichen für den Energieaustausch, für die Kraft, zwischen

---

30   Towner, Llyn: Qian Sihua Sculpture By the Sea, Bondi Beach, Sydney, Australia, 26.10.2013: https://waamblog.wordpress.com/2013/10/26/qian -sihua-sculpture-by-the-sea-bondi-beach-sydney-australia/ [Abgerufen: 11.03.2019]. In Australien gibt es »Sculpture by the sea« seit 1997.

31   Wynne, Emma: Bubble no.7 by Chinese artist Qian Sihua. Sculpture by the Sea, Perth, 04.03.2016: https://www.abc.net.au/news/2016-03-04/

Kopf und Energieblase, aber auch als Echo der Wellen des Meeres, als Antwort auf die Einwirkung der Energie der Natur, die die Plastik umgibt.[32] Die Bedeutung der Farbe Rot deckt sich weitgehend mit dem westlichen Farbverständnis. »Rot gilt in China als die Farbe des Lebens, […]. Überdies steht sie für Wärme, Ruhm und Kraft«, während »Gelb […] für Toleranz, Geduld und aus Erfahrung gewonnene Weisheit« steht.[33] Beide Farben ergeben in Verbindung mit dem Qi als Lebensenergie und der Anstrengung des dargestellten Menschen, diese im Gleichgewicht zu halten, durchaus einen Sinn. Die Sinnschichten von Qian Sihuas Skulpturen lassen sich in ihrer Komplexität nur entschlüsseln, wenn man seinen Bezug zur chinesischen Philosophie kennt.

Leichter zugänglich zu sein scheint die Intention der Gestalterinnen von »Haus mit Kaugummiautomat« (Abb. 17), das auf der Skulpturen-Triennale in Bingen am Rhein 2014 Furore machte und zu weiteren Aufträgen von Veranstaltern

---

bubble-no.7-by-chinese-artist-qian-sihua.-sculpture-by-the-sea/7221198 [Abgerufen: 11.03.2019].

32 Shao, Lingwei: Sculptures by the Sea: Nature and Art in Aarhus, 03.06.2013: https://insightoutmagazine.wordpress.com/2013/06/03/sculptures-by -the-sea-nature-and-art-in-aarhus/ [Abgerufen: 11.03.2019]: »His work is easy to interpret – a boy is blowing a bubble. However the message behind is very philosophical: every beautiful thing has a balance point. ›Like chewing the bubble gum, if you blow too hard, the bubble will be broken,‹ Qian explains.
Qian says he applied the traditional Chinese concept Qi, translated as ›life energy‹, into his work. The wrinkles on his head embodies that all the energy in his head is transmitting to the bubble.
However this piece also contains the special Danish elements. The red sculpture and the white base are the color of the Danish national flag. The wrinkles on head of the kid also echo the waves in the sea.«

33 Chinesische Farblehre: https://www.asien.org [Abgerufen: 12.03.2019] und https://www.lepetitjournal.com [Abgerufen: 12.03.2019]: Rot bedeutet Feuer und Glück, Gelb steht für Erde, Ruhm, Weisheit, Harmonie und Glück.

Abb. 17. Foto: Social Knit Work Berlin, Vera Bauer.

für die kreative Gruppe Social Knit Work aus Berlin führte.[34] Das grüne Haus, an dem ein Kaugummiautomat hing und dessen Fassade mit 400 »Kaugummiblasen« aus gestrickter Wolle in allen möglichen Farben und Größen übersät war, setzte nach Ansicht von Journalist:innen das Thema des Jahres, »Mensch und Maschine«, dahingehend um, dass die Berliner Strickkünstlerinnen zeigen wollten, »wie eine Manufaktur im Gegensatz zu einer Maschine frei entscheiden kann, was und wie produziert wird«;[35] individuell gestaltete Kugelproduktion aus Wolle steht hier genormter, bunter Standardware aus dem Kaugummiautomaten gegenüber. Eher humorvoll war wohl die Interpretation gemeint, die in den bunten Blasen die Folge der Sprengung des Kaugummiautomaten zu erkennen glaubte.[36] Empfohlen

34   Noetzel, Karin: Gestrickte Graffiti, 09.10.2018: https://www.berliner -woche.de/friedenau/c-kultur/social-knit-work-huellt-oeffentlichen -raum-in-weiche-wolle_a183701 [Abgerufen: 07.01.2019]: »Das Haus am Waldsee für internationale Gegenwartskunst in Zehlendorf lud die Strickerinnen 2015 für ein Projekt ein. Es entstand ein 30 Meter langer ›Picknickteppich‹.«

35   Wiensowski, Ingeborg: Gestrickter Kaugummiautomat, Spiegel Online, 29.04.2014: http://www.spiegel.de/kultur/gesellschaft/skulpturen-trien nale-in-bingen-am-rhein-mensch-und-maschine-a-966573.html [Abge-rufen: 12.03.2019].

36   Hübner, Arne: Wir machen Bingen zu einem Ort mit irren Dingen, Mainz-Wiesbaden & Region, bild.de: gefunden auf der Facebook-Seite von »Social Knit Work«: https://www.facebook.com/SocialKnitWork

wurde auch, den interaktiven Aspekt der »Skulptur« nicht zu verpassen und einen Kaugummi aus dem Automaten zu ziehen, um ein paar Blasen zu wagen.[37]

Bei genauerer Betrachtung stößt man auf weitere Deutungsmöglichkeiten. Für die ungewöhnliche, wärmende und heimelige »Kaugummihaut« der formgebenden Rohlinge vom Tennisball bis zum Gymnastikball hatten die Gestalterinnen sich auf ein Strickmuster mit zarten Rippen geeinigt. Stricken spielte sicher auch eine wichtige Rolle für die alte Dame, die letzte Bewohnerin des für die Installation gewählten Hauses, die auf den Abriss ihres Zuhauses wartete, das in einem dunklen Graugrün gestrichen war mit einem schwarzen Dach; ein eckiger Altbau mit weißen Fenstern, teilweise mit Sprossen und Klappläden, von denen die Farbe an vielen Stellen abblätterte, abgenutzt wie der rote Kaugummiautomat mit drei »Schaufenstern« und drei silbernen Entnahmeklappen, der auf der Fassade nahe der Hausecke links vom Eingang angebracht war. Umso ausdrucksstärker wirkten die aufgebrachten prallen, bunten Formen, die spielerische Fröhlichkeit, Leichtigkeit und jugendliche Frische vermittelten und diesen tristen, vergessenen Ort, der eine lange Geschichte in sich trug, im Rahmen der Binger Kunstaktion über mehrere Monate noch ein letztes Mal zum Leben erweckten und aus ihm einen Publikumsmagneten und ein gesuchtes Fotomotiv machten,[38] bevor er moderner Wohnhausbebauung weichen musste und

---

Berlin/photos/a.477643789004013/497425307025861/?type=3&theater [Abgerufen: 11.07.2020].

37 Krohn, Dörthe: Kunst und Gärten am Rheinkilometer 529, 05.07.2014: http://www.reinmein.info/ideenreich/singleview/article/kunst-und -gaerten-am-rheinkilometer-529.html [Abgerufen: 07.01.2019].

38 Siehe zum Beispiel Lohnes, Thomas/Getty Images: https://www.getty images.de/detail/nachrichtenfoto/the-installation-of-the-berlin-artist -group-social-nachrichtenfoto/486804647 [Abgerufen: 13.03.2019].

endgültig der Zerstörung und dem Vergessen anheimfiel. Im Rahmen von »Mensch und Maschine« konfrontierten die Berliner Strickkünstlerinnen hier Individualität, Abschied und Vergänglichkeit mit dem modernen Zeitgeist, der Orte mit einer langen Geschichte normierten »Wohnmaschinen« opfert.

Der Kontrast von Kaugummiautomat und grünem Haus auf der einen Seite – beides Ergebnisse traditionell männlicher Ingenieurs- und Baukunst – und einzigartiger, kreativer und typisch weiblicher Installation aus textilem Material auf der anderen Seite, zeigt einen feministischen künstlerischen Ansatz und rückt Social Knit Work in die Nähe bekannter zeitgenössischer Künstlerinnen wie Rosemarie Trockel (geb. 1952), Magdalena Abakanowicz (1930–2017), Annette Messager (geb. 1943), Marinette Cueco (geb. 1934) oder Casey Jenkins. Sie nutzen Techniken wie Weben, Flechten, Klöppeln und Stricken, die als typisch weiblich gelten, um sich mit ihrer Umwelt künstlerisch auseinanderzusetzen. Im Falle des Berliner Kollektivs, hinter dessen Namen etwa zehn Frauen anonym stehen, die gemeinsam zahlreiche Entscheidungen treffen und gemeinsam arbeiten, um aus vielen einzelnen Objekten eine ganzheitlich wirkende Großskulptur entstehen zu lassen, könnte man sowohl den Arbeitsprozess als auch die Ergebnisse ihrer verschiedenen Aktionen als einen Versuch werten, die Gesellschaft und den öffentlichen Raum »menschlicher« zu machen.

Kaugummi fand 1999 Einlass in den Beitrag Luxemburgs zur 48. Biennale in Venedig, als die Künstlerin Simone Decker (geb. 1968), die sich mit Raum, Architektur, Kontext und Betrachter unter Verwendung verschiedenster Medien und Materialien auseinandersetzt, eingeladen wurde, den luxemburgischen Pavillon Ca' del Duca zu gestalten. Sie fand den Ausstellungsort mit seinen kleinen Räumen als Baustelle vor und entwickelte mit einem sehr begrenzten Budget und in relativ kurzer Zeit eine dreiteilige Arbeit, in der Kaugummi zum verbindenden Element wurde: der kleinste Gegenstand, der ihr spontan einfiel, den man ohne großen Aufwand und nur mit dem Mund formen kann.[39]

Für den ersten Teil, »Chewing in Venice«,[40] zwei Serien von je 15 Fotos im Format 67 cm x 98 cm, erkundete sie die Stadt Venedig 14 Tage lang mit der Kamera und wählte Ansichten, in die sie riesige »Kaugummiplastiken« montierte. Dazu kaute sie Kaugummis in verschiedenen Farben. Die amorphen Formen, aber auch die Kaugummiblasen, die sie aus nächster Nähe aufgenommen hatte, kombinierte sie mit den Stadtansichten: ganz persönliche Spuren der Präsenz der Künstlerin an diesem Ort. Das Ergebnis wirkt auf das Raumgefühl des:der Betrachter:in überraschend und irritierend, da das in Wirklichkeit winzige Kaugummi in den Fotografien z. B. von der Hauswand läuft, zur Straßensperre und zur Brücke über eine große Wasserfläche wird oder mit einer haushohen rosa Blase auf der klumpigen Basis wie eine Schnecke über einen Parkweg kriecht. Teilweise kontrastiert der morbide Charme der bröckelnden Fassaden Venedigs, an denen der »Zahn der Zeit nagt«, mit den künstlichen, knalligen Farben der Kaugummis, deren Formen im Betrachtenden ein gewisses Unwohlsein, manchmal gar Ekel auslösen. Simone Decker greift hier auf surrealistische Verschiebungen in den Größenverhältnissen zurück und auf Formen, die an Dalís (1904–1989) zerfließende Uhren in dem Gemälde »Die Beständigkeit der Erinnerung« von 1931 erinnern, aber auch an Installationen des Künstlerpaares Christo (geb. 1935) und Jeanne-Claude (1935–2009), wie »Valley Curtain« (1970–1972) oder »Sur-

---

39 Decker, Simone: Interview 2012: https://www.youtube.com/watch?v=Sw wKbrlmInQ [Abgerufen: 14.03.2019].

40 Decker, Simone: Chewing in Venice, 1999: http://www.simonedecker. com/WorksChewinginVenice10.html [Abgerufen: 14.03.2019].

rounded Islands« (1980–1983), wo Natur- und nicht Stadtlandschaften den Ausgangspunkt bilden für großdimensionierte Einbauten aus Stoff.

Im zweiten Teil der Arbeit für die Biennale, »Chewing and Folding in Venice«,[41] nutzte die Künstlerin die faltbare Aluverpackung der Kaugummis als Vorlage für reale begehbare, transportable Räume, die aus gefalteter Spiegelfolie bestehen. Da der Raum im Palazzo Ca' del Duca recht klein war, blieben zwei der drei Raumobjekte, die dem:der Besucher:in die Intimität eines abgeschlossenen Raumes im Raum versprachen, gefaltet am Boden liegen. Das dritte Objekt war auseinandergezogen, an der Raumdecke befestigt und bot dem:der Besucher:in im Inneren statt der erwarteten Enge eine unfassbare Weite, da die dreieckigen Spiegelflächen die Umgebung unendlich spiegelten, eine visuelle Raumerweiterung, die man schon in barocken Spiegelsälen beobachten kann. Auch dieser Teil der Ausstellung zielte auf eine Irritation des Raumempfindens. Der dritte Teil beinhaltete Möbel, die Simone Decker für das noch unmöblierte, gerade fertiggestellte Gebäude kaufte, um den Besucher:innen Sitzgelegenheiten zur Verfügung zu stellen, um im Katalog zu blättern, zu diskutieren oder sich auszuruhen. Die Künstlerin hatte sie so ausgesucht, dass sie als Teil ihrer Entlohnung später in ihrer privaten Umgebung einen Platz finden konnten. Unter jeden Sitz klebte sie ein Kaugummi mit ihrem Fingerabdruck, eine künstlerische Aneignung, die an Marcel Duchamps (1887–1968) Readymades erinnert.[42]

---

41   Decker, Simone: Chewing and Folding in Venice: http://www.simone decker.com/WorksPrototypesdespacesinfinis.html [Abgerufen: 14.03.3019].

42   Marcel Duchamp kaufte 1914 einen industriell hergestellten Flaschentrockner in einem Kaufhaus, signierte ihn und provozierte einen Skandal, weil er behauptete, bereits die Auswahl eines Gegenstandes sei ein künstlerischer Akt.

In einem Interview betont Simone Decker, dass alle ihre Arbeiten aus der Reaktion auf eine gegebene Situation entstehen oder sich in und mit einem Raum entwickeln. Sie möchte unsere Beziehung zum realen Raum verändern. In den Venedig-Fotografien sieht sie dies insofern verwirklicht, als die Kaugummis nur in Zusammenhang mit den Stadtansichten riesig wirken, es tatsächlich aber nicht sind. Auch die Spiegelfolienräume erweitern die Grenzen des engen Ausstellungsraumes nur im Kopf der Besucher:innen ins Unendliche. In beiden Fällen wird der Ausstellungsort der künstlerischen Arbeit – Venedig und der Palazzo Ca' del Duca – selbst ein Teil des Werkes, so dass ein Spannungsverhältnis von Abhängigkeit und Unabhängigkeit von Ort und Ausgestelltem entsteht.

Setzt sich Simone Decker mit dem Raum und der Wahrnehmung des Betrachtenden auseinander, so zeigen die Autoren des folgenden Beispiels, wie man den:die Betrachter:in mit Kunst manipulieren kann, ohne dass er:sie sich bewusst wird, dass sein:ihr Urteil von den gestalterischen Entscheidungen der Künstler:innen abhängt. Im Museum für Moderne Kunst in Buenos Aires fand am 1. Oktober 2013 eine interaktive Performance statt, in der Kaugummi die zentrale Rolle spielte: »Almost Identical«.[43] In einem mit Fotos und Videos gestalteten Raum saßen auf niedrigen Podesten mit neutralem Gesichtsausdruck fünf Zwillingspaare, die sich zum Verwechseln ähnlich sahen und gleich gekleidet waren: zwei Polizisten, zwei Anzugträger, zwei junge Mädchen, zwei junge Männer in grauen Pullovern und zwei weitere junge Männer in Kapuzenjacken. Der einzige Unterschied bestand darin, dass jeweils ein Zwilling Kaugummi kaute. Die Besucher:innen konnten vor jedem Zwillingspaar auf einem Stuhl

---

43 Almost Identical: https://www.youtube.com/watch?v=sk7A56KVNBY [Abgerufen: 15.03.2019].

Platz nehmen und Fragen, die über Kopfhörer gestellt wurden, zum möglichen zwischenmenschlichen Verhalten der beiden Individuen beantworten.[44] Per Taste ordneten sie die vermutete Handlungsweise jeweils dem einen oder dem anderen Zwilling zu, hinter dem dann ein Licht aufleuchtete. An Bildschirmen konnten die anderen Besucher:innen den Stand der Umfrage auf Diagrammen verfolgen. Bei der Auswertung der Reaktionen der 481 Teilnehmer:innen stellte sich heraus, dass 73 Prozent der Besucher:innen dem kauenden Zwilling positivere Eigenschaften zuschrieben als dem unbewegten Zwilling.

Sicherlich ist dieses Ergebnis nicht nur dem Kaugummikauen zuzuschreiben, sondern vor allem auch der Wirkung einer völlig bewegungslosen Person, die keinerlei emotionale Regung verrät, keinen Kontakt zum Gegenüber aufnimmt, nur mit den eigenen Gedanken beschäftigt zu sein scheint. Das Kauen dagegen entspannt das Gesicht, ist ein Beleg für Lebendigkeit, für die Beschäftigung mit etwas, das von außen kommt, mit einem Objekt – und möglicherweise mit einem Gegenüber.

Das Ergebnis lieferte, was der Auftraggeber Beldent, ein argentinischer Kaugummihersteller, sich erhofft hatte: Das negative Image, das Kaugummikauen bei Eltern und Bewerbungstrainern hat – »Kaugummikauen macht einen schlechten Eindruck« –, entspricht nicht der Realität; sympathische, erfolgreiche Menschen kauen Kaugummi – »Kaugummikauen macht einen positiven Eindruck«. Die mehrfach ausgezeichnete Werbeagentur Del Campo Saatchi & Saatchi hatte sich für Beldent die Performance ausgedacht und mit

---

44 Es wurde beispielsweise gefragt, wer mehr Parteieinladungen bekommt, öfter Sex hat oder seinen Mitmenschen eine Lohnerhöhung oder ein Strafmandat zukommen lassen würde: https://adage.com/creativity/work/almost-identical/33233 [Abgerufen: 04.01.2019].

dem Museum für moderne Kunst organisiert.[45] Entstanden ist schließlich ein Werbefilm, der bei YouTube eingestellt ist. Schnell haben dort die Nutzer:innen erkannt, dass es sich bei dieser gut gefilmten Performance um kein wissenschaftliches Experiment handelt,[46] sondern um ein suggestives Produkt, dessen werbewirksame Aussage in Gestaltung und Komposition der Elemente begründet liegt.

Wiederverwertung gekauter Kaugummis

Der bekannteste Ort für »ausgediente«, ausgespuckte Kaugummis ist die »Gum Wall« in Seattle im amerikanischen Bundesstaat Washington.[47] Dieses kollektive »Kunstwerk« in der Post Alley entwickelte sich interaktiv seit 1993, als Besucher:innen des Market Theatre gekaute Kaugummis auf die Backsteinwand des Theaters klebten und Münzen befestigten. 2015 wurde das fast 5 m hohe und 15 m lange Wandstück zum Schutz der Ziegelsteine vor der Zerstörung durch den Zucker gereinigt, ist aber bereits wieder eine Touristenattraktion,[48] die als Hintergrund in professionellen Fotos, Videos und Spielfilmen zu sehen ist.[49] Noch älter ist die »Bubblegum

---

45 Del Campo Saatchi & Saatchi: http://saatchi.com/en-eg/news/beldent -experiment-debunks-chewing-gum-myth/ [Abgerufen: 04.01.2019].

46 Ein Nutzer schlägt vor, die zweite Person Lächeln zu lassen und das Experiment zu wiederholen.

47 Wikipedia – Gum Wall: https://en.wikipedia.org/wiki/Gum_Wall [Abgerufen: 17.03.2019].

48 Kendle, Kristin: 9 Weird Facts About Seattle's Gum Wall, 12.02.2019: https://www.tripsavvy.com/weird-facts-about-seattles-gum-wall-4134249 [Abgerufen: 17.03.2019].

49 Eine Wand aus Kaugummi – Gum Wall Seattle, 18.04.2013: http://www. madeyoulook.de/2013/04/18/eine-wand-aus-kaugummi-gum-wall-seattle/ [Abgerufen: 17.03.2019].

Alley« in San Luis Obispo im Bundesstaat Kalifornien, deren
Wände seit den 1960er Jahren beklebt werden.[50]

Die »Gum Wall« hat eine reliefhafte Oberfläche aus durch-
gefärbten Kaugummiresten in vielen Farben. Dreidimensionale Farbe findet sich in den Schwammreliefs des französischen Künstlers Yves Klein (1928–1962), die das von ihm
patentierte Blau in den Raum wuchern lassen.[51] Die Zufällig-
keit von Auswahl und Verteilung der Formen und Farben der
»Gum Wall« erinnert an Ergebnisse von künstlerischen Techniken wie Drip Painting, die seit den 1940er Jahren bis heute
zum Einsatz kommen. Als einer der Erfinder dieses Umgangs
mit Farbe gilt der aus Deutschland stammende Künstler Max
Ernst (1891–1976), der im amerikanischen Exil seine künstlerischen Experimente fortführte. Der Amerikaner Jackson Pol-
lock (1912–1956) beschäftigte sich mit großem Erfolg mit dieser Form abstrakter Malerei und entwickelte sie weiter, wobei
Farbwahl und Komposition bei ihm Ergebnis eines bewussten
künstlerischen Aktes waren. Zu einer Art Meditation, einer
Auseinandersetzung mit der Farbwirkung von abstrakten
Farbwolken auf groß dimensionierter Leinwand, laden die
Bilder des Amerikaners Marc Rothko (1903–1970) den:die
Betrachter:ein ein. Auch die oszillierenden Farben der »Gum
Wall« und ihre Größe erlauben es dem:der Besucher:in, sich
in sie »hineinzuversenken«. Die inhaltliche Ebene der »Gum
Wall«, das Verewigen von »Essen«, als Thema in der Kunst seit
Jahrhunderten verankert, wurde in den 1960er Jahren dank
der Pop Art in eine neue Form von Realismus überführt: das

---

50 Wikipedia – Bubblegum Alley: https://de.wikipedia.org/wiki/Bubble
    gum_Alley [Abgerufen: 17.03.2019].

51 Hierholzer, Michael: Das Blau erobert den Raum, Frankfurter Allge-
    meine Zeitung Kultur, 07.11.2006: https://www.faz.net/aktuell/rhein
    -main/kultur/lieblingsbilder-das-blau-erobert-den-raum-1383732.html
    [Abgerufen: 17.03.2019].

Bewahren von Benutztem. Der Schweizer Daniel Spoerri (geb. 1930) befestigte die Überreste von gemeinsamen Mahlzeiten auf der Tischplatte, hängte sie als dreidimensionale Stillleben an die Wand und erklärte sie zur Kunst: Eat-Art. Seine »Fallenbilder« sind Momentaufnahmen des Alltagslebens. Die »Gum Wall« beinhaltet in den einzelnen Kaugummiformen Momentaufnahmen individuellen Essens mit geradezu intimen, unverwechselbaren Spuren: Fingerabdrücke und Speichel. Die gesamte »Mahlzeit« ist nicht auf einen Augenblick beschränkt, sondern zieht sich über viele Jahre hin. Die Teilnehmenden sind anonym, sie kennen sich nicht, sie kommen oft als Tourist:innen aus der ganzen Welt, um sich hier zu verewigen. Die »Gum Wall« ist ein Zeugnis unserer aktuellen Gesellschaft, einer Massengesellschaft, in der das Individuum versucht, eine Spur von sich zu hinterlassen.[52]

Aus den anonymen Resten des Kaugummikauens, die unachtsam auf die Straße gespuckt werden und deren Entfernung die Städte viel Geld kostet, macht der britische Künstler Ben Wilson (geb. 1963) eine ganz besondere Form von Streetart. 2004 zog er in die Großstadt London, wo er sich mit seinem neuen städtischen Umfeld auseinandersetzte, nachdem er bis dahin vor allem mit Holz in waldreichen Umgebungen gearbeitet hatte.[53] Um den Menschen ihren leichtfertigen Umgang mit der Umwelt bewusst zu machen, begann er, festgetretene Kaugummis zunächst in seinem Stadtteil, dann in weiteren beliebten Londoner Vierteln zu bearbeiten. Er bereitet

---

[52] Ähnliches gilt für die Besucher:innen, die auf der Eisenbahnbrücke am Kölner Dom oder auf der Pariser Pont des Arts Schlösser mit ihren Initialen befestigen.

[53] Stavrakis, George: Minigemälde in London – Kunst auf Kaugummis, 21.01.2009: https://www.stuttgarter-nachrichten.de/inhalt.minigemaelde-in-london-kunst-auf-kaugummis.77639d3b-7a8d-4d01-8b17-4853e5c35 48c.html [Abgerufen: 19.03.2019].

die potenziellen Bildträger zunächst mit Bunsenbrenner und
Lack vor, um sie dann mit feinen Pinseln und Acrylfarben vor
Ort zu bemalen. Aus Müll wird Kunst, der künstlerische Akt
zu einer Art Recycling. Seine winzigen Miniaturen machen
das graue Pflaster Londons farbiger, auch wenn sie im Laufe der Zeit zerfallen oder von der Straßenreinigung beseitigt
werden und nur noch als Fotografie im Archiv des Künstlers
existieren. Um gegen den elitären Umgang der Tate Modern
mit Kunst zu protestieren, löst er manchmal Kaugummis vom
Boden, bringt sie auf Folie auf, bemalt sie und verteilt sie an
verschiedenen Orten in diesem berühmten Ausstellungsgebäu-
de: Kunst zum Mitnehmen.[54] Seine Kaugummiminiaturen,
die er auf dem Pflaster liegend bearbeitet, haben zumeist mit
dem Ort zu tun, mit den Menschen, die mit ihm dort in Kontakt kommen, mit ihren Erlebnissen und ihren Sorgen.[55] Der
Künstler setzt der zunehmenden Kontrolle im öffentlichen
Raum die Spontanität dieser Begegnungen entgegen, auch
wenn er in den ersten Jahren mehrfach wegen Sachbeschädigung festgenommen wurde. Inzwischen ist aber juristisch ge-
klärt, dass er nicht öffentliches Eigentum beschädigt, sondern
auf Bildträgern arbeitet, die sich jederzeit entfernen lassen.

Streetart-Künstler haben im Londoner Viertel Shoreditch
viele Flächen bemalt, die sich im Rahmen von geführten Touren entdecken lassen. Auch Ben Wilsons Kaugummiminiaturen gehören zum Programm. 2016 schuf er eine Art Hommage
(Abb. 18) an den fünf Jahre älteren, berühmten und kommer-
ziell erfolgreichen Street-Art-Künstler Thierry Noir (Abb. 19),
dessen Werke von 2014 bis 2016 in der Galerie Howard Grif-

---

54   Ceballos Betancur, Karin: Londoner Künstler – Kleinkunst, die haften
     bleibt, 22.11.2012, DIE ZEIT Nr. 48/2012: https://www.zeit.de/2012/48/
     Ben-Wilson-Chewing-Gum-Man [Abgerufen: 13.12.2018].

55   Zahlreiche Videos auf YouTube zeigen den Künstler bei der Arbeit und
     im Gespräch mit Passanten.

 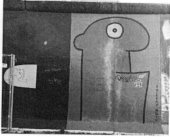

Abb. 18–19. Fotos: Jonas Fathy und Andrea Stadler.

fin in London gezeigt wurden und der auch in Shoreditch
Mauern und Tore bemalte.⁵⁶ Ben Wilsons beinahe kreisförmige, schwarz und hellblau umrandete Miniatur erfasst einen
Straßenausschnitt mit einem bemalten Mauerstück, das einen
lila Kopf auf hellblauem Grund zeigt und an dem eine braun-
haarige, männliche Gestalt mit hellblauer Jeans, schwarzem
Hemd, weißer Krawatte, weißen Schuhen und weißer Tasche
vorbeigeht, vielleicht ein schick gekleideter Mann aus dem
Künstlermilieu, ein Besucher oder ein Bewohner des bei jungen Leuten angesagten Stadtviertels. Das kleine Bild enthält
weitere Informationen zu Motiv und Entstehung: T Noir,
BW – die Signatur des Miniaturmalers – und das Entste-
hungsjahr 2016. Im gleichen Viertel, in der Rivington Street,
hebt sich deutlich eine Miniatur von 2018 mit der gleichen
Signatur und der Inschrift »RIVINGTON ST« vom grauen
Bodenbelag ab. Wie bei Miniaturen in Millefiori-Technik, einer Glaskunst, die bereits im antiken Italien sehr beliebt war,
setzt sich die unregelmäßige Rundform aus konzentrischen,
voneinander durch Schwarz abgegrenzten Farbbändern zu-

---

56 Howard Griffin Gallery: The Thierry Noir Museum, 18.05.–31.12.2016:
    http://howardgriffingallery.com/exhibitions/the-thierry-noir-museum
    [Abgerufen: 19.03.2019].

sammen, die ein Bild umrahmen. Zwei Personen in weißen Hosen und farbigen Oberteilen sitzen auf einer weißen Bank vor ockerfarbenem Hintergrund. Die rahmenden Streifen mit den Farben Gelb, Rot, Rosa, Grün und Weiß folgen zunächst den Außenkonturen des Kaugummis. Eines der Farbbänder enthält gelbe kurze Querstriche, die an eine Eisenbahnstrecke denken lassen. Beobachtete Ben Wilson hier zwei Personen in der Rivington Street in der Nähe des Bahndammes? Sahen sie ihm bei der Arbeit zu? Das Motiv des Miniaturbildes steht auch hier in enger Verbindung zum Ort, an dem es sich befindet, und zu einer realen Situation, einem Ereignis zu einer bestimmten Zeit. Ben Wilson wählt einen Bildträger, den eine anonyme Person zufällig an einem Ort hinterlassen hat, und dokumentiert in einer Momentaufnahme eine Begegnung, ein soziales Ereignis mit anderen Individuen. Auslöser sind Auswahl des Ortes des »Fundstücks« und die Arbeitssituation: Ein Mann, der Künstler, liegt auf der Straße. Gebunden an seine Person bekommt die anonyme Spur, deren einzige Aussage zusammenzufassen ist mit Nachlässigkeit, Egoismus und Verantwortungslosigkeit gegenüber der Umwelt, eine neue Erzählung, einen neuen Sinn, eine neue Intention. Es entsteht ein Schmuckstück für die Straße, macht diese freundlicher, fröhlicher und regt die Passant:innen an, den Begegnungen nachzuspüren, zeitversetzte Zeug:innen zu werden. Im Gegensatz zu den üblichen Formaten der Street-Art oder der Gegenwartskunst in den Museen ist Ben Wilsons Kunst winzig klein. Man muss stehen bleiben und sich auf die Darstellung konzentrieren, sonst übersieht man sie und erkennt nichts – Entschleunigung im Großstadtgetümmel.

Einer der Lieblingsorte Ben Wilsons ist die Millenium Bridge, eine Brücke, die zwei touristische Attraktionen Londons verbindet, St. Paul's Cathedral und Tate Modern, obwohl seine vergänglichen »Schmuckstücke« hier regelmäßig

Abb. 20. Foto: Jonas Fathy.

den städtischen Reinigungsaktionen zum Opfer fallen. Will er sich nur auf Kaugummimaterial als Bildträger beschränken, muss der Künstler die Struktur des Bodenbelags, Metallschienen auf Holz, in die Gestaltung einbeziehen. So entstehen Kunstwerke in Streifen oder Etagen. Viele Miniaturen erzählen vom direkten Kontakt mit den Passant:innen, wie z. B. ein Heiratsantrag mit roter Blume, Ring und Sektglas (Abb. 20): »Will you marry me«.[57] Tony und Lisa haben mit dem Künstler am 26. Januar 2019 gesprochen, und Ali hat ihm 2018 von den Palmen und dem Sand in seinem Heimatland erzählt. Auch eine politische Meinungsäußerung findet man auf der Brücke: »Europe Love, 2017« mit einem merkwürdigen Pflanzen-Tier-Menschwesen, das oben einen blauen Kreis mit gelben Punkten balanciert, an dem links und rechts zwei Strich-

---

57 Der Fuß der Darstellung, die an eine Etagere erinnert, trägt den Namen Cheeseman, darüber erscheint der Antrag, über dem in einem rosa Farbstreifen der Name der Angebeteten steht: Nichola Redmayne. Auf der Instagram-Seite der jungen Londonerin ist tatsächlich die Rede von der zukünftigen Ms Cheeseman.

Abb. 21. Foto: Jonas Fathy.

männchen arbeiten. Das rechte scheint einen blauen Ball mit gelbem Punkt aus dem oberen Feld herauszuschleudern. Thematisiert der Künstler hier den Austrittsantrag Großbritanniens, den Theresa May im März 2017 dem EU-Ratspräsidenten übergab?[58] Auf manchen Kaugummiflächen tummeln sich Fantasielebewesen in kräftigen Farben oder, in Grisaille-Technik, Menschen mit Vogelköpfen wie beim surrealistischen Maler Max Ernst oder beim 500 Jahre älteren Hieronymus Bosch und Menschen aus einfachen weißen Linien, deren Handlungen wie auf mittelalterlichen Altarbildern über- und nebeneinander angeordnet sind (Abb. 21). Sie lassen an die an archaische Höhlenmalerei angelehnten Werke des französischen Künstlers Jean Dubuffet (1901–1985) oder des deutschen Künstlers A. R. Penck (1939–2017) denken.[59]

---

58   Abbildungen der hier besprochenen Bilder finden sich im Anhang des Textes.

59   Das Bild besteht aus fünf Etagen. Die drei unteren Etagen verbindet links von der Mittelachse ein nackter Mann, der nach einem Gestirn greift, das auf der dritten Etage von Strahlen und auf der vierten Etage

Das Medium der Miniaturmalerei, das Ben Wilson wählt, hat eine lange Tradition. Schon im alten Ägypten, im antiken Griechenland, aber auch noch im Mittelalter bis in die byzantinische Zeit finden sich Miniaturen in Form von Emailarbeiten, den Cloisonnés, einer Kombination aus Metallstegen und Glas, mit denen liturgisches Gerät und Schmuck versehen wurden. Emailarbeiten der chinesischen Kunst wurden später durch Miniaturen auf Porzellan ergänzt. Im christlichen Kulturraum führte die Buchmalerei bis zum Aufkommen des Buchdrucks in der Renaissance die antike Tradition der Miniaturbilder mit Herrscher- und Heiligenporträts und Szenen aus deren Leben fort, zum Beispiel in Schmuckbuchstaben, den Initialen. Auch hier dienten meist schwarze Linien zur Abgrenzung der Farbflächen und des Blattgoldes. Später wurden Gegenstände und Inhalte der Miniaturen profaner. Porzellanobjekte, Schatullen, Döschen und Schmuckstücke wurden zu Kuriositäten oder Souvenirs, verziert mit Miniaturen von vertrauten Orten oder von Porträts berühmter oder geliebter Personen bis hin zur Pornografie. Im 19. und 20. Jahrhundert löst die Fotografie die Malerei in vielen Bereichen ab.

Ben Wilson greift die Tradition der Miniaturmalerei in einem neuen, modernen Kontext, der Stadtkunst – Urban Art –, wieder auf. Aktueller Bildträger wird Abfall auf der Fläche, die der Stadtmensch ständig benutzt, ohne sie wahr-

---

von Punkten oder Sternen umgeben ist, darüber die Form eines Bogens. In der rechten Bildhälfte brennen zwei Kerzen bis zur unteren Begrenzung der vierten Etage. Auf den mittleren drei Etagen befinden sich kleine Personen. Das Datum ist nicht eindeutig erkennbar, aber am 11. Mai 2018 wurde im Museum of London nicht weit von der Millenium Bridge die Ausstellung »London Nights« eröffnet, die sich mit dem nächtlichen London und seinem Licht beschäftigte.

zunehmen. Inhalte sind Geschichten und Fantasien der Passant:innen und des Künstlers.

Vera Wischermanns Aussage »Kaugummi ist aus der Kunst nicht mehr wegzudenken« lässt zunächst vermuten, dass Kaugummi einen bedeutenden Platz in der zeitgenössischen Kunst erobert hat. Im europäischen Raum scheint Kaugummi als Motiv und Material in künstlerischen Werken relativ jung zu sein. Dennoch weist der künstlerische Umgang mit dieser Alltagsware viele Bezüge zur Kunstgeschichte auf.

Seit etwa 20 Jahren bildet Kaugummi bei einzelnen Künstler:innen den persönlichen Schwerpunkt, wie etwa Fett und Filz bei Beuys. So hat es Maurizio Savini geschafft, seinen Platz auf dem Kunstmarkt zu erobern mit diesem außergewöhnlichen Material, das ihm dazu dient, gesellschaftskritische Themen wie die Gefahren einer vom Menschen überformten Realität dem Publikum von Galerien und Museen bewusst zu machen. Ben Wilson geht es dagegen eher um eine Kunst, die zwar auch auf den Umgang des Menschen mit Umwelt und Mitmenschen abzielt, aber auf einer anderen Ebene: nahe am und mit dem Individuum und seinem Alltag. Der Ausstellungsraum seiner vergänglichen Werke ist der öffentliche Raum. In den Werken anderer Künstler:innen taucht Kaugummi punktuell auf wie bei Simone Decker, die das Verhältnis von Individuum und Umwelt unter dem Aspekt von Wahrnehmung und Aneignung untersucht, oder bei Qian Sihua, der die fragile Kaugummiblase als Bild für eine »unsichtbare Wirklichkeit« seiner Lebensphilosophie nutzt. Die Kaugummiverpackung als Ausstellungsfläche und »Kunstobjekt«, das sich jeder aneignen kann, nutzen vor allem Künstler:innen, die ihren Bekanntheitsgrad steigern möchten. Eine Ausnahme ist Thierry Noir, ein Street-Art-Künstler, der zwar inzwischen seinen Platz auf dem Kunstmarkt und in Galerien hat, aber mit seiner Beteiligung an der Gestaltung von Kaugummischachteln und an Aktionen im öffentlichen Raum auch ein Statement für »Kunst für alle«[60] abgibt.

Kaugummi als modernes Material und Element des Alltags hat Einzug in die Kunst gehalten, ist dort bisher allerdings eine »Randerscheinung«, vielgestaltig und vielschichtig.

Quellen

Almost Identical: https://www.youtube.com/watch?v=sk7A56K VNBY [Abgerufen: 15.03.2019].

Almost Identical: https://adage.com/creativity/work/almost -identical/33233 [Abgerufen: 04.01.2019].

Barockporträt mit Kaugummiblase: https://www.etsy.com/de/ listing/263296532/girls-just-wanna-have-fun-pink-kaugummi? ga_order=most_relevant&ga_search_type=all&ga_view_type= gallery&ga_search_query=kaugummi+print&ref=sr_gallery-1-3 [Abgerufen: 11.03.2019].

Cambi, Carlo (Hg.): Maurizio Savini. Potenza della delusione, o. O. 2013.

Cambi, Carlo (Hg.): Maurizio Savini. Il mondo vola?, o. O. 2016.

Ceballos Betancur, Karin: Londoner Künstler – Kleinkunst, die haften bleibt, 22.11.2012, DIE ZEIT Nr. 48/2012: https://www. zeit.de/2012/48/Ben-Wilson-Chewing-Gum-Man [Abgerufen: 13.12.2018].

Charity Gums: https://www.charitygums.de/ [Abgerufen: 18.02.2019].

Charity Gums, Art Collection, Broschüre, Berlin o. J.

Chinesische Farblehre: https://www.asien.org [Abgerufen: 12.03.2019].

---

60 Interessant dazu ist ein Interview mit dem ehemaligen Präsidenten der Berliner Akademie der Künste Klaus Staeck: Pataczek, Anna: Die Ausstellung »Kunst für alle« – »Dem Wahnsinn des Marktes etwas entgegensetzen«, 17.03.2015: https://www.tagesspiegel.de/kultur/die-ausstellung -kunst-fuer-alle-dem-wahnsinn-des-marktes-etwas-entgegensetzen/1151 8222.html [Abgerufen: 01.05.2019].

Chinesische Farblehre: https://www.lepetitjournal.com [Abgerufen: 12.03.2019].

Decker, Simone: Chewing in Venice, 1999: http://www.simonedecker.com/WorksChewinginVenice10.html [Abgerufen: 14.03.2019].

Decker, Simone: Chewing and Folding in Venice: http://www.simonedecker.com/WorksPrototypesdespacesinfinis.html [Abgerufen: 14.03.3019].

Decker, Simone: Interview 2012: https://www.youtube.com/watch?v=SwwKbrlmInQ [Abgerufen: 14.03.2019].

Del Campo Saatchi & Saatchi: http://saatchi.com/en-eg/news/beldent-experiment-debunks-chewing-gum-myth/ [Abgerufen: 04.01.2019].

Welty, Ute: »Der Kaugummi ist aus der Kunst nicht wegzudenken«, Interview mit Vera Wieschermann, Deutschlandfunk Kultur, 17.11.2018: https://www.deutschlandfunkkultur.de/kuratorin-vera-wieschermann-der-kaugummi-ist-aus-derkunst.1008.de.html?dram:article_id=433477 [Abgerufen: 05.02.2019].

Duden – Das große Fremdwörterbuch, 4. Auflage, Mannheim 2007.

Duden: https://www.duden.de/ [Abgerufen: 07.01.2019].

Eine Wand aus Kaugummi – Gum Wall Seattle, 18.04.2013: http://www.madeyoulook.de/2013/04/18/eine-wand-aus-kaugummi-gum-wall-seattle/ [Abgerufen: 17.03.2019].

Hierholzer, Michael: Das Blau erobert den Raum, Frankfurter Allgemeine Zeitung Kultur, 07.11.2006: https://www.faz.net/aktuell/rhein-main/kultur/lieblingsbilder-das-blau-erobert-den-raum-1383732.html [Abgerufen: 17.03.2019].

Howard Griffin Gallery: Thierry Noir – A Retrospective, 2014: http://howardgriffingallery.com/exhibitions/thierry-noir-a-retrospective/ [Abgerufen: 19.03.2019].

Howard Griffin Gallery: The Thierry Noir Museum, 18.05.–31.12.2016: http://howardgriffingallery.com/exhibitions/the-thierry-noir-museum [Abgerufen: 19.03.2019].

Hübner, Arne: Wir machen Bingen zu einem Ort mit irren Dingen, Mainz-Wiesbaden & Region, bild.de: gefunden auf der Facebook-Seite von »Social Knit Work«: https://www.facebook.com/SocialKnitWorkBerlin/photos/a.477643789004013/497425307025861/?type=3&theater [Abgerufen: 11.07.2020].

Kaugummi-Skulpturen des Künstlers Maurizio Savini | euromaxx: https://www.youtube.com/watch?v=cGYTj2e-u5s [Abgerufen: 09.04.2019].

Kendle, Kristin: 9 Weird Facts About Seattle's Gum Wall, 12.02.2019: https://www.tripsavvy.com/weird-facts-about-seattles-gum-wall-4134249 [Abgerufen: 17.03.2019].

Krohn, Dörthe: Kunst und Gärten am Rheinkilometer 529, 05.07.2014: http://www.reinmein.info/ideenreich/singleview/article/kunst-und-gaerten-am-rheinkilometer-529.html [Abgerufen: 07.01.2019].

Lohnes, Thomas/Getty Images: https://www.gettyimages.de/detail/nachrichtenfoto/the-installation-of-the-berlin-artist-group-social-nachrichtenfoto/486804647 [Abgerufen: 13.03.2019].

Marziani, Gianluca: Collective Rites: http://www.mauriziosavini.com [Abgerufen: 13.12.2018].

Marziani, Gianlucca: Maurizio Savini. Forbidden World: https://www.partnersandmucciaccia.net/forbidden-world-maurizio-savini/ [Abgerufen: 09.04.2019].

Marziani, Gianluca: Babel Babol, in: Cambi, Carlo (Hg.): Maurizio Savini. Il mondo vola? o.O. 2016, S. 22.

Miklin, Martha: Art in real time, 24.10.2016: https://www.bestofthealps.com/en/d/davos/sculpture-symposium-summer-of-sculptures/ [Abgerufen: 07.01.2019].

Noetzel, Karin: Gestrickte Graffiti, 09.10.2018: https://www.berliner-woche.de/friedenau/c-kultur/social-knit-work-huellt-oeffentlichen-raum-in-weiche-wolle_a183701 [Abgerufen: 7.1.2019].

Palmisciano, Riccardo: Potenza della delusione?, in: Cambi, Carlo (Hg.): Maurizio Savini. Potenza della delusione, o.O. 2013, S. 18–21.

Pataczek, Anna: Die Ausstellung »Kunst für alle« – »Dem Wahnsinn des Marktes etwas entgegensetzen«, 17.03.2015: https://www.tagesspiegel.de/kultur/die-ausstellung-kunst-fuer-alle-dem-wahnsinn-des-marktes-etwas-entgegensetzen/11518222.html [Abgerufen: 01.05.2019].

S&G Arte Contemporanea: http://www.art-in-berlin.de/ausstellungs-text.php?id=1164 [Abgerufen: 13.12.2018].

Savini, Maurizio: http://www.mauriziosavini.com [Abgerufen: 13.12.2018].

Savini, Maurizio: Preface, in: Cambi, Carlo (Hg.): Maurizio Savini. Il mondo vola? o. O. 2016, S. 5.

Setinský, Stanislav: http://setinsky.blogspot.com/ [Abgerufen: 18.02.2019].

Shao, Lingwei: Sculptures by the Sea: Nature and Art in Aarhus, 03.06.2013: https://insightoutmagazine.wordpress.com/2013/06/03/sculptures-by-the-sea-nature-and-art-in-aarhus/ [Abgerufen: 11.03.2019].

Stavrakis, George: Minigemälde in London – Kunst auf Kaugummis, 21.01.2009: https://www.stuttgarter-nachrichten.de/inhalt.minigemaelde-in-london-kunst-auf-kaugummis.77639d3b-7a8d-4d01-8b17-4853e5c3548c.html [Abgerufen: 19.03.2019].

Towner, Llyn: Qian Sihua Sculpture By the Sea, Bondi Beach, Sydney, Australia, 26.10.2013: https://waamblog.wordpress.com/2013/10/26/qian-sihua-sculpture-by-the-sea-bondi-beach-sydney-australia/ [Abgerufen: 11.03.2019].

Trombadori, Duccio: Beware of the gorilla, in: Cambi, Carlo (Hg.): Maurizio Savini. Il mondo vola?, o. O. 2016, S. 7–13.

Wiensowski, Ingeborg: Gestrickter Kaugummiautomat, Spiegel Online, 29.04.2014: http://www.spiegel.de/kultur/gesellschaft/skulpturen-triennale-in-bingen-am-rhein-mensch-und-maschine-a-966573.html [Abgerufen: 12.03.2019].

Wikipedia – Bubblegum Alley: https://de.wikipedia.org/wiki/Bubblegum_Alley [Abgerufen: 17.03.2019).

Wikipedia – Duane Hanson: https://de.wikipedia.org/wiki/Duane_Hanson [Abgerufen: 09.04.2019).

Wikipedia – Gum Wall: https://en.wikipedia.org/wiki/Gum_Wall [Abgerufen: 17.03.2019].

Wikipedia – Qi: https://de.wikipedia.org/wiki/Qi [Abgerufen: 11.03.2019].

Wynne, Emma: Bubble no.7 by Chinese artist Qian Sihua. Sculpture by the Sea, Perth, 04.03.2016: https://www.abc.net.au/news/2016-03-04/bubble-no.7-by-chinese-artist-qian-sihua.-sculpture-by-the-sea/7221198 [Abgerufen: 11.03.2019].

Abbildungsverzeichnis

1–2 Judith Breuer: African Bus, © Andrea Stadler 2019.

3   charity gums, © Andrea Stadler 2019.

4–7 Stanislav Setinský: Chameleon, © Andrea Stadler 2019.

8–10 Carolina Rossi: Küchenzauber, © Andrea Stadler 2019.

11–12 charity gums: 8 geschlossene und ausgezogene Schachteln © Andrea Stadler 2019, Künstler von links oben nach rechts unten: Irmela Schautz: Kuss, MEWE: A kiss is a kiss, Noir Berlin: Love Flowers, Constance Guhr: far away, Christian Badel: Tandem Love, Claudia Mächler: Am Hafen, Steffen Gumpert: Allover, Nicolas Sperling: Future City.

13 Carlo Cambi Editore, www.carlocambieditore.it: Maurizio Savini, © Andrea Stadler 2019.

14 Galeriefenster in Genf: Marilyn von Carine, © Andrea Stadler 2019.

15 Qian Sihua in Davos, Kopf und Modell Bubble n°7, © Ian Ehm//friendship.is 2015.

16 Qian Sihua: Kopf in Davos und Modell Bubble n°7, © Ian Ehm//friendship.is 2015.

17 »Haus mit Kaugummiautomat«, Skulpturen-Triennale Bingen 2014, © Social Knit Work Berlin, Vera Bauer 2014.

18 Ben Wilson: T Noir 2016, London, © Jonas Fathy 2018.

19 Thierry Noir, East Side Gallery, Berlin, © Andrea Stadler 2019.

20 Ben Wilson: Heiratsantrag, Millenium Bridge, London, © Jonas Fathy 2018.

21 Ben Wilson: Griff nach dem Licht 2018, Millenium Bridge, London, © Jonas Fathy 2018.

22 Ben Wilson: Tony und Lisa, Millenium Bridge, London, © Irwin Boaglio 2019.

23 Ben Wilson: Ali, Millenium Bridge, London, © Irwin Boaglio 2019.

24 Ben Wilson: Europe Love, Millenium Bridge, London, © Jonas Fathy 2018.

25 Ben Wilson: Pflanzen, Millenium Bridge, London, © Jonas Fathy 2018.

27 Ben Wilson: Mensch und Robbe 2018, Millenium Bridge, London, © Jonas Fathy 2018.

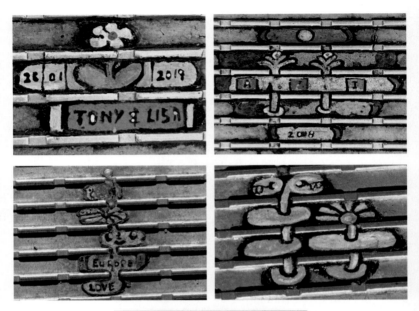

Abb. 22–27. Fotos: Jonas Fathy.

Kaugummikauen

Plastizieren mit dem Mund als künstlerischer Ausdruck des Entwicklungsstrebens

Isolde Pillin

Kaugummi eine Herausforderung

Kinder und Jugendliche wollen Kaugummi kauen und Erwachsene, insbesondere Lehrer:innen, haben oft etwas dagegen. Egal, ob in der Schule oder im Auto. Schulmobiliar und Polsterungen werden verklebt und verschmutzt. Ja, mir geht es ganz genauso. Gerade im Unterricht stört das Rumgekaue und der Anblick schmatzender Schüler:innen enorm. Abgesehen davon, lenken Kaugummis sehr vom Unterricht ab, die Schüler:innen und die Lehrer:innen. An zu vielen Orten begegnen mir die ekligen und klebrigen Kaugummiflatschen, die unter Stühlen und Bänken und an Schuhsohlen kleben. Vermutlich wird jeder Lehrer und jede Lehrerin mit dem Einwand der Schüler:innen konfrontiert, dass Kaugummis gar nicht so schlimm seien und sogar die Konzentration fördern würden. Diese Debatte führt meiner Meinung nach aber in eine falsche Richtung, da dieses Tun allein durch eine naturwissenschaftliche Brille betrachtet und so die Leistungssteigerung oder -minderung in den Vordergrund rückt. Ich bin aber der Auffassung, dass die Schule nicht nur Leistungsmessung sein sollte, sondern im wörtlichen Sinne eine »Schule des Lebens«. Daher ist es eben auch viel fruchtbarer und aufschlussreicher, Kaugummikauen ganzheitlich zu betrachten, ebenso, wie eine anthroposophisch orientierte

Pädagogik dies leisten kann. Meine Gedanken dazu habe
ich in diesem Aufsatz zusammengetragen. Kaugummikauen,
das wurde mir schnell klar, kann nicht losgelöst vom stofflichen und nicht losgelöst vom körperlichen Tun betrachtet
und beurteilt werden. Denn Kinder greifen nicht grundlos
ausgerechnet zu Kaugummi; da muss mehr drinstecken, als
man auf den ersten Blick erkennen mag. Ich begann meine
Recherche mit der anthroposophischen Anthropologie, wie
sie von Rudolf Steiner entwickelt wurde und der ergänzen-
den anthroposophischen Ernährungskunde, denn Kaugummi ist, auch wenn kaum ein Nährwert vorhanden ist, ein
Nahrungsmittel.

Nahrung ist mehr als nur der Nährwert

Nahrung, ist dabei eben auch mehr als nur der Nährwert, wie
dies Steiner in seinem dritten Vortrag vom 6 August 1908 ausführt:

>»Denken Sie sich einen Menschen der fernen Zukunft,
>der das, was eben gesagt worden ist von den sehnsüchti-
>gen Wünschen der Pflanzen, die Sonnenseele einzusaugen,
>einer jeden Pflanze gegenüber empfindet. Dieser Mensch
>wird auf einer höheren, spirituellen Stufe etwas haben, was
>das Tier auf einer niedrigen Stufe hat, wenn es über eine
>Weide geht und die Pflanzen, die ihm gerade taugen, ab-
>pflückt und die anderen stehen läßt. Ein unbewußter Ins-
>tinkt, das heißt in Wirklichkeit höhere Geister, lenken das
>Tier. In bewußter Weise wird der Mensch der Zukunft sich
>den Pflanzen nähern, die ihm taugen; nicht wie heute, wo
>er nachdenkt, was die beste Substanz für seinen Leib gibt,
>sondern einen lebendigen Bezug wird er haben zu jeder ein-

zelnen Pflanze, denn er wird wissen, daß, was die Pflanzen
eingesogen haben, auch als solches in ihn übergeht. Das
Essen wird nicht eine niedrige Beschäftigung für ihn sein,
sondern etwas, was mit Seele und Geist vollbracht wird,
weil er wissen wird, daß alles, was er verzehrt, die äußere
Gestalt für ein Seelisches ist.«[1]

Diese geistige Nahrung ist etwas, das für die Entwicklung der
Wesensleiber des Menschen von geradezu existentieller Bedeutung ist. Wenn wir also nur über den Nährwert sprechen,
dann haben wir allein den Physischen-Leib im Sinn, aber das
Wesen des Menschen umfasst mehr als nur seinen physischen
Leib, es beinhaltet auch einen Ätherleib, der gewissermaßen
der Lebensleib ist, den Astralleib, also der Trieblleib und auch
das »Ich«. Alle vier Wesensglieder sind eng miteinander verbunden und umhüllen das Ich als Zentrum.[2] Diese Wesensglieder und die sich darauf entfaltenden seelischen Wesensglieder entfalten sich in Siebenjahresperioden, also beginnend
mit der Geburt.[3] In meiner Überlegung spielen aber nur die

---

1   Steiner, Rudolf: Welt, Erde und Mensch deren Wesen und Entwicke-
     lung sowie ihre Spiegelung in dem Zusammenhang zwischen ägypti-
     schem Mythos und gegenwärtiger Kultur. Ein Zyklus von elf Vorträ-
     gen, gehalten in Stuttgart vom 4. bis 16. August 1908, Dornach 1983,
     S. 58: http://fvn-archiv.net/PDF/GA/GA105.pdf#page=58 [Abgerufen:
     10.04.2019].

2   Dies soll an dieser Stelle nicht ausführlicher behandelt werden, ich
     weise aber gerne auf Kapitel: »Das Wesensglieder des Menschen« in:
     Steiner, Rudolf: Die Geheimwissenschaft im Umriß, Dornach 1989:
     http://fvn-archiv.net/PDF/GA/GA013.pdf   [Abgerufen: 10.04.2019]
     und das umfangreiche Kapitel über »Das Wesen des Menschen« in Stei-
     ner, Rudolf: Theosophie: Einführung in übersinnliche Welterkenntnis
     und Menschenbestimmung, o.O., o.J.: http://fvn-archiv.net/PDF/GA/
     GA009.pdf [Abgerufen: 10.04.2019] hin.

3   Dazu: Steiner, Rudolf: Das Zusammenwirken von Ärzten und Seelsor-
     gern. Pastoral-Medizinischer Kurs. Elf Vorträge für Ärzte und Priester

ersten drei Lebensjahrsiebte eine Rolle, für die die oben genannten Leiber bedeutsam sind. Das »Ich« oder der »Ich-Trä-
ger« wird zuerst von dem Astralleib, der von dem Ätherleib
umschlungen wird, der Physische Leib ist gewissermaßen die
äußerste Hülle des Menschen. Zugleich durchdringen sich
diese Wesensglieder und so erhält der physische Leib durch
den Ätherleib seine Form.[4]

> »Wir haben uns oft vor die Seele geführt, daß der Mensch,
> so wie er uns in seiner heutigen Gestalt entgegentritt, zu-
> nächst eine vierfache Wesenheit ist, daß er besteht aus dem
> physischen Leib, dem Ätherleib, dem astralischen Leib und
> dem Ich. In der äußeren Form erscheinen dem hellsehenden
> Bewußtsein diese vier Glieder so, daß zunächst, wie eine Art
> Kern, in der Mitte der physische Menschenleib ist.«[5]

---

und eine Ansprache für die Mediziner, gehalten in Dornach vom 8. bis
18. September 1924. Mit Notizbucheintragungen zu den Vorträgen, Dornach 1994, S. 59: http://fvn-archiv.net/PDF/GA/GA318.pdf#page=59
[Abgerufen: 10.04.2019].

4   Siehe: Steiner, Rudolf: Exkurse in das Gebiet des Markus-Evangeli-
    ums. Dreizehn Vorträge, gehalten in Berlin, München, Hannover und
    Koblenz zwischen dem 17. Oktober 1910 und dem 10. Juni 1911, und
    eine Fragenbeantwortung vom 18. Dezember 1910, Dornach 1995,
    S. 91–94: http://fvn-archiv.net/PDF/GA/GA124.pdf#page=91 [Abgeru-
    fen: 10.04.2019].

5   Steiner, Rudolf: Die Apokalypse des Johannes. Ein Zyklus von zwölf
    Vorträgen mit einem einleitenden öffentlichen Vortrag gehalten in Nürn-
    berg vom 17. bis 30. Juni 1908, Dornach 1985, S. 51: http://fvn-archiv.net/
    PDF/GA/GA104.pdf#page=51 [Abgerufen: 10.04.2019].

Diese Wesensglieder sind zu verschiedenen Zeitaltern entstanden[6] und die Ernährung dieser Glieder folgt dabei deren
Wirklichkeiten.[7]

»Nach wissenschaftlichem Standpunkt ist die Ernährung
eine Energie-Zufuhr. Die Geheimwissenschaft sagt aber: In
der ganzen Natur manifestiert sich die Dreiheit. Jedes Ding
besteht aus Form, Leben und Bewußtsein. Alles in der Natur ist belebt und durchgeistigt. Wir entnehmen nun unsere Nahrung dem Tier- und dem Pflanzenreich. Das Tier
hat seinen physischen, ätherischen und astralischen Leib auf
der physischen Welt; das Gruppen-Ich der Tiere ist auf dem
Astralplan. Wenn das Tier tot ist, dann ist die Wirkung der
tierischen Natur noch nicht aufgehoben; denn das Prinzip
wirkt nach dem Tode des Tieres weiter. Ebenso ist es bei der
Pflanze. Die Pflanze hat ihren physischen und ihren ätherischen Leib auf der physischen Welt; ihren Astralleib in der
Astralwelt; das Ich der Pflanze ist im Devachan. Das Prinzip,
das in der Pflanze wirkt, wird auch nach der Zubereitung
der Pflanze noch wirksam sein. Denn die Nahrungswirkung
erstreckt sich nicht bloß auf den physischen und Lebensleib,
sondern auch auf die andern Wesensteile des Menschen«.[8]

---

6   Vgl. Steiner, Rudolf: Exkurse in das Gebiet des Markus-Evangeli-
    ums. Dreizehn Vorträge, gehalten in Berlin, München, Hannover und
    Koblenz zwischen dem 17. Oktober 1910 und dem 10. Juni 1911, und
    eine Fragenbeantwortung vom 18. Dezember 1910, Dornach 1995,
    S. 91–94: http://fvn-archiv.net/PDF/GA/GA124.pdf#page=91 [Abgeru-
    fen: 10.04.2019].

7   Vgl. Renzenbrink, Udo: Ernährungskunde aus anthroposophischer Er-
    kenntnis. Grundfragen – Auswirkungen – Anwendung. Dornach 1979,
    S. 28–31.

8   Steiner, Rudolf: Aus den Inhalten der esoterischen Stunden Gedächt-
    nisaufzeichnungen von Teilnehmern Band I: 1904–1909 sowie Notizen
    von Vorträgen aus dem Jahre 1904 und Meditationstexte nach Nieder-

Die ursprünglichste Form der Nahrung ist dabei für Steiner
die Milch:

> »Versetzen wir uns in die vorlemurische Zeit. Da herrschte
> also der Zustand, daß die Milch äußerlich aus der Umge-
> bung gesogen wurde. Dann kam ein Zustand, da die Milch
> allgemeine Menschennahrung wurde, und dann der Zu-
> stand, da die Muttermilch genossen wurde. Vor der Zeit, in
> der die Milch allgemein aus der Natur gesogen wurde, da
> gab es eine Zeit, in der die Sonne noch mit der Erde verbun-
> den war. Da bestand eine Sonnennahrung. Ebenso wie die
> Milch vom Monde zurückgeblieben ist, sind auch Produkte
> zurückgeblieben, die von der Sonne gereift sind. Alles was
> von der Sonne durchscheint wird, Blüten und Früchte der
> Pflanzen, gehören zur Sonne. Sie waren früher dem Mit-
> telpunkt der mit der Sonne verbundenen Erde zugeneigt.
> Sie steckten in der Sonne mit den Blüten. Als sich die Erde
> von der Sonne trennte, blieben die Pflanzen bei ihrem alten
> Charakter: sie wendeten ihre Blüten nun wieder der Son-
> ne zu. Der Mensch ist die umgekehrte Pflanze. Was an der
> Pflanze oberhalb der Erde wächst, verhält sich ebenso zur
> Sonne wie die Milch zum Monde, ist also Sonnennahrung.
> Es trat an die Stelle der bloßen Milchnahrung allmählich
> eine Art von Pflanzennahrung, und zwar von den oberen
> Teilen der Pflanze. Das war die zweite Art der menschlichen
> Ernährung.«[9]

schriften Rudolf Steiners, Dornach 1995, S. 557: http://fvn-archiv.net/
PDF/GA/GA266a.pdf#page=557 [Abgerufen: 10.04.2019].

9   Steiner, Rudolf: Grundelemente der Esoterik. Notizen von einem esoterischen Lehrgang in Form von einunddreißig Vorträgen, gehalten
in Berlin vom 26. September bis 5. November 1905, Dornach 1987,
S. 242f.: http://fvn-archiv.net/PDF/GA/GA093a.pdf#page=242 [Abge-
rufen: 10.04.2019].

Die existentielle Bedeutung der Milch zeigt sich noch im Akt des Stillens, der für die irdische Menschwerdung notwendig ist. Steiner weiter:

>»Die erste Nahrung war für den Menschen immer die Milch. [...] Der Okkultist nennt die Milch: die Mondnahrung. Mondsöhne sind diejenigen, die sich von Milch nähren. Der Mond hat die Milch gereift. Es hat sich bewahrheitet, daß die orientalischen Heiler, die nur von Milch leben, die Urkräfte wieder aufnehmen, die auf der Erde waren, als die Milch noch in Strömen auf der Erde floß. Sie sagten sich: Das sind die Kräfte, die den Menschen ins Dasein riefen. Diese hervorbringenden Kräfte müssen auch gesundheitsbringend sein, also eignen wir uns die Macht an, Gesundheit zu fördern, wenn wir nur Milch genießen und alles andere ausschließen. Versetzen wir uns in die vorlemurische Zeit. [...] Vor der Zeit, in der die Milch allgemein aus der Natur gesogen wurde, da gab es eine Zeit, in der die Sonne noch mit der Erde verbunden war. Da bestand eine Sonnennahrung. Ebenso wie die Milch vom Monde zurückgeblieben ist, sind auch Produkte zurückgeblieben, die von der Sonne gereift sind. Alles was von der Sonne durchscheint wird, Blüten und Früchte der Pflanzen, gehören zur Sonne.«[10]

Und die Art der Ernährung formen die Wesensglieder des Menschen:

---

10   Steiner, Rudolf: Grundelemente der Esoterik. Notizen von einem esoterischen Lehrgang in Form von einunddreißig Vorträgen, gehalten in Berlin vom 26. September bis 5. November 1905, Dornach 1987, S. 242f.: http://fvn-archiv.net/PDF/GA/GA093a.pdf#page=242 [Abgerufen: 10.04.2019].

»Man kommt darauf, weil ja alles das, was aufgenommen werden muß, zunächst von dem Kinde so aufgenommen, so innerlich verarbeitet werden muß, daß das Ich und der astralische Leib in einen innigen Kontakt treten mit den Nahrungsmitteln. Das braucht später gar nicht mehr der Fall zu sein. Der Mensch kommt niemals wieder in die Lage, so stark nach einem Modell etwas Selbständiges auszuarbeiten, wie in den ersten sieben Lebensjahren. Da muß er alles, was er aufnimmt, so verarbeiten in seinem Ich und astralischen Leib, daß es dem Modell nachgebildet werden kann. Daher muß man dem entgegenkommen, und die Welt hat es so eingerichtet, indem die Milch möglichst weit bis an die Ätherbildung herantreten kann. Sie ist eine Substantialität, die eigentlich noch einen Ätherleib hat, und weil die Substanz, wenn sie von dem Kinde aufgenommen wird, bis zum Ätherischen hinauf noch organisierend wirkt, da kann der Astralleib die Milch gleich abfangen, da kann die innige Berührung entstehen zwischen dem, was aufgenommen wird und dem, was Astralisches und Ich-Organisation ist. Daher ist eine ganz innige intime Beziehung zwischen den äußeren Nahrungsmitteln und der innerlich geistigseelischen Organisation beim Kinde vorhanden. Und sehen Sie, jetzt müssen Sie als Mediziner es dahin bringen, das alles, was ich jetzt gesagt habe, dieses Merkwürdige zu verarbeiten. Man sieht es ja an der ganzen Art, wie das Kind die Milch trinkt, sieht, wie sein astralischer Leib und sein Ich die Milch abfangen.«[11]

---

[11] Steiner, Rudolf: Meditative Betrachtungen und Anleitungen zur Vertiefung der Heilkunst Vorträge für Ärzte und Studierende der Medizin. Weihnachtskurs Acht Vorträge, Dornach 2. bis 9. Januar 1924, Osterkurs Fünf Vorträge, Dornach 21. bis 25. April 1924, Erster Rundbrief, 11. März 1924, Abendzusammenkunft Dornach, 24. April 1924, o. O. 2003, S. 150f.: http://fvn-archiv.net/PDF/GA/GA316.pdf#page=150 [Abgerufen: 10.04.2019].

Wir sehen also, dass Nahrung weitaus mehr ist, als nur das Stillen der Bedürfnisse des physischen Leibes. Das Wachsen und Erwachsenwerden des Menschen entspricht und folgt dabei den Gesetzen, die auch für den Kosmos gelten. Zugleich aber muss der physische Leib, mit dem man über die nun feste Erde schreitet, auch erhalten werden.[12] So begann der Mensch als erstes, die oberen lichtdurchfluteten Teile der Pflanzen zu essen, die von Sonnenlicht und Sonnenenergie durchdrungen sind. Erst nach einem weiteren Schritt, der die Fleischnahrung als Energiequelle einverleibte, begannen die Menschen auch die unteren, dem Licht entzogenen mineralischen Teile der Pflanzen, zu essen. Während des Essens werden also gleichermaßen alle Wesensleiber gestärkt und entwickelt.

Gummi und Harze als Nahrung

Wie aber verhält sich der Kaugummi zu dieser Ernährung, da er ja kaum einen Nährwert hat? Ich will ehrlich sein, Kaugummis schienen mir unnatürlich, weil sie chemische und künstliche Produkte sind, die nichts mit dem Menschenwesen und seiner Natur zu tun haben. So dachte ich jedenfalls, bevor ich mich eingehender mit diesem Thema beschäftigte. Aber Kaugummis wurden nun aber schon vor Jahrtausenden gekaut. Schon vor rund 10.000 Jahren wurde auf Birkenrindenpech herumgekaut.[13] Nur wie lässt sich das erklären? Nach dem bislang Ausgeführten liegt dies nahe, da zu dieser Zeit

---

12 Vgl. Renzenbrink, Udo: Ernährungskunde aus anthroposophischer Erkenntnis. Grundfragen – Auswirkungen – Anwendung. Dornach 1979, S. 28f.

13 Vgl. Mathews, Jennifer P./ Schultz, Gillian P.: Chicle. The Chewing Gum of the Americas. From the ancient Maya to William Wrigley, Tucson 2009. S. 37.

der Mensch noch viel näher am Natürlichen war, als er es heute ist.

Schon vor vielen Jahrhunderten wurde auf der anderen Seite der Erdkugel auf eingedickten Pflanzensäften gekaut, die die eigentlichen Vorläufer unserer Kaugummis sind, man kann sogar sagen, die echten Kaugummis. So gewannen die Maya und Azteken, schon vor Jahrhunderten aus dem Sapodilla dem Breiapfelbaum, einen Gummi auf dem sie kauten: Chicle[14]. Der Sapodillabaum[15] hatte für die Maya rituelle Bedeutung und sie nutzen den ganzen Baum. Das Holz, die Früchte und auch der Pflanzensaft, der aus dem Baum gewonnen wird.[16] Dieser Saft, Chicle, ist der direkte Vorläufer unserer modernen Kaugummis und ist eine Art Latex und wird als: Latex-Milch bezeichnet. Wir hören hier bereits im Wort die Verbindung zur milchhaften Ernährung. Chicle hat viele positive medizinische Eigenschaften,[17] aber ist recht geschmacklos und hat kaum Nährwert, allerdings vermag er das Durst- und Hungergefühl für eine gewisse Zeit zu unterdrücken.

Das Kauen der eingedickten Pflanzensäfte scheint aber ein tiefes Bedürfnis zu sein, denn nicht nur in Mittelamerika, auch in Nordamerika wurde auf Baumharz gekaut[18], in Sibirien wird auf Lärchenharz gekaut, im Mittelmeerraum auf Mastix[19], dem Harz einer Pistazienart[20], und auch die in der Bibel erwähnten Harze, Weih-

---

14   Vgl. ebd., S.5–11.

15   Vgl. ebd., S. 19–22

16   Vgl. ebd., S. 11–18.

17   Vgl. ebd.

18   Vgl. ebd., S. 38f.

19   Räucherwelt: Mastix: https://www.raeucherwelt.ch/mastix/ [Abgerufen: 10.04.2019].

20   Vgl. Mathews, Jennifer P./ Schultz, Gillian P.: Chicle. The Chewing Gum of the Americas, S. 37.

rauch[21], Myrrhe[22] und Tragant[23] wurden nicht nur als Räucherwerk genutzt[24], sondern auch auf ihnen wurde und wird bis heute gekaut.

All diesen Stoffen werden heilende Wirkungen zugesprochen und nicht allein nur im medizinischen Sinne[25], sondern diese Stoffe haben die Fähigkeit, spirituell zu heilen. Da sie die Fähigkeit haben, die Wunden einer Pflanze zu schließen, können sie so gewissermaßen Getrenntes wieder verbinden.[26] Dies ist wohl auch der Grund für die spirituell heilende Wirkung sein, die all diesen Stoffen zugeschrieben wird, weshalb sie in vielen Ritualen eine bedeutsame Rolle innehaben.[27]

21　Räucherwelt: Weihrauch: https://www.raeucherwelt.ch/raeucherlexikon -weihrauch/ [Abgerufen: 10.04.2019].

22　Räucherwelt: Myrrhe: https://www.raeucherwelt.ch/raeucherlexikon -myrrhe/ [Abgerufen: 10.04.2019].

23　Räucherwelt: Traganth: https://www.raeucherwelt.ch/traganth/ [Abgerufen: 10.04.2019].

24　Vgl. Mathews, Jennifer P./ Schultz, Gillian P.: Chicle. The Chewing Gum of the Americas, S. 16 ff.

25　Vgl. ebd., S. 33 ff.

26　Auf diese Weise vermögen diese Substanzen dem Menschen eine Vorstellung eines paradiesischen Zustandes vermitteln, also der Zeit vor dem Sündenfall, also der lemurischen Zeit, vor der luziferischen Versuchung. Siehe dazu den Text von Rudolf Steiner: Die Weltentwickelung und der Mensch, in: Steiner, Rudolf: Die Geheimwissenschaft im Umriss, Dornach 1989: http://fvn-archiv.net/PDF/GA/GA013.pdf#page= 186 [Abgerufen: 10.04.2019].

27　Z. B. dazu: Steiner, Rudolf: Grundelemente der Esoterik. Notizen von einem esoterischen Lehrgang in Form von einunddreißig Vorträgen, gehalten in Berlin vom 26. September bis 5. November 1905, Dornach 1987, S. 240: http://fvn-archiv.net/PDF/GA/GA093a.pdf?page=240& view=Fit [Abgerufen: 10.04.2019]. Daraus: »Es gibt eine gewisse Pflege der Heilkunde bei orientalischen Völkerschaften, die so betrieben wird, daß die betreffenden Ärzte vor allen Dingen auf die Ernährung ihres eigenen physischen Körpers das größte Gewicht legen. Da wo das alte spirituelle Leben noch besteht, gibt es Menschen, die in der alten Weise Heiler geworden sind dadurch, daß sie sich ausschließlich von Milch nähren. Sie sind sich klar darüber, daß, weil sie alles andere ausschlie-

Die erste feste Nahrung nach der Urmilch war – so Steiner –
die Sonnennahrung, also die oberirdischen Teile der Pflanzen,
aus denen auch die Harze und Gummis gewonnen werden,
die mit Sonnenenergie durchdrungen sind.[28] Die milchhaften Pflanzensäfte, die in der einen oder anderen Form seit
langem gekaut werden, stammen aus den lichthaften Teilen
der Pflanze.

So erinnert Kauen an die Stillzeit, da an der Mutterbrust
nicht nur gesaugt, sondern auch gekaut und geknabbert wird,
und kann als Erinnerung nach etwas Verlorengegangenem
verstanden werden.

»Wie noch dieser Zustand da war (Mondenzustand), da war
es anders; da war in der Umgebung nicht bloß eine Luft, die
aus Sauerstoff und Stickstoff bestand, sondern da waren noch
dabei Wasserstoff und Kohlenstoff und Schwefel. Das gab
aber einen Milchbrei um den Mond herum, um diesen alten
Mond, einen ganz dünnen Milchbrei, in dem gelebt wurde.
Aber in einem dünnen Milchbrei lebt der Mensch auch heute
noch, wenn er ungeboren ist! Denn nachher erst geht, wenn
der Mensch geboren ist, die Milch in die Brust herein; vorher
geht sie in dem weiblichen Körper in diejenigen Teile hinein,
wo der Menschenkeim liegt. Und das ist das Eigentümliche,
daß diejenigen Vorgänge, die im mütterlichen Organismus
vor der Geburt nach der Gebärmutter hingehen, nachher

ßen, sie in sich dann physisch heilende Kräfte gewinnen, besonders zur
Heilung von sogenannten Geisteskrankheiten. […] Sie haben ihre besonderen Verrichtungen. Sie wissen ganz genau, wenn sie bloß Milch
genießen, daß sie dann bestimmte Kräfte entwickeln.«

28 Dazu: Steiner, Rudolf: Der Mensch als Zusammenklang des schaffenden, bildenden und gestaltenden Weltenwortes. Zwölf Vorträge, gehalten in Dornach vom 19. Oktober bis 11. November 1923, Dornach
1993, S. 182–190: http://fvn-archiv.net/PDF/GA230.pdf#page=182
[Abgerufen: 10.04.2019].

weiter herauf in die Brüste gehen. Und so haben wir heute noch beim Menschen den Mondzustand erhalten, bevor er geboren wird, und den eigentlichen Erdenzustand von dem Moment an, wo der Mensch geboren wird, wo nur noch das Mondenhafte in der Milchernährung etwas nachdämmert.«[29]

Wie drängend dieser Wunsch ist, wird auch in dem Gewaltakt deutlich, die der Mensch gegen die Natur richtet, so tragen die Mastixbrocken poetisch die Bezeichnung »Tränen von Chios« und der Breitapfelbaum, aus dem Chicle gewonnen wird, wird »woundet noble Tree«[30], genannt.

Die Harze, die Gummis und es gibt sogar Gummiharze, werden also genau ab dem Moment, ab dem die mondhafte Urnahrung von der weiteren Entwicklung des höheren und lichthaften abgelöst wird, gekaut. Diese milchhaften Pflanzensäfte sind dabei anfangs dem Licht entzogen, doch, im Unterschied zu Hülsenfrüchten,[31] verändern sie sich – wenn die Pflanze verletzt wurde – durch den Kontakt mit dem Sonnenlicht und der Luft und werden zu Harz oder zu Gummi.

Die Kraft der Sonne, die bei diesem Prozess beteiligt ist, kann man noch erahnen, wenn man solch einen Harzbrocken in der Hand hält und das leichte Schimmern des Lichts sich

---

29 Steiner, Rudolf: Die Schöpfung der Welt und des Menschen Über Welt- und Menschenentstehung und den Gang der Kulturentwickelung der Menschheit. Ernährungsfragen Erdenleben und Sternenwirken. Vierzehn Vorträge, gehalten für die Arbeiter am Goetheanumbau in Dornach vom 30. Juni bis 24. September 1924, Dornach 2000, S. 25: http://fvn-archiv.net/PDF/GA/GA354.pdf#page=025 [Abgerufen: 10.04.2019].

30 Vgl. Mathews, Jennifer P./ Schultz, Gillian P.: Chicle. The Chewing Gum of the Americas, S. 6.

31 Dazu: Steiner, Rudolf: Aus den Inhalten der esoterischen Stunden Gedächtnisaufzeichnungen von Teilnehmern Band I: 1904–1909 sowie Notizen von Vorträgen aus dem Jahre 1904 und Meditationstexte nach Niederschriften Rudolf Steiners. Dornach 1995, S. 557 ff.: http://fvn-archiv. net/PDF/GA/GA266a.pdf#page=557 [Abgerufen: 10.04.2019].

in ihm bricht. Diese Kraft des Harzes war schon in der Antike bekannt. So wurde Bernstein, der ja nichts anderes als uraltes versteinertes Harz ist, in der Antike als »ēlektron« bezeichnet, was sich auf seine ihm innewohnenden elektrischen Kräfte bezieht[32], und schon in der Vorzeit ähnlich wie Weihrauch als rituelles Räuchergut genutzt.

So erinnert der milchhafte Charakter dieser Pflanzensäfte an die vorlemurische Nahrung und stellt einen energetischen Bezug zu dieser Zeit her. Der direkte Kontakt mit der lichthaften Sonne lässt aber die milchhaften Eigenschaften dieser Stoffe verschwinden, sie sind Sonnennahrung und das Kauen dieser Pflanzensäfte entspricht dem Wunsch hin zur lichthaften Entwicklung.[33]

Das Kauen ist mehr als nur Essen

Es hat also einen Grund, wieso an den unterschiedlichsten Orten auf der Welt die verschiedenen milchhaften Pflanzensäfte eingedickt und gekaut werden. Doch eines haben diese Stoffe alle gemein: Ihr Nährwert ist sehr gering. Aber die Ernährung darf eben nicht nur allein auf den physischen Leib abgestimmt sein. Denn, so Udo Renzenbrink: »Ernährung

---

32 Mittels der Kraft der Elektrizität kann sogar »künstliches Sonnenlicht« erzeugt werden. Auch wenn man aus dem Bernstein kein Kraftwerk betreiben könnte (außer man würde den Frevel begehen und ihn verbrennen), so ist diese elektrische Eigenschaft des Bernsteindies doch ein sichtbarer und fühlbarer Beweis für die Kraft der Sonnen, die in den Bernstein bei seiner Entstehung hineingeschenkt wurde.

33 Dazu: Steiner, Rudolf: Welche Bedeutung hat die okkulte Entwicklung des Menschen für seine Hüllen (physischen Leib, Ätherleib, Astralleib) und sein Selbst? Ein Zyklus von zehn Vorträgen gehalten in Den Haag vom 20. bis 29. März 1913, Dornach 1986, S. 25–34: http://fvn-archiv.net/PDF/GA/GA145.pdf#page=25 [Abgerufen: 10.04.2019].

zielt zwar auf die Erhaltung des physischen Leibes, doch sind auch die drei anderen ›höheren‹ Wesensglieder des Menschen an der Entstehung individuell geprägter, physischer Substanz beteiligt.«[34]

Wenn wir von der Ernährung sprechen, haben wir oft den Akt des Essens im Sinn, aber zum Essen gehört auch das Kauen.[35] Essen und Kauen sind dabei zwei unterschiedliche Vorgänge. Während das Essen die Aufnahme beschreibt, ist das Kauen die Umformung und Verwandlung der Nahrung, die vom festen in einen Zustand des Wärmeäthers überführt wird.[36] Essen ist eine leiblich körperliche Handlung, die in erster Linie zur Nahrungsaufnahme und der Erhaltung des physischen Leibs dient. Hierdurch verleiben wir uns die Welt wortwörtlich ein.[37] Und das ist auch im Tierreich so. Der Unterschied zwischen Menschenreich und Tierreich zeigt sich aber beim Kauen. Denn es gibt das durchgeistigt-bewusste und das tierhaft-unbewusste Kauen. Das unbewusste, schmatzende Kauen mit offenem Mund, das nicht zufällig an Wiederkäuen erinnert, zeigt das tierhafte, das wir in uns tragen.

Der Mensch aber ist nicht mehr allein unbewusstes tierisches Gliederwesen, sondern begründet sich selbst durch seine aufrechte Haltung und seine Sonderstellung als Kopf- und

34 Renzenbrink, Udo: Ernährungskunde aus anthroposophischer Erkenntnis, S. 31.

35 Vgl. Brillat-Savarin, Jean-Anthelme: Physiologie des Geschmacks, München, 1962, S. 28–34.

36 Siehe: Steiner, Rudolf: Der Mensch als Zusammenklang des schaffenden, bildenden und gestaltenden Weltenwortes. Zwölf Vorträge, gehalten in Dornach vom 19. Oktober bis 11. November 1923. Dornach 1993, S. 182–194: http://fvn-archiv.net/PDF/GA/GA230.pdf#page=182 [Abgerufen: 10.04.2019].

37 Vgl. Brillat-Savarin, Jean-Anthelme: Physiologie des Geschmacks, München, 1962, S. 187–192, bes. S. 36f.

Geistwesen, sein Ich. Während beim Tier der Kopf noch in der Horizontalen gehalten wird und immer wieder in Richtung der Erde strebt, krönt der menschliche Kopf und dessen Geist den physischen Leib. Der Physische Leib des Menschen gibt dem Geiste und dem Ich Wohnung. Die bewusste Art des Kauens, das verbundene Tun des physischen Leibes, das doch nicht der Nahrungsaufnahme dient und auch nicht verdaut werden kann, fördert damit durch das bewusste Kauen die Entwicklung vom Mond- zum Lichthaften. Der Mensch erhebt sich dadurch von dem Tier, dass er bewusst etwas kauen kann, dass sich nicht essen lässt. Es ist also falsch, wenn man Kaugummikauen, wie so oft, in die Nähe des tierischen Wiederkäuens rückt, denn dies würde bedeuten, dass der Mensch noch dem tierhaften Verdauen unterworfen ist, aber Tiere kauen eben nicht grundlos, sondern es ist ein Kauen, eines Wesens, das sich selbst bewusst ist. Die zentrale Bedeutung, die dabei den Kaumassen zukommt, zeigt sich auch darin, dass die lateinische Bezeichnung für Kauen von dem im Mittelmeer kultivierten Mastix abgeleitet wurde: »Mastifizieren«[38]. Gekaut wird also nicht, um sich zu ernähren und um die Bedürfnisse des physischen Leibes zu stillen, sondern es ist eine Art Lichtnahrung, die eine Form der Askese oder eine Form der Diät ermöglicht. (Und bis heute werden Kaugummis bei manchen Diäten gegen das Hungergefühl empfohlen). So ist das Kauen von Lebensmitteln ohne Nährwert eine Form der Askese oder des Fastens[39]: So führt Steiner aus:

---

38 Vgl. Mathews, Jennifer P./ Schultz, Gillian P.: Chicle. The Chewing Gum of the Americas, S. 37.

39 Jean-Anthelme Brillat-Savarin führt in seiner Physiologie des Geschmacks ein ganzes Kapitel zum »Fasten« aus und wie dieses aus der Mode kam. Siehe: Brillat-Savarin, Jean-Anthelme: Physiologie des Geschmacks, München, 1962, S. 187–192, bes. S. 190f.

»Das Bewußtsein von der Bedeutung des Fastens ist uns ganz und gar verlorengegangen. Von dem Gesichtspunkt der Rhythmisierung unseres Astralleibes ist das Fasten aber etwas außerordentlich Sinnvolles. Was heißt Fasten? Es heißt, die Eßbegierde zügeln und den Astralleib in bezug auf die Eßbegierde ausschalten. Der, welcher fastet, schaltet den Astralleib aus und entwickelt keine Eßlust. Das ist so, wie wenn Sie eine Kraft ausschalten in einer Maschine. Der Astralleib ist dann untätig, und die ganze Rhythmik des physischen Leibes und die ihm eingepflanzte Weisheit wirken hinauf in den Astralleib und rhythmisieren denselben.«[40]

So wird mit dem Entzug der Milchnahrung eine Entwicklung vom Mondhaften zum Lichthaften in Gang gesetzt, die dem Kauen eine besondere, eine bewusste Qualität zuordnet, die diese Entwicklung markiert. Beim Entzug der mondhaften Milchnahrung wird Kindern gelehrt, dass sie die Münder beim Kauen zu schließen haben, damit das Ich in den Körper einhausen und seine bildende Funktion übernehmen kann. Genau diese Form der Selbstformung, dass nämlich der Gestaltungswille den physischen Leib durchströmt, ist eine Eigenschaft, die aus dem ätherischen Leib entspringt, der sich ursprünglich von der Mondmilch nährte. Was das Kauen von Kaugummi betrifft, so muss dieses in der Entwicklung der Wesensglieder im Erdenleben berücksichtigt werden. Im ersten Lebensjahrsiebt, in der der physische Leib durchformt wird, bedarf dieser aller Kräfte, um sich selbst zu gestalten, deshalb können Kleinkinder auch keine Kaugummis kau-

---

40 Steiner, Rudolf: Die Welträtsel und die Anthroposophie. Zweiundzwanzig öffentliche Vorträge, gehalten zwischen dem 5. Oktober 1905 und dem 3. Mai 1906 im Architektenhaus zu Berlin. Dornach 1983, S. 217f.: http://fvn-archiv.net/PDF/GA/GA054.pdf#page=217 [Abgerufen: 10.04.2019].

en, sondern versuchen diese zu schlucken. Erst im zweiten Lebensjahrsiebt, mit dem Milchzahnwechsel[41], beginnt der Mensch die Entwicklung seines Ätherleibes. Das ist auch die Phase, in der Schüler anfangen, Kaugummis beispielsweise mit in die Schule zu bringen und dort zu kauen. Das dritte Lebensjahrsiebt, also vom vierzehnten bis zum einundzwanzigsten Lebensjahr, steht ganz im Dienste der geistigen Durchdringung des Astralleibes. Das Kauen von Jugendlichen ist, auch wenn es besonders »cool« oder lässig wirken soll, eine konzentrierte Arbeit am äußeren Ausdruck und die Wahrnehmung der Reaktion auf das Tun trägt notwendig zur Ich-Bildung bei.

Kaugummi in der Schule

Aber was bedeutet das für den Schulunterricht, wenn Kauen mehr ist als das, wonach es zuerst aussieht? Ein wichtiger Aspekt der Waldorfschulpädagogik ist auch der menschenkundliche Aspekt. Die Geburt und die Entwicklung des Ätherischen ist innerhalb der Schulzeit eine bedeutsame Phase, hier können Hemmnisse bearbeitet, Konflikte verstanden und ein Reifungsprozess in der Entwicklung unterstützt werden.[42]

---

41 Dazu: Steiner, Rudolf: Das Zusammenwirken von Ärzten und Seelsorgern Pastoral-Medizinischer Kurs. Elf Vorträge für Ärzte und Priester und eine Ansprache für die Mediziner, gehalten in Dornach vom 8. bis 18. September 1924. Mit Notizbucheintragungen zu den Vorträgen, Dornach 1994, S. 50f.: http://fvn-archiv.net/PDF/GA/GA318.pdf#page= 50 [Abgerufen: 10.04.2019].

42 Dazu kann ich besonders den Fünfzehnten Vortrag empfehlen, den Steiner am 6 Januar 1922 in Dornach hielt. In: Steiner, Rudolf: Fünfzehnter Vortrag, 6. Januar 1922, Die körperliche Erziehung im besonderen, in: Steiner, Rudolf: Die gesunde Entwickelung des Menschenwesens Eine Einführung in die anthroposophische Pädagogik und Didaktik. Weih-

Wenn das Kauen von Gummi und Harzen ein Ausdruck für eine tiefe Sehnsucht nach einer paradiesischen Einheit und einem Zustand des Lichthaften ist, würde der Lehrer lediglich ein Symptom unterbinden, dass auf etwas ganz anderes, etwas Tieferes und Bedeutenderes verweist.[43] Um diesem Bedürfnis gerecht zu werden, ohne dass dabei jedes Maß verloren geht, könnte man die Geschichte der Harze und der Gummis wunderbar in der Pflanzenkunde-Epoche behandeln und dort auch die verschiedenen Harze einmal kauen und auch als Räucherwerk erlebbar machen.

Allerdings sollte man dabei die künstlichen modernen Kaugummis meiden. Da diese durch industrielle Herstellungsprozesse denaturiert sind, diese sind im Grunde Plastik und werden petrochemisch aus Erdöl gewonnen.[44] Das bedeutet eben auch, sie tragen weder Mondhaftes noch Lichthaftes in sich, was sich schon allein an der Farbe des Erdöls zeigt.

Aber natürlich könnte man auch Kaumassen aus Bienenwachs[45] herstellen und sollte dort genau wie bei den Kaugummis auf Kaumassen aus Paraffin, das letztlich ja nur gereinigtes Erdöl ist, verzichten, auch wenn dieses noch vor hundert Jahren als Kaugummi angeboten wurde.

---

nachtskurs für Lehrer gehalten in Dornach vom 23. Dezember 1921 bis 7. Januar 1922. Dornach 1987: http://fvn-archiv.net/PDF/GA/GA303.pdf#page=272 [Abgerufen: 10.04.2019].

43 Vgl. ebd., S. 276ff.

44 Dazu auch: Renzenbrink, Udo: Ernährungskunde aus anthroposophischer Erkenntnis. Grundfragen – Auswirkungen – Anwendung. Dornach 1979, S. 90f.

45 So wies Steiner wies in einem Vortrag ausführlich auf die heilige lichte Kraft des Honigs hin. Sehr zu empfehlen dazu: Steiner, Rudolf: Mensch und Welt. Das Wirken des Geistes in der Natur. Über das Wesen der Bienen. Fünfzehn Vorträge und eine Nachbemerkung gehalten vor den Arbeitern am Goetheanumbau in Dornach vom 8. Oktober bis 22. Dezember 1923. Dornach 1999, S. 166, 182–195: http://fvn-archiv.net/PDF/GA/GA351.pdf#page=166 [Abgerufen: 10.04.2019].

Und Kolleg:innen, die dieses Thema vielleicht für zu al-
bern halten, sollten ihre Kritik überdenken und sich dabei an
Steiner orientieren, der geistige Beweglichkeit als Voraussetzung der geistigen Entwicklung verstand:

> »Man kriegt manchmal ein bißchen Schmerzen, wenn man
> in anthroposophische Ansiedlungen oder Zusammenrottun-
> gen kommt. Da ist manchmal eine solche bleierne Schwere.
> Man kriegt die Leute nicht zum Beweglichwerden. Bleierne
> Schwere ist da; wenn man eine Diskussion beginnt, macht
> keiner den Mund auf, weil auch die Zunge bleiern schwer ist.
> Die Leute machen ein ›Gesicht bis ans Bauch‹. Sie sind so
> wenig geneigt, zum Heiterwerden, zum Lachen zu kommen!
> Vor allen Dingen, was gehört zum Erziehen von solchen
> Kindern dazu? Nicht die bleierne Schwere, sondern Humor,
> wirklicher Humor, Lebenshumor. Man wird trotz allen mög-
> lichen gescheiten Kunstgriffen solche Kinder nicht erziehen
> können, wenn man nicht den nötigen Lebenshumor hat.
> Also es wird schon Platz greifen müssen in der anthropo-
> sophischen Bewegung, daß man Sinn hat für Beweglichkeit.«[46]

Kaugummikauen als Plastizieren mit dem Mund

Wir haben jetzt aber nur über das Kauen und den Gummi
gesprochen. Was dabei nicht aus dem Blick geraten sollte, ist
der Kaugummi selbst, der ein sonderbares und merkwürdiges
Objekt ist. Denn selbst die industriell hergestellten Streifen
oder Kugeln verwandeln sich durch das Kauen in neue Kon-

---

46 Steiner, Rudolf: Heilpädagogischer Kurs. Zwölf Vorträge, gehalten in
    Dornach vom 25. Juni bis 7. Juli 1924 vor Ärzten und Heilpädagogen. Dor-
    nach 1995, S. 102: http://fvn-archiv.net/PDF/GA/GA317.pdf#page=102
    [Abgerufen: 10.04.2019].

sistenzen und vor allem aber in einzigartige Formen.[47] Man kann die pflanzlichen Harze und Gummis selbstverständlich genau wie den irdischen Ton mit den Händen kneten, dabei erwärmen sie sich. Manche der Harze geben dabei sogar einen wunderbaren Geruch ab. Zugleich ist es das Besondere dieser Stoffe, dass sie eben gekaut werden. Es ist einerseits unmöglich; eine bestimmte Form zu erkauen, die man sich vorstellt. Zugleich wird ein Kaugummi auch willentlich durchkaut, er wird geformt, er wird gerollt, er wird in konvexe und in konkave Formen gekaut, in die Länge gezogen oder zu einer Kugel verdichtet. Es ist eine Formenmetamorphose[48], die der Kaugummi beim Kauen durchläuft, manchmal geschieht es träumerisch, dann wieder bewusst und willentlich, was die Kräfte des Ätherleibs erlebbar macht. So führt Rudolf Steiner zum Plastizieren aus:

»Wer da glaubt, mit äußerer Physiologie oder mit experimenteller Psychologie, die ja auch nur äußere Physiologie ist, an den Menschen heranzukommen, der sieht eben nicht, daß man ja auch nicht, wenn man jemanden im Leben in irgendeine Stimmung versetzen will, vor ihm auf irgendeine Holzplatte klopfen muß, sondern Musik entwickeln muß. So muß auch das Erkennen nicht stehenbleiben bei den abstrakten logischen Regeln, sondern es muß das Erkennen so zum Erfassen des Menschenlebens aufsteigen, daß es nicht nur die tote Natur begreift oder das Lebendige, wenn es tot geworden ist oder man es tot vorstellt. Wenn man von diesen abstrakten Regeln aufsteigt zu dem, was sich plastisch

---

47 An dieser Stelle ein großes Dankeschön an Timothy Green aus dem Klassenlehrerseminar, der den Gedanken des Kauens als Plastizieren mit dem Mund entwickelte und dies auch stofflich demonstrierte.

48 Dazu z. B. auch Martin, Michael: Der künstlerisch-handwerkliche Unterricht in der Waldorfschule, Stuttgart, 1991, S. 221ff.

gestaltet, wie sich jedes Naturgesetz bildhauerisch gestaltet, dann lernt man den Menschen nach seinem Ätherleib kennen. […] Wenn man aber anfängt, innerlich geistig zu hören, wie sich der Weltenrhythmus ausspricht aus dem wunderbarsten Musikinstrument, das aus dem sehen gemacht wird durch den astralischen Leib, dann lernt man die astralische Natur des Menschen kennen. Und es müßte ein Bewußtsein davon vorhanden sein: Erste Periode des Lernens: Man lernt abstrakt logisch den physischen Leib des Menschen kennen. Man wendet dann das plastische Gestalten an im intuitiven Erkennen: Man lernt den Ätherleib kennen. Und die dritte Periode: Man wird als Physiologe zum Musiker und schaut den Menschen an, wie man ein Musikinstrument anschaut, wie eine Orgel oder eine Geige, indem man in ihr darinnen die verwirklichte Musik schaut; so lernt man den astralischen Menschen kennen. Und lernt man nicht nur äußerlich gedächtnismäßig mit den Worten verbunden leben, sondern lernt man den Genius in den Worten wirksam kennen, so lernt man die Ich-Organisation des Menschen kennen.«[49]

So formt sich der Kaugummi durch Dehnen und Ziehen, es ist eine Werdekraft, die sich in ihm sammelt, dann wird er von einem Impuls erfasst, der ihn dynamisiert und verwandelt und wenn er dann seine Form gefunden hat, dann wird das Kauen und Formen plötzlich unterbrochen,[50] sodass dem Kaugummi durch dieses Plastizieren diese drei Schubkräfte

---

49 Steiner, Rudolf: Die Methodik des Lehrens und die Lebensbedingungen des Erziehens. Fünf Vorträge, gehalten in Stuttgart vom 8. bis 11. April 1924 und ein Bericht über die Stuttgarter Erziehungstagung. Dornach, 1986, S. 55f.: http://fvn-archiv.net/PDF/GA/GA308.pdf#page=56 [Abgerufen: 10.04.2019].

50 Ergänzen dazu: Clausen, Anke-Usche/ Riedel, Martin: Plastisches Gestalten, Stuttgart, 1979, S. 178ff.

eingearbeitet werden.⁵¹ Der Kaugummi wird in diesem Tun durchseelt und zugleich wird das Kauen durchgeistigt. Auf diese Weise erfährt sich auch der:die Schüler:in als Schöpfer und es entsteht in ihm ein Bewusstwerden seines Tuns.⁵² Und so gründen in diesem bewussten Kauen auch die geläufigen Sprichwörter, dass »man sich durchbeißt«, oder aber »dass man an etwas zu kauen hat« und weisen so auf die höheren geistigen Wesensglieder hin, die sich hier ihre Nahrung »holen« – so hat das Kauen etwas Heilsames, was zusätzlich durch die besonderen Kausubstanzen unterstützt wird. Genau deshalb wurden diese Stoffe sowohl in den religiösen Riten als auch in medizinischen Behandlungen in der Antike genutzt. Diese Schöpferkräfte beim Kauen wirken in gleicher Weise, aber natürlich nicht nur, auf den Kaugummi, sondern auf alle Nahrungsmittel, die wir zu uns nehmen und erschließen so die Nährwerte für alle Wesensglieder. Genau dies beschrieb Steiner, als er festhielt: »Warum haben zu allen Zeiten die

---

51 Vgl. ebd.
52 Siehe auch: Heide-Jensen, Angelika, Waldorfschule – Zukunft – künstlerisch praktischer Unterricht, Lübeck, 2013, S. 9f.

Eingeweihten den Menschen dazu angehalten, zu beten vor
dem Essen? Das Gebet sollte nichts anderes sein als eine Do-
kumentierung dafür, dass beim Essen ein Geistiges in den
Menschen einfließt.«[53]

Dieses sinnliche Plastizieren mit dem Mund kann wunderbar für den handwerklich-künstlerischen Bereich genutzt
werden[54], da hier die Mundmuskulatur bewusst angesprochen
und mit Bewusstsein durchströmt wird und die Sehnsucht
nach dem Lichthaften sich einen künstlerischen Ausdruck
sucht. Interessant ist, was beim Kauen entsteht. Es entstehen
keine endgültigen Formen, wie sie am »Reißbrett« erdacht
werden, sondern es sind durchgeistigte amorphe organische
Formen.[55] Es sind Urformen, die noch alle Bedeutungen in
sich tragen und aus denen sich durch weitere Bearbeitung
noch alles entwickeln kann.[56]

---

53 Steiner, Rudolf: Welt, Erde und Mensch deren Wesen und Entwicke-
    lung sowie ihre Spiegelung in dem Zusammenhang zwischen ägypti-
    schem Mythos und gegenwärtiger Kultur. Ein Zyklus von elf Vorträ-
    gen, gehalten in Stuttgart vom 4. bis 16. August 1908. Dornach 1983,
    S. 58: http://fvn-archiv.net/PDF/GA/GA105.pdf#page=58 [Abgerufen:
    10.04.2019].

54 Hella Loewes arbeiten zum Plastizieren in den ersten Schuljahren kann
    man hier als guten Einstieg empfehlen und werden meiner Meinung
    nach bis heute noch viel zu selten ernsthaft in die Unterrichtsgestaltung
    mit einbezogen. Sehr zu empfehlen: Loewe, Hella: Elementares plasti-
    sches Gestalten: Willensschulung durch Formerfassen in den ersten drei
    Schuljahren, Stuttgart, 2004.

55 Es gibt im Übrigen zwei Bücher, die sich auf unterschiedliche Weise
    mit den amorphen Formen von Kaugummis beschäftigen und in diesen
    Formen bzw. Zeichen sehen. Einmal das eher spaßig gemeinte Buch
    von Rosa Speck und Delphinia Profetas: Das Kaurakel, Berlin, o. J. und
    dann gibt ein noch weiteres Buch, dass sich eher nebenbei auch mit den
    Flecken, die Kaugummis auf der Straße hinterlassen, beschäftigt und
    diese deutet von Mausinger-Schwarz. (Mausinger-Schwarz, Lotte: Die
    Straße soll dein Weg sein, Berlin, 2020).

56 Diese erkauten durchgeistigten Urformen könnten dann beispielsweise
    in der Eurythmie oder im Formenzeichnen aufgegriffen und so weiter

Quellen

Brillat-Savarin, Jean-Anthelme: Physiologie des Geschmacks, München, 1962.

Clausen, Anke-Usche/ Riedel, Martin: Plastisches Gestalten, Stuttgart, 1979.

Heide-Jensen, Angelika, Waldorfschule – Zukunft – künstlerisch praktischer Unterricht, Lübeck, 2013.

Martin, Michael: Der künstlerisch-handwerkliche Unterricht in der Waldorfschule, Stuttgart, 1991.

Mathews, Jennifer P./ Schultz, Gillian P.: Chicle. The Chewing Gum of the Americas. From the ancient Maya to William Wrigley, Tucson 2009. S. 37.

Mausinger-Schwarz, Lotte: Die Straße soll dein Weg sein, Berlin, 2020.

Räucherwelt: Mastix: https://www.raeucherwelt.ch/mastix/ [Abgerufen: 10.04.2019].

Räucherwelt: Myrrhe: https://www.raeucherwelt.ch/raeucherlexikon-myrrhe/ [Abgerufen: 10.04.2019].

Räucherwelt: Traganth: https://www.raeucherwelt.ch/traganth/ [Abgerufen: 10.04.2019].

Räucherwelt: Weihrauch: https://www.raeucherwelt.ch/raeucherlexikon-weihrauch/ [Abgerufen: 10.04.2019].

Renzenbrink, Udo: Ernährungskunde aus anthroposophischer Erkenntnis. Grundfragen – Auswirkungen – Anwendung. Dornach 1979.

---

erlebbar und erfahrbar gemacht werden. So kann das Erleben dieser Urformen, die Gestaltung des astralischen Leibes der Toneurythmie und der Gestaltung der »Ich-Organisation« in der Spracheurythmie durch die plastische Gestaltung durch den Ätherleib verbunden werden. (Dazu z. B. Steiner, Rudolf: Die Methodik des Lehrens und die Lebensbedingungen des Erziehens. Fünf Vorträge, gehalten in Stuttgart vom 8. bis 11. April 1924 und ein Bericht über die Stuttgarter Erziehungstagung. Dornach, 1986, S. 55f.: http://fvn-archiv.net/PDF/GA/GA308.pdf#page=56 [Abgerufen: 10.04.2019]). Es wäre vor diesem Hintergrund sogar zu überlegen, ob Kaugummikauen, nicht nur als Plastizieren mit dem Mund im handwerklich-künstlerischen Bereich, sondern vielleicht sogar auch für die Eurythmie, neue wertvolle und vitale Impulse zu setzen vermag.

Speck, Rosa/ Profetas, Delphinia: Das Kaurakel, Berlin, o. J.

Steiner, Rudolf: Aus den Inhalten der esoterischen Stunden
Gedächtnisaufzeichnungen von Teilnehmern Band I: 1904 –
1909 sowie Notizen von Vorträgen aus dem Jahre 1904 und
Meditationstexte nach Niederschriften Rudolf Steiners,
Dornach 1995: http://fvn-archiv.net/PDF/GA/GA266a.
pdf#page=557 [Abgerufen: 10.04.2019].

Steiner, Rudolf: Das Zusammenwirken von Ärzten und Seelsorgern
Pastoral-Medizinischer Kurs. Elf Vorträge für Ärzte und Priester
und eine Ansprache für die Mediziner, gehalten in Dornach
vom 8. bis 18. September 1924. Mit Notizbucheintragungen zu
den Vorträgen, Dornach 1994.: http://fvn-archiv.net/PDF/GA/
GA318.pdf#page=50 [Abgerufen: 10.04.2019].

Steiner, Rudolf: Der Mensch als Zusammenklang des schaffenden,
bildenden und gestaltenden Weltenwortes. Zwölf Vorträge,
gehalten in Dornach vom 19. Oktober bis 11. November
1923. Dornach 1993: http://fvn-archiv.net/PDF/GA/GA230.
pdf#page=182 [Abgerufen: 10.04.2019].

Steiner, Rudolf: Die Apokalypse des Johannes. Ein Zyklus von
zwölf Vorträgen mit einem einleitenden öffentlichen Vortrag
gehalten in Nürnberg vom 17. bis 30. Juni 1908, Dornach 1985:
http://fvn-archiv.net/PDF/GA/GA104.pdf#page=51 [Abgerufen:
10.04.2019].

Steiner, Rudolf: Die Geheimwissenschaft im Umriss, Dornach
1989: http://fvn-archiv.net/PDF/GA/GA013.pdf#page=186
[Abgerufen: 10.04.2019].

Steiner, Rudolf: Die gesunde Entwickelung des Menschenwesens
Eine Einführung in die anthroposophische Pädagogik und
Didaktik. Weihnachtskurs für Lehrer gehalten in Dornach vom
23. Dezember 1921 bis 7. Januar 1922. Dornach 1987: http://
fvn-archiv.net/PDF/GA/GA303.pdf#page=272 [Abgerufen:
10.04.2019].

Steiner, Rudolf: Die Methodik des Lehrens und die
Lebensbedingungen des Erziehens. Fünf Vorträge, gehalten
in Stuttgart vom 8. bis 11. April 1924 und ein Bericht über die
Stuttgarter Erziehungstagung. Dornach, 1986: http://fvn-archiv.
net/PDF/GA/GA308.pdf#page=56 [Abgerufen: 10.04.2019].

Steiner, Rudolf: Die Schöpfung der Welt und des Menschen
Über Welt- und Menschenentstehung und den Gang der
Kulturentwickelung der Menschheit. Ernährungsfragen
Erdenleben und Sternenwirken. Vierzehn Vorträge, gehalten für
die Arbeiter am Goetheanumbau in Dornach vom 30. Juni bis
24. September 1924, Dornach 2000: http://fvn-archiv.net/PDF/
GA/GA354.pdf#page=025 [Abgerufen: 10.04.2019].

Steiner, Rudolf: Die Welträtsel und die Anthroposophie.
Zweiundzwanzig öffentliche Vorträge, gehalten zwischen dem
5. Oktober 1905 und dem 3. Mai 1906 im Architektenhaus zu
Berlin. Dornach 1983.: http://fvn-archiv.net/PDF/GA/GA054.
pdf#page=217 [Abgerufen: 10.04.2019].

Steiner, Rudolf: Exkurse in das Gebiet des Markus-Evangeliums.
Dreizehn Vorträge, gehalten in Berlin, München, Hannover
und Koblenz zwischen dem 17. Oktober 1910 und dem 10.
Juni 1911, und eine Fragenbeantwortung vom 18. Dezember
1910, Dornach 1995: http://fvn-archiv.net/PDF/GA/GA124.
pdf#page=91 [Abgerufen: 10.04.2019].

Steiner, Rudolf: Grundelemente der Esoterik. Notizen von einem
esoterischen Lehrgang in Form von einunddreißig Vorträgen,
gehalten in Berlin vom 26. September bis 5. November 1905,
Dornach 1987.: http://fvn-archiv.net/PDF/GA/GA093a.
pdf#page=242 [Abgerufen: 10.04.2019].

Steiner, Rudolf: Heilpädagogischer Kurs. Zwölf Vorträge, gehalten
in Dornach vom 25. Juni bis 7. Juli 1924 vor Ärzten und
Heilpädagogen. Dornach 1995: http://fvn-archiv.net/PDF/GA/
GA317.pdf#page=102 [Abgerufen: 10.04.2019].

Steiner, Rudolf: Meditative Betrachtungen und Anleitungen zur
Vertiefung der Heilkunst Vorträge für Ärzte und Studierende
der Medizin. Weihnachtskurs Acht Vorträge, Dornach 2. bis 9.
Januar 1924, Osterkurs Fünf Vorträge, Dornach 21. bis 25. April
1924, Erster Rundbrief, 11. März 1924, Abendzusammenkunft
Dornach, 24. April 1924, o. O. 2003: http://fvn-archiv.net/PDF/
GA/GA316.pdf#page=150 [Abgerufen: 10.04.2019].

Steiner, Rudolf: Mensch und Welt. Das Wirken des Geistes in
der Natur. Über das Wesen der Bienen. Fünfzehn Vorträge
und eine Nachbemerkung gehalten vor den Arbeitern am
Goetheanumbau in Dornach vom 8. Oktober bis 22. Dezember

1923. Dornach 1999: http://fvn-archiv.net/PDF/GA/GA351.pdf#page=166 [Abgerufen: 10.04.2019].

Steiner, Rudolf: Theosophie: Einführung in übersinnliche Welterkenntnis und Menschenbestimmung, o. O., o. J.: http://fvn-archiv.net/PDF/GA/GA009.pdf [Abgerufen: 10.04.2019] hin.

Steiner, Rudolf: Welche Bedeutung hat die okkulte Entwicklung des Menschen für seine Hüllen (physischen Leib, Ätherleib, Astralleib) und sein Selbst? Ein Zyklus von zehn Vorträgen gehalten in Den Haag vom 20. bis 29. März 1913, Dornach 1986: http://fvn-archiv.net/PDF/GA/GA145.pdf#page=25 [Abgerufen: 10.04.2019].

Steiner, Rudolf: Welt, Erde und Mensch deren Wesen und Entwickelung sowie ihre Spiegelung in dem Zusammenhang zwischen ägyptischem Mythos und gegenwärtiger Kultur. Ein Zyklus von elf Vorträgen, gehalten in Stuttgart vom 4. bis 16. August 1908. Dornach 1983: http://fvn-archiv.net/PDF/GA/GA105.pdf#page=58 [Abgerufen: 10.04.2019].

o. T. & o. W.

Max Orlich

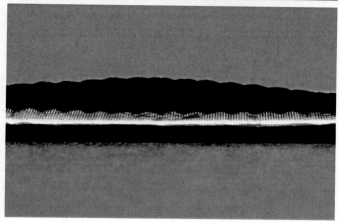

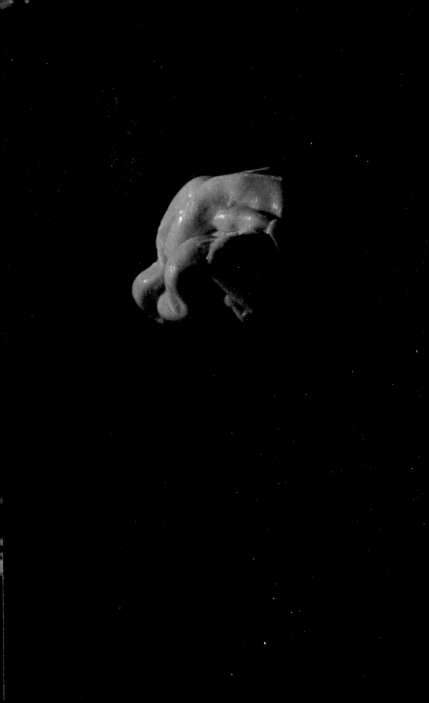

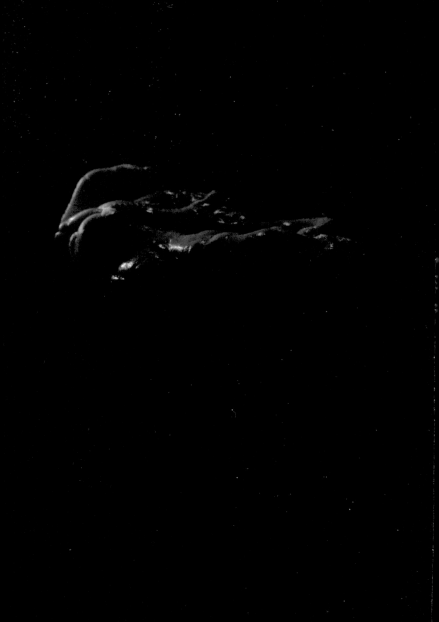

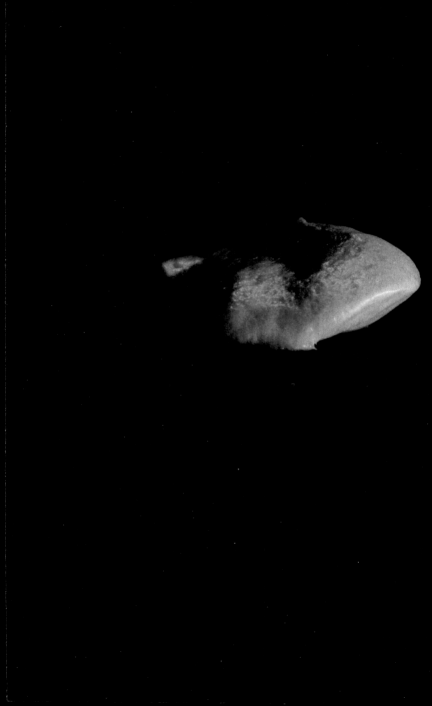

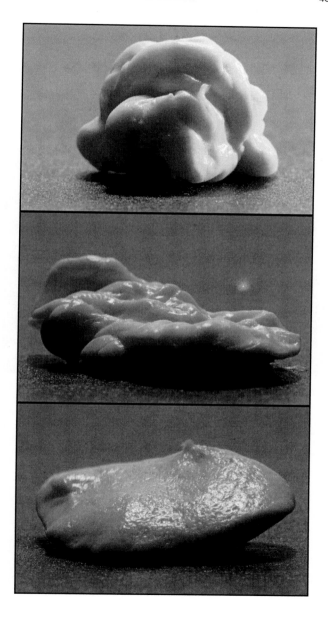

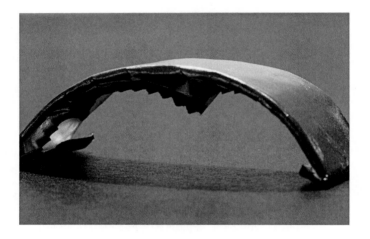

Zur Kulturgeschichte des Kaugummis: Massenprodukt

Anna-Lena Huber/Sacha Szabo

Der Erfolg der Marketingstrategien der Kaugummiher-steller führte dazu, dass sich die Chicle-Nachfrage in den Jahren von 1917 von 45,291 Kilo auf 325,123 Kilo ein Jahr später steigerte,[1] 1942 fast vier Millionen Kilo Chicle ex-portiert wurden[2] und damit Mittelamerika zur priorisierten Interessenszone[3] nicht nur der US-amerikanischen Politik, sondern auch der US-amerikanischen Kaugummiwirtschaft wurde.[4] Doch trotz der Anpassungen der mexikanischen Wirtschaft gelang es kaum, die ständige steigende Nachfra-ge zu befriedigen, sodass ab den Zwanzigerjahren auch in Malaysia und Indonesien »Jelutong« geerntet wurde. Jelu-tong ist eine Latexart aus dem Milchsaft des »Dyera costu-lata«, eines Baums aus der Familie der Hundsgiftgewäch-se, der in den Regenwäldern Malaysias und Indonesiens

---

1   Vgl. Mathews, Jennifer P./Schultz, Gillian P.: Chicle. The Chewing Gum of the Americas. From the Ancient Maya to William Wrigley, Tucson 2009, S. 54.

2   Vgl. ebd., S. 57.

3   Dazu: Redclift, Michael R.: Das Kaugummi: Geschmack, Raum und die ›Schattenländer‹, PROKLA Zeitschrift für kritische Sozialwissen-schaft, Bd. 35/138 (Ökonomie des Konsums), Berlin 2005, S. 55f.

4   Vgl. Mathews, Jennifer P./Schultz, Gillian P.: Chicle. The Chewing Gum of the Americas. From the Ancient Maya to William Wrigley, Tucson 2009, S. 52ff.

wächst.[5] Dies wird beispielsweise auch von Wrigley in einem recht alten Comic zur Geschichte des Chewing Gum gezeigt.[6]

»Chicleros«

Um den Rohstoffnachschub an Chicle zu sichern, reisten daher im Jahr 1943 Vertreter der Chicle-Kooperativen aus Yucatán in die Vereinigten Staaten, um dort die Preise für das als kriegswichtiges Gut angesehene Chicle zu verhandeln.[7] Zugleich bemühte sich auch die mexikanischen Regierung, die südlichen Landesteile auf Yucatán endgültig unter staatliche Kontrolle zu bekommen,[8] denn noch Anfang des zwanzigsten Jahrhunderts befanden sich Teile der dort ansässigen Maya-Stämme im Widerstand gegen die Zentralregierung[9]. Das Anbaugebiet für Chicle im Süden Mexikos war dabei die Hochburg des Maya-Widerstands, dessen Anführer wiederum enge Kontakte zu den führenden Kaugummiherstellern in Nordamerika pflegten, um ihren Widerstand durch den

5 Siehe: Forest Research Institute Malaysia. Ministry of Energy and Natural Resources: Jelutong: The local latex tree: https://www.frim.gov.my/colour-of-frim/jelutong-the-local-latex-tree/ [Abgerufen: 22.07.2020].

6 Vgl. Wrigley's: The Story of Chewing Gum, o. O. o. J., o. S.

7 Vgl. Redclift, Michael: Chewing Gum. The Fortunes of Taste, New York/London 2004, S. 141 und Redclift, Michael R.: Das Kaugummi, S. 57.

8 Vgl. Redclift, Michael: Chewing Gum, S. 43–46, S. 57–64. Redclift, Michael R.: Das Kaugummi, S. 57f. Siehe dazu auch: Mathews, Jennifer P./Schultz, Gillian P.: Chicle. The Chewing Gum of the Americas. From the Ancient Maya to William Wrigley, Tucson 2009, S. 53–59.

9 Vgl. Redclift, Michael: Chewing Gum, S. 64–68 und Redclift, Michael R.: Das Kaugummi, S. 61f. und S. 66f. Siehe auch: Hendrickson, Robert: The Great American Chewing Gum Book, Radnor 1976, S. 58–61.

Verkauf von Chicle zu finanzieren.[10] Zudem drängte auch das britische Empire über die Nachbarstaaten Guatemala und vor allem Belize in den mexikanischen Markt.[11] Die Strategie der mexikanischen Regierung, diese Region unter Kontrolle zu bekommen, war daher, selbst die Lieferverträge mit den amerikanischen Herstellern abzuschließen, um so die Rohstoffgewinnung für Chicle zu kontrollieren und damit auch ein Mittel in die Hand zu bekommen, um die aufständischen Maya zu befrieden.[12] Die Möglichkeit, durch Lieferverträge deutlich mehr Gelder zu erlösen, um damit den Widerstand zu finanzieren, war somit gewissermaßen die Verlockungsprämie für die Maya, sich auf diesen Deal einzulassen.[13] Allerdings vertrug sich die Gleichzeitigkeit von Kriegsführung und Rohstoffgewinnung nur bedingt.[14] Versinnbildlicht werden kann dies durch die Karriere von Francisco May,[15] einem der Anführer der rebellischen Mayas, dem nach einer längeren Verhandlung mit der mexikanischen Regierung die Verantwortung für die wirtschaftliche Entwicklung Yucatáns und der Ehrentitel eines Generals einschließlich einer lebenslangen Pension angetragen wurde.[16] Diese nahm er an und wandelte sich so zu einem »skrupellosen Kaziken, einem Anführer traditionellen Typs«.[17] Allerdings blieben diese wirtschaftlichen Entwicklungen nicht ohne Folgen für die dortigen »Cruzob«-Gemeinschaften,[18] deren bisherige Subsistenzwirtschaft nun zugunsten des An-

---

10 Vgl. Redclift, Michael R.: Das Kaugummi, S. 57f.
11 Vgl. Mathews, Jennifer P./Schultz, Gillian P.: Chicle. The Chewing Gum of the Americas, S. 52–59.
12 Vgl. ebd.
13 Vgl. Redclift, Michael: Chewing Gum, S. 68–72.
14 Vgl. Redclift, Michael R.: Das Kaugummi, S. 67.
15 Vgl. ebd., S. 66f.
16 Vgl. ebd., S. 66
17 Ebd.
18 Vgl. ebd.

baus von Chicle zurückgedrängt wurde,[19] sodass sich auch das
ökologische System unter dem Eindruck wirtschaftlicher Interessen transformierte.[20] Hinzu kam, dass Chicle seit der Jahrhundertwende hauptsächlich von den »Chicleros«[21] »gezapft«
wurde.[22] Viele dieser in prekären Verhältnissen lebenden, um
gesellschaftliche Anerkennung ringenden, teilweise als kriminell angesehenen Wanderarbeiter[23] stammten aus der Gegend
von Veracruz und kamen nur saisonal nach Yucatán.[24] Die
Ernte des Chicle war Schwerstarbeit. So musste die Rinde des
Baumes über mehrere Meter Höhe mit einer Art Kreuzschnitt
eingekerbt werden,[25] aus dem der Latexsaft floß, der dann in
Eimern aufgefangen und in den Lagern der Chicleros durch
Kochen so eingedickt wurde, dass er zu barrenählichen Plat-
ten gepresst werden und auf Lasttieren abtransportiert werden
konnte.[26] Die steigende Nachfrage nach Chicle hatte nun zur
Folge, dass die Chiclero zu Tausenden in diesen Landesteil ein-
wanderten[27] und sich die nun verarmenden »Cruzob«-Dörfer
der Mayas marginalisiert in einer völlig neuen Situation vor-
fanden.[28] Hinzu kam, dass die Mayas bei ihrer Form der Land-
bzw. Forstwirtschaft nicht den alleinigen Fokus auf Chicle
legten, sondern den kompletten Baum, also auch das Holz

---

19 Vgl. ebd.
20 Vgl. ebd., S. 65.
21 Vgl. dazu ebd., S. 72–85 und vgl Hendrickson, Robert: The Great Ame-
    rican Chewing Gum Book, S. 55–68.
22 Siehe: Redclift, Michael R.: Das Kaugummi, S. 57
23 Siehe: Mathews, Jennifer P./Schultz, Gillian P.: Chicle. The Chewing
    Gum of the Americas, S. 85–88.
24 Vgl. Redclift, Michael R.: Das Kaugummi, S. 57.
25 Vgl. Redclift, Michael: Chewing Gum, S. 84–93.
26 Siehe: Hendrickson, Robert: The Great American Chewing Gum Book,
    S. 64ff. und siehe: Redclift, Michael R.: Das Kaugummi, S. 57.
27 Vgl. Redclift, Michael: Chewing Gum, S. 82–84 und vgl. Redclift, Mi-
    chael R.: Das Kaugummi, S. 66.
28 Dazu: Redclift, Michael R.: Das Kaugummi, S. 66.

und die Früchte nutzten und damit einen anderen Umgang gewohnt waren.[29] Mit dem Eintritt der Vereinigten Staaten in den Zweiten Weltkrieg wurden sowohl Chicle als auch Zucker als kriegswichtige Stoffe rationiert,[30] sodass die komplette Produktion an die Truppen ausgeliefert wurde,[31] was auch dazu führte, dass die Kaugummihersteller ihre Bemühungen intensivierten, eine künstliche Kaumasse zu entwickeln.[32]

Chicle blieb auch nach dem Zweiten Weltkrieg ein verknappter und teurer Rohstoff. Auch konnte der weiter gesteigerte Bedarf an Chicle, der durch die US-Soldaten nun gewissermaßen weltweit popularisiert wurde, nicht mehr gedeckt werden – zumal die mexikanische Regierung auch durch die Übernutzung der Sapodillabäume beschloss, den Markt zu beschränken, um die vorhandenen Bestände zu schützen. Vor allem aber, um über die staatlich verordnete Preiskontrolle auch die Chicle-Kooperativen weiter und besser unter Kontrolle halten zu können.[33]

Das »moderne« Kaugummi

Dies führte dazu, dass die Anstrengungen, auf synthetische Inhaltsstoffe umzusteigen, die bereits im Zweiten Weltkrieg begonnen hatten, intensiviert wurden.[34] Denn auch große

---

29 Vgl. Mathews, Jennifer P./Schultz, Gillian P.: Chicle. The Chewing Gum of the Americas, S. 11–18.

30 Vgl. ebd., S. 60. Siehe auch: Wardlaw, Lee: Bubblemania: A Chewy History of Bubble Gum, New York 1997, S. 60f.

31 Vgl. Redclift, Michael: Chewing Gum, S. 125ff.

32 Vgl. Mathews, Jennifer P./Schultz, Gillian P.: Chicle. The Chewing Gum of the Americas, S. 64. und Redclift, Michael R.: Das Kaugummi, S. 64.

33 Siehe: Redclift, Michael: Chewing Gum, S. 142f.

34 Vgl. Redclift, Michael R.: Das Kaugummi, S. 64.

Produzenten wie Wrigley sahen sich gezwungen, auf günstigere Alternativen umzusteigen und die traditionellen aus Chicle
bestehenden Kaugummis durch die »modernen« Kaugummis
zu ersetzen – wobei bis heute, zum Teil in ökologisch nachhaltig wirtschaftenden Kooperativen, Chicle geerntet wird.[35]

Da aufgrund der Nahrungsmittelverordnung die Zutaten bei Lebensmittel auf der Verpackung aufgebracht werden müssen,[36] lässt sich die Zusammensetzung dieser »modernen« Kaugummis an sich relativ gut bestimmen. Relativ
bedeutet hier, dass dabei ein Bestandteil ein wenig aus dem
Blick gerät, nämlich die »Gumbase«, die Kaumasse. So werden beispielsweise bei »Wrigley's Spearmint« folgende Zutaten aufgelistet: »Zucker, Kaumasse, Dextrose, Glukosesirup,
Aromen, Emulgator, Sojalecithin, Feuchthaltemittel Glyce-
rin, Geschmacksverstärker Sucralose, Acesulfan K, Anti-
oxidationsmittel BHS, Salz«. Bei »Dubble Bubble« werden
»Dextrose, Corn Syrup, Gum Base, Sugar, Artificial Flavors,
Artificial Colors (FD&C Red 40 Lake, Red 3), Corn Starch,
BHT (to maintain Freshness)« genannt, und um noch die
Zutaten des beliebten »Center Shock« zu nennen: »Zucker,
Kaumasse, Glukosesirup, Feuchthaltemittel: E420, E422,
Säuerungsmittel: E296, Aroma, Emulgator: Sojalecithin,
Verdickungsmittel: E414, Überzugsmittel: E903, Antioxida-
tionsmittel: E321.«

Dabei gibt die Chronologie der Auflistung der Zutaten
entsprechend der Nahrungsmittelverordnung auch den men-
genmäßigen Anteil an.[37] So steht der Bestandteil, von dem am

---

35   Amigos de Sian Ka'an, A. C.: Chicle. The Natural Chewing Gum, Can-
      cún 1993.
36   Vgl. Lebensmittelverband Deutschland e. V.: Lebensmittelkennzeich-
      nung verstehen, Berlin 2019, S. 3, S. 5
37   Vgl. ebd.

meisten enthalten ist, an erster Stelle.[38] Viele der Zutaten lassen sich dabei recht gut recherchieren. An erster Stelle stehen bei diesen Rezepten entweder die Kaumasse oder Süßungsmittel, was nicht sehr verwundert. Über Zucker wurde bereits ausgeführt[39], dass er gut für die Konzentration und schlecht für die Zähne[40] ist und auch für eine Reihe anderer gesundheitlicher Risiken (Diabetes, Adipositas etc.) verantwortlich gemacht wird[41]. Auch steht die Zuckerindustrie seit einigen Jahren im Verdacht, eine Art Zuckersucht zu fördern.[42] Dext-

---

38   Bemerkenswert war bei der Recherche die Zutatenliste des »Plong« Kaugummis aus den siebziger Jahren. Hier wurde lapidar vermerkt: »Kaumasse mit fremden Stoffen«. Zusatzanmerkung: Im Rahmen dieser Arbeit konnten wir einen original verpackten »Plong« Kaugummi bekommen und probierten diesen. Abgesehen davon, dass er sehr trocken war, konnte er nach einigen Minuten gekaut werden, ob der Geschmack authentisch ist, konnte allerdings nicht nachvollzogen werden.

39   Dazu: von Paczensky, Gert /Dünnebier, Anna: Kulturgeschichte des Essens und Trinkens, München 1994, S. 437–451, bes. S. 443f.

40   Vgl. Füßler, Claudia: Wer Kaugummi kaut, regt nicht sein Gehirn an – tut aber seinen Zähnen Gutes, Badische Zeitung, 22. August 2016: https://www.badische-zeitung.de/wer-kaugummi-kaut-regt-nicht-sein-gehirn-an-tut-aber-seinen-zaehnen-gutes [Abgerufen: 22.07.2020].

41   Recht umfassend dazu: World Health Organization (WHO): Report of a Joint WHO/FAO Expert Consultation: Diet, nutrition and the prevention of chronic diseases, Geneva 2003: https://www.who.int/dietphysical activity/publications/trs916/download/en/ [Abgerufen: 22.07.2020]. Bes. S. 23f, S. 66–69, S. 118–126.

42   Dazu: Kutter, Susanne: Die Zuckertricks der Lebensmittelindustrie (Interview mit Stanton Glantz), Wirtschaftswoche, 27.09.2016: https://www.wiwo.de/technologie/forschung/ernaehrung-die-zuckertricks-der-lebensmittelindustrie/14583138.html [Abgerufen: 22.08.2020]. Eine recht forcierte Darstellung findet sich auf auf der Seite »Zentrum der Gesundheit«: Rehberg, Carina: Ausstieg aus der Zuckersucht. Zucker sucht kann jeden treffen, 15.07.2020: https://www.zentrum-der-gesundheit.de/artikel/zucker/zuckersucht-ausstieg-ia [Abgerufen: 22.07.2020]. Daraus: »Viele wissen gar nichts von ihrer Sucht. Der tägliche Verzehr von Zucker, Süßigkeiten, Desserts, Kuchen, süßen Teilchen und gesüßten Getränken ist für sie ganz normal. Viele Menschen spüren

rose/Glucose ist ein Monosaccharid, das auch als Traubenzucker bekannt ist. Glucosesirup, das auch häufig aus Maisstärke gewonnen wird,[43] ist einerseits auch ein Süßungsmittel; andererseits dient sie aber auch dazu, die Feuchtigkeit in der Masse zu halten und damit deren Geschmeidigkeit zu steigern. Die verschiedenen Nahrungszusatzstoffe lassen sich auch recht einfach über die verschiedenen Listen eruieren. So verbirgt sich hinter E422 lediglich Glyzerin[44], ein Feuchthaltemittel. BHT[45], also Butylhydroxytoluol, ist ein Antioxidans, das verhindern soll, dass sich die Kaumasse durch Luftsauerstoff verändert. E903 als Überzug ist Carnaubawachs und dient als Trennmittel,[46] E296 ist Apfelsäure[47] und hinter E124[48] verbirgt

---

aber bereits, wie der Zuckerkonsum sie krank macht.« Kontrastierend dazu: Deutschlandfunk Kultur: Psychologe über Ernährungsfeindbilder: »Zucker und Fett sind überlebenssichernd«. Christoph Klotter im Gespräch mit Ute Welty, Deutschlandfunk Kultur, 01.02.2020: https://www.deutschlandfunkkultur.de/psychologe-ueber-ernaehrungsfeindbilder-zucker-und-fett.1008.de.html?dram:article_id=469309 [Abgerufen: 22.07.2020].

43 Deutsches Zusatzstoffmuseum in Hamburg: Glucosesirup: https://www.zusatzstoffmuseum.de/lexikon-der-zusatzstoffe/glucosesirup.html [Abgerufen: 22.07.2020].

44 Deutsches Zusatzstoffmuseum: E 422 Glycerin: https://www.zusatzstoffmuseum.de/lexikon-der-zusatzstoffe/glycerin.html [Abgerufen: 22.07.2020].

45 Deutsches Zusatzstoffmuseum in Hamburg: E 321 Butylhydroxytoluol (BHT): https://www.zusatzstoffmuseum.de/lexikon-der-zusatzstoffe.html [Abgerufen: 22.07.2020]

46 Deutsches Zusatzstoffmuseum in Hamburg: E 903 Carnaubawachs: https://www.zusatzstoffmuseum.de/lexikon-der-zusatzstoffe/carnaubawachs.html [Abgerufen: 22.07.2020].

47 Deutsches Zusatzstoffmuseum in Hamburg: E 296 Äpfelsäure: https://www.zusatzstoffmuseum.de/lexikon-der-zusatzstoffe/aepfelsaeure.html [Abgerufen: 22.07.2020].

48 Deutsches Zusatzstoffmuseum in Hamburg: E 124 Cochenillerot A (Ponceau 4R): https://www.zusatzstoffmuseum.de/lexikon-der-zusatzstoffe/cochenillerotaponceau4r.html [Abgerufen: 22.07.2020].

sich künstlich hergestelltes Cochenillerot. Allerdings wird bei allen hier aufgeführten Kaugummizutaten recht unspezifisch von »Gumbase« oder »Kaumasse« gesprochen. Auch über die Seite des Bundesverbandes der Süßwarenindustrie erfährt man nicht viel Genaueres, dort wird lediglich ausgeführt: »Ein Kaugummi wird aus fünf Hauptzutaten hergestellt: Kaugummibase, Zucker, Maissirup, Aromastoffe sowie Zusätze, die die Kaumasse weich und geschmeidig machen. Bei zuckerfreiem Kaugummi ersetzen Süßstoffe und Zuckeraustauschstoffe den Zucker und Maissirup.«[49] Und zur Kaugummibase wird ausgeführt: »Die Base ist der eigentliche ›Gummi‹, auf dem man kaut. Die natürliche Kaumasse besteht aus Harzen, Kautschuk und Milchsaft bestimmter Bäume, die vorwiegend in Südamerika, Indonesien und Malaysia wachsen. So gewinnt man in Südamerika beispielsweise aus dem Saft des Sapotillbaumes das ›Chicle‹, eine altbewährte Grundlage für Kaugummi.«[50] Allerdings werden hier die »natürlichen« Massen erwähnt. Das Nachrichtenmagazin »Der Spiegel« widmete 2015 dieser mysteriösen »Kaumasse« einen Artikel, der genauer auf die Zutaten eingeht[51] und zitiert Hans-Peter Hutter, Professor für Umweltmedizin, mit den Worten »»Das ist eine Geheimniskrämerei, die nicht nachvollziehbar ist [...] ›heute besteht Kaumasse vor allem aus Kunststoffen – also letztlich aus Erdöl-Produkten.‹«[52] Genauer wird in dem Artikel die Gumbase anschließend im Rückgriff auf das »Römpp Lexikon

---

49 Vgl. Bundesverband der Deutschen Süßwarenindustrie e.V.: Warenkunde: https://www.bdsi.de/warenkunde/kaugummi/#c3902 [Abgerufen: 22.07.2020].

50 Vgl. ebd.

51 Vgl. Jötten, Frederik: Kaugummis. Die Kaumasse besteht vor allem aus Kunststoff, Spiegel, 11.03.2015: https://www.spiegel.de/gesundheit/diagnose/aus-was-besteht-kaugummi-a-1022838.html [Abgerufen: 22.07.2020].

52 Ebd.

Lebensmittelchemie« bestimmt: »›Da natürliche Erzeugnisse mengenmäßig nicht genügend zur Verfügung stehen, werden synthetische Thermoplaste eingesetzt‹. Dies seien künstliche Polymere wie Polyvinylether (zum Beispiel Polyvinylacetat) und Polyisobutene (zum Beispiel Butylkautschuk) – aus eng verwandten Substanzen werden zum Beispiel Klebstoffe und Gummihandschuhe hergestellt.«[53] Das Geheimnis der Zusatzstoffe lässt sich im Übrigen durch einen Blick auf die Seite der U. S. Food and Drug Administration lösen. Dort findet sich eine genaue Auflistung der zugelassenen natürlichen und künstlichen Inhaltsstoffe für die Gumbase.[54]

Das Kaugummi ein Fetisch

Die Ersetzung des Chicle durch eine petrochemische Gumbase hatte für die Chicleros und für die Maya-Gemeinden unmittelbare gravierende wirtschaftliche Folgen,[55] da diese nun oftmals ihre einzige Einkommensquelle verloren und weiter verarmten.[56] An diesem Beispiel zeigt sich, was Entfremdung

---

53 Vgl. ebd.

54 Siehe: FDA (U. S. Food and Drug Administration): CFR – Code of Federal Regulations, Title 21/Vol. 3, (Revised as of April 1 2019), CITE: 21CFR172.615: https://www.accessdata.fda.gov/scripts/cdrh/cfdocs/cfcfr/CFRSearch.cfm?fr=172.615 [Abgerufen: 22.07.2020]. Es gibt im Übrigen mit »Formulation and Production of Chewing and Bubble Gum« von Douglas Fritz auch ein Referenzkompendium zur Herstellung von Kaugummi, das hier nicht verschwiegen werden soll und in dem die einzelnen Schritte ausführlich zur Herstellung von Kaugummi beschrieben werden. (Fritz, Douglas: Formulation and Production of Chewing and Bubble Gum, Boca Raton 2006).

55 Vgl. Mathews, Jennifer P./Schultz, Gillian P.: Chicle. The Chewing Gum of the Americas, S. 64–68.

56 Vgl. Hendrickson, Robert: The Great American Chewing Gum Book, S. 67.

des Produzenten vom Produkt für diesen, im vorliegenden Fall also für die Chicle-Bauern, konkret bedeutet. Dabei bleiben diese Vorgänge für die Konsumenten weitestgehend unsichtbar,[57] da gerade beim Kaugummi durch den hohen Stellenwert der Reklame die Ware viel stärker als deren Rohstoffe im Bewusstsein der Konsumenten verankert ist.[58] Redclift spricht hier von den »Schattenländern«[59], also den Orten, die bei der Gewinnung der Rohstoffe gewissermaßen ausgeblendet sind, zugleich aber Teil der Produktionskette sind.

Aus diesem Grund verkörpert das Kaugummi für Redclift »den von Amerika angeführten Massenkonsum des 20. Jahrhunderts.«[60] Zugleich ist es Merkmal dieser Massenkultur, vergleichbar mit dem Erfolg der US-Unterhaltungskultur, die »[wesentlich] darauf beruh[t], dass sich die Kulturindustrie Schöpfungen marginalisierter, unterdrückter,

farbiger Bewohner des Landes angeeignet hat«[61]. So eignete sich der US-amerikanische Markt das aus dem Süden Mexikos stammende Chicle als Chewing Gum an,[62] zugleich verdrängt das Chicle die ursprünglich in Nordamerika existierenden Kaumassen[63] und wird dann letztlich durch eine

57 Dazu: Redclift, Michael R.: Das Kaugummi, S. 58.

58 Vgl. ebd., S. 59.

59 Dazu: Redclift, Michael R.: Das Kaugummi.

60 Ebd., S. 56.

61 Maase, Kaspar: Amerikanisierung der Jugend. Eine Studie zur kulturellen Verwestlichung der Bundesrepublik in den fünfziger Jahren, [Habilitationsschrift], o. O. [Universität Bremen], 1992, S. 20.

62 Vgl. Redclift, Michael R.: Das Kaugummi, S. 58.

63 Vgl. ebd., S. 58.

künstlich hergestellte industrielle Kaumasse ersetzt.[64] Die
einzige Konstante dabei blieben die Markennamen,[65] sodass
dem Kaugummi vor diesem Hintergrund nicht nur die Bedeutung eines sexuellen Fetischs, sondern der eines »Waren-
fetischs«,[66] als prototypisch verdinglichte[67] Arbeit, zukommt.
Zugleich dehnt sich dieses Produkt sowohl über verschiedene
wirtschaftliche, geographische und kulturelle Räumen aus,[68]
als auch dass es sich zugleich in deren lokalisierten Orten
festsetzt, sodass in Mexiko inzwischen häufig das »moderne« Kaugummi als »Chicle« gekaut wird.[69] Zudem gewinnt
das Kaugummi wohl auch deshalb eine so hohe kontroverse Symbolkraft, da er als quasi nutzloses Massenprodukt für
die profitorientierte Rücksichtslosigkeit einer kapitalistischen
Wirtschaftsordnung steht.[70].

---

64 Vgl. ebd., S. 63.

65 Anschaulich in: Vidal, Vincent: Les Chewing Gums, Paris 1995, S. 14f.

66 Dazu: Marx, Karl: Das Kapital, Band I, in: Marx, Karl: Sämtliche Wer-
    ke von Karl Marx, o. O. 2017, Ebook Pos. 32449–32531, 32612–32634,
    bes. Ebook Pos. 32510, [»Der Fetischcharakter der Ware und sein Ge-
    heimnis«].

67 Siehe dazu: Marx, Karl: Das Kapital, Band III, in: Marx, Karl: Sämt-
    liche Werke von Karl Marx, o. O. 2017, o. O. 2017, Ebook Pos. 73443,
    [»Die Revenuen und ihre Quellen«].

68 Vgl. Redclift, Michael R.: Das Kaugummi, S. 63. Dazu auch: Maase,
    Kaspar: Spiel ohne Grenzen, in: Göttlich, Udo/Winter, Rainer (Hg.):
    Politik des Vergnügens. Zur Diskussion der Populärkultur in den Cul-
    tural Studies, Köln 2000, S. 82–86.

69 Vgl. Redclift, Michael R.: Das Kaugummi, S. 60. Eine bemerkenswerte
    Besonderheit, die im Rahmen der Recherchen zu dieser Arbeit berichtet
    wurde, ist, dass in Mexiko Chicle nicht nur von Bettlern als Gegengabe
    »verkauft« wird (dazu auch: Redclift, Michael: Chewing Gum, S. 5–8.),
    sondern dass Chicle gelegentlich im Alltag auch als »Wechselgeld« ge-
    nutzt wird.

70 Siehe z. B. Internet Movie Database: Dark Side of the Chew, 2014:
    https://www.imdb.com/title/tt3873304/ [Abgerufen: 22.07.2020]. Da-
    raus: »A look at how chewing gum impacts our culture, threatens our
    health, erodes our economic stability and damages the environment«.

Die ökonomischen und ökologischen Folgen des »modernen« Kaugummis sind dabei gravierend,[71] da dieser nicht biologisch abbaubar ist und aufwendig von Reinigungskräften entfernt werden muss, was eine beträchtliche finanzielle und personelle Belastung der Kommunen darstellt.[72]

Dieser Problematik waren sich die Kaugummiproduzenten dabei durchaus bewusst, da sie schon bereits vor den Achtzigerjahren die Aufforderungen, die Kaugummis fachgerecht zu entsorgen, auf ihre Verpackungen druckten.

Als alternative Lösung für diese Problematiken werden aktuell Kaugummis entwickelt,[73] die biologisch abbaubar sind und sich wieder auf die Grundsubstanz des Breiapfelbaums stützen[74]. So kommen in den letzten Jahren vermehrt Kaugummis auf den Markt, die wieder aus Chicle

---

Ein Trailer findet sich auf: Green Film Network: Dark Side of the Chew, all the truth about chewing-gum: https://greenfilmnet.org/dark-side-of -the-chew-all-the-truth-about-chewing-gum/ [Abgerufen: 22.07.2020].

71   Eine wunderbare Arbeit wurde dazu von Laura Noren verfasst. Noren, Laura: Chewing Gum. A Clean Performance Makes a Mess«, New York University 2006. (Inzwischen nur noch abzurufen unter: https://de. scribd.com/document/67453233/Gum [Abgefragt: 22.07.2020]).

72   Dazu: Lippl, Martina: Bis die Blase platzt! Gut oder Schlecht? Zehn Fakten über Kaugummi, Merkur, 01.03.2018: https://www.merkur.de/ leben/gesundheit/oder-schlecht-zehn-fakten-ueber-kaugummi-zr-28 61041.html [Stand 28.04.2019].

73   Bekannte Marken sind beispielsweise: »Glee Gum« (https://www.glee gum.com/) [Abgerufen: 22.07.2020], »Chicza« (www.chicza.com) [Abgerufen: 22.07.2020], »True Gum« (www.truegum.com) [Abgerufen: 22.07.2020] oder »Peppersmith« (https://peppersmith.co.uk) [Abgerufen: 22.07.2020].

74   Dazu: Uhlmann, Berit: Tipps für den Einkauf von Kaugummi. Unser täglich Erdöl, Süddeutsche.de, 05.11.2013: https://www.sueddeutsche. de/gesundheit/tipps-fuer-den-einkauf-von-kaugummi-unser-taeglich -erdoel-1.1796979-0 [Abgerufen: 22.07.2020].

bestehen.[75] Diese Kaugummis werben häufig auch damit, sowohl fair gehandelt als auch gesundheitlich unbedenklich und ökologisch nachhaltig zu sein,[76] da sich der Naturstoff Chicle eben im Unterschied zu den synthetischen Kaugummis zersetzt.[77]

Zugleich folgen aber auch diese Produkte selbstverständlich einer Marktlogik und inkludieren die Distinktionsmerkmale der angedachten Zielgruppe und »fetischisieren« die angebotene Ware[78]. Ähnlich, wie mit »Bazooka Joe«[79] und den temporären Tattoos Außenseiterattitüden als Produktmerkmal

---

75   Vgl. Redclift, Michael R.: Das Kaugummi, S. 64f.
76   Wobei auch hier eine Art Fetischisierung angeblicher Traditionen stattfindet, was immer auch die Tücke einer Romantisierung und Idealisierung einer so nie wirklich existierenden Vergangenheit beinhaltet. Vgl. dazu auch: Redclift, Michael R.: Das Kaugummi, S. 69f.
77   Vgl. Mathews, Jennifer P./Schultz, Gillian P.: Chicle. The Chewing Gum of the Americas, S. 68–71.
78   Dazu: Redclift, Michael R.: Das Kaugummi, S. 60.
79   Vgl. Wardlaw, Lee: Bubblemania, S. 117–120.

inszeniert wurden, um so Käuferschichten zu inkludieren, reagieren nun diese neuen Marktteilnehmer beispielsweise mit dem Hinweis »Made with chicle, a tree sap harvested sustainably to help conserve the rainforest«[80] auf eine »Moralisierung des Essens«[81], wie dies die Ernährungssoziologin Eva Bärlösius beschrieb, um den habituellen Regeln eines als Käuferschicht anvisierten Milieus zu entsprechen, um auch dort als Fetisch zu fungieren.[82]

Recycling von Kaugummis

Auch wenn diese nachhaltigen Kaugummis möglicherweise die richtigen im falschen Leben sind, so sind sie bislang – vielleicht auch deshalb – nur Nischenprodukte und die gravierenden ökologischen und ökonomischen Folge(kosten) der »modernen« Kaugummis entstehen weiterhin. So kostet das Entfernen eines Kaugummiflecks auf der Straße zwischen einem und drei Euro.[83] Da sich die Kunststoffe des »modernen« Kaugummis[84] kaum auf-, und sich zudem auch nur zäh ablö-

80 Glee Gum: https://www.gleegum.com/ [Abgerufen: 22.07.2020].

81 Vgl. auch: Bärlösius, Eva: Soziologie des Essens. Eine sozial- und kulturwissenschaftliche Einführung in die Ernährungsforschung, Weinheim/Basel 2016, S. 280–292.

82 Vgl. Redclift, Michael R.: Das Kaugummi, S. 68.

83 Siehe: Stabe, Helmut, Mahn, Jule Claudia, Illner, Torsten: Der Kaugummi. Poesien des Alltags, München/Aarau 2018, o. S.

84 Siehe dazu bspw. auch: Verein Hamburgischer Staatsbeamter r. V. (VHSt): Kaugummi kauen ist eine sehr alte Sitte, 2016/3: http://vhst.de/cgi-bin/adframe/zeitschrift/top_themen/article.html?ADFRAME_MCM S_ID=1547#:~:text=Den%20bislang%20%C3%A4ltesten%20Kaugum mi%20der,besteht%20aus%20einem%20St%C3%BCck%20Birkenpech. &text=Eins%20ist%20jedoch%20sicher%3A%20Kaugummi%20kauen %20ist%20eine%20sehr%20alte%20Sitte. [Abgerufen: 22.07.2020].

sen lassen,[85] haben die Autoren von »Das Kaugummi. Poesien des Alltags« folgende Rechnung aufgemacht: »Während beim Kaugummiverkauf in Deutschland jährlich etwa 650 Millionen Euro umgesetzt werden, belaufen sich die Reinigungskosten für Straßenkaugummi auf ca. 900 Millionen Euro«.[86] Dabei sind die Mengen des zu recycelten Kaugummis kaum zu erfassen. So wurden, um ein Beispiel zu nennen, 2006 allein bei der der Sanierung des Amphitheaters unterhalb der Akropolis 27 Kilogramm Kaugummi entfernt.[87]

Eine Möglichkeit des Umgangs mit diesem Abfall ist dessen Recycling. So hat Anna Bullus »Gumdrops«[88] entwickelt. Dies sind reizend gestaltete pinkfarbene Mülleimer im öffentlichen Raum, die nicht nur für Kaugummis gedacht sind, sondern auch aus recycelten Kaugummis gemacht wurden. Aus den recycelten Kaugummis werden aber nicht nur weitere Mülleimer, die es auch in winzig für den Schlüsselbund gibt,[89] gefertigt, sondern auch Frisbees, Trinkbecher oder Plektren für Gitarren.[90] Zudem wird auch »Gum-Tec«[91] Granulat zur

---

85   Vgl. Stabe/Mahn/Jule/Illner geben in ihrem Buch einen Zeitraum von etwa fünf Jahren an. (Stabe, Helmut, Mahn, Jule Claudia, Illner, Torsten: Der Kaugummi, o. S.). Im Rahmen dieses Projekts wurde ein frisch festgetretener Kaugummi über den kompletten Zeitraum beobachtet und dokumentiert, jetzt nach etwa 24 Monaten, ist er zumindest schwarz und hat sich nur noch in den feinen Rillen des Gehwegpflasters festgesetzt.

86   Stabe, Helmut, Mahn, Jule Claudia, Illner, Torsten: Der Kaugummi, o. S.

87   Dazu: Hoppe, Karina: Das Kaugummi-ABC, Schweriner Volkszeitung, 16.01.2009: https://www.svz.de/incoming/das-kaugummi-abc-id4488706.html [Abgerufen: 22.07.2020].

88   Gumdrop Ltd: Gumdrops: http://gumdropltd.com/gumdrop-bin [Abgerufen 22.07.2020].

89   Gumdrop Ltd: Gumdrop On-the-go: http://gumdropltd.com/gumdrop-on-the-go/ [Abgerufen 22.07.2020].

90   Gumdrop Ltd: http://gumdropltd.com/gumtec-products/ [Abgerufen 22.07.2020].

91   Gumdrop Ltd: Gum-tec: http://gumdropltd.com/gumtec/ [Abgerufen 22.07.2020].

weiteren Verarbeitung hergestellt, so dass beispielsweise aus gekauten Kaugummi Sohlen für Sneaker produziert werden und man nun nicht mehr das Kaugummi an der Sohle kleben, sondern am Fuß stecken hat.[92]

Andere Städte wie Stuttgart experimentieren mit sogenannten »Gum Walls«[93], auf denen Passanten ihre Kaugummis aufbringen können und sie so nicht mehr auf die Straße zu spucken brauchen.

»Gum Walls« und »Chewing Gum Tax«

Bei der »Ekelmauer« von Berlin handelt es sich zwar gewissermaßen um eine »Gum Wall«, aber sie dient augenscheinlich nicht dazu, die Kaugummis zu entsorgen, sondern eher, diese

92 Siehe: Ong, Thuy: These sneakers are made from recycled chewing gum, theverge.com, 24.04.2018: https://www.theverge.com/2018/4/24/172744 14/sneakers-chewing-gum-tec-amsterdam-gum-drop-explicit-wear [Abgerufen: 22.07.2020]. Auf YouTube findet sich auch ein Bericht von CNBC zu diesen Schuhen. (CNBC: These Shoes Are Made Out Of Gum, 24.05.2018: https://www.youtube.com/watch?v=KNwaO858CS0 [Abgerufen: 22.07.2020]).

93 Bsp. Stern: Stuttgart testet »Gum Wall«. Eklig oder genial? Ausgelutschte Kaugummis sollen an diese Wand geklebt werden, Stern, 16.11.2018: https://www.stern.de/neon/vorankommen/mobilitaet/stuttgart-tes tet--gum-wall---weniger-kaugummireste-an-haltestellen--8449702. html [Abgerufen: 22.07.2020]. Angeboten wird diese »Gum-Wall« von der The Gum-Wall GmbH (https://www.gum-wall.de/de/) [Abgerufen: 22.07.2020] oder auch der Anta Swiss AG (https://www.antaswiss.ch/ de/urbantiger/gumwall.html) [Abgerufen: 22.07.2020]. Aus den Niederlanden kommt »Gumbuddy«, ein Projekt, das nicht nur »Gum Walls«, sondern diese in eine Kampagne zur Nachhaltigkeit integriert. (Gumbuddy … weg met die Kauwgom en peuken: (https://www.gum buddy.nl/ [Abgerufen: 22.07.2020]). Dazu auch: Molina, Susana F.: Boards to clean up the streets of chewing gum, theurbanactivist.com, 02.05.2018: https://theurbanactivist.com/idea/boards-to-clean-up-the -streets-of-chewing-gum/ [Abgerufen: 22.07.2020].

zu hinterlassen. Bei dieser Mauer[94] handelt es sich um mehrere Teile der Berliner Mauer, die am Potsdamer Platz aufgestellt und inzwischen von Passanten mit Kaugummis über und über vollgeklebt wurden. Warum sich dieser Brauch[95] etablierte, ist noch nicht erforscht. Vielleicht wird hier auf die »Gum Wall« in Seattle[96], eine Mauer, die mit tausenden bunter Kaugummis beklebt ist oder der »Bubble Gum Alley«[97] in San Luis Obispo zwischen Los Angeles und San Francisco, eine schmale Gasse, deren Wände mit Kaugummis bepflastert wurden, Bezug genommen. Auch könnte man Analogien zu Bräuchen wie etwa dem Münzwurf in den Trevi-Brunnen in Rom, in dem Anita Ekberg in »La Dolce Vita« plansch-

94 Hier: Conrad, Andreas: Die Ekelmauer am Potsdamer Platz, Der Tagesspiegel, 15.08.2011: https://www.tagesspiegel.de/berlin/kaugummi-atta cke-die-ekelmauer-am-potsdamer-platz/4501228.html [Abgerufen: 22.07. 2020] oder Tomala, Jessica: Seltsame Sitten. Passanten machen Mauerstück zum Kaugummi-Grab, Der Tagesspiegel, 12.07.2012: https:// www.tagesspiegel.de/berlin/seltsame-sitten-passanten-machen-mauer stueck-zum-kaugummi-grab/6867610.html [Abgerufen: 22.07.2020].

95 Zur sozialen Funktion von Bräuchen: Bimmer, Andreas C.: Brauchforschung, in: Brednich, Rolf W.: Grundriss der Volkskunde. Einführung in die Forschungsfelder der europäischen Ethnologie, Berlin 1988, S. 375–395, bes. S.375ff. Siehe auch: Weber-Kellermann, Ingeborg: Saure Wochen – Frohe Feste. Fest und Alltag in der Sprache der Bräuche 1985, S. 10–17, bes. S. 15ff.

96 Siehe: Torres, Carolina: Das ist die ekligste Sehenswürdigkeit der Welt. Und sie ist so hübsch!, Bento, 28.05.2016: https://www.bento.de/ art/gum-wall-kaugummi-wand-in-seattle-ist-touristenattraktion-a -00000000-0003-0001-0000-000000589653 [Abgerufen: 22.07.2020]. Auch dazu: Vidal, Vincent: Les Chewing Gums, S. 86–87. Siehe auch: Eskenazi, Stuart: Market lost & found, Seattle Times, 06.06.2008: https://www.seattletimes.com/seattle-news/market-lost-found/ [Abgerufen: 22.07.2020].

97 Vgl. Wardlaw, Lee: Bubblemania, S. 129–134 und siehe auch: Local Links.com: Bubble Gum Alley – San Luis Obispo: https://web.archive. org/web/20140905054239/http://www.locallinks.com/bubblegum_alley. htm. [Abgerufen: 22.07.2020].

te oder der »Casa di Giulietta«
in Verona, an der Liebesbriefe
und Liebesschwüre angebracht
werden, vermuten. Es finden
sich übrigens an den Mauerstü-
cken am Potsdamer Platz auch
»Liebesschlösser«[98], die an den
freiliegenden Armierungseisen
angehängt wurde.

Es ist also noch nicht beforscht, warum dieser Kaugum-
mibrauch entstand und so kann
man nur spekulieren, ob er etwa
aus einer Spielerei entstand.[99]
Vielleicht klebten die nächsten

---

98 Anm: Auch diese werden inzwischen trotz der romantischen Geste,
    inzwischen in der Öffentlichkeit als banal und abschätzig als lästiges
    Verhalten, das große Schäden versucht, beurteilt und teils verboten. Als
    Einstieg in den Brauch der »Liebesschlösser« sei folgende Arbeit emp-
    fohlen: Hähnel, Dagmar/Uhlig, Mirko: Ein Vorhängeschloss für die
    ewige Liebe. In Köln etabliert sich ein neuer Brauch, in: LVR-Institut
    für Landeskunde und Regionalgeschichte (Hg.): Alltag im Rheinland
    2010, Bonn 2010, S. 68–75. Zur allgemeinen Orientierung zu diesem
    Brauch siehe auch: Beucker, Pascal: Warum Paare Vorhängeschlösser
    an eine Kölner Brücke hängen. Ein romantischer Brauch aus Italien
    erobert NRW, Welt am Sonntag, 01.03.2009: https://www.welt.de/
    wams_print/article3295460/Warum-Paare-Vorhaengeschloesser-an-eine
    -Koelner-Bruecke-haengen.html [Abgerufen: 22.07.2020] und Pauer,
    Nina: Oh là là, l'amour! Paris kollabiert unter der Last der Liebesschlös-
    ser, Die Zeit, 12.06.2014: https://www.zeit.de/2014/25/liebesschloesser
    [Abgerufen: 22.07.2020].
99 So gibt es in Freiburg eine Decke in einer Unterführung in die man,
    wenn man geschickt ist, Geldstück hineinwerfen kann, so dass diese
    sichtbar stecken bleiben. Werner, Simone: Die Unterführung mit den
    Münzen an der Decke, Fudder.de, 27.08.2012: https://fudder.de/die-un
    terfuehrung-mit-den-muenzen-an-der-decke [Abgerufen: 22.07.2020].

Passanten ihre Kaugummis dazu, weil schon zwei Kaugummis klebten.[100] Auch könnte es eine Rolle spielen, dass man bei diesem Tun eine persönliche Spur im Alltag hinterlässt, eine widerständige Botschaft, die signalisiert: »Ich war hier«[101]. Vielleicht wie bei bekritzelten Schulbänken oder dem so häufig bemühten Topos des in eine Baumrinde eingeritzten Herzens, nur dass diese Erinnerung viel persönlicher ist, da man nicht nur seine Initialen hinterlässt, sondern seine eigene DNA.

Aber ob diese »Gum Walls« allein, auch mit ihren kulturellen Referenzen, eine Lösung für »saubere« Städte gewährleisten, scheint bislang fraglich, sodass auch andere Maßnahmen ergriffen werden, um die Städte von dem Abfall zu reinigen. So kämpft die Chewing Gum Action Group (CGAG) in Großbritannien für saubere Straßen[102] und die gleichfalls in Großbritanien aktive Initiative »Clean Up Britain«[103] fordert

---

100 Bei einem Urlaub auf Teneriffa 2019 konnte ich die Entstehung solch eines Phänomens miterleben. Dort wurden auf einem Absperrpfosten mehrere Kaugummis geklebt und innerhalb kurzer Zeit türmte sich ein kleiner Berg von ca. 8–10 cm auf und wuchs bis zu unserer Abreise weiter an. (Allerdings ließ sich nicht herausfinden, was mit dieser Anhäufung weiter geschah).

101 Baudrillard, Jean: Kool Killer oder der Aufstand der Zeichen, in: Baudrillard, Jean: Kool Killer oder der Aufstand der Zeichen, Berlin 1978, S. 33ff.

102 Vgl. Süddeutsche Zeitung: Chewing Gum Action Group in Großbritannien. Im Kampf gegen den klebrigsten aller Gegner, 01.11.2015: https://www.sueddeutsche.de/panorama/chewing-gum-action-group-in-gross britannien-im-kampf-gegen-den-klebrigsten-aller-gegner-1.2717136 [Abgerufen: 22.07.2020] und auch: Global Times: London launches new campaign to reduce chewing gum litter, 22.09.2014: http://www. globaltimes.cn/content/882785.shtml [Abgerufen: 22.07.2020].

103 Cleanup Britain: Chewing gum tax – Why we're campaigning to hold producers to account, 02.03.2018: https://cleanupbritain.org/chewing -gum-tax-partnering-local/ [Abgerufen: 22.07.2020].

eine »Chewing Gum Tax«.[104] Aber auch in Deutschland werden und wurden immer wieder Forderungen nach Strafsteuern für Kaugummis erhoben, so forderten nicht nur 2005 die Politiker Siegfried Helias (CDU) und Hubert Ulrich (Grünen) eine Extrasteuer auf Kaugummis.[105] Und auch 2017 wurde vom SPD-Fraktionschef im Weseler Rathaus eine Steuer für Kaugummis gefordert.[106] Aktuell ist in Deutschland eine lebendige Diskussion im Gange, ob das Ausspucken von Kaugum-

Quelle: Facebook: SWR3, 08.04.2019.

mis im öffentlichen Raum mit einem Bußgeld belegt werden soll. Einer der Vorreiter ist dabei die Stadt Mannheim, die seit April 2019 ein Bußgeld von bis zu 100 Euro erhebt[107] und auch

---

104 Vgl. Trentmann, Nina: Großbritannien plant eine Steuer auf Kaugummis, Welt, 22.01.2015: https://www.welt.de/wirtschaft/article136657804/Grossbritannien-plant-eine-Steuer-auf-Kaugummis.html [Abgerufen: 22.07.2020].

105 Siehe: Hoppe, Karina: Das Kaugummi-ABC, Schweriner Volkszeitung, 16.01.2009: https://www.svz.de/incoming/das-kaugummi-abc-id4488706.html [Abgerufen: 22.07.2020] und auch: Rheinische Post: »Haben wir den 1. April?«. Eichel strikt gegen Kaugummi-Steuer: Rheinische Post, 05.05.2005: https://rp-online.de/politik/deutschland/eichel-strikt-gegen-kaugummi-steuer_aid-9268765 [Abgerufen: 22.07.2020].

106 Dazu: Witte, Christoph, Schräger SPD-Vorschlag. Bekommt Wesel eine Kaugummi-Steuer?, BILD, 22.02.2017.

107 Vgl. Stuttgarter Zeitung: In Mannheim wird Kaugummi ausspucken richtig teuer, 09.04.2019: https://www.stuttgarter-zeitung.de/inhalt.neuer-bussgeldkatalog-in-mannheim-wird-kaugummi-ausspucken-richtig-teuer.bd0377ef-4902-49cc-a496-799e9bc9b8f2.html [Abgerufen: 22.07.2020].

in Freiburg werden seit Januar 2019 Geldstrafen hin Höhe von 55 Euro[108] für das Ausspucken von Kaugummis verhängt.[109]

Singapur

Wie eminent der Volkszorn beim Thema Kaugummi anzuschwellen vermag, zeigt sich in den Kommentaren unter einem Artikel des SWR3 in Facebook am 8. April 2019, in dem über die Einführung eines Strafgeldes in Mannheim für das Ausspucken eines Kaugummis in Höhe von 100 Euro berichtet wurde. Dort wurden in vielen unter dem Artikel geposteten Äußerungen noch weitaus höhere Strafen gefordert und dabei immer wieder auf das Beispiel Singapur verwiesen.[110] Singa-

---

108 Dazu: Südkurier: Städte kämpfen gegen Müllsünder – Hohe Gebühren sollen abschrecken, 21.04.2019: https://www.suedkurier.de/ueberregional/panorama/Staedte-kaempfen-gegen-Muellsuender-Hohe-Gebueh ren-sollen-abschrecken;art409965,10123712#:~:text=Vielen%20sei%20 die%20Bedeutung%20ihres,die%20Stra%C3%9Fe%20spuckt%2C%20 55%20Euro. [Abgerufen: 22.07.2020].

109 Dazu: Höhl, Simone: 100 Euro für Hundekot: Auch Freiburg geht jetzt stärker gegen Müllsünder vor, Badische Zeitung, 25.04.2019: https://www.badische-zeitung.de/100-euro-fuer-hundekot-auch-freiburg-geht-jetzt-staerker-gegen-muellsuender-vor--171942424.html [Abgerufen: 22.07.2020].

110 Dazu: Facebook: SWR3: Kippe wegwerfen = 75 Euro. Kaugummi Ausspucken = 100 Euro. Die neuen Strafen gelten jetzt in Mannheim, 08.04.2019: https://www.facebook.com/SWR3/posts/10155930613702330 [Abgerufen: 22.07.2020]. Aus den Kommentaren: »Weshalb wirft in USA oder Singapur keiner was auf den Boden? Genau! Drastische Strafen – leider geht es nur so!! Ich als Mannheimer hab mich zuletzt geärgert ohne Ende, da die »neuen« Planken sehr schön geworden sind, aber aussehen »wie Sau« weil jeder sein Dreck hingeworfen hat. Und eben vor allem Kippen und Kaugummi. Aus den Autos heraus geschnippte Kippen usw … Sagt man was bekommt man einen blöden Spruch zurück. Deshalb [Daumen hoch] genau richtig!!! (Und zu billig!!)«, ein anderer Kommentator fordert: »die strafen sind noch viel zu gering erst

pur nimmt dabei in den Empörungen über Kaugummi überhaupt eine zentrale Stellung ein, da hier erstmals ein gesetzliches Kaugummiverbot ausgesprochen wurde, das von 1992 bis 2004 in Kraft war[111] und sogar mit einem eigenen Artikel in der Wikipedia vertreten ist.[112]

Dabei ging es allerdings bei diesem Verbot vorrangig nicht um die städtische Sauberkeit, sondern vielmehr um das Unterbinden subversiver Aktionen von Jugendlichen, die häufig mit den Kaugummis die Türsensoren des neu eingerichteten städtischen Massenverkehrssystems unterbrachen und so die Weiterfahrt blockierten und den Verkehr lahmlegten.[113] Viel-

---

wenn es finanziel richtig weh tut denken die menschen um siehe singapur aber diese strafen auch durchsetzten«, ähnlich auch dieser Kommentar: »In Singapur klappt das wunderbar. Die Stadt ist herrlich sauber. I like [smiley]«. Bemerkenswert auch dieser Kommentar: »Gut so! Ich bin aber auch der Meinung, dass es kontrolliert werden muss. Zudem sollten solche Leute dazu verdonnert werden, Müll einzusammeln. Ich denke, dass dies sogar wirksamer und nachhaltiger ist. Es tut nicht genug weh, wenn's nur an den Geldbeutel geht.« Quellen: https://www.facebook.com/SWR3/photos/a.426908172329/10155931060287330/?type=3&theater [Abgerufen: 22.07.2020]. (Anm. Die Schreibweise der Kommentatoren wurde beibehalten.)

111 Vgl. Chewinggumfacts.com: Why Chewing Gum is Not Allowed in Singapore?: http://www.chewinggumfacts.com/chewing-gum-facts/chewing-gum-in-singapore/ [Abgerufen: 22.07.2020] und Vgl. Fokus: Singapur. Stadtstaat bleibt bei Kaugummiverbot, Fokus, 09.09.2015: https://www.focus.de/reisen/singapur/singapur-stadtstaat-bleibt-bei-kaugummiverbot_aid_486604.html [Abgerufen: 22.07.2020].

112 Siehe: Wikipedia: Chewing um sales an in Singapore [Bearbeitungsstand: 11.07.2020]: https://en.wikipedia.org/wiki/Chewing_gum_ban_in_Singapore [Abgerufen: 22.07.2020].

113 Siehe: Metz, Elle: Why Singapore banned chewing gum, BBC News, Magazine, 28.03.2015: https://www.bbc.com/news/magazine-32090420 [Abgerufen: 22.07.2020]. Daraus ein Zitat des ehemaligen Premierminiters Lee Kuan Yew: »Putting chewing gum on our subway train doors so they don't open, I don't call that creativity. I call that mischief-making«.

leicht ist es also doch nicht allein nur der Schmutz, also der Abfall, sondern auch das Schmutzige, eben das Widerständige[114], das das Kaugummi zum »Gräuel«[115] werden lässt, weshalb sich an ihm auch so leicht Kontroversen entzünden.

Foto: Africa Studio / Shutterstock.com.

114 Zum Widerständigen als Alltagspraktik siehe z. B.: Maase, Kaspar: Das Politische am Populären – zwischen »kulturellem Radikalismus« und Alltagsbewusstsein, in: Rolshoven, Johanna / Schneider, Ingo (Hg.): Dimensionen des Politischen. Ansprüche und Herausforderungen der Empirischen Kulturwissenschaft, Berlin 2018, S. 3ff.

115 Zum »Gräuel« siehe: Douglas, Mary: Das Entziffern einer Mahlzeit: in: Kashiwagi-Wetzel, Kikuko / Meyer, Anne-Rose: Theorien des Essens, Frankfurt a. M. 2017, S. 109–122. Bes. S. 109 und S. 121f.

Quellen

Amigos de Sian Ka'an, A. C.: Chicle. The Natural Chewing Gum, Cancún 1993.Anta Swiss AG: https://www.antaswiss.ch/de/urbantiger/gumwall.html) [Abgerufen: 22.07.2020].

Bärlösius, Eva: Soziologie des Essens. Eine sozial- und kulturwissenschaftliche Einführung in die Ernährungsforschung, Weinheim/Basel, 2016.

Baudrillard, Jean: Kool Killer oder der Aufstand der Zeichen, in: Baudrillard, Jean: Kool Killer oder der Aufstand der Zeichen, Berlin 1978.

Beucker, Pascal: Warum Paare Vorhängeschlösser an eine Kölner Brücke hängen. Ein romantischer Brauch aus Italien erobert NRW, Welt am Sonntag, 01.03.2009: https://www.welt.de/wams_print/article3295460/Warum-Paare-Vorhaengeschloesser-an-eine-Koelner-Bruecke-haengen.html [Abgerufen: 22.07.2020].

Bimmer, Andreas C.: Brauchforschung, in: Brednich, Rolf W.: Grundriß der Volkskunde. Einführung in die Forschungsfelder der Europäischen Ethnologie, Berlin 1988.

Bundesverband der Deutschen Süßwarenindustrie e. V.: Warenkunde: https://www.bdsi.de/warenkunde/kaugummi/#c3902 [Abgerufen: 22.07.2020]

Chewinggumfacts.com: Why Chewing Gum is Not Allowed in Singapore?: http://www.chewinggumfacts.com/chewing-gum-facts/chewing-gum-in-singapore/ [Abgerufen: 22.07.2020]

Chicza: www.chicza.com [Abgerufen: 22.07.2020].

Cleanup Britain: Chewing gum tax – Why we're campaigning to hold producers to account, 02.03.2018: https://cleanupbritain.org/chewing-gum-tax-partnering-local/ [Abgerufen: 22.07.2020].

CNBC: These Shoes Are Made Out Of Gum, 24.05.2018: https://www.youtube.com/watch?v=KNwaO858CSo [Abgerufen: 22.07.2020]).

Conrad, Andreas: Die Ekelmauer am Potsdamer Platz, Der Tagesspiegel, 15.08.2011: https://www.tagesspiegel.de/berlin/kaugummi-attacke-die-ekelmauer-am-potsdamer-platz/4501228.html [Abgerufen: 22.07.2020].

Deutsches Zusatzstoffmuseum in Hamburg: E 124 Cochenillerot
A (Ponceau 4R): https://www.zusatzstoffmuseum.de/lexikon-
der-zusatzstoffe/cochenillerotaponceau4r.html [Abgerufen:
22.07.2020].

Deutsches Zusatzstoffmuseum in Hamburg: E 296 Äpfelsäure:
https://www.zusatzstoffmuseum.de/lexikon-der-zusatzstoffe/
aepfelsaeure.html [Abgerufen: 22.07.2020].

Deutsches Zusatzstoffmuseum in Hamburg: E 321
Butylhydroxytoluol (BHT): https://www.zusatzstoffmuseum.de/
lexikon-der-zusatzstoffe.html [Abgerufen: 22.07.2020].

Deutsches Zusatzstoffmuseum in Hamburg: E 903 Carnaubawachs:
https://www.zusatzstoffmuseum.de/lexikon-der-zusatzstoffe/
carnaubawachs.html [Abgerufen: 22.07.2020].

Deutsches Zusatzstoffmuseum in Hamburg: Glucosesirup:
https://www.zusatzstoffmuseum.de/lexikon-der-zusatzstoffe/
glucosesirup.html [Abgerufen: 22.07.2020].

Deutsches Zusatzstoffmuseum: E 422 Glycerin: https://www.
zusatzstoffmuseum.de/lexikon-der-zusatzstoffe/glycerin.html
[Abgerufen: 22.07.2020].

Deutschlandfunk Kultur: Psychologe über Ernährungsfeindbilder:
»Zucker und Fett sind überlebenssichernd«. Christoph
Klotter im Gespräch mit Ute Welty, Deutschlandfunk
Kultur, 01.02.2020: https://www.deutschlandfunkkultur.de/
psychologe-ueber-ernaehrungsfeindbilder-zucker-und-fett.1008.
de.html?dram:article_id=469309 [Abgerufen: 22.07.2020].

Douglas, Mary: Das Entziffern einer Mahlzeit: in: Kashiwagi-
Wetzel, Kikuko/Meyer, Anne-Rose: Theorien des Essens,
Frankfurt a. M. 2017.

Eskenazi, Stuart: Market lost & found, Seattle Times, 06.06.2008:
https://www.seattletimes.com/seattle-news/market-lost-found/
[Abgerufen: 22.07.2020].

Facebook: SWR3: Kippe wegwerfen = 75 Euro. Kaugummi
Ausspucken = 100 Euro. Die neuen Strafen gelten jetzt in
Mannheim, 08.04.2019: https://www.facebook.com/SWR3/
posts/10155930613702330 [Abgerufen: 22.07.2020].

Facebook: SWR3: Kippe wegwerfen = 75 Euro. Kaugummi
Ausspucken = 100 Euro. Die neuen Strafen gelten jetzt in
Mannheim, 08.04.2019: Kommentare: https://www.facebook.

com/SWR3/photos/a.426908172329/10155931060287330/?type=3 &theater [Abgerufen: 22.07.2020].

FDA (U. S. Food and Drug Administration): CFR – Code of Federal Regulations, Title 21/Vol. 3, (Revised as of April 1, 2019), CITE: 21CFR172.615: https://www.accessdata.fda.gov/scripts/cdrh/cfdocs/cfcfr/CFRSearch.cfm?fr=172.615 [Abgerufen: 22.07.2020].

Fokus: Singapur. Stadtstaat bleibt bei Kaugummiverbot, Fokus, 09.09.2015: https://www.focus.de/reisen/singapur/singapur-stadtstaat-bleibt-bei-kaugummiverbot_aid_486604.html [Abgerufen: 22.07.2020].

Forest Research Institute Malaysia. Ministry of Energy and Natural Resources: Jelutong: The local latex tree: https://www.frim.gov.my/colour-of-frim/jelutong-the-local-latex-tree/ [Abgerufen: 22.07.2020].

Fritz, Douglas: Formulation and Production of Chewing and Bubble Gum, Boca Raton 2006).

Füßler, Claudia: Wer Kaugummi kaut, regt nicht sein Gehirn an – tut aber seinen Zähnen Gutes, Badische Zeitung, 22. August 2016: https://www.badische-zeitung.de/wer-kaugummi-kaut-regt-nicht-sein-gehirn-an-tut-aber-seinen-zaehnen-gutes [Abgerufen: 22.07.2020].

Glee Gum: https://www.gleegum.com/ [Abgerufen: 22.07.2020].

Global Times: London launches new campaign to reduce chewing gum litter, 22.09.2014: http://www.globaltimes.cn/content/882785.shtml [Abgerufen: 22.07.2020].

Green Film Network: Dark Side of the Chew, all the truth about chewing-gum: https://greenfilmnet.org/dark-side-of-the-chew-all-the-truth-about-chewing-gum/ [Abgerufen: 22.07.2020].

Gumbuddy: Gumbuddy … weg met die Kauwgom en peuken: (https://www.gumbuddy.nl/ [Abgerufen: 22.07.2020].

Gumdrop Ltd: Gumdrop On-the-go: http://gumdropltd.com/gumdrop-on-the-go/ [Abgerufen 22.07.2020].

Gumdrop Ltd: Gumdrops: http://gumdropltd.com/gumdrop-bin [Abgerufen 22.07.2020].

Gumdrop Ltd: Gum-tec: http://gumdropltd.com/gumtec/ [Abgerufen 22.07.2020].

Gumdrop Ltd: http://gumdropltd.com/gumtec-products/ [Abgerufen 22.07.2020].

Hähnel, Dagmar/Uhlig, Mirko: Ein Vorhängeschloss für die ewige Liebe. In Köln etabliert sich ein neuer Brauch, in: LVR-Institut für Landeskunde und Regionalgeschichte (Hg.): Alltag im Rheinland 2010, Bonn 2010.

Hendrickson, Robert: The Great American Chewing Gum Book, Radnor 1976.

Höhl, Simone: 100 Euro für Hundekot: Auch Freiburg geht jetzt stärker gegen Müllsünder vor, Badische Zeitung, 25.04.2019: https://www.badische-zeitung.de/100-euro-fuer-hundekot-auch-freiburg-geht-jetzt-staerker-gegen-muellsuender-vor--171942424.html [Abgerufen: 22.07.2020].

Hoppe, Karina: Das Kaugummi-ABC, Schweringer Volkszeitung, 16.01.2009: https://www.svz.de/incoming/das-kaugummi-abc-id4488706.html [Abgerufen: 22.07.2020].

Internet Movie Database: Dark Side of the Chew, 2014: https://www.imdb.com/title/tt3873304/ [Abgerufen: 22.07.2020].

Jötten, Frederik: Kaugummis. Die Kaumasse besteht vor allem aus Kunststoff, Spiegel, 11.03.2015: https://www.spiegel.de/gesundheit/diagnose/aus-was-besteht-kaugummi-a-1022838.html [Abgerufen: 22.07.2020].

Kutter, Susanne: Die Zuckertricks der Lebensmittelindustrie (Interview mit Stanton Glantz), Wirtschaftswoche, 27.09.2016: https://www.wiwo.de/technologie/forschung/ernaehrung-die-zuckertricks-der-lebensmittelindustrie/14583138.html [Abgerufen: 22.08.2020].

Lebensmittelverband Deutschland e.V.: Lebensmittelkennzeichnung verstehen, Berlin 2019.

Lippl, Martina: Bis die Blase platzt! Gut oder Schlecht? Zehn Fakten über Kaugummi, Merkur, 01.03.2018: https://www.merkur.de/leben/gesundheit/oder-schlecht-zehn-fakten-ueber-kaugummi-zr-2861041.html [Stand 28.04.2019].

Local Links.com: Bubble Gum Alley – San Luis Obispo: https://web.archive.org/web/20140905054239/http://www.locallinks.com/bubblegum_alley.htm. [Abgerufen: 22.07.2020].

Maase, Kaspar: Amerikanisierung der Jugend. Eine Studie zur kulturellen Verwestlichung der Bundesrepublik in den fünfziger Jahren, [Habilitationsschrift], o. O. [Universität Bremen], 1992.

Maase, Kaspar: Das Politische am Populären – zwischen »kulturellem Radikalismus« und Alltagsbewusstsein, in: Rolshoven, Johanna/Schneider, Ingo (Hg.): Dimensionen des Politischen. Ansprüche und Herausforderungen der Empirischen Kulturwissenschaft, Berlin 2018.

Maase, Kaspar: Spiel ohne Grenzen, in: Göttlich, Udo/Winter, Rainer (Hg.): Politik des Vergnügens. Zur Diskussion der Populärkultur in den Cultural Studies, Köln 2000.

Marx, Karl: Das Kapital, Band I, in: Marx, Karl: Sämtliche Werke von Karl Marx, o. O. 2017, o. O. 2017.Marx, Karl: Das Kapital, Band III, in: Marx, Karl: Sämtliche Werke von Karl Marx, o. O. 2017.Mathews, Jennifer P./Schultz, Gillian P.: Chicle. The Chewing Gum of the Americas. From the Ancient Maya to William Wrigley, Tucson 2009.

Metz, Elle: Why Singapore banned chewing gum, BBC News, Magazine, 28.03.2015: https://www.bbc.com/news/magazine-32090420 [Abgerufen: 22.07.2020].

Molina, Susana F.: Boards to clean up the streets of chewing gum, theurbanactivist.com, 02.05.2018: https://theurbanactivist.com/idea/boards-to-clean-up-the-streets-of-chewing-gum/ [Abgerufen: 22.07.2020].

Noren, Laura: Chewing Gum. A Clean Performance Makes a Mess«, New Yor University 2006. (Inzwischen nur noch abzurufen unter: https://de.scribd.com/document/67453233/Gum [Abgefragt: 22.07.2020]).

Ong, Thuy: These sneakers are made from recycled chewing gum, theverge.com, 24.04.2018: https://www.theverge.com/2018/4/24/17274414/sneakers-chewing-gum-tec-amsterdam-gum-drop-explicit-wear [Abgerufen: 22.07.2020].

Pauer, Nina: Oh là là, l'amour! Paris kollabiert unter der Last der Liebesschlösser, Die Zeit, 12.06.2014: https://www.zeit.de/2014/25/liebesschloesser [Abgerufen: 22.07.2020].

Peppersmith (https://peppersmith.co.uk [Abgerufen: 22.07.2020]).

Redclift, Michael R.: Das Kaugummi: Geschmack, Raum und die ›Schattenländer‹, PROKLA Zeitschrift für kritische

Sozialwissenschaft, Bd. 35/138 (Ökonomie des Konsums), Berlin 2005.

Redclift, Michael: Chewing Gum. The Fortunes of Taste, New York/London 2004.

Rehberg, Carina: Ausstieg aus der Zuckersucht. Zuckersucht kann jeden treffen, 15.07.2020: https://www.zentrum-der-gesundheit. de/artikel/zucker/zuckersucht-ausstieg-ia [Abgerufen: 22.07.2020].

Rheinische Post: »Haben wir den 1. April?«. Eichel strikt gegen Kaugummi-Steuer: Rheinische Post, 05.05.2005: https://rp-online.de/politik/deutschland/eichel-strikt-gegen-kaugummi-steuer_aid-9268765 [Abgerufen: 22.07.2020].

Stabe, Helmut, Mahn, Jule Claudia, Illner, Torsten: Der Kaugummi. Poesien des Alltags, München/Aarau 2018.

Stern: Stuttgart testet »Gum Wall«. Eklig oder genial? Ausgelutschte Kaugummis sollen an diese Wand geklebt werden, Stern, 16.11.2018: https://www.stern.de/neon/vorankommen/ mobilitaet/stuttgart-testet--gum-wall---weniger-kaugummireste-an-haltestellen--8449702.html [Abgerufen: 22.07.2020].

Stuttgarter Zeitung: In Mannheim wird Kaugummi ausspucken richtig teuer, 09.04.2019: https://www.stuttgarter-zeitung.de/ inhalt.neuer-bussgeldkatalog-in-mannheim-wird-kaugummi-ausspucken-richtig-teuer.bd0377ef-4902-49cc-a496-799e9bc9b8f2.html [Abgerufen: 22.07.2020].

Süddeutsche Zeitung: Chewing Gum Action Group in Großbritannien. Im Kampf gegen den klebrigsten aller Gegner, 01.11.2015: https://www.sueddeutsche.de/panorama/chewing-gum-action-group-in-grossbritannien-im-kampf-gegen-den-klebrigsten-aller-gegner-1.2717136 [Abgerufen: 22.07.2020].

Südkurier: Städte kämpfen gegen Müllsünder – Hohe Gebühren sollen abschrecken, 21.04.2019: https:// www.suedkurier.de/ueberregional/panorama/Staedte-kaempfen-gegen-Muellsuender-Hohe-Gebuehren-sollen-abschrecken;art409965,10123712#:~:text=Vielen%20sei%20 die%20Bedeutung%20ihres,die%20Stra%C3%9Fe%20 spuckt%2C%2055%20Euro. [Abgerufen: 22.07.2020].

The Gum-Wall GmbH: https://www.gum-wall.de/de/) [Abgerufen: 22.07.2020].

Tomala, Jessica: Seltsame Sitten. Passanten machen Mauerstück zum Kaugummi-Grab, Der Tagesspiegel, 12.07.2012: https://www.tagesspiegel.de/berlin/seltsame-sitten-passanten-machen-mauerstueck-zum-kaugummi-grab/6867610.html [Abgerufen: 22.07.2020].

Torres, Carolina: Das ist die ekligste Sehenswürdigkeit der Welt. Und sie ist so hübsch!, Bento, 28.05.2016: https://www.bento.de/art/gum-wall-kaugummi-wand-in-seattle-ist-touristenattraktion-a-00000000-0003-0001-0000-000000589653 [Abgerufen: 22.07.2020].

Trentmann, Nina: Großbritannien plant eine Steuer auf Kaugummis, Welt, 22.01.2015: https://www.welt.de/wirtschaft/article136657804/Grossbritannien-plant-eine-Steuer-auf-Kaugummis.html [Abgerufen: 22.07.2020].

True Gum www.truegum.com [Abgerufen: 22.07.2020].

Uhlmann, Berit: Tipps für den Einkauf von Kaugummi. Unser täglich Erdöl, Süddeutsche.de, 05.11.2013: https://www.sueddeutsche.de/gesundheit/tipps-fuer-den-einkauf-von-kaugummi-unser-taeglich-erdoel-1.1796979-0 [Abgerufen: 22.07.2020].

Verein Hamburgischer Staatsbeamter r. V. (VHSt): Kaugummi kauen ist eine sehr alte Sitte, 2016/3: http://vhst.de/cgi-bin/adframe/zeitschrift/top_themen/article.html?ADFRAME_MCMS_ID=1547#:~:text=Den%20bislang%20%C3%A4ltesten%20Kaugummi%20der,besteht%20aus%20einem%20St%C3%BCck%20Birkenpech.&text=Eins%20ist%20jedoch%20sicher%3A%20Kaugummi%20kauen%20ist%20eine%20sehr%20alte%20Sitte. [Abgerufen: 22.07.2020].

Vidal, Vincent: Les Chewing Gums, Paris 1995.

von Pasczensky, Gert /Dünnebier, Anna: Kulturgeschichte des Essens und Trinkens, München 1994.

Wardlaw, Lee: Bubblemania: A Chewy History of Bubble Gum, New York 1997.

Weber-Kellermann, Ingeborg: Saure Wochen – Frohe Feste. Fest und Alltag in der Sprache der Bräuche 1985.

Werner, Simone: Die Unterführung mit den Münzen an der Decke, Fudder.de, 27.08.2012: https://fudder.de/die-unterfuehrung-mit-den-muenzen-an-der-decke [Abgerufen: 22.07.2020].

Wikipedia: Chewing um sales an in Singapore [Bearbeitungsstand: 11.07.2020]: https://en.wikipedia.org/wiki/Chewing_gum_ban_in_Singapore [Abgerufen: 22.07.2020].Witte, Christoph, Schräger SPD-Vorschlag. Bekommt Wesel eine Kaugummi-Steuer?, BILD, 22.02.2017.

World Health Organization (WHO): Report of a Joint WHO/FAO Expert Consultation: Diet, nutrition and the prevention of chronis diseases, Geneva 2003: https://www.who.int/dietphysicalactivity/publications/trs916/download/en/ [Abgerufen: 22.07.2020].

Wrigleys: The Story of Chewing Gum, o. O. o. J.

Dank

Es ist immer wieder ein spannendes Abenteuer, die eigene Blase zu verlassen. Wobei der Reiz dieser Forschungsunternehmungen für mich auch darin besteht, mich mit anderen auf die Reise zu machen, denn es sind die Mitautor:innen, die dafür sorgen, dass eine Projektidee wie die Bubble Gum Studies nicht einfach platzt, sondern eine schöne runde Sache wird.

Daher mein großer Dank an die beteiligten Mitautor:innen – und damit solch einem Vorhaben nicht die Luft ausgeht, bedarf es auch des Vertrauens und der Unterstützung eines Verlags. Danke dafür, liebes Team des Büchner-Verlags.

Es liegt wohl auch in der Natur dieses Themas, dass es manchmal recht zäh zu werden scheint und man ohne Unterstützung von außen nur mühsam aus der eigenen Bubble herauskäme, deshalb bedanke ich mich – auch im Namen der beteiligten Autor:innen – für die tolle Hilfe bei den vielen Unterstützer:innen und besonders bei:

Herrn Paul Brühl und dem VAFA – Verband Automaten-Fachaufsteller e.V., Herrn Georgios Georgotas, Frau Anja Brandt und der Firma Hanekamp Automatenaufstellung, dem Deutschen Automatenmuseum in Espelkamp, Herrn Peter Kiedels, Herrn Torsten Landgraf, »Lolli Olli«, Herrn Horst Slany, dem »Kaugummimann« Herrn Heiko Schütz, der Firma Warenautomaten Georg Schwarz und Ben Wilson aus London.

Beiträger:innen

Jonas Fathy studierte Kultur- und Medienmanagement an der Hochschule für Musik und Theater Hamburg und lebt seit 2015 in London. Seine Forschungsschwerpunkte waren Strategie und Businessplanung, für seine Bachelorarbeit befragte er über 140 Theater in Deutschland zu deren Businessplanungspraktiken. Sein breites Interessenspektrum führte ihn zu einer zweijährigen Arbeitsperiode als Tour-Guide in London. Heute unterstützt er als Projektmanager bei der Londoner Organisation Pilotlight gemeinnützige Organisationen dabei, strategischer und nachhaltiger zu arbeiten.

Anselm Geserer, M.A., studierte Soziologie, Kognitionswissenschaft und Europäische Ethnologie an der Albert-Ludwigs Universität Freiburg. Für seine Abschlussarbeit über Bungeejumping als Erlebnisphänomen erhielt er den Alumnipreis der Philosophischen Fakultät für die beste Arbeit des Jahrgangs. 2018 schloss er eine Ausbildung zum Copywriter beim KreativKader Düsseldorf ebenfalls als Jahrgangsbester ab. Derzeit arbeitet Anselm Geserer am Institut für Theoriekultur und als Creative Copywriter.

Nils Haacke, M.A., B.A., Soziologe. Haacke ist auf die Anwendung der Systemtheorie spezialisiert, wobei er im Rahmen seiner Forschung auch gerne auf Inhalte von Anomie- und

Affekttheorien zurückgreift. Sein Interesse am Kaugummi liegt insbesondere in der außergewöhnlichen Geschichte der Kaugummiwerbung begründet, da er sich im Rahmen seiner Arbeit auch immer wieder mit Massenkommunikation und Werbung beschäftigte.

Dr. **Darijana Hahn** studierte Volkskunde und Sozial- und Wirtschaftsgeschichte an der Universität Hamburg, wo sie 2011 promoviert wurde – über den Kinderspielplatz als Indikator der Gesellschaft. Was an vielfach nicht beachteten Orten und Dingen des Alltags abgelesen werden kann, durchzieht wie ein roter Faden ihr kulturwissenschaftlichen Forschen – ob als Lehrbeauftragte an der Evangelischen Hochschule für Soziale Arbeit und Diakonie in Hamburg oder als Autorin. Zuletzt wirkte sie im Kinderreport des Deutschen Kinderhilfswerkes (2020) mit.

Anna-Lena Huber, B.A., studierte an der Universität Mannheim und an der Albert-Ludwigs-Universität Freiburg. In ihrer Masterarbeit beschäftigt sie sich mit Studienabbrüchen. Schwerpunkt ihrer Arbeit sind quantitative Methoden, die auch die Grundlage ihrer Masterarbeit bilden. Seit 2018 ist sie Mitarbeiterin des Qualitätsmanagements in Studium und Lehre an der Universität Freiburg. Dort ist sie für die operative Umsetzung und Betreuung der Lehrveranstaltungsevaluationen zuständig.

Charlotte Jassinger erwarb nach dem Diplom in Volkswirtschaft noch den Bachelor in Soziologie. Seit diesem Studienabschluss arbeitet sie in der freien Wirtschaft, zuerst im Produktmanagement und dann später im Marketing, allerdings nicht in der Lebensmittelsbranche!

Dr. **Max Orlich** lebt und arbeitet als Soziologe, Journalist, Fotograf und Öffentlichkeitsarbeiter in Freiburg. Seine soziologischen Schwerpunkte sind Kunst- und Kultursoziologie sowie urbanistische und alltagssoziologische Fragestellungen. Nach seinem Studium der Soziologie und der Politikwissenschaft promovierte er in Soziologie mit der Arbeit »Situationistische Internationale. Eintritt, Austritt, Ausschluss. Zur Dialektik interpersoneller Beziehungen und Theorieproduktion einer ästhetisch-politischen Avantgarde (1957–1972)«. Danach folgten fünf Jahre als Online-Redakteur bei der Mittelbadischen Presse in Offenburg. Seit 2016 verantwortet er die Social Media-Auftritte der Universität Freiburg. (Internet:

Isolde Pillin, M.A., Nach einem sozialen Jahr im Ausland (Riga) Studium der Slawistik und Kunstgeschichte. (Staatsexamen 1995, Magisterexamen 1996). Ab 2001 Besuch des Lehrerseminars und Ausbildung zur Klassenlehrerin und zur Kunst- und Werklehrerin. Arbeitet als Kunstlehrerin an einer freien Schule in Braunschweig, daneben stellte sie mehrfach aus und leitet ein freies Atelier als offenen Kunstraum.

Stefan Poser, PD Dr. phil., ist Technikhistoriker am Karlsruher Institut für Technologie, KIT, und Secretary General des International Committee for the History of Technology, ICOHTEC. Seine Arbeitsschwerpunkte sind die gesellschaftliche Bewältigung von technischen Risiken und der spielerische Umgang mit Technik. Neuere Publikationen: Playing with Technology: Sports and Leisure. Special issue of ICON, Journal of the International Committee for the History of Technology (guest-editor – mit Hans-Joachim Braun 2013), Glücksmaschinen und Maschinenglück (2016).

Oliver Post absolvierte zuerst drei Ausbildungen und studierte dann berufsbegleitend zum Fachwirt für Marketing. Im Hauptberuf arbeitet er für einen internationalen Konzern im Gesundheitswesen und erstellt Notfallkonzepte für Krankenhäuser. 2019 gründete er das Kleinunternehmen »LolliOlli – Retrokaugummiautomaten« (www.lolliolli.de), das er im Nebenerwerb als Hobby betreibt und welches von drei Helfern aus seinem privaten Umfeld ehrenamtlich unterstützt wird. Das Siegburger Jungunternehmen versucht mit zeitgemäßen Kommunikations- und Marketingkonzepten den Retrokult neu im Rheinland zu platzieren.

Dr. phil. **Ylva Schwinghammer** studierte Germanistik an der Universität Graz und ist dort seit 2010 in Forschung und Lehre in der Germanistischen Mediävistik und Deutschdidaktik tätig. Ihre Forschungsschwerpunkte liegen in den Bereichen Literaturvermittlung, Digitale Edition sowie historische Fach- und Gebrauchstexte. Sie ist Gründerin des Grazer didaktischen Textportals zur Literatur des Mittelalters (http://gams. uni-graz.at/lima) und seit 2012 Koordinatorin mehrerer Forschungsprojekte, darunter: „Nahrhaftes Mittelalter – Historische Kulinarik und Diäetik zwischen Orient und Okzident" (2017–2019).

Das Künstlerkollektiv **SNL** (//SNL/IPA: [ʃnɛl]) bestand von 2016–2020 und untersuchte in einer Form von künstlerischen Forschung, in der – in der Düsseldorf angesiedelten –, »Zentrale für Konfusionismus« die umgebende sozial konstruierte Realität. Das Konzept SNL (//SNL/IPA: [ʃnɛl]) gründete im Angebot von alternativen Deutungs- und Ordnungssystemen, um die eingeübten und tradierten Deutungen der Wahrnehmung von Wirklichkeit sowohl zu hinterfragen, als auch sinnlich zu erweitern.

Andrea Stadler studierte Kunstgeschichte und Französisch und arbeitete als Gymnasiallehrerin. In Paris erwarb sie an der École du Louvre das Diplom in Museologie und an der École des Hautes Études en Sciences Sociales das Diplôme d'Études Approfondies (Master) in Histoire et Civilisation (Kulturgeschichte). Ihr Schwerpunkt ist »Grenzen überschreitende Jahrmarktskunst, 1870–1914«. Sie schrieb Beiträge für Ausstellungskataloge, Fachzeitschriften und Sammelbände und ist seit 2004 als wissenschaftliche Mitarbeiterin im Markt- und Schaustellermuseum in Essen tätig.

Dr. Sacha Szabo, Unterhaltungswissenschaftler. Magisterstudium der Germanistik, Philosophie und Soziologie an der Uni Freiburg. Wurde mit einer sozialphänomenologischen Arbeit über Vergnügungsattraktionen promoviert („Rausch und Rummel" (2006)). Ergänzend absolvierte er ein Diplomstudium Kulturmanagement an der HfMT. Seit 2002 Mitarbeit und später Leitung des „instituts für theoriekultur" (Freiburg). Er betreute die Schriftenreihe »Studien zur Unterhaltungswissenschaft« und aktuell die Reihe: »Archäologie des Vergnügens«.

Nicolas von Lettow-Vorbeck, M. A, B. A., studierte Medienmanagement an der Mediadesign Hochschule in Düsseldorf und Berlin. Seit 2013 arbeitet er als freier Journalist, u. a. für Yps, Landlust, P.M. Magazin und Neon. 2018 erschien sein erstes Buch »Stadtwild: Von Amsel bis Zauneidechse. 99 Tiere, die man in der Stadt entdecken kann« bei Eden Books. Im April 2019 folgte »Das Krokodil im Flugzeug: Skurrile Todesfälle auf Reisen«, ebenfalls bei Eden Books.

Dr. phil. Katharina Zeppezauer-Wachauer, M. A., ist Koordinatorin der Mittelhochdeutschen Begriffsdatenbank (MH-

DBDB) der Universität Salzburg (http://mhdbdb.sbg.ac.at/).
Ihre Forschungsschwerpunkte liegen in den Bereichen Digital
Humanities (DH) sowie Fach- und Gebrauchstexte des Mittelalters. Studien Germanistik und Interdisziplinäre Mittel-
alterstudien an der Uni Salzburg, Doktorat an der Uni Graz.
Dissertation zum Sprachgebrauch des Wortfeldes ›Speise‹ in
der poetischen Literatur des Mittelalters mit DH-Methoden.